編著●川崎二三彦・増沢 高

日本の児童虐待重大事件
2000–2010

福村出版

|JCOPY|〈(社)出版者著作権管理機構 委託出版物〉
本書の無断複写は著作権法上での例外を除き禁じられています．複写される場合は，そのつど事前に，(社)出版者著作権管理機構（電話 03-3513-6969，FAX 03-3513-6979, e-mail: info@jcopy.or.jp）の許諾を得てください．

はじめに

本書の問題意識

わが国では、2000（平成 12）年に「児童虐待の防止等に関する法律」（以下、児童虐待防止法）が制定され、児童虐待防止に向けた取り組みの法的基盤が整備されたことで、児童相談所をはじめとした関係する機関の取り組みが急速に展開し始めた。多くの施策が打ち出され、これまでにない積極的な対応が、児童虐待ケースになされるようになった。しかし、児童が虐待によって死亡し、社会を揺るがすような事件が後を絶たない。本書は、法が制定された 2000 年から 2010（平成 22）年までに大きく報道された児童虐待によって死亡、もしくは重篤な事態に陥った 25 の重大事件について、可能な限りの情報を集め、分析・検討したものである。

児童虐待防止法制定前後から、児童虐待に対する社会の関心はにわかに高まり、虐待報道は急増した。朝日新聞のインターネットで「虐待」と「逮捕」をキーワードに検索し、そのなかから児童虐待事件を抽出すると、2000 年以降の児童虐待事件報道数は軒並み増加している（保坂他、2011）。ただしこのことをもって、虐待事件が急増したと考えるのは早計で、「法律制定を機に、保護者による殺傷事件に対して、「児童虐待」という用語を用いて報じられるようになった」（保坂他、2011）とみることが正しい認識だろう。

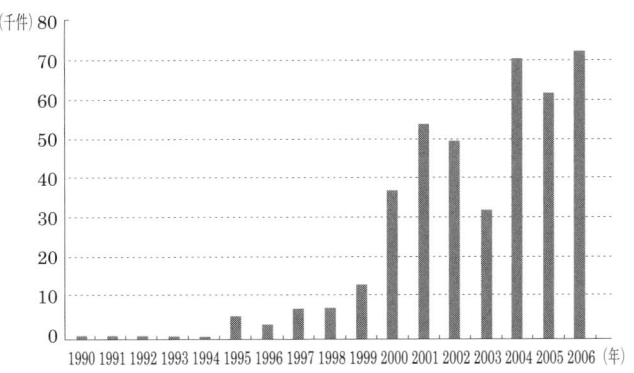

朝日新聞オンライン記事データベース「聞蔵」により
「虐待」「逮捕」のキーワードで検索された事件数
（保坂他、2011 より作成）

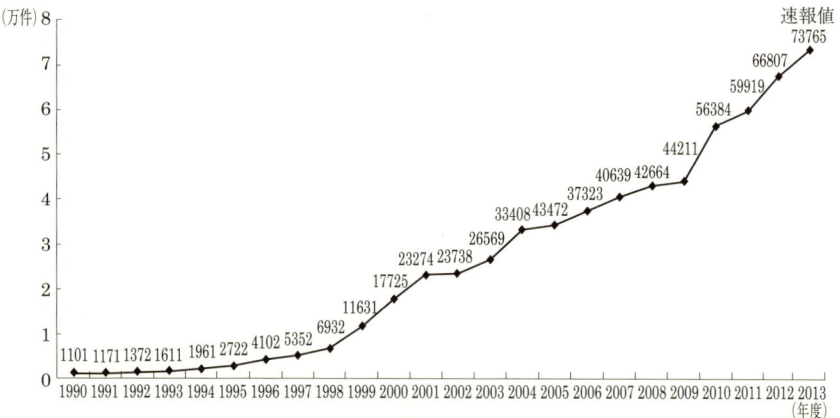

※2010年度は、東日本大震災の影響により、福島県を除いて累計した数値。
児童相談所での児童虐待相談対応件数（厚生労働省より作成）

　同法制定後、児童相談所をはじめ、NPOも含めたさまざまな機関が虐待に積極的に取り組むようになった。国もさまざまな施策を打ち出し、虐待ケースに対する迅速な介入を後押しした。社会的関心の高まりは、市民や子どもにかかわる機関の虐待通報を増加させていった。とくに、大きな事件が起こると住民からの通告は軒並み増えるといった傾向があり、この現象は今でも同様である。こうして児童相談所の児童虐待対応件数は増加の一途をたどることとなった。2013（平成25）年度は7万3765件で、法制定された2000年度の1万7725件の約4倍となっている。

　増加の背景には、社会的関心の高まりと積極的な介入の結果、それまで十分に手立てを講じることなく潜在していた家庭内虐待が顕在化したためと多くの専門家が指摘している。一方で、家庭内養育機能の低下とともに児童虐待は実際に増えており、虐待を食い止めるほど十分に手立てが至っていないためとの見方もある[1]。

　児童虐待防止法施行後に虐待で死亡した子どもは、この十数年の間ですで

---

[1] 総務省が2012年に報告した「児童虐待の防止等に関する政策評価」では、次のように評価している。「児童虐待の防止等に関する政策については、①児童虐待相談対応件数は増加の一途、②虐待死亡児童数は減少していない、③『発生予防』『早期発見』『早期対応から保護・支援』『関係機関の連携』の各施策における効果の発現状況をみても、早期対応から保護・支援については一定の効果がみられるものの、残りの施策についてはいずれも不十分」。

に1000人を超えていると思われるのである[2]。この十数年の虐待対応の歴史は、児童虐待ケース数の増加とともに、児童虐待防止に関する新たな課題が次々に露呈され、それらへの対策が追いつけずにいる状況を示しているともいえよう。厚生労働省は社会保障審議会児童部会に専門委員会を立ち上げて、虐待による死亡事例の集約と検証を行うようになり、現在第9次報告まで公表されているが、そこで報告される虐待による死亡数に減少傾向は認められない。

　虐待による死亡も含め、多くの児童虐待事件がこの十数年の間に報道されてきた。それは現在も続いていて、全国のあるいは地方のメディアを通じて報道されないときがないほどである。そのなかには数日、あるいは数週間にわたって継続的に報道されるような重大事件があった。数ある児童虐待事件のなかで、その事件が大きく報道される背景には、事件の悲惨さに加え、それまでの児童虐待に対する一般市民の理解を超えるような特異性があることや、援助機関の課題や問題点が露呈するなどの事情がある。マスメディアがこうした点に敏感に反応し、大きく報道することは、児童虐待に対する社会的関心の高まりを助長したといえよう。さらに注目すべきは、児童虐待の対応に関する国や自治体の施策等に影響を与えてきた点である。児童虐待防止法施行以後の施策を一望すると、そのときどきの重大事件が、虐待防止対応システムや施策の展開に大きな影響を与えてきていることがわかる。それは、たとえば通報があれば48時間以内に子どもの安全を確認するルールであり、虐待が疑われる場合に家庭内への強制的な立ち入り調査を可能とする臨検・捜索制度の創設であり、長期欠席児童などにかかわる学校と児童福祉機関の連携強化などである。これらについては、具体的な事例をとおして本書のなかで述べられることとなろう。

　先述した社会保障審議会児童部会の専門委員会による死亡事例の集約と検証が2004年から行われるようになり、重大事件の起きた自治体には事例の検証の義務が課されるようになったのも、こうした虐待死事件等が繰り返されていることを受けてのものであった。しかし、事件が施策に影響を与えてきた一方で、自治体がまとめた検証報告書をみると、関係諸機関の取り組みの課題や問

---

[2] 厚生労働省が2004（平成16）年2月にまとめた「児童虐待死亡事例の検証と今後の虐待防止対策について」によれば、児童虐待防止法が施行された2000年11月20日から2003（平成15）年6月末までに死亡した子どもは127人、それ以後の期間を対象にした厚労省の第1次から第9次までの検証報告（2010年3月まで）で虐待死とされた子どもは850人（心中事例を含む）であり、合計すると977人となる。

題点への指摘はあっても、虐待発生の機序、家族背景や子どもの生育歴など、「この家族で、なぜこのような虐待が起こったのか」といった視点での踏み込んだ分析は、総じて十分とは言いがたい。しかもこの十年余を振り返ると、その当時大きく報道された重大事件が、時が過ぎるにつれてしだいに忘れ去られていく状況に愕然とすることがある。たとえば、当時児童虐待問題に携わる者であれば誰もが知っていた「岸和田中学生ネグレクト事件」（第Ⅰ章5）でさえも、現在は知らない人のほうが多い。人事異動も繰り返されるなかで、当時を知る人が少なくなってきたという背景もあろうが、事件の存在とそのときに得た教訓が引き継がれていないという由々しき問題として認識すべきだろう。

本書発刊に至ったわれわれの問題意識はここにある。すなわち、児童虐待防止法制定以後の重大事件を改めて振り返り、それはどのような事件であったのか、またどのような家族であり、子どもだったのか、事件は施策にあるいは私たちの社会にどのような影響や波紋を及ぼしたのかなどについて分析・整理し、後世に残すべきだという認識である。

児童虐待への対応は、発生予防から初期対応、介入後の治療的支援、さらには家族の再統合や自立に向けた取り組みなど、切れ目のない支援が必要である。とくに発生予防はきわめて重要であり、そのためには、子どもの特徴、親の特徴、親の生育史、子どもの生育史、家族の機能、その家族特有の文化や価値観、虐待発生のきっかけと悪化のメカニズムなどの知見を得ることである。こうした知見は、虐待事例の分析を積み上げることによってしか得られない。とくに社会が注目した重大事件は、貴重な知見をわれわれに教えてくれている。それらを風化させず、大切に残し、つねにそこに立ち返れるようにしておくことが必要なのである。

本書の内容

本書は、先述したように法が制定された2000年から2010年までに大きく報道された25の重大事件をまとめたものである。それぞれの事件について、新聞記事、検証報告書、事件に関する文献や論文などから情報を収集し、以下の視点で整理している。

(1) 事件の概要
(2) 家族の状況
(3) 事件の経過

（4）事件へのコメント（事件に関する専門家等からのコメント）
（5）事件がもたらした影響

　読者は、これらの事件が児童虐待対応の歴史の重要な一コマになっていること、今なお類似する事件が繰り返し発生していること、あるいは当時の識者からのコメントのなかには今も十分通用する指摘があることなども含めて、それぞれの事件に対してさまざまな感想や気づきをもたれるのではないだろうか。

　本書は、児童虐待対応の施策の動向等をふまえて4つの年代（2000～2004年、2005～2006年、2007～2008年、2008～2010年）に分け、それぞれ第Ⅰ章から第Ⅳ章として、事件の発生時期順に各事件を収めている。さらに重大事件に関連するいくつかのトピックも随所に加えて、内容の充実を図っている。

　なお、各事例の家族の状況については、原則として被害児の死亡時点（生存している児童等に関しては、事件の発覚時点）でのジェノグラム（家族図）をすべての事例に添付したが、これらは収集された状況をふまえたものであり、必ずしも正確なものとは限らないことをお断りしておきたい。また死亡した子どもの氏名や加害者の氏名は実名で報道されているが、本書ではすべてアルファベット、あるいは父、母などとして表示した。

戦後から2000年までの児童虐待に関する事件

　冒頭でも述べたとおり、本書で取り上げる事件は2000年以降のものである。しかし、児童虐待による死亡等の重大事件はそれまでにも存在したことにもここでふれておきたい。われわれが危惧するのは、本書が2000年以降の虐待事件に限定したことによって、これを読む読者が、「児童虐待事件は現代特有のもの」と誤解することである。実際は過去にも数多く存在している。ただし、当時は虐待という言葉は用いられず、子殺し事件や乳児殺害事件などといった言葉で報じられていた。児童虐待防止法もでき、「児童虐待」というレンズができたことで、すでに存在していたものが、そういう事件としてみえるようになったものといえよう。「虐待」と「逮捕」のキーワード検索の推移が、それを示唆していることは先述したとおりである。

　本書で扱う事件に含まれたさまざまな要素（虐待の内容や虐待に至るリスク要因など）は、今に始まったことではなく、過去から続いてきているものと認識すべきである。この点について、保坂ら（2011）は『日本の子ども虐待　第2版』のなかで、児童虐待が戦後そして高度経済成長期以降も重大な社会的問

題であったことを明らかにしている。過去に虐待を受けた子どもが大人になり、今度はわが子に対して虐待を行うようになることを、虐待の世代間伝達と呼ぶが、戦後、とくに近代社会の基盤を形成した高度経済成長期以降2世代、3世代へと引き継がれる問題であるとの認識が必要である。そこで、ここでは第2次世界大戦後から2000年までの児童虐待事件や児童虐待に対する国民の認識、取り組み等についての概況を、本章に入る前に述べておくこととする。

①戦後から1950年代──戦災孤児や身売りが増加した時代

1945（昭和20）年の終戦直後の日本は、多数の子どもが戦災孤児となり、日本中が混乱と貧困のなかにあった。生まれた子を育てられず、捨て子も激増した。2007（平成19）年に熊本に「こうのとりのゆりかご」が設置され、その是非についての論議が続いているが、この時代に東京の済生会病院が「やむをえない人はここに捨てよ」と捨て子台を設置し、1946（昭和21）年の新聞報道によると、その数が70人を超えたとある。このような状況のなかで乳児や戦災孤児を預かる民間の孤児院や里親は増加した。多くは救済のためであるが、なかには、預かり料や乳幼児に配給されるミルクや砂糖を闇で売り、預かった乳児を殺害する事件も起きている。1948（昭和23）年の「寿産院赤ちゃん大量殺人事件」がそれで、殺害された乳児の数は100人を超えたと報道された。1947（昭和22）年に児童福祉法が制定、児童相談所が設置され、それまでの孤児院等は、乳児院や養護施設等に生まれ変わり、こうした施設や里親で暮らす子どもの数は急増する。

一方、1948年から1951（昭和26）年にかけて、子どもの人身売買が社会問題となる。1949（昭和24）年の児童福祉法改正で同居児童の届け出が義務づけられたが、次のような人身売買事件が契機になったという。「一浮浪者が浮浪児4名栃木県川内郡平石村の農家に金をとって預けたことに端を発したのであるが、これを糸口にしてやがて栃木県、福島県におなじような方法で預けられた児童が数多くいることが明らかになり、各新聞がきそって、これこそ農奴制度だ、人身売買だと指摘し、……（中略）……センセイショナルな社会問題へと発展していった」（高田、1951）。

その一方で、次のような事件もある。1950（昭和25）年に少女9人を熱海の歓楽街に売り飛ばし、売春させていたとして25歳の男性が逮捕された。罰金7000円で終わったことに「これでいいのかという声が児童福祉関係者からあがった」（山本、1989）という。ひと口に人身売買といっても、繁華街に売られ

ての売春から、農家の労働者として売られるものまでさまざまであったことがわかる。1950年の国立世論所の調査によれば、「親が前借して子どもを年季奉公に出す」ことは「構わない」9％、「家が困ったり、親の借金を返すためなら仕方がない」20％、「子どもが進んで行く場合や子どもの幸せになるなら構わない」51％と回答している（下川、2002）。背景に貧困が大きな要因としてあり、年季奉公等その内容によっては、社会が一定程度認めていたことがわかる。

②高度経済成長期の虐待事件

1950年代後半から高度経済成長期に入る。急速に生活が豊かになり、戦災孤児対策は終焉を迎える。施設入所児童や里親委託児童は減少に転じ、身売りもなくなっていく。その一方で、高度経済成長は社会構造や生活のあり方を大きく変えた。

農業主体の第1次産業から第2次産業である工業が産業の中心となり、高度経済成長を推し進めた。工業化は都市に労働者を集め、出生地域の地縁血縁関係からの分離と核家族化を促進させた。同時に工場や会社で働く労働者の増加は、「夫が外に出て働き、妻が家庭を守り子どもを育てる」という役割分担を生んだ。このことが家庭にとどまる母子の密着や子育てをする母親の負担を増やし、孤立化を促した。

この時代に入り、子どもの遺棄や子殺しの事件報道が急増する。1970（昭和45）年2月に、東京渋谷のコインロッカーで嬰児の死体が発見された。同じような事件がこの2年前にも起きているが、1970年以降はこの年に2件、1971（昭和46）年3件、1972（昭和47）年8件、1973（昭和48）年46件と増えていく。これらは「コインロッカーベビー事件」として当時のマスコミを騒がせた。現在でいえば、ネグレクトによる死亡事件となろう。遺棄事件と同時に子育ての不安から乳児の首を絞めて殺したなど、親による子殺しの事件報道も増えていく。1973年1月号の『文藝春秋』にある立花隆氏の論考「子殺しの未来学」では、当時報道された虐待事件がいくつか紹介されている。たとえば「生後12日の息子を布団をかぶせて窒息死させ、石こうづめにして郷里に送った」「自宅で出産した未熟児の男の子を絞め殺し、ビニール袋に入れて、洋服ダンスに入れていた」「玄関をくぎ付けにして3歳と2歳の息子を監禁したまま、男と4日間遊び歩いていた。子どもたちは……（中略）……衰弱死寸前のところを助け出された」など、現在にも通じる事件が相次いで起きていたことがわかる。また1972年10月に、2年近くにわたって野外に放置された6歳と

4歳の姉弟2人が施設に保護される事件が起きている。今でいえばネグレクトによる心身発達の阻害が生じた事例で、その後の驚くほどの改善が報告されている（藤永他、1987、内田、1999）。

この時期、ヘンリー・ケンプ（Kempe, C.H.）が1961年に米国で報告した"The Battered Child Syndrome"が、新田ら（1973）や橋本ら（1974）によって「被殴打児症候群」と訳されて紹介される。こうした一連の動向は、児童虐待に目を開かされる契機となった。度重なる虐待事件報道に加え、今でも有名な『ローラ、叫んでごらん』（Richard D'Ambrosio、1970）が1973年に100万部を超えるベストセラーになるなど、この時代子ども虐待は社会の大きな関心を集めていた。それらを背景に、1974（昭和49）年には厚生省が「児童の虐待、遺棄、殺人事件に関する調査」を行っている。しかし、この問題に対して法律の整備や行政の施策は打ち出されなかった。児童相談所が今のように家庭に介入し、子どもを保護する取り組みはほとんどみられていない。

なお1974年に、きわめて重要な尊属殺事件に対する最高裁判決が下された。14歳のときに父親に性的暴力を受けて以来、その後15年間性的な関係を強いられ、5人の子どもまで出産した（うち2人は後に死亡）29歳の女性が、結婚相手に出会い、ともに暮らしていこうとしたことを知った父親が激高し、10日間軟禁状態にし、再び性的加害を加えた。その結果、女性はついに父親を絞め殺すに至った事件である。「自分または配偶者の直系親族を殺したる者は死刑又は無期懲役に処す」という当時の尊属殺の罰則規定を最高裁は違憲であるとし、懲役2年6カ月執行猶予3年が確定した。事件の背景に過酷な被虐待体験があったが、本書第Ⅱ章10の「自宅放火母子3人殺害事件」で犯行に至った長男も、長期間にわたって親から虐待を受けており、共通のテーマがみてとれよう。

③虐待問題が潜在化した1980年代の虐待事件

1970年代後半になると、不登校、校内暴力、いじめなどが社会的問題となる。「母原病」に対する社会的批判も重なって、学校や社会のあり方への批判が噴出すると、これにとってかわるようにして、1970年代初頭にあった子殺し、虐待に対する社会的関心が失われていく。とはいえ、この間に児童虐待による事件報道がなくなったわけではない。「同棲の邪魔」と実子を殺害した17歳の母親の事件（1980年）、育児疲れの母親が乳児を殺害した事件（1984年）、何回もおもらしをしたと、2歳の子どもを投げつけ死亡させた事件（1986年）、

愛人の1歳7カ月の女児を殺害して埋めた男が逮捕された事件（1989年）などが報道されている。しかし1970年代初頭のような大きな問題として社会が反応することはなかった。校内暴力やいじめなどの学校の問題の陰に隠れ、潜行した時代と推察される。

ただし、この時代にも大きな関心を集めた事件がなかったわけではない。1988（昭和63）年に起きた「西巣鴨子ども置き去り事件」は、そうした事件の1つであった。母親が蒸発し、4人のきょうだいだけで約半年間放置された。子どもたちは学校にも行けず、自炊をしていたが、やがて栄養失調となり、ついに末娘の幼児が死亡するという衝撃的な事件である。母に対する地裁判決は懲役3年執行猶予4年だったが、当時は裁判のなかでも児童虐待との指摘はなく、この事件を虐待としてとらえる認識がなかったことがうかがわれる。また判決も、現代の遺棄致死事件の量刑に比べれば軽いものとの印象はぬぐえない。この事件をモチーフにした映画『誰も知らない』が公開され、評判を呼んだ。しかし、映画化は児童虐待防止法制定後の2004年である。子どもだけを家に残して放置し、衰弱死に至った事件は、第Ⅲ章13の「苫小牧市2幼児放置死・衰弱事件」、および第Ⅳ章25の大阪市で起こった「西区2幼児放置死事件」が該当する。

④子ども虐待が国家的問題化した1990年代

1990年代は、児童虐待が社会問題化し、国家的問題化となって、2000年の「児童虐待防止法」につながっていく10年間である。その背景には2つの大きな潮流がある。すなわち、子どもの権利擁護の高まりと、民間活動の活発化である。1989年に国際連合総会において「子どもの権利条約」が採択され、日本は1994（平成6）年に批准するが、これを契機に子どもの権利擁護の動きが強まっていく。国連は、国内および国際的なNGOへの協力を呼びかけ、日本では1990年代にボランティア団体が急増していく。子ども虐待領域でも、大阪の「児童虐待防止協会」（1990年設立）や東京の「子どもの虐待防止センター」（1991年設立）をはじめとして、虐待防止を目的にした民間団体が次々と設立されていく。虐待に対する児童相談所の介入は活発化し、その実態が明らかになるにつれ、なかには非常に深刻なケースがあるという認識が広がっていく。

虐待として報じられた事件としては、1996（平成8）年に大阪で中学3年の長男の首にU字型の錠をかけて逃げないようにし、数年前から日常的に暴行

を加えていた父親が、傷害などの容疑で逮捕された事件、同年に茨城で5歳の長女がおしっこを漏らすなどしたことに腹を立てて暴行を加え、外傷性ショックで死亡させたとして父親が逮捕された事件、愛知で1998（平成10）年に2歳と1歳の姉妹に1カ月近くも食事を与えず長女を衰弱死させたとして父親が逮捕された事件などがある。愛知県の市民団体である「子ども虐待防止ネットワーク・あいち（CAPNA）」は、新聞報道から、虐待や無理心中で死亡した18歳未満の被害児を調べたところ、1996年に86人、1997（平成9）年に104人が死亡していたと報告した（1999）[3]。厚生省は1990年度から児童相談所の虐待対応件数の統計を取り始めたが、1990年度の1101件から年々増加し、1999（平成11）年10月の朝日新聞では「子供への虐待 相談が急増 昨年度5352件、7年で5倍」の見出しで、第1面で報じられた。もはや児童虐待は国家的な問題となり、2000年に児童虐待防止法が超党派による議員立法として国会に提出され、全会一致で成立した。

なお1990年代にふれておくべき事件がある。1995（平成7）年のオウム真理教教団をめぐる一連の事件である。このとき教団への強制捜査が行われ、教団施設内にいた数十人の子どもたちが児童福祉法25条にもとづき、要保護児童として児童相談所に通告され保護された。当時、保護理由として「児童虐待」という観点は関係者の口からは述べられなかったが、その後の児童虐待事例に対する児童相談所の介入の必要性を投げかけた事件であった。

⑤ 2000年からの虐待事件がもたらすもの

「児童虐待防止法」の施行後、児童虐待防止に向けた取り組みはさらに拍車がかかる。児童虐待事件の報道が急増するようになったことはすでに述べたとおりである。急増と同時に重要なのは、こうした事件が虐待対応において新たな認識をもたらす契機となり、法改正や新たな施策に影響をもたらすようになった点である。

たとえば、第Ⅰ章1の愛知県の「武豊町3歳女児ネグレクト死事件」は、ネグレクトの結果衰弱死に至ったものだが、ネグレクトの深刻さを社会に伝える契機となった。同章の5の「岸和田中学生ネグレクト事件」は、悲惨さとそれまでの虐待事件との異質性で大きな衝撃を与えた。異質性とは被害児が不登校

3　なお、虐待防止法制定後に出された「子ども虐待死に関する統計的基礎研究——過去5年間に新聞報道された事件から読み取れる傾向と課題」（祖父江他、2000）によると、1996年に105人、1997年に107人とされている。

児であったことと中学3年という高年齢であったことである。不登校という問題に隠れ、児童相談所や教師が虐待の認識に至らなかったとして批判された。不登校と児童虐待との接点、不登校の影に潜む児童虐待の可能性を教えた事件であった。第Ⅱ章11の福島県の「泉崎村3歳男児ネグレクト死事件」は、学校や児童相談所が虐待を把握して家庭を訪ねたものの、シャッターなどで外部の立ち入りを防ぐなどされて、介入が困難だった事件である。このような立ち入りを困難にするケースが少なくないため、その後の児童虐待防止法の改正で、児童相談所が強制的な立ち入り調査ができるよう、新たに臨検・捜索制度が設けられた。同章12の京都府の「長岡京市3歳男児ネグレクト死事件」は、近隣住民が児童虐待の危機感を募らせ、児童委員が4回の通報をしていたにもかかわらず、児童相談所が十分な調査を実施していなかった点が批判された。京都府の検証委員会報告書では、通報があった場合の速やかな安全確認ルールの確立などが提言され、事件後には児童相談所運営指針が改定され、安全確認は48時間以内に行うことが望ましい旨が明記された。第Ⅳ章23の「江戸川区小1男児虐待死事件」は、学校、区の子ども家庭支援センター、児童相談所が虐待について認識していながら、長期に学校を欠席していることさえ情報共有されていなかったことが問題となった事件である。これを受け、出席状況などの情報を市町村や児童相談所に定期的に書面で提供するよう、文部科学省と厚生労働省の両者から自治体と教育長に通知が出されている。重大事件は、おそらく今後も新たな施策の展開や法改正等に影響を与えていくであろう。

　しかし、残念なことに、さまざまな施策が打たれ続けているにもかかわらず、死亡事件は後を絶たない。われわれは法制定後の十数年間に多くの事件から学びを得たが、それらを今後にさらに活かしていかねばならない。同時に事件の分析には、さらに多くの情報が必要であるとの認識を新たにしている。自治体に義務づけられた検証報告も、主に関係機関がどうかかわったのかを反省的に振り返ることが中心で、家族の置かれた状況や虐待に至ったメカニズムなどの分析は総じて不十分である。また新聞記事や公判などにおいても、子どもや保護者の人物像や生育歴などの背景が必ずしも十分に明らかになるわけではない。ただし、なかにはジャーナリストが粘り強く本人と家族などに丁寧に取材したルポがあり、それらはわれわれの理解を深めるうえで大いに役に立った。

　本書は、現段階で集められるかぎりにおいてまとめた重大事件の報告である。そこで得られた知見を忘れ去られることなく残し、今後の虐待事例への対応に

活かしていくこと、かつ今後の事例分析のよりよいあり方を検討する資料として、少しでも役に立つことができたら、執筆者一同、これほどうれしいことはない。

2014 年 8 月

増沢　高

文献

D'Ambrosio, R. 1970. *No Language But Cry.* (関口英男（訳）『ローラ、叫んでごらん——フライパンで焼かれた少女の物語』サイマル出版会

Kempe, C.H. & Helfer, R.E. 1968. *The Battered Child Syndrome.* University of Chicago Press.

朝日新聞オンライン記事データベース「聞蔵（きくぞう）」

恩賜財団母子愛育会日本子ども家庭総合研究所（編）（2005）『子ども虐待対応の手引き　平成 17 年 3 月 25 日改定版』有斐閣

川﨑二三彦（2009）「明治末期から大正初期にかけての児童虐待死亡事例」『子どもの虹情報研修センター紀要』No.7

川﨑二三彦（2011）「児童の虐待死に関する文献研究」子どもの虹情報研修センター

経済企画庁（1958）『国民所得白書　昭和 31 年度版——昭和 31 年度の国民所得（昭和 31 年度経済白書）』東洋経済新報社

厚生省（1973）「児童の虐待、遺棄、殺害事件に関する調査結果について」

子どもの虹情報研修センター（企画）　保坂　亨（編著）（2007）『日本の子ども虐待——戦後日本の「子どもの危機的状況」に関する心理社会的分析』福村出版

子どもの虹情報研修センター（企画）　保坂　亨（編著）（2011）『日本の子ども虐待　第 2 版——戦後日本の「子どもの危機的状況」に関する心理社会的分析』福村出版

子ども虐待防止ネットワークあいち（1998）『見えなかった死——子ども虐待データブック』キャプナ出版

下川耿史（編）（2002）『近代子ども史年表 1926-2000——昭和・平成編』河出書房新社

社会保障審議会児童部会児童虐待等要保護事例の検証に関する専門委員会（2010）「子ども虐待による死亡事例等の検証結果等について（第 6 次報告）」

祖父江文宏他（2000）「子ども虐待死に関する統計的基礎研究——過去 5 年間に新聞報道された事件から読み取れる傾向と課題」

高田正巳（1951）『児童福祉法の解説と運用』時事通信社（網野武博・柏女霊峰・新保幸男（編）（2005）『児童福祉基本法制』第 8 巻　日本図書センターに収録）

立花　隆（1973）「子殺しの未来学」『文藝春秋』51 巻 1 月号（立花　隆（1984）『文明の逆説——危機の時代の人間研究』講談社）

内閣総理大臣官房広報室（1973）「婦人に関する世論調査」

日本児童問題調査会（1985）『児童虐待——昭和58年度全国児童相談所における家族内児童虐待調査を中心として』日本児童問題調査会
藤永　保・斎賀久敬・春日　喬・内田伸子（1987）『人間発達と初期環境——初期環境の貧困に基づく発達遅滞児の長期追跡研究』有斐閣
増沢　高（2011）「戦後日本の主な虐待事件をめぐって」小野善郎（編）『こころの科学』159
山本健治（編著）（1989）『〔年表〕子どもの事件 1945-1989』柘植書房

目次

はじめに (3)

第Ⅰ章　2000〜2004年（児童虐待防止法制定後の事件）——19

> わが国の虐待防止制度と重大事例 (1)

「児童虐待の防止等に関する法律」の制定 (20)

1　武豊町3歳女児ネグレクト死事件（愛知県2000年）(22)
2　尼崎市6歳男児運河遺棄事件（兵庫県2001年）(35)
3　5歳男児山中遺棄事件（山形県2003年）(52)
4　同居少年による4歳男児虐待死事件（名古屋市2003年）(64)
5　岸和田中学生ネグレクト事件（大阪府2004年）(80)
6　小山市幼兄弟殺害事件（栃木県2004年）(107)

> トピック　重大事件あれこれ①　「短期ネグレクト」(119)

第Ⅱ章　2005〜2006年 （児童虐待防止法第1次改正後の事件）——123

> わが国の虐待防止制度と重大事例 (2)　児童虐待防止法第1次改正 (124)

7　18歳女性長期監禁事件（福岡市2005年）(126)
8　渋川市3歳男児虐待死事件（群馬県2006年）(139)
9　藤里町児童連続殺害事件（秋田県2006年）(148)
10　自宅放火母子3人殺害事件（奈良県2006年）(165)
11　泉崎村3歳男児ネグレクト死事件（福島県2006年）(187)

12　長岡京市3歳男児ネグレクト死事件（京都府 2006 年）（197）

トピック　重大事件あれこれ②　「嬰児殺」（214）

第Ⅲ章　2007 ～ 2008 年 （児童虐待防止法第2次改正後の事件）── 217

わが国の虐待防止制度と重大事例（3）　児童虐待防止法第2次改正（218）

13　苫小牧市2幼児放置死・衰弱事件（北海道 2007 年）（220）
14　南国市小5男児暴行致死事件（高知県 2008 年）（227）
15　蕨市4歳男児ネグレクト死事件　（埼玉県 2008 年）（250）
16　奈良市4カ月双子男児虐待・死傷事件（奈良県 2008 年）（257）

トピック　重大事件あれこれ③　「親子心中」（269）

第Ⅳ章　2008 ～ 2010 年 （平成 20 年児童福祉法改正後の事件）── 273

わが国の虐待防止制度と重大事例（4）　平成 20 年児童福祉法改正（274）

17　小1男児公園トイレ殺害事件（福岡市 2008 年）（276）
18　点滴汚染水混入事件（京都市 2008 年）（298）
19　練馬区2歳男児ゴミ箱放置死事件（東京都 2008 年）（325）
20　西淀川区小4女児虐待死事件（大阪市 2009 年）（337）
21　小1男児母子心中事件（静岡市 2009 年）（359）
22　7カ月男児医療ネグレクト死事件（福岡市 2009 年）（370）
23　江戸川区小1男児虐待死事件（東京都 2010 年）（377）
24　桜井市5歳男児ネグレクト死事件（奈良県 2010 年）（393）
25　西区2幼児放置死事件（大阪市 2010 年）（405）

トピック　重大事件あれこれ④　韓国の児童虐待重大事件（430）

終章　事件をふりかえって ——————— 433

おわりに（447）

付表：掲載事件の概要一覧 ——————— 449

第Ⅰ章

2000〜2004年
（児童虐待防止法制定後の事件）

わが国の虐待防止制度と重大事例（1）

「児童虐待の防止等に関する法律」の制定

　児童虐待防止法が、議員立法によって全会一致で可決・成立したのは2000（平成12）年5月、施行されたのは2000年11月20日のことだが、そこに至るまでにはさまざまな紆余曲折があった。本書は、その全体を明らかにすることを目的にするものではないが、法律制定には、虐待死事例など児童虐待による重大な事例も大きな影響を与えているので、以下、その点に限って述べてみたい。

　この当時、おそらく最初に虐待死に注目したのは、CAPNA（子どもの虐待防止ネットワーク・あいち）が1998（平成10）年10月に出した『見えなかった死――子ども虐待データブック』（キャプナ出版）ではないだろうか。それによれば、1996（平成8）年春頃、「それにしても最近、虐待で死ぬ子が多くないか？」と、設立まもないCAPNAのなかで話題になったのだという。ところが、いざ調べてみても虐待死の公式的な統計はどこにも見当たらず、やむなく新聞報道を丹念に調査して著したのが、上記の出版物であった。これを逆に言えば、当時の私たちの社会は、児童虐待による死亡について、「発見する」ことすらできていなかったともいえよう。

　ただし、1998年10月というのは、毎日新聞が「殺さないで――児童虐待という犯罪」という連載を始めた時期と重なる。後にまとめられた同名の単行本（毎日新聞児童虐待取材班著、2002）によると、「当時はまだ児童虐待がそれほど騒がれていなかった。陰惨な虐待事件は頻繁に起きていたが、新聞やテレ

ビが大きく取り上げることは決して多くはなかった」のであり、こうした連載やCAPNAの活動が、虐待死に対する社会の注意を喚起し、児童虐待防止法の制定に向けた機運の醸成に力となったのである。事実、当時の厚生省も、1999（平成11）年11月には、こうした動きに押されるようにして、1998年度1年間に「児童相談所が関与した死亡事例」（8件8人）の概要や「児童相談所が、関係機関や報道等により把握した児童の虐待死亡事件」件数（28件33人）を初めて公表している。

　児童虐待防止法は、こうした動きにも後押しされて制定されたのである。そのおもな内容としては、児童虐待の定義を明記したこと、そのうえで児童に対する虐待の禁止を謳い、さらに児童虐待の防止に関する国および地方公共団体の責務を規定し、児童虐待を受けた児童の保護のための措置等も定め、児童虐待の防止等に関する施策を促進することを目的として掲げていた。なお、本法でとくに注目されたのは、児童虐待の発見と通告の促進であろう。児童虐待が家庭内の密室で行われるという特徴をもつことから、学校の教職員、児童福祉施設の職員、医師、保健師、弁護士その他児童の福祉に職務上関係のある者に対して、児童虐待の早期発見に努めるよう求め、児童虐待を発見した者は誰であっても通告しなければならないことを明記した。

　とはいえ、法施行直後から、児童虐待の重大事例は間断なく発生するのであり、それを示したのが本章である。読者は、本章を含む全編を読み進むにつれて、虐待行為に対する怒りや悲しみ、さらには援助機関に対する歯がゆさなどを感じるかもしれないが、願わくば、それらの思いを止揚し、こうした虐待をなくすためにはどうすればいいのか、といった視点でこれらの事例を咀嚼していただければ幸いである。

1 武豊町3歳女児ネグレクト死事件
（愛知県 2000 年）

（1）事件の概要

　2000（平成12）年12月、愛知県武豊町のアパートで、3歳の女児Ｉちゃんが食事を適切に与えられずに餓死し、保護責任者遺棄致死の容疑で両親が逮捕された。発見時のＩちゃんの体重は5kgで標準の4割にも満たず、段ボールのなかで両足を折り曲げたまま硬直した状態であった。判決では殺人罪が認定され、両親とも懲役7年が言い渡された。

（2）家族の状況

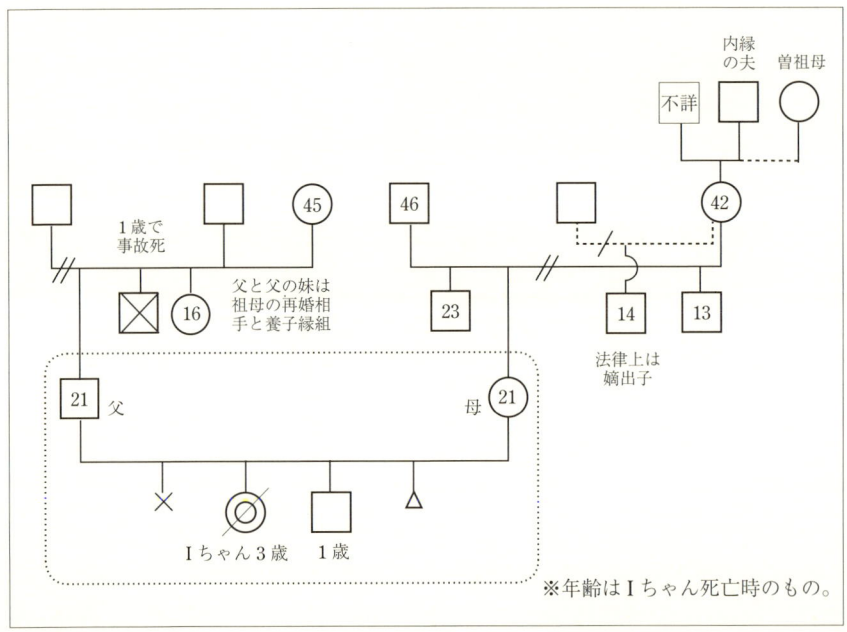

※年齢はＩちゃん死亡時のもの。

(3) 事件の経過

実母の生育史

　Ｉちゃんの母は1979（昭和54）年に武豊町で生まれた。母の両親（以後、母方祖父および母方祖母と呼ぶ）は見合い結婚だったが、母方祖父のパチンコ依存症のため、母が3歳時に母方祖母は家出した。そのため、母方祖父は母と母の兄を連れて母方祖母の実家に移るが、実家の曽祖母は内縁の夫からDVを受けており、母や母の兄が標的となることもあった。なお、母方祖母は母が6歳時に、恋人の子どもを妊娠したまま家に戻って出産した。両親の婚姻は続いていたため、産まれた子どもは母方祖父の籍に入った。母が9歳時に、母方祖母は再び家出した。母方祖父はパチンコで給料を使い果たし、家庭は困窮していた。母方祖父が子どもたちの世話をしないため、母がきょうだいの面倒をみた。その後、母が12歳時に、両親は協議離婚した。母の兄と母は母方祖父のもとにとどまり、下の弟2人は母方祖母と生活するようになった。母は中学でいじめにあい、卒業後は、工場に就職して寮に入り、定時制高校に進学するが、1カ月あまりでレイプ被害にあった。その後、退職・退学し、夜遊びや異性との交遊などが始まった。

　このように母の生育史をたどると、のちにＩちゃんをネグレクトする母自身がネグレクト家庭で育っており、こうした生い立ちが事件に大きく影を落としている。

実父の生育史

　Ｉちゃんの父は1979年に京都府で生まれた。父親（以後、祖父と呼ぶ）は建設関係の仕事をしていたが、独立後、事業に失敗し、両親は負債に追われて職場を転々とした。こうしたなかで父はあまり手をかけられずに育ち、しばしば暴力を受けた。父の弟は1歳時に、母親（以後、祖母と呼ぶ）が目を離したすきに列車にひかれて死亡している。その後、妹が生まれた。父の保育園年長時に両親は離婚し、祖母は友人を頼って武豊町に移った。このとき、Ｉちゃんの父と母は同じ保育園に在園し、出会っている。Ｉちゃんの父もまた、母と同様にネグレクト環境で幼少期を過ごしたといえよう。

　父が小学3年生時に、祖母は再婚した。父と父の妹は養子縁組をして、姓が変わった。父は小学校時代から成績がよかったが、一方でいじめにあっていた。

名古屋市の市立工業高校の電子科に進学し、1年時は進学クラスだったが、2年時には普通クラスに移動した。

この頃、Iちゃんの父と母はポケットベルのメッセージ交換で知り合い、保育園の幼なじみ同士だとわかって急速に親しくなった。母は父の実家で父の家族と一緒に暮らし始めた。まもなく母は妊娠するが、祖母の反対で中絶した。この一件で、母は祖母に対して憎悪を覚え、母の実家に戻った。そして、翌月には再び妊娠し、父が高校3年生時にIちゃんが生まれた。

虐待の始まり

Iちゃんの誕生後、母はIちゃんを連れて再び父の実家に移るが、祖母の一方的なふるまいや家事分担をいやがって、再度実家に戻った。父は高校卒業後、1998（平成10）年4月に鉄鋼関連会社に就職する。事件後、上司は「勤務態度はきわめて真面目。『所帯をもっているだけに若いが、しっかりしている』と評判だった」と話していた。

1998年7月に父母は入籍し、9月に家族3人は、事件の起こった武豊町の社宅に移った。直後、Iちゃんが生後約10カ月時に父の揺さぶりにより脳から出血した。意識が混濁しており、急性硬膜下血腫で入院した。点滴などで快方に向かって退院したが、母は後遺症を極端に気にしていたという。11月には、血腫を取り除く手術を受けるために再入院し、10日後に退院した。退院後、父と母はIちゃんが以前よりも笑わなくなり、甘えやいたずらがひどくなったと感じた。父はIちゃんがいたずらをしたり、自分が没頭していたゲーム中にまとわりつかれたりするたびに叱り、それでも言うことを聞かないと叩くようになった。母はIちゃんを三畳間で寝かしつけるようになった。

1999（平成11）年6月1日、父母は1歳6カ月健診のため、Iちゃんを武豊町保健センターに連れていった。Iちゃんは痩せていて、歩くことも座ることもできず、発育の遅れがみられた。センターでは親子を「要観察」と判断した。職員が普段の状態を質問したところ、母は急性硬膜下血腫の後遺症ではないかと不安を訴えた。父は歩こうとしないIちゃんに腹を立て、恥をかかされたと感じた。

同月末には長男（Iちゃんの実弟）が生まれた。Iちゃんの発達が遅れたと感じたことに加え、弟の出産で手が回らなくなったことから、母のIちゃんへの関心は急速に失われ、おむつもあまり替えなくなった。父はゲームソフトに

第Ⅰ章　2000〜2004年（児童虐待防止法制定後の事件）

いたずらした罰として、洗濯バサミでＩちゃんの太ももをはさんだ。この頃から、Ｉちゃんの弟へのいたずらや、父のＩちゃんへの虐待を防ぐために、母は幼児用の仕切りをつけてＩちゃんを三畳間に放置するようになった。父母の様子をみかねた祖母が「檻(おり)のなかに動物を飼っているよう」と知人に話し、8月20日に武豊町保健センターの保健師が自宅を訪ねた。Ｉちゃんは無表情で、身体からは尿臭がした。母は「下の子が生まれたら、歩いていたＩちゃんがハイハイに戻ってしまった」と話した。

　こうした情報からは、Ｉちゃんは病院での手術や入院の影響によって、甘えやいたずらがひどくなったこと、弟が生まれた後に赤ちゃん返りしたことがわかる。生死にかかわるような体験を経たことや弟の出生によって、Ｉちゃんが落ち着きをなくしたことや退行したことは当然であろう。だが、こうした行動は両親に受けとめられず、逆に虐待をエスカレートさせた。母は、この年頃の子どもはいたずらをするものだということさえ知らなかった。母が感じた子どもの発達の遅れが頭部外傷の後遺症によるものであったか、その後の虐待やネグレクトにともなう二次的なものであったかは、不明である。

援助の経過

　保健師の訪問から10日後、保健師は半田児童相談所の児童福祉司を交えて、Ｉちゃんとｉちゃんを預かっていた祖母と面接する。祖母は父母が囲いをして出られないようにしていることや、おむつかぶれがひどいこと、弟の出生後に急激な体重減少があったこと、自分が預かるとＩちゃんの状態がよくなることなどを語った。しかし、虐待という判断はされず、11月の保健センターでの2歳児歯科健診に同席した児童福祉司と児童心理司が、発達は順調であると判断したことなどから、児童相談所は事例から遠ざかった。そして、保健センターの「子育て支援」で対応すること、保健師が訪問を重ね、祖母が週に1回程度面倒をみることなどが決められた。保健師の家庭訪問は、1999（平成11）年9月に2回、10月と12月に各1回行われ、2000年の4月、8月、9月に各1回、母と自宅で会った。母は以前から祖母に憎しみをいだいており、祖母がＩちゃんを連れていくことにも反発していた。帰宅後にＩちゃんが抱っこを求めるしぐさをすることも、「甘やかされたから」「祖母の子どもになってしまった」と感じられ、叱ったり怒鳴ったり叩いたりすることによって対応した。その後、両親はＩちゃんを祖母に預けるのをやめようと話し合い、預ける回数は減少し

た。

　このときの関係機関の判断について、徳永雅子（徳永家族問題相談室）は、①発育が悪く、尿臭がすること、②10代の出産であること、③生後3カ月でベッドから落ちていること、④生後10カ月で硬膜下血腫を起こしていることなどから、虐待を疑うべきであったと話す。また、母と葛藤のある祖母を援助者として位置づけており、保育園など子育て支援機関を紹介しなかったことも反省の材料としてあげられるとも述べている（杉山、2004）。

　2000年4月頃になると、父は家事・育児にまったくかかわらず、以前にも増してゲームに没頭するようになった。Iちゃんの死亡する12月には、異臭の漂う室内でゲームにのめり込んでいた。これについて父は、法廷で「男は仕事、女は家事育児をするものだと思っていた」と繰り返し話している。心理鑑定を行った加藤幸雄（日本福祉大学教授）は、父にはアスペルガー障害と近似性があることを指摘している（杉山、2004）。

　また、この頃から母は、支払い能力を超えて30万円以上する衣料品などを通信販売で購入するようになり、買い物依存症とも呼べる状態となった。鉄鋼関連会社で働く父の月収は15万円前後だったといい、7月には月賦の支払いが滞るようになった。同じ頃、母は2歳半のIちゃんを置き去りにして、弟だけを連れて自動車教習所に通っていた。この後、100万円以上する軽乗用車を借金で購入し、10月には月賦の滞納をめぐって、クレジット会社から訴訟を起こされている。このような夫婦の生活をみると、自力で問題を解決する力を失っており、外部からの介入が必要な状況であったといえよう。

　8月15日には、痩せたIちゃんに驚いた母方祖母の勧めで、半田市民病院を受診した。母は無表情で、Iちゃんを心配している様子があまり感じられず、「どうされましたか」と聞いても、「紹介状を持ってきた」と答えただけだった。2歳9カ月のIちゃんには汚れが目立ち、ふらついて自分では体重計に乗れず、この年齢の子どもの体重の中央値（12.5kg）を大きく下回る9kgだった。病院医師はネグレクトを疑い、栄養剤の点滴などを施して入院を勧めたが、母は通院治療を希望した。病院医師はこの件を半田保健所に通報し、家庭環境の調査を要請した。保健所は武豊町保健センターに連絡し、保健センターの保健師から祖母に連絡をした。祖母は「両親は幼い頃からあまり面倒をみていない、うっとうしく思っている。児童相談所にも行ったが、解決には至っていない」と訴え、しばらくはIちゃんを預かる意思を示した。これを聞いて、病院医師

は児童相談所がかかわっていると解釈し、児童相談所に通報しなかった。

　8月17日には、保健所の保健師、保健センターの保健師、病院医師と看護師の4人でミーティングを行った。保健所の保健師は、ミーティング前に書類を閲覧するために児童福祉司に会うが、病院の件は伝わらなかった。保健センターの保健師は「母の養育態度に問題がある。食べさせようとする態度がみられない」と報告した。この話し合いを受けて、入院の方針が決定された。しかし、21日に来診したIちゃんの体重が2kg増えて11kgになり、しわしわだった肌に張りが戻り、笑顔も浮かべていたなど、症状に改善がみられたため、病院医師は虐待に確信がもてず、「考えすぎなのか」と定期的受診を勧めることとして、2週間後の予約を入れさせた。しかし、その後継続的に関与することはなかった。

　この件について、後に事件を担当した両親の弁護団は、Iちゃんを入院させなかったことが事件の重大な分岐点だったと考え、①Iちゃんに身体的病気はなく、精神的疾患や自閉症の疑いがなかったこと、②著しい体重の減少、③栄養状態の不良、④身体の長期的な汚れ、⑤母が子どもの症状や状態を説明する不自然さ、⑥母が無表情で子どもの状態を心配していないようにみえることを列挙し、ネグレクトの疑いと診断する要件はそろっていると指摘した。医師は後に、この時点で入院させるべきだったと話している（杉山、2004）。

ネグレクトによる死亡

　2000年9月に自宅を訪ねた保健センター職員に、母は「だいぶ元気になった。来年度から保育園に入れたいし、幼児教室にも通わせたい」などと話す一方、「3歳なのにパパ、ママなどの片言しか話せない」と繰り返した。

　この頃、祖母は保健センターとの話し合いもあり、Iちゃんを預かることにした。母は祖母への反発がありながらも拒否せず、結果的に祖母は1ヵ月間Iちゃんを預かった。祖母によれば、自宅で預かったとき、Iちゃんはよく食べて、元気になったという。母は育児ストレスが軽減したものの、10月はじめの帰宅時にIちゃんが激しく泣きだしたことに傷ついた。まだ言葉が話せなかったIちゃんが、「おばあちゃん」などと片言を口にして祖母を慕うそぶりをみせたことに、母は腹が立ったという。以後の生活でも祖母の影を感じ、母は精神的に追い詰められ、家事もしだいにしなくなり、家のなかは乱雑になっていった。

10月末からは自宅の電話がつながらない状態になった。保健センターの保健師が自宅を訪ねると、母は不在で、父は「実家に帰っている」と説明した。母はIちゃんの遅れを恥ずかしく思い、11月17日の3歳児健診にも行かなかった。気になった保健師は11月中に何度か訪問したが留守で、電話も通じず、連絡が途絶えた。保健センターは、この件を児童相談所には知らせなかった。武豊町健康課長は「もっと繰り返し自宅を訪ねるべきだった」と言いつつ、「母の変化が急で、必ずしも保健師が判断を誤ったとはいえない」と話した。児童相談所長は「連絡がとれなくなっていたことは新聞報道で知った。保健センターが母と連絡をとっていたので、センターの判断に任せていた」と後に語っている（『朝日新聞』2000年12月13日夕刊）。

　この間、11月15日には、Iちゃんが引き出しのなかのものを出してぐちゃぐちゃにした。母は怒鳴って叩いたが、言うことを聞かないことから、お仕置きのつもりでIちゃんを三畳間に押し込めた。11月19日には、動き回れないようにするため、Iちゃんを高さ約50cm、幅約1mの段ボール箱に閉じ込めて、ふたをしたまま放置した。十分な食事を与えず、出ようとすると叱って殴ったりした。家族みんなで暮らす生活空間からネグレクトしている子どもだけを締め出すという図式は、ほかのネグレクト事件にもみられるものである。子どもの物理的な排除は心理的な排除と関連しており、Iちゃんへのネグレクトをさらに加速させた可能性もある。

　11月23日には、母がIちゃんを一時的に段ボールから出し、入浴させた。母はその姿に驚き、「すごい、痩せとる」「Iちゃん、立てなくなった」とゲーム中の父に声をかけたが、父はひと言「痩せたなあ」と言っただけでゲームに戻った。鈴木ら（2008）は、この会話について、「いくら無関心であっても何か言ってほしい」「止めてほしい」という母の父への最後通告であり、「Iちゃんが死んでしまうことになるがそれでいいか」という確認行為であると指摘し、眼前の虐待行為を拒絶されないことは同調と受けとめられ、以降の負の展開を許してしまう、としている。

　11月25日頃からは、3、4日に1回程度しか与えていなかったパンさえも食べようとしなくなった。両親は「（Iちゃんが死なずに）ようもつね」と話し合っているとしているが（公判では「記憶にない」として否定）、すでにこの頃にはIちゃんの衰弱が激しくなり、食べ物をほとんど吸収できない状態にあったと推測されている。12月3日には、Iちゃんは餓死する子どもの末期特有の

うめき声で泣くようになる。これに対して、父は箱ごと足蹴りにして黙らせ、翌日には耳栓を購入し、睡眠時に使用した。

　Ｉちゃんは12月10日に死亡した。Ｉちゃんが死んだ夜、両親は同じ町に住む母方祖父宅にいた。少し前から「風呂が壊れた」と1日おきに弟だけを連れて、風呂を借りていたのである。母方祖父は「Ｉちゃんは祖母に預かってもらっている」という娘の言葉を疑わなかった。3人が自宅に戻ると母から「ありがとう」というメールが届くのがつねだったが、事件の夜は「お父さん、嘘ついてたの。ごめんね、Ｉ死んじゃった」と電話があった。

　11日午前0時頃、父は「長女が部屋で死んでいる」と愛知県半田署に届けた。捜査員が家に駆けつけたとき、段ボール箱のなかでＩちゃんが死んでいるのが確認された。捜査員は「家のなかはゴミだらけで足の踏み場もなく、異臭がしていた。Ｉちゃんは衰弱のため、箱のなかで横たわったままの状態が長かったと思われ、頭と顔には床ずれの跡が残り、痩せ細った身体は背骨が浮き出ていた」と話した。司法解剖の結果、餓死だったことがわかり、同日夜、両親が保護責任者遺棄致死の疑いで逮捕された。

　12日午前、両親の身柄は名古屋地検に送検された。両親は警察の取調べに対して素直に答えたが、「2人とも涙を浮かべることもなく、驚くぐらい淡々としていた」という。死亡したＩちゃんは、13日、半田市内の火葬場で荼毘にふされた。

　12月28日には、逮捕容疑の保護責任者遺棄致死罪ではなく、殺人罪で名古屋地裁に起訴された。ネグレクトによる児童虐待死事件で殺人罪が適用されるのはこの当時としてはきわめてめずらしく、「未必の故意」[1]としての殺意が両親にあったかどうかが最大の争点になった。両親は「放置したのは事実だが、殺すつもりはなった」として、殺意を否認した。検察側は、Ｉちゃんを自分たちの生活空間から排除するために「このまま死んでもかまわない」と考えたもので、両被告には暗黙の共謀が成立し、殺意が認められると説明した。「養育すべき両親がわが子を餓死させた重大事件で、飢えと渇きに苦しみながら死亡した被害者の苦痛は想像を絶し、冷酷、非情な犯行だ」と指摘、両被告に懲役12年を求刑した。弁護側は、「事件当時、両親は何も考えられない状態だっ

---

[1] 「未必の故意」とは、犯罪事実の発生を積極的に希望ないし意図はしないが、自分の行為からそのような事実が発生するかもしれないと思いながらあえて実行したり、実害が発生したりしてもかまわないという行為者の心理状態である。

た」として、独自に実施した心理テストなどをもとに作った「犯罪心理鑑定」を証拠申請。鑑定書は事件について「育児に適切なサポートがないまま、母の孤立感が深まって生活意欲が著しく低下した結果、Ｉちゃんを死に至らしめた」と結論づけている。事件の背景に行政の支援体制などの問題があることも訴え、慎重な審理を求めた。

　2002（平成14）年10月30日、名古屋地裁は、両被告に対してそれぞれ懲役7年の判決を言い渡した。裁判長は「適切な食事を与えず、治療を受けさせずに放置したことが、長女の死につながり、殺人の実行行為と評価できる」と述べ、殺人罪が成立するとの判断を示した。判決は、遺体発見時のＩちゃんの状況について「3歳児標準の3分の1程度にあたる約5kgで、きわめて病的に痩せ衰えてミイラ状態だった。大小便にまみれ、身動きもできない容体のままだった痕跡も残り、殴打による虐待も疑われた」と指摘した。そのうえで、診察など適切な処置を施さなければ、容体を改善できないことは明らかで、両被告は長女がやがて衰弱死するかもしれない可能性を認識していたと判断。箱のなかでうめくように泣いているのに耳栓をして眠り、「やばいんじゃない」「よく、もつね」と会話も交わしており、「暗黙の共謀による殺人罪が成立する」と結論づけた。

　祖母は、両親の逮捕後に父へ宛てた手紙で、母と離婚して出直すことを勧めた。しかし、数日後に返ってきた手紙には、「仮に実刑判決を受けても、服役後、母と長男、妊娠中の子どもと4人でやり直したい」と書かれていた。担当した弁護士の話では、当初は2人とも無気力な状態で、感情表現も希薄だった。逮捕前から生活意欲が著しく低下していたと思われたが、1年半あまりに及んだ公判のなかで、確実に変わっていったという。2001年夏に、母は拘置所で、事件前に身ごもった次女（Ｉちゃんの実妹）を出産する。弟の児童養護施設入所に続いて、妹も乳児院に措置された。

(4) 事件へのコメント

　事件へのコメントは、①関係機関の課題、②事件の社会的背景や母の精神状態、③判決についての言及に大きく分けることができる。

　関係機関の課題については次のような指摘がある。岩城正光（子どもの虐待防止ネットワーク・あいち〔CAPNA〕弁護士）は、「病院や保健センターは子ど

第Ⅰ章 2000〜2004年（児童虐待防止法制定後の事件）

事件の経過表

1996年	10月	父母の交際が始まる。
1997年	1月	父の実家で同棲を始める。母、妊娠するが、祖母の反対で中絶。
	2月	母、実家に戻る。Ｉちゃんを妊娠。
	11月20日	Ｉちゃん誕生。母、父の実家に移る。
1998年	2月	親戚の法事のために出かけた先のホテルで、Ｉちゃんがベッドから落ちて頭を打つ。
	3月	3カ月健診、Ｉちゃん異常なし。父、高校を卒業。
	4月	父、就職し、研修のため関東の寮に入る。母、Ｉちゃんを連れ、実家に戻る。
	7月	父母、入籍。
	9月7日	父母、武豊町のアパートに移る。
	9月8日	父の揺さぶりによりＩちゃんが脳から出血、急性硬膜下血腫のため入院。退院するが、10月に再入院、11月に手術を受ける。
	9月	母、弟を妊娠。
	11月21日	Ｉちゃん退院。
1999年	6月1日	保健センターで1歳半健診。両親、Ｉちゃんに発達の遅れを感じる。
	6月30日	弟を出産。この頃から、Ｉちゃんに対する身体的虐待・ネグレクトが始まる。
	8月20日	保健センター保健師訪問。
	8月30日	児童相談所、保健センター会議。祖母とＩちゃんに面接。
	11月17日	2歳児歯科健診。母、Ｉちゃんに発達の遅れを感じる。
2000年	4月〜	父、家事・育児にまったくかかわらず、以前にも増してゲームに没頭。母、買い物依存症の状態。
	5月〜	母、自宅にＩちゃんを放置し、弟を連れて自動車教習所に通う。
	8月15日	痩せたＩちゃんに驚いた母方祖母の勧めで受診。標準体重を大きく下回るため、医師は入院を勧めるが、母は拒否する。
	8月17日	保健所の保健師、保健センター保健師、病院医師、看護師の4人でミーティング。
	8月21日	母、Ｉちゃんを連れ、再度受診。体重2kg増のため、ネグレクトではないと判断される。
	9月3日	祖母、Ｉちゃんを預かる。
	10月2日	Ｉちゃん、実家に戻る。
	11月15日	父母、いたずらを理由に、Ｉちゃんを三畳間に入れる。
	11月17日	3歳児健診欠席。保健センター保健師が自宅を訪問するが不在。
	11月19日	父母、Ｉちゃんが動かないように段ボールに入れる。
	12月10日	Ｉちゃん、死亡。
	12月11日	父母、保護責任者遺棄致死の疑いで逮捕。
	12月28日	父母、殺人罪で起訴される。
2002年	10月30日	名古屋地裁が殺人罪を認め、両親に対しそれぞれ懲役7年の判決。
	11月13日	父母、名古屋地裁の判決を不服として、名古屋高裁に控訴。
2003年	10月15日	名古屋高裁が両親の控訴を棄却。
2004年	4月2日	最高裁は殺人罪に問われた両親の上告を棄却。ネグレクトに対して殺人罪の成立を認めた一・二審の懲役7年がそれぞれ確定。

もの状態だけで判断せず、若い両親の育児能力やサポート体制も確認すべきだった。相談所の認識も甘すぎる。今回の事件は親のネグレクトだが、行政のネグレクトともいえる。関係者が『子どもを見殺しにした』という認識をもたないと、同じような悲劇が起こる」(『朝日新聞』2000 年 12 月 12 日) と述べ、祖父江文宏 (CAPNA 代表) も「保健センターが祖母から、夫婦がどんな家庭環境で育ったかを聞いていれば、虐待の悪化を察知でき、最悪の事態の前に子どもを一時保護できたのではないか」(『週刊朝日』2000 年 12 月 29 日号) と述べて、それぞれアセスメントの重要性を指摘した。

　柳川敏彦 (和歌山県立医科大学小児科講師) は、「ネグレクトは身体的な虐待に比べて目立たないため、長期化し、死につながることもある。事件では、両親が体重の極端な減少を放置していた。必要な医療を受けさせない『メディカル・ネグレクト』にあたる」とし、関係機関の連携不足については「親から『別のところに相談している』と言われると、それを鵜呑みにして手を引いてしまうことがある。どの機関がどう対処しているか、確認し合うことが大切だ」(『朝日新聞』2000 年 12 月 13 日夕刊) と話した。

　事件の社会的背景について、小林登 (日本子どもの虐待防止研究会会長) は、「育児相談で子どもが『かわいくない』と、はっきり言う母親が増えている。昔は、隣同士助け合った。人間関係の希薄化、核家族化にともなう社会病理だと思う」(『朝日新聞』2000 年 12 月 29 日) とコメント。加藤曜子 (大阪成蹊女子短期大学教授) は、「ネグレクトは、親に加害者としての自覚がない場合が多い。それだけに周囲のかかわりが大切」(『朝日新聞』2000 年 12 月 29 日) と述べ、社会の変化および育児をする家族に対する周囲のかかわりの重要性を指摘している。

　母親の精神状態について、医師の明橋大二 (2007) は、「ルポの記述を見るかぎり、母親の状態は、典型的なうつ病とは異なり、パーソナリティの未熟さのうえに、強いストレスがかかったことによる、うつ＋解離の状態にあるように見える。……(中略)……責任能力の有無は別として、少なくとも、精神科的治療が必要な状態であったことは間違いないと思われる」としている。

　判決について、岩城正光は、「子どもを放置し、むごたらしい死に方をしたことなどを考えれば殺人を認定するのはやむをえない。ただ、『殺人罪だから残虐な両親』という見方をするのではなく、『援助を必要とする未熟な両親だった』ととらえ」「何罪が適用されたかよりも病院、保健センターなど多く

第Ⅰ章　2000～2004年（児童虐待防止法制定後の事件）

の機関が事件にかかわっていながら、どうして子どもの死を防げなかったのかという本質的な問題を考えていくべきだ」（『朝日新聞』2002年10月30日夕刊）と指摘。下村康正（中央大学名誉教授）は、「殺人罪としては懲役7年は重いほうではないが、妥当な判決だ。今回のケースは加害者が本格的に殺そうとしたわけではないが、一般人の感覚として放置していれば死ぬと考えるのが妥当で、『死ぬとは思わなかった』というのはとおらない。検察側、弁護側の求める量刑の中間点を考慮したかたちの判決といえるのではないか。加害者側に今回のケースのような認識があれば、殺人罪が適用されるという意味で、社会への警告にもなると思う」（『朝日新聞』2002年10月30日夕刊）と述べている。

さらに、フリージャーナリストの杉山春は、3年半以上かけて丹念にこの事件を取材して、『ネグレクト』（杉山、2004）を著し、両親の生い立ちや事件に至る経緯、公判の様子などをまとめ、事件の背景を詳細に分析している。「ネグレクト」という言葉は当時はまだあまり知られておらず、週刊誌が「鬼畜若夫婦」「21歳夫婦の冷血」など、非道な両親の所業として事件を報じるなか、虐待に追い込まれた両親への深層にまで踏み込んだルポタージュとして大きな反響を呼び、第11回小学館ノンフィクション大賞を受賞した。本書が広く社会に受け入れられたのは、事件に対する衝撃もさることながら、子育て中の母親でもある著者が、公判の傍聴や両親との拘置所での面会や、文通などの緻密な取材をとおして、虐待は決して異常な現象ではなく、種々の不運な要因の重なりによっては、誰でも加害者となりうることを浮かび上がらせた点にあろう。

(5) 事件がもたらした影響

当時はまだ、ネグレクトが死亡にまで至る危険があるという認識が十分に共有されておらず、関係機関のネットワークの構築もなされていなかったが、そうした虐待対応のあり方に波紋を投げかけるものであった。

愛知県健康福祉部長は、県議会健康福祉委員会で、児童相談所が把握している相談事例を早急に再点検し、保護の必要性などを確認する方針を明らかにした。関係機関の連携が不十分だったことも認め、「認識が甘かった」と述べた。委員会では「各機関の連携はどうなっていたのか」など、行政側の対応をただす質問が相次いだ。

事件翌日の2000年12月13日には本事件を受けて、愛知県の児童相談所長

会議も開かれ、地元の児童相談所が両親の虐待行為を見逃した原因や再発防止策などが話し合われた。会議では、①在宅支援の虐待事例を再点検する、②虐待事例の進行状況を再確認する、③保健所や学校、病院、市町村、警察などとの連携体制を見直す、などが決められた。個々の事例に対応する機動力を上げるため、各自治体にある児童虐待等関係機関連絡調整会議のもとに、より小規模なチームを設けることを、今後検討していくこととした。翌2001年には、愛知県全体で同様のネットワーク会議が開かれるようになり、2004（平成16）年の児童福祉法改正による要保護児童対策地域協議会設置の参考にもなった。

杉山（2004）は、著書のあとがきを「虐待に対する社会の理解はそれなりに進んだようだが、残念ながら、子育てをする親の孤独はさらに深まっているように思えてならない」と結んでいる。本事件が起きたのは、2000年12月であり、児童虐待防止法が施行されて以後、最初の死亡事件である。当時は虐待やネグレクトに対する関係機関の知識が不足しており、介入の手法についても十分に確立していなかった。しかし、関係機関の連携不足、専門性の欠如、育児困難をかかえた母親への子育て支援といった課題は、現在の死亡事例でもしばしば指摘されることであり、この事例からきちんと学ばないかぎり、再び起こりうる事件であるといえよう。

文献

明橋大二（2007）「家族の受診しないうつ——親のうつと虐待」『こころの臨床』26 (1) pp.115-119.
キャプナ弁護団有志（2004）「児童虐待に対する刑事司法の現状とあるべき姿についての考察——2つのネグレクト死事件から見えてくるもの」『子どもの虐待とネグレクト』6 (2) pp.187-195.
杉山 春（2004）『ネグレクト（育児放棄）——真奈ちゃんはなぜ死んだか』小学館
鈴木 昭・藤沢直子・水品きく枝他（2008）「裁判例にみる子ども虐待死過程の実証的研究——パワレスな人々の支援に向けた evidence based practice（EBP）を目指して」『子どもの虐待とネグレクト』10 (1) pp.54-65.
豊田正義（2004）「干からびた母性——幼児虐待餓死事件の病巣」『新潮45』23 (1) pp.115-124.

2 尼崎市6歳男児運河遺棄事件
（兵庫県2001年）

(1) 事件概要

　2001（平成13）年8月、兵庫県尼崎市の運河で、子どもの遺体が入ったポリ袋が発見された。被害児は、児童養護施設入所中のK君（小学1年生男児）だった。警察は、行方不明になっていたK君の実母と継父を逮捕、2人が一時帰宅中だったK君に対して暴行を繰り返し、死に至らしめたうえ、ゴミ袋に遺体を入れて捨てたことを明らかにした。2003（平成15）年2月、実母と継父にはいずれも懲役8年の刑（求刑は懲役10年）が言い渡された。

(2) 家族の状況

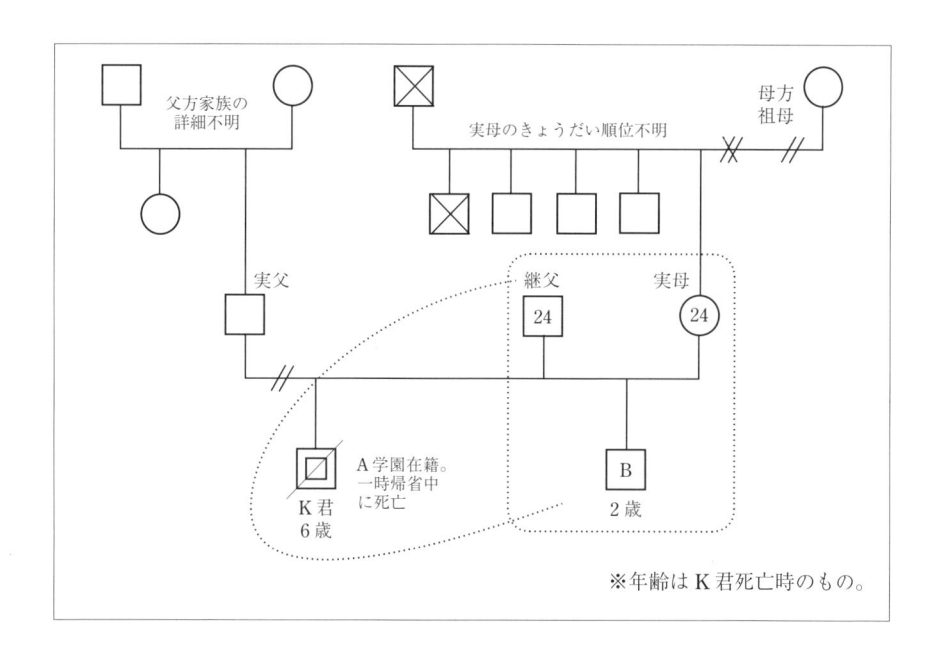

(3) 事件の経過

両親の背景について

　K君の両親（実母と継父）は、2人ともアルバイトで生活費を工面していた。逮捕時には、所持金はわずか数百円だったという。家賃も6月分から滞納しており、7月には電話を止められていた。また、複数のレンタルビデオ店で、借りたビデオやCDを返却しない「要注意人物」として両者ともにマークされており、両者が関係しているとみられる被害額は、判明しているだけで数十万円相当になるという（『読売新聞』2001年8月20日大阪夕刊）。

　母は自らを「すぐかっとなってしまう性格」と話し、直近の5年間で、転居を少なくとも5回繰り返し、行く先々でもめごとを起こしていた。非常識な言動で近隣住民とのトラブルが絶えず、家主から「家賃はいらないから出ていってくれ」と追い出されたこともあった。一方、人気キャラクターのキーホルダーやシールを集めるのが好きで、野良猫を拾ってかわいがるなどの一面もあったという（『読売新聞』2001年8月21日夕刊）。

　両親ともに近所づきあいがなく、夜中に夫婦げんかをし、継父が母を路上で追い回すこともあったという（『読売新聞』2001年8月15日大阪朝刊）。

　また母の背景には、複雑な家族環境があった。母には、学校で暴れたことなどが理由で教護院（現、児童自立支援施設）に入所していた時期がある。母の両親（本児の母方祖父母）は母が小学校高学年のときに一度離婚したが、その4カ月後に再婚（復縁）。中学生のときに、再び離婚した。その父親（母方祖父）も母が中学生のときに死亡。また、母の兄の1人は、友人に殺害されている（『朝日新聞』2001年8月18日朝刊）。

　母はK君の実父と結婚し、17歳でK君を出産。1年8カ月の結婚生活の末、離婚。その後、継父と結婚し、K君の異父弟になるBを出産した（『朝日新聞』2001年8月18日朝刊）。

事件発覚から死体遺棄容疑による両親逮捕まで

　2001年8月13日、兵庫県尼崎市の運河で、人の手が出ている黒いポリ袋が浮いているのが発見された。県警の調べで、身体の一部に粘着テープを貼られた全裸の遺体はK君（6歳）であることが判明し、死体遺棄の疑いで捜査が始まった。

第 I 章　2000〜2004 年（児童虐待防止法制定後の事件）

　K 君は、親からの虐待が理由で児童養護施設 A 学園に入所中の小学 1 年生で、8 月 1 日より一時帰宅中であった。両親（実母〔24 歳〕、継父〔24 歳〕）は同月 7 日に K 君の捜索願を提出、8 日未明には母方祖母（大阪市在住）も K 君の捜索願を提出していた。その後、両親も行方不明になり、8 月 10 日、母方祖母は両親 2 人の捜索願を出している。

　翌 14 日、両親が尼崎市内で見つかった。2 人はコンビニで口論しており、110 番通報されて警察が駆けつけたところ、K 君の両親であることがわかったという。県警は、両親が K 君の死体遺棄容疑事件に関して事情を知っているとして、事情聴取を始めた。また同日、県警は被疑者不詳のまま両親の自宅を死体遺棄容疑などで家宅捜索した。

　8 月 14 日夜、県警は両親を死体遺棄容疑で逮捕した。逮捕直後、母は比較的落ち着いた様子だったが、取調べが進むにつれて泣きじゃくったという。一方、継父は取調室で大声を出して暴れるなど、興奮した様子だったという。このとき、2 人は容疑を全面的に否認。8 月 16 日、両親は死体遺棄容疑で神戸地検尼崎支部に送検された。

傷害致死容疑で両親再逮捕

　県警の調べに対し、母は 8 月 17 日には死体遺棄容疑を認め、18 日には「（8 月）4 日頃から暴行を続け、6 日にはぐったりして布団から起きられなくなり、7 日に死んだ」と虐待状況についての供述を始めた。継父は、17 日に一度容疑を認めたものの、否認に転じた。しかし 21 日には、継父も「妻と 2 人で遺体を捨てた」と容疑を認め、「妻と一緒に K を暴行して死なせた」と虐待死への関与についても供述を始めた。

　同月 25 日、神戸地検尼崎支部は、両容疑者について 10 日間の拘置延長を神戸地裁尼崎支部に請求し、認められた。28、29 日には、両親それぞれを K 君の遺体が見つかった運河に連れていき、遺体を捨てた場所を調べる実況見分が行われた。

　9 月 4 日、県警は、両親が 8 月 5〜7 日頃に K 君を自宅で殴る蹴るなどして 7 日に脳内出血で死亡させたとして、2 人を傷害致死容疑で再逮捕した。2 人は、8 月 1 日に K 君を一時帰宅させ、当初はかわいがっていたが、おねしょがあり、「施設に戻りたい」などと言ったため、腹を立てて暴行を加えた。動けなくなった K 君を布団に寝かせ、死亡した 7 日夜、遺体をゴミ袋に入れて粘

着テープを巻き、運河に遺棄した。両者とも「しつけが過ぎた」と容疑をほぼ認めたが、殺意については否認し、K君への暴行を後悔する供述をしたという。9月6日、県警は両親を傷害致死容疑で送検した。

9月25日、神戸地検尼崎支部は両容疑者を傷害致死と死体遺棄の罪で起訴した。起訴状によると、8月1日、2人は入所先の施設からK君を一時帰宅させ、当初は家族で盆踊りに行くなどした。しかし、5日午後5時頃、前日食べたカレーがK君の服についているのを見て、母が激高、暴行が始まった。8月6日午前0時頃から7日午前7時頃までの間、K君が言うことをきかなかったことに腹を立て、2人は自宅でK君を殴ったり、籐製の布団たたきで叩いたりするなどの暴行を加えて、7日午後1時頃に死亡させた。継父がK君の頭に回し蹴りをしたのが致命傷となり、K君は脳内出血で死亡。そして、同日午後8時50分頃、2人は遺体をポリ袋に入れて尼崎市の護岸から運河に遺棄したとされる。

事件発覚までの経緯

母はK君が1歳のとき（1995〔平成7〕年）に、K君の実父と離婚した。親権者は母だったが、父方曽祖母と父方伯母がK君を養育していた。1998（平成10）年、母は継父と再婚し、K君の異父弟にあたるBをもうけた。そして2001年1月19日、母は「一緒に暮らしたくなった」という理由で、6歳になったK君を父の親戚宅から強引に引き取った。引き取るまでの5年間、母はK君に一度も会っていなかった。

K君を引き取って1週間後の2001年1月25日、母は電話で児童相談所に、K君がBをいじめて困ると相談し、2月1日に児童相談所を訪問している。児童相談所の聞き取りに対してK君は、母の前では「少し怒られただけ」と暴力を隠そうとしたが、その後の聞き取りでは「自分は弟をいじめていない。部屋の鍵を開けたら弟が泣いており、お母さんにダメと言われて叱られた」などと話し、母にゴルフのパターのようなもので殴られたと訴えたという（『朝日新聞』2001年8月15日夕刊）。そのとき、K君は眼帯をつけており、児童相談所の調べで、全身の痣、両鎖骨骨折など全治1カ月の重傷を負っていることがわかった。両親は「しつけ」と説明したが、児童相談所は虐待と判断し、即日K君を一時保護した。その後、両親の同意のもと、3月21日、K君はA学園に入所した。入所後、母はK君にたびたび「ぬいぐるみ電報」を送ったり、

第 I 章 2000〜2004 年（児童虐待防止法制定後の事件）

頻繁な訪問や電話を繰り返しており、4月の一時帰宅の様子からも、施設側は親子関係が作られつつあると考えていたという。

　K君は、施設独自の判断により、8月1日から10日間の予定で一時帰宅した。3日、母はA学園に電話をし、K君の引き取りを訴えた。そのためA学園は児童相談所にその報告を行い、児童相談所はこのときはじめてK君の一時帰宅の事実を知ることになった。6日には両親が児童相談所を訪れ、引き取りを要求した。児童相談所側は時期尚早として引き取りは認めなかったが、K君の安否・所在確認をしないまま17日までの一時帰宅の延長を認めた。なお、事件後、新聞各紙は、独自に一時帰宅を認めた施設の判断の甘さを指摘した。

　その後の調べで、K君の死因は脳内出血であることが判明した。胃や腸のなかには内容物がまったく残っておらず、数日間ほとんど食事を与えられていなかったこともわかった。痣が全身に広がっており、継続的に暴行されてできたような状態だった。両親の自宅からは、K君のものとみられる血痕も見つかった。また、7日にK君の遺体を入れたゴミ袋を巻いたとみられる粘着テープを、両親が自宅近くで購入していることも明らかになった。

　K君の異父弟Bについては、母はK君の死亡した7日の翌日「自宅が火事になった」と嘘をついて知人に預けていたことが明らかになった。知人らが母の自宅を訪れたところ火災の跡はなく、不審に思い、10日、警察にBを預かっていると届け出た。Bは、児童相談所に保護された。Bの様子から、Bに対しても、母が暴力をふるっていた可能性が疑われた。

　母方祖母は、7日に母の自宅で血を流して布団に横たわっているK君を目撃したが、母らに口裏合わせを依頼され、応じていた。8日未明には、母らに頼まれて、K君の虚偽の捜索願を出していた。

　また、両親は、K君の虚偽の捜索願を出したり、K君の死亡した7日に留守と見せかける貼り紙を玄関に貼ったり、K君の遺体を包む際に使ったポリ袋や粘着テープを買う際に「ふすまの修理に使う」と説明をしたり、K君の衣類を処分したりするなど、ずさんながらも犯行を隠す偽装工作をしていた。

両親の公判より

　2001年11月5日、母と継父の初公判が、神戸地裁尼崎支部で行われた。小雨の降るなか、144人が傍聴券を求めて並んだ。駐車場には、マスコミ各社の中継車が置かれた。

法廷に姿を見せた両被告は、ともにうつむいたままで、目を合わそうとしなかった。人定質問で生年月日を尋ねられ、継父は泣き出し、母も袖で涙をぬぐいながら答えた。2人は、罪状認否で起訴事実を全面的に認めた。
　その後、公判は計15回行われた。翌2002（平成14）年12月4日に論告求刑公判が行われ、検察側は「社会的に未熟な親の自己中心的でわがまま極まる犯行」として、2人に懲役10年を求刑した。
　2003年2月26日、判決公判が行われ、両被告にいずれも懲役8年が言い渡された。

　事件の状況
　裁判で明らかになった事件の状況は、以下のとおりである。
　2001年8月1日、両被告はK君をA学園から一時帰宅させた。4日、両被告はK君を連れて、自宅近くの公園での盆踊りに行った。しかし、母が発熱して20分ほどで帰宅したため、K君は不機嫌になり、その態度に母はいらだちを覚えた。
　翌5日、K君のシャツに前夜食べたカレーの染みがついていた。母が問いただすと、K君は「気づかなかった」と答えた。母はK君が嘘をついていると思い込み、平手で顔を2回叩いた。K君が謝らないうえ、両親である母と継父になじまないため、2人はK君の本心を聞き出そうと「家がええんか、施設がええんか」「誰が一番好きやねん」「ママのこと好き？　怒るからいややろ」などと追及を始めた。継父が「もう、こいつ、しばくぞ」と言うと、母も実の親である自分に本心を明かさないK君の態度に嫉妬に似た感情をいだき、「うん、ええよ。怒るときは怒ってや」と応じ、罪に問われた虐待が始まった。K君が2人の顔色をうかがいながら「継父がいい」などと答えると、嘘をついていると思った継父はK君の顔面を拳で殴りつけた。さらに「うち（自宅）がいい」との答えにも拳で殴った。かたわらにいた母も激怒して、K君の顔を数回殴った。
　5日午後以降、K君は食事をほとんどもらえず、6日深夜から31時間、2人はほとんど寝る間も与えずK君に暴行を繰り返した。空腹に耐えかねたK君が「学園から持ってきたそうめん[1]を食べたい」と言うと、2人は生のそうめ

---

[1] A学園によると、入所児童は困窮家庭が多かったため、生活の足しにという意図から、食料品を購入して夏休みなどの帰宅時に持ち帰らせており、かつては米なども持たせていたという。

ん一束をＫ君の口に押し込み、さらに生のそうめん七束とつゆを袋に入れて食べさせ、残そうとするＫ君を布団たたきで殴打した。遅くとも６日午前３時以降にＫ君を正座させ、足を崩すたびに布団たたきで背中や足などを殴った。

６日午前９時半過ぎ頃、Ｋ君の両手両足を紐で縛り、口を粘着テープでふさいで、両被告は滞納している電気代を支払うために外出した。午前11時半頃までに２人が帰宅すると、Ｋ君は紐を外しており、それに怒った母はＫ君の腹を蹴った。２人は、再びＫ君の両手両足を縛り、タオルで口をふさいで外出した。帰宅すると、Ｋ君が再び紐を外すなどしていたため、激怒して殴る蹴るなどの暴行を加えた。母は、Ｋ君を正座させ、足を崩すと背中を蹴って顔を壁に強打させた。この日、２人は児童相談所を訪問し、Ｋ君の引き取りを申し出ている。児童相談所は、引き取りは認めなかったものの、安否・所在確認をしないまま一時帰宅の延長を認めた。

７日午前１時頃、独り言を言い出したＫ君の顔を継父が蹴り、母が腹を足で踏んだり、首を両手で絞めるなど、午前６時頃まで暴行を繰り返した。午前７時頃に目を覚ますと、Ｋ君がパンツを手に持って振っていたことに腹を立て、継父がＫ君の頭を右足で回し蹴りした。Ｋ君は床に倒れたまま動かなかったが、２人はＫ君が演技している、医師に診せると暴行が発覚するなどと思い、放置。Ｋ君は、そのまま午後１時頃、脳内出血で死亡した。両被告は、遺体をゴミ袋に詰め、午後９時前、自宅からタクシーで運河に運び、投げ捨てた。

判決要旨は、以下のとおりである。

共謀

継父がＫ君に暴行を加えることについて、母は了承していた。母は以前からＫ君に暴行を加えており、それを継父も知っていた。両被告の期待どおりに行動するまで暴行を加える共謀が成立したと認められた。

実行行為

両被告は継続的にＫ君に暴行を加え、部屋に閉じ込めた。７日午前に継父が回し蹴りをし、母はそれまでの延長として継父の暴行を予期し、認めていたことから、回し蹴りとそれ以前の暴行は共通性・連続性があり、一体的な傷害致死の実行行為に当たる。

結論

Ｋ君の死亡と因果関係が明らかなのは継父の回し蹴りだけだが、母は傷害致

死の実行行為の一部を担い、継父との共謀が認められる以上、傷害致死の責任を負う。

　量刑理由
　K君は6歳になるまで主に父方曽祖母と父方伯母に育てられた。母は継父と結婚して子どもをもうけたが、K君を引き取りたいと考え、2001年1月下旬に実父側と十分に話し合うことなくK君を連れ去った。
　一緒に暮らし始めてから、母はK君が不満を述べたりすることに立腹し、顔を殴ったりするようになった。継父も頭を殴り、痣だらけになったK君は同年2月から一時保護され、一時保護所と児童養護施設で生活していた。
　両被告は、ともに両親から十分な愛情を注がれずに育った経験から、自分たちの手で育てたいと思い、K君を強引に引き取ったが、定職に就かず困窮し、2人の子どもを養う経済的、精神的余裕もない危うい状況にあった。
　年齢や両被告と過ごした期間の短さなどから、K君が嘘をついたり反抗的な態度をとったりしても無理はないが、2人にはその理解ができていなかった。加えて、母は自己中心的で感情の起伏が激しく、継父も短気で粗暴なところがあり、性格、行動傾向が影響していたことは否定できない。
　母は犯行時に積極的に暴行を加えているうえ、犯行前に単独で暴行を加えたことが継父の暴行のきっかけになっており、責任を軽く評価することはできない。
　K君がぐったりし、母方祖母から病院に連れていくよう促されたが、両被告は虐待の発覚を恐れて治療を受けさせていない。死亡に気づくと遺体処理を相談して遺体を梱包、運河に投げ捨てている。事前に口裏を合わせ、K君が行方不明になったと警察に虚偽の捜索願を提出、1週間ほど逃亡し、終始保身だけを考えて行動していた。
　十分な食事を与えられず、理不尽な暴行を受け、多大な肉体的精神的苦痛を被ったばかりか、生命を奪われ、遺体をゴミ同然に運河に投げ捨てられたK君の無念さは計り知れず、痛ましい。
　周囲の子どもたちや社会に与えた衝撃は大きく、社会問題になっている児童虐待事件の予防の観点にも配慮するならば、両被告の刑事責任は重いというほかない。
　両被告が、子どもへの接し方、とくに母の存在を知らされずに母と離れて生活していたK君との関係の築き方に十分な知識を有していなかったことの背

第Ⅰ章　2000～2004年（児童虐待防止法制定後の事件）

事件の経過表

1987年	5月	母方祖父母、離婚。(母：小5)
	9月	母方祖父母、再婚（復縁）。(母：小5)
1989年		母方祖父母、再び離婚。(母：中1)
1990年		母方祖父、死去。(母：14歳)
1991年	8月	母、教護院（約1年間の入所）を退所。大阪市内の中学校に編入。
1994年	1月頃？	実父母、結婚。(母：17歳)
	9月	K君、出産。(母：17～18歳)
1995年	9月	実父母、離婚。(母：18～19歳)(K君：1歳) 親権者は母だが、K君は父の親戚宅で暮らすようになる。
1996年		母の4人の兄の1人（4歳上）が、友人に殺害される。(母：20歳)
1998年	7月	母と継父、結婚。(母・継父：21歳頃)(K君：4歳)
	11月	B、出生。
2000年	5月21日	母、継父、B、アパートに入居。住民票にK君の名前はなかった。
2001年	1月19日	母がK君を引き取る。母、継父、Bとの4人で、アパートで暮らす。(K君：6歳)
	1月25日	母、K君のしつけについて児童相談所に電話で相談。翌日の面接約束。
	1月26日	児童相談所への約束時間に訪問せず。
	2月1日	母（と継父？）がK君とBを連れ、しつけ相談のため児童相談所を訪問。その際、K君の骨折や皮下出血（全治1カ月）が見つかり、職権一時保護。
	3月21日	K君、被虐待の理由で、児童養護施設A学園に入所。
	4月	K君、A学園近くの小学校に入学。
	4月27日	K君、両親宅に一時帰宅。1泊2日の予定だったが、うまくいっていたので2泊3日に延長。児童相談所の身体検査では、K君に異常なし。
	8月1日	両親がA学園を訪れ、K君の一時帰宅（10日間の予定）を申し出る。A学園は、児童相談所に相談せずに一時帰宅を認める。
	8月3日	親が「子どもを引き取りたい」とA学園に電話連絡。児童相談所はA学園からこの報告を受け、K君の一時帰宅をはじめて知る。
	8月5日	母の体調不良も手伝い、母からK君への暴行が始まる。
	8月6日	母、継父によるK君への断続的な暴行が始まる。両親が児童相談所を訪問してK君を引き取りたいと申し出るも、児童相談所は認めず。しかし、K君の安否・所在確認をしないまま、17日までの一時帰宅の延長を認める。
	8月7日	母方祖母が、両親宅で顔を腫らして寝かされているK君を目撃。両親に病院に連れていくよう促すも、捕まるとの理由で断られる。午後1時頃、K君は脳内出血等により死亡。両親、自宅付近で粘着テープを購入。夜、両親が「Kを母親の実家に預けていたが、行方がわからなくなった」と、警察に捜索願を提出。両親、K君の遺体を運河に遺棄。

2001年	8月8日	未明、両親に頼まれて母方祖母が、K君の虚偽の捜索願を提出。 未明、A学園職員が両親宅を訪れる。 両親、Bを知人宅に預けて行方不明になる。
	8月10日	母方祖母、母と継父の捜索願を出す。 Bを預けられた知人が警察へ届け出、Bは児童相談所に保護される。
	8月13日	運河で、黒いポリ袋に入れられたK君の全裸遺体が発見される。警察が死体遺棄事件として捜査。身元が判明。
	8月14日	警察は、被疑者不在のまま、殺人と死体遺棄容疑で両親のアパートなどを家宅捜査。 K君の司法解剖。死因は、左側頭部を強打したことによる脳内出血。死後7～10日が経過していた。 行方不明になっていた両親が見つかり、警察は事情聴取の後、2人を死体遺棄容疑で逮捕。
	8月16日	警察は、両親を死体遺棄容疑で送検。2人の容疑を裏づけるため、K君が見つかった運河周辺の実況見分を実施。両親ともに容疑を否認。
	8月22日	県は、学識経験者からなる「児童虐待防止専門家会議」の設置を発表。
	8月25日	母と継父の10日間の拘置延長を請求、承認。
	8月28日	県警は、母を同行し、死体遺棄場所を調べる実況見分を実施。
	8月29日	県警は、継父を同行し、実況見分を実施。
	9月4日	両親を、傷害致死容疑で再逮捕。死体遺棄容疑については、処分保留。
	9月14日	児童虐待防止専門家会議が「児童虐待防止のための緊急提言」を県に提出。
	9月18日	緊急提言を受け、県は虐待防止対策を発表。
	9月25日	両親を、傷害致死と死体遺棄罪で起訴。
	11月5日	両親の初公判。
	12月13日	児童虐待防止専門家会議が「児童虐待防止に向けての提言——子育てを支え合う社会の実現をめざして」を県に提出。
	12月14日	両親の第2回公判。
2002年	1月18日	県は、K君の安全確保や施設への指導・監督を怠ったなどとして、児童相談所長を戒告とし、県民生活部長を厳重注意にするなど計6人を処分した。県は、「児童虐待防止プログラム」作成を発表。
	12月4日	両親の論告求刑公判（ともに懲役10年求刑）。
2003年	2月26日	両親の判決公判。ともに、懲役8年の判決。

第Ⅰ章　2000〜2004年（児童虐待防止法制定後の事件）

景には、両親との情緒的交流も乏しいまま育った両被告の不遇な生い立ちがあること、施設に面会に行ったり、一時帰宅時にプールや祭りに連れていくなど絆を深めようと努力したこと、反省の態度を示し、幼い子どもがいることなどを考慮しても、主文の刑はやむをえない。

(4) 事件へのコメント

施設による一時帰宅の判断

　事件後、A学園によるK君の一時帰宅判断に対して、大きく2つの批判が新聞各紙に寄せられた。1つは、K君の一時帰宅を判断した施設側の判断の甘さについてである。たとえば、山縣文治（大阪市立大学教授・児童福祉学）は「関係者がいかに親の現状を把握し、深刻に受けとめていたかが問題」（『読売新聞』2001年8月15日）、津崎哲郎（花園大学教授。当時、大阪市健康福祉局児童心理等担当部長）は「外泊中もチェックするなど、きめ細かい配慮でリスクを軽減することが必要」、岩城正光（CAPNA事務局長・弁護士）は一時帰宅時に起こしやすい子どもの反応である「退行現象」が「保護者にとっては非常に負担になり、新たな虐待を生む」ため、一時帰宅時には親の研修やモニタリングが必要（『朝日新聞』2001年8月16日）などと指摘した。

　もう1つは、一時帰宅について児童相談所に報告していなかったことについてである。鈴木（2006）は本事件の検証のなかで、本事件発生の大きな要因の1つとして「関係諸機関との連絡不徹底」をあげている。

児童相談所による介入の機会

　『読売新聞』や鈴木（2006）による検証では、児童相談所が介入してK君を救うことができた機会があったのではないかと指摘している。1つは、8月3日（金）に母からK君を引き取りたいとの要求があったのでK君の様子をみてほしいと、A学園が児童相談所に報告したときである。このとき児童相談所は、切迫した要請と感じず、週明け6日（月）でも間に合うと考えたという。もう1つの機会は、8月6日午後に両親が児童相談所を訪問したときである。このときは家庭訪問の予定だったが、両親が自ら来所したため、結果的に家庭訪問は実施されず、K君の安否確認もされなかった。鈴木（2006）は「家庭訪問が決定された後、48時間以内に行われていたのであれば、本件の発生

45

を未然に防ぐことは可能であったかもしれない」と指摘している[2]。

施設と児童相談所の現状

施設や児童相談所に対する批判があがる一方、『読売新聞』に（よる検証で）は、施設や児童相談所のきびしい現状を訴える記事もみられた。児童養護施設は問題行動を起こしやすい被虐待児の入所増加により対応に追われ、児童相談所は虐待通告の増加によるケースワークに追われており、虐待した親のケアを十分にできない施設および児童相談所の現状を取り上げている。

虐待加害者である親への支援

鈴木（2006）は、本事件において、虐待する両親にたいするケア・教育がなされていなかったことが本事件を招いた要因の1つであると指摘している。また、新聞記事やほかの文献においても、本事件を起こした両親についての背景をつかもうとしたり、虐待加害者に対する支援について議論されている。

まず、本事件を起こした両親を理解する視点として、「世代間連鎖」と「孤立」の2つが指摘された。「世代間連鎖」に関して、祖父江文宏（当時、児童養護施設「暁学園」園長）は、「面談の際、虐待を受けた親たちのほとんどは、最初のうち、自分は殴られてよかったと言う。だから暴力をしつけと思い、罪悪感がない。私たちはまず、親が過去に受けた虐待の体験を話させることから始める」「保護者の心境をどう癒していくかを抜きに、世代間連鎖を断ち切ることはできない」と訴えた。大日向雅美（恵泉女学園大教授・心理学・女性学）は、「父親や周囲が母親を孤立させないことが必要」と述べた（『読売新聞』2001年8月21日）。

虐待する親の支援について、池田由子（当時、国立精神神経センター精神保健研究所名誉所員）は「虐待をしそうだという危うさを親に感じさせることで、治療が始まる。そのうえで適切な親子関係のありようを再教育していく」と語った。鈴木（2006）は、親子再統合には被虐待児の回復とともに保護者への教育的ケアが必要であると述べ、児童相談所内で親子分離を行う機関と保護者

2　2007年1月の児童相談所運営指針などの見直しにより、虐待通告後の安全確認（48時間以内が望ましい）に関する基本ルールが設定された。さらに、厚生労働省は2010年8月18日、児童相談所の職員が虐待情報の通報を受けた場合、「48時間以内」に被害児童本人を直接目視することを確実に実施することが重要であるとの通知を、全国の自治体に出した。

のケアを行う機関とに分担するなどの対策をあげた。また、虐待加害者のかかえる問題を解決するには行政だけでは難しいため、専門家チームの必要性を指摘した。

法の整備

　法の見直しについての議論は3点あった。まずは、児童相談所や施設のきびしい現状をふまえ、児童福祉施設の人員配置「最低基準」の見直し[3]の必要性についてである。2つめは親権[4]で、後藤弘子（元富士短期大学助教授）は「虐待のケースでは、親に責任を自覚させるため、親権に一定の制限を加える法の整備も必要」と訴えた。最後に、鈴木（2006）が、刑事司法が担うことができる役割として、保護観察の遵守事項として児童虐待防止プログラムや教育プログラムを保護者に受けさせるなど、刑事司法と児童保護との連携について模索的に考察している。

(5) 事件がもたらした影響

　本事件を受け、兵庫県児童課は、県内4カ所の児童相談所と児童福祉施設を対象に、一時帰宅する際に児童相談所へ事前に届け出がない同様のケースがないか調査を行った。その結果、K君の遺体が見つかった翌日の2001年8月14日時点で、事前届け出がないケースが一時帰宅全体の3分の1を占めており、そのすべてがK君の事案を担当した児童相談所だったことが、同月20日にわかった。一方、K君が入所していたA学園で一時帰宅が認められていたのは16名、うち同児童相談所が担当する10名中8名の届け出がなかった。ほかの児童相談所が担当する児童については、すべて届け出があった。

　また、県は2001年8月22日、児童虐待への適切な対応を図るため、学識経験者6名[5]からなる「児童虐待防止専門家会議」を設置し、同会議からの提言

3　2011年6月17日、児童福祉施設最低基準は改正された。職員配置基準、居室面積、居室定員の一部が引き上げられた。
4　2011年5月、児童虐待防止のため親権を最長で2年間以内停止できる新制度を柱とした民法と児童福祉法の一部を改正する案が参院本会議で可決され、成立した。2012年4月から施行。
5　メンバーは、森茂起（座長：甲南大学教授）、稲垣由子（甲南女子大学教授）、加藤寛（㈶兵庫県ヒューマンケア研究機構心のケア研究所研究部長）、立木茂雄（同志社大学教授）、

を受け、12月に「児童虐待防止プログラム」を策定することを決定した。同会議は、予定どおり9月に「児童虐待防止のための緊急提言」を、12月には「児童虐待防止に向けての提言——子育てを支え合う社会の実現をめざして」を知事に提出した。これにもとづき、県は具体的な施策をまとめた「児童虐待防止プログラム」を作成したことを、2002年1月18日に発表した。

同日、県は、K君の生命・身体の安全を守る責務を怠ったとして児童相談所長を戒告、指導監督責任を怠ったとして県民生活部長を厳重注意にするなど、6名を懲戒処分にした。処分は2人のほか、児童相談所相談調査課長（訓告）、同課長補佐（所長厳重注意）、健康福祉局長（厳重注意）、県児童課長（訓告）。また、児童養護施設の設置者である尼崎市には、施設への指導や処分を指示した。県によると、児童相談所は2001年3月、K君をA学園に入所させた際に「母親がかっとしやすく危険。外泊の際は児童相談所に連絡を」と口頭で伝えたが、入所措置書への記入を省略し、A学園や児童相談所の職員に徹底されなかった。県は「文書での申し送りや職員の意思統一ができていれば、事件を防ぐことができた可能性がある」と判断した。県は、2001年9月にA学園を特別指導監査した際にさまざまな不備が見つかったとして、尼崎市に対して、責任の所在を明らかにするほか、事件の再発防止に向けた改善策とスケジュールを策定し、2002年1月28日までに報告するよう求めた。

また、本事件をきっかけに、加藤曜子（流通科学大学教授）および藤本勝彦（元、情緒障害児短期治療施設「あゆみの丘」園長）は、児童養護施設職員のための「被虐待児が安全に帰宅できる」指標作りのための研究を行った。その成果として2005年に、『児童養護施設の一時帰宅・退所時における被虐待児のための安全確認アセスメントシート』が作成されるに至った。

本事件に関する提言の要約
「児童虐待防止のための緊急提言」（2001年9月14日）

この緊急提言[6]は、専門家会議3回分（2001年8月24日・8月30日・9月10

東畠孝輔（湊川女子短期大学講師）、吉田隆三（兵庫県児童養護連絡協議会会長）の6名。所属はすべて当時のものである。

6　本事件の検証報告書の有無について、兵庫県健康福祉部こども局児童課に問い合わせたところ、「報告書がまとまる前に、県として新たな事業を展開していくにあたり、予算化を進めていく必要があったことから、緊急提言としてとりまとめた」との返答を得た（2011年7月時点）。

第Ⅰ章　2000〜2004年（児童虐待防止法制定後の事件）

日）をまとめたものであり、本事件が発覚して1カ月後に提出された。ここでは、当面取り組むべき方策を中心に5つの提言を取りまとめている。

　提言1は、「親子に対する継続的フォロー体制の整備」である。本事件の課題として、親子関係再構築に向けた親への継続的指導援助の必要、一時帰宅に際してのリスクに対する配慮、一時帰宅後の児童・家族の状況確認の3点をあげている。そのうえで、具体的な方策として、①児童虐待対応専門チームの設置と虐待専門総合アドバイザーの配置、②親に対する継続的指導の徹底と親への介入・教育・援助システムの開発・実施、③一時帰宅や退所に際してのチェックの徹底、④一時帰宅時や退所後における地域での見守り体制の整備、⑤児童委員等による地域における日常的な見守り・連絡体制の強化をあげた。

　提言2は「関係機関の連携強化」で、本事件の課題として、関係機関の連携した取り組み、児童相談所と施設との緊密な連絡と協議・問題意識の共有の2点をあげている。具体的な方策としては、①児童相談所を核とする総合的な虐待対応体制の強化、②児童相談所と児童養護施設との緊密な協議と連携の強化、③虐待の早期発見・通報体制、早期対応体制の整備、の3点をあげた。

　提言3は「児童養護施設等の体制整備」としており、本事件の課題として、一時帰宅に際してのマニュアルの遵守、職員間での処遇方針の共有、職員の処遇技術の向上等研修の強化、親への対応の充実の4点をあげた。具体的方策として、①職員体制・研修の強化、②児童自立支援計画等にもとづく指導の強化、③処遇内容の自己点検の推進、④緊急時における支援体制の整備をあげている。さらに、「A学園については、入所中の児童の死亡により、心に深い傷を負ったり、強いストレスを受けている児童・施設職員等に対して、カウンセリングや心理療法等も含めたケアを実施することが必要である」と指摘している。

　提言4は「児童相談所の相談指導・一時保護体制の充実・強化」である。本事件の課題として、一時帰宅前および一時帰宅中の被虐待児の状況確認、24時間の即時対応機能の強化、職員の専門性の向上等研修の強化の3点をあげている。方策としては、①児童虐待対応専門チームの設置と虐待専門総合アドバイザーの配置（再掲）、②ケアマネジメントとリスクマネジメント（危機管理）の充実、③専門性の向上を図る職員研修の強化、④児童相談所の連携・調整機能の強化、⑤一時保護所の受け入れ体制の整備をあげた。

　提言5は「地域で虐待を防止するために」と題し、「虐待防止を推進するためには、児童福祉にかかわる関係機関や施設の体制の充実とともに、地域にお

ける団体・NPO等、さらには県民一人ひとりが認識を深め、虐待を防止する地域作りを進めるとともに、虐待に対応する地域での援助体制を整備することが重要である。児童虐待防止専門家会議として、虐待防止に向けて、このことを県民一人ひとりに強く訴えたい」とまとめている。

以上であるが、この緊急提言のなかには、本事件の経緯や検証の経過等についての記述はなかった。しかし、2001年当時に、専門家が集まって1つの事件を振り返り、課題や対策を検討して、その内容を自治体が活かしていこうとした点は注目すべきであろう。

「児童虐待防止に向けての提言──子育てを支え合う社会の実現をめざして」(2001年12月13日)

これは、「児童虐待防止専門家会議」が2001年9月14日の緊急提言の提出後、さらに議論を重ね、提言としてまとめたものである。ここでは、社会全体による子育てをめざし、①子どもと親が暮らす地域社会への提言、②関係機関の連携に向けた提言、③虐待が発生したときに子どもとかかわる児童相談所への提言、④児童養護施設等への提言、⑤保護者から離れた場での新しい家庭体験学習に向けての提言、⑥それらを実行するうえで必要と思われる法制上の整備に向けての提言が行われている。

本事件を受けて行われた提言であるが、2001年9月14日の緊急提言と同じように本事件の検討や課題についてはふれられてはいない。「子どもの人権が守られ、子どもへの虐待が発生しない社会を実現することを目標に据え」、児童虐待問題にかかわる諸機関や行政機関に向けての提言が多く含まれている。

なお、本報告書は児童虐待防止法施行後、虐待事例に対する自治体としてはじめて行われた検証であると思われる。

文献

加藤曜子・藤本勝彦（2003）「平成15年 流通科学大学特別研究助成報告書──児童養護施設におけるアセスメント指標研究報告書」

「【検証・なぜ虐待】兵庫・尼崎小1男児の死」『読売新聞』(2001年8月29日～9月2日)

佐藤万作子（2002）「尼崎小学1年生虐待死事件を追う」『婦人公論』87(10) pp.64-68.

児童虐待防止専門家会議（2001）「児童虐待防止のための緊急提言」

児童虐待防止専門家会議（2001）「児童虐待防止に向けての提言──子育てを支え合

う社会の実現をめざして」
鈴木一郎（2006）「第5章 児童虐待刑事裁判例についての事例研究」『児童虐待への対応の実態と防止に関する研究』財団法人社会安全研究財団
林　芳樹（2002）「孤独な母親たちへの教訓を伝えたい――読者が納得する報道であればプライバシーは侵害しない」『新聞研究』606　pp.35-38.
「兵庫・小1虐待死事件の判決要旨」『共同通信』（2003年2月26日）
　（http://www.47news.jp/CN/200302/CN2003022601000339.html）
藤本勝彦・加藤曜子・在宅アセスメント研究会（2005）「児童養護施設の一時帰宅・退所時における被虐待児のための安全確認アセスメントシート」

3　5歳男児山中遺棄事件
（山形県 2003 年）

(1) 事件の概要

2003（平成15）年、実母と内夫が腎臓病を患っていたS君（5歳）を虐待し、死亡させた。地裁判決で、母に対して懲役11年、内夫に対しては懲役13年が言い渡された。

以下では、虐待が始まってから死亡し、判決が出るまでの経過について、逮捕後の調べでわかった情報なども含め、主には『朝日新聞』『読売新聞』の報道を中心にまとめる。

(2) 家族の状況

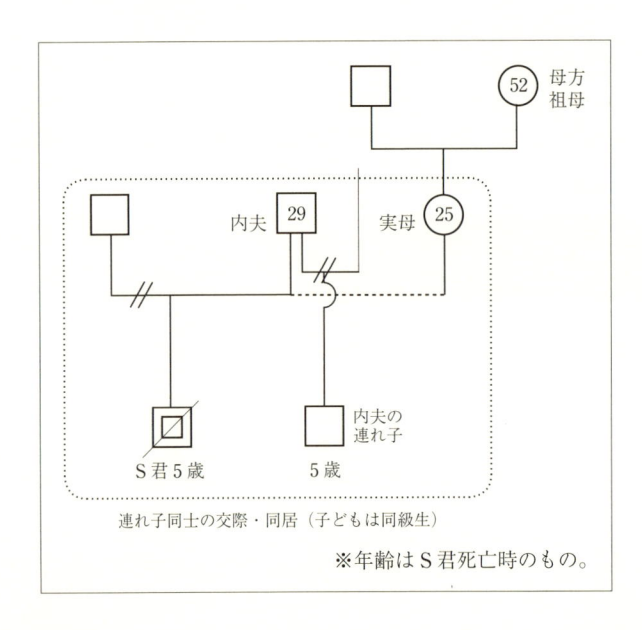

連れ子同士の交際・同居（子どもは同級生）
※年齢はS君死亡時のもの。

S君（5歳）：先天性多尿性腎不全

実母（25歳）：パート（内夫と同居前）

内夫（29歳）：離婚歴あり（詳細不明）

内夫の連れ子（5歳）

・・・・・・・・・

母方祖母（52歳）：秋田県内在住

(3) 事件の経過

実母が内夫と出会うまで

　2001（平成13）年に母と実父が離婚した後、2003年5月初旬まで、母とS君は秋田県内の町営アパートで、母子2人で生活していた。母はS君を保育所に預け、遊園地や駅で切符を販売するパートで生計（月収約6万円）を立てていた。保育所が休みの日にはS君を職場に連れてくることもあり、勤務態度は真面目だった。S君には先天性多尿性腎不全という病気があり、発育の遅れがあった。40度を超える高熱を出したときには、母があわてて保育所に駆けつけることもしばしばあった。保育士によると、親子関係に問題があるとは思えず、しつけも行きとどいていた様子であった。近所の人も、「S君は絵が好きで頭がよい子だった。母はS君の身体が細いことを気にして、食事のメニューを工夫していた」と話していた。一方、しつけはきびしく、S君を叩くことはなかったが、きつい調子で叱りつけることもあったようである。実父との離婚後、母は、「（実父に）『Sの病気はお前の家系のせいだ』と毎日責められていた。決められた養育費も一度も払ってくれない」と周囲にこぼしていたこともあった。経済的にも精神的にも苦しい毎日だったのであろう。

内夫と出会い、虐待が始まり、S君が亡くなるまで

　母子2人で暮らすなか、母は携帯電話の出会い系サイトで内夫と知り合った。母は後に「ほかの子と一緒に生活すれば息子が成長すると思い、子連れの男性を探していた」と供述しており、そんな条件に内夫が当てはまったのであろう。その後、S君と同い年の内夫の息子も入れて、4人で一緒に遊ぶようになった。母は、S君が内夫になつかないことを心配しながらも、「山形の人と結婚するんだ」とうれしそうな様子であったという。4月上旬、母は職場に「結婚するので山形に行く」と伝えたが、会社から「5月の連休までは続けてほしい」と慰留され、承諾していた。

　5月初旬、母方祖母が、母のところに遊びにきていた内夫と内夫の連れ子を見てとがめたところ、内夫は逃げるように出ていったことがあった。その後、母は仕事を辞め、S君をつれて山形県村山市に行き、内夫、内夫の連れ子と4人で同居を始めた。同居してすぐ、警察ごっこをするS君に前科のある内夫（執行猶予中）が腹を立て、棒で殴るなどの暴行を加えたことがあった。そ

の際、内夫は母にもS君を叩くよう命じており、母はためらったが、内夫の愛情が薄れることを恐れてS君を叩き、これをきっかけに虐待に加担するようになった。S君がおねしょをしたりごはんをこぼしたりするたびに、内夫は「ちゃんとしつけろ」と母を怒鳴り、母もS君に手をあげていた。内夫との同居前、母は腎臓病をかかえていたS君を定期的に通院させていたが、同居後は通院の形跡はなかった。

　5月下旬になると虐待は激しくなっていった。後の供述で、母はこの頃のS君について「新しい環境に慣れず元気がなくなっていった」と言う一方、「相手の子どもと比べて発育の遅れが目立ち、いらいらした」「食事を与えなかったり、顔を殴ったりして当たり散らした」と話したという。「内夫についていくしかない」「嫌われたくない」と思っていた母は、さらに積極的に虐待に加わるようになり、衰弱に気づきながらも食事を白米と水だけにして十分に与えなかったり、内夫と一緒に頭や尻を殴る蹴るの暴行を加え、エアガンで撃つなどもしていた。さらに、2人は、S君に熱湯をかけたり、やかんで殴ったり、はさみで腕を切りつけることもあったという。体格的にはるかに勝る内夫の連れ子とけんかをさせたり、腎臓病の影響でおねしょをするS君を、衣装ケースに入れたまま正座させて用を足させたり、トイレの水（別の報道ではケースにたまった尿）を飲ませたりすることもあり、虐待はさらにひどくなっていった。さすがにS君の様子を心配した母は、6月上旬頃に数回、S君の通院を内夫に提案したが、「虐待がばれるぞ」などと止められ断念したという。同時期、パジャマを詰めたリュックサックを背負い、1人でとぼとぼ歩いているS君の姿が近所の人に目撃されていた。「にゃんこばあちゃんのところに行く」ともらしており、秋田県内の母方祖母の家に向かうつもりだったようだが、母が連れ戻したという。

　6月15日、激しい暴行でS君のあごの骨が折れる（2つに割れていた）事件が起きた。母はこのときのことを「犯行がばれると思い、病院には連れていかなかった」と供述した。一方、内夫はS君を殴ってこぶしが腫れ、自身だけは病院で治療を受けていた。S君は食事がとれない状態のまま寝たきりになり、衰弱して正座することも立って歩くこともできなくなった。

　6月17日、「かぁ（お母さん）、助けて」という言葉を最後にS君は死亡した。死亡後、S君はタオルケットの上に2日間寝かされていた。母と内夫はS君の死亡後、市内ホームセンターでスコップを購入し（山中に埋める際に使ったと

されるもの）、S君が亡くなった翌6月18日には2人で山に下見に行っていた。内夫は執行猶予中だったため、実際に埋める行為は母1人に実行させることとした。その際、遺棄が発覚されないように、伐採が近い木や山菜採りが入る付近は避け、「できるだけ奥のほうがいい」「大きい杉の木の下は深く掘れない。細い木の下に埋めろ」などと、母に具体的に指示していた。6月19日、S君の死体をスポーツバッグに入れ、夜間に軽乗用車に乗せ、母が1人で山中まで運び、目印にしていた2本の立木の間にスコップで穴を掘った。懐中電灯の電池が切れかけたために暗闇のなかで約6時間かけて埋め、その後は、防虫スプレーを吹き付け、まわりに防湿剤の小袋を10個置いたのであった。

実母の行方不明から実母、内夫の逮捕まで

S君の死後、母が行方不明になる。

S君が死亡した約2カ月後の8月30日、母方祖母が内夫と母の住むアパートを訪ねた際、母方祖母を見た母が逃げ出した。母は職場に「母が危篤だから行かなきゃいけない」と電話をし、姿を消した。同日、母方祖母は「娘が逃げ出した。腎臓に病気のある孫がいなくなっている」と村山署に駆け込み、捜索願を出した。その後、母は福島県、仙台市、茨城県の風俗店などを転々としていた。その間、母は内夫と携帯電話で連絡をとり、内夫が母に口止め料を要求していたため、内夫の銀行口座に数回にわたり計約20万円を送金していた。

9月11日、母の乗用車がJR福島駅前の駐車場で発見された。9月18日夜、土浦市の風俗店で働いているという情報をつかんだ捜査員が店に急行した。母は、捜査員に「（息子は）友だちに預けている」と言ったが、本当のことを言えと迫られると「死んじゃいました」「山のなかに埋めました」と泣きながら話し始めた。同日、母は保護責任者遺棄の疑いで逮捕された。

9月20日、県警は母を保護責任者遺棄の疑いで山形地検に送検した。

9月27日、捜索9日目となるが、S君の遺体は発見できずにいた。

10月9日、「2本の杉の木の間に埋めた」という母の供述を頼りに村山市の山中（通称「勝福山」）を再捜索したところ、土を約20cm掘った場所に、毛髪が残った状態で子どもとみられる頭部が見つかった。S君の遺体であった。県警が20日間の捜索に投入した捜査員は延べ982人であり、ショベルカーも使い、範囲は約1万1000m²と広範囲に及んだ。S君の遺体はひざをかかえるように丸まった状態で埋められており、一部白骨化して担架が必要ないほど小さ

かった。同日、母は死体遺棄容疑で再逮捕された。S君発見前日の朝、内夫は普段から服用していた薬を大量服薬して自殺を図り、入院していた。

10月10日、遺体を司法解剖した結果、鼻とあごの骨が折れ、尻や両腕には数カ所の皮下出血があることがわかった。しかし、この時点で死因は特定されなかった。骨折は外部の圧力が加わったことで生じたものと推定されたが、一部白骨化しているため、外傷の判断は腿から胸にかけてしかできない状況であった。

12月1日、自殺未遂で入院していた内夫が退院し、死体遺棄容疑で逮捕された。逮捕の決め手は、内夫をかばって口裏合わせをしていた母が、一転して事件の経緯を供述したことであった。母は「罪は私がかぶり、刑務所を出たらまた一緒に暮らそうと約束していた。今は内夫の呪縛が解けた」「あの人についていくしかないと思い込んでいた。嫌われたくなかった」と供述した。

公判の経過
実母の公判
10月30日、山形地検は母を死体遺棄罪で起訴した。母は、虐待について「男性に叱ってほしいと要望した。2人で暴行を始めてからは止まらなくなった」「男性に嫌われたくなかった」と供述していた。

12月22日、死体遺棄事件の初公判が山形地裁で開かれた。白いトレーナーに灰色のスエットズボン姿で現れた母は、終始うつむき加減で、罪状認否では「間違いありません」と消え入りそうな声で起訴事実を認めた。冒頭陳述で死亡後の遺体を埋めた経緯についてふれられると、母はすすり泣きをし、小さな嗚咽もあった。公判のなかでは「今となっては、何であのとき逃げ出さなかったのかと思います」と反省の言葉も出ていたが、虐待に至った背景については詳しくふれられないまま終わった。公判の前に、母は知人宛に手紙を送り、S君の死を悔やんでいることを伝え、「Sが一番好きだったチーズケーキを作って供えてあげてほしい」とレシピを添えていた。

2月5日、死体遺棄罪に問われていた母と内夫が殺人の疑いで再逮捕された。2人が虐待で大けがを負わせながら治療を受けさせずに死亡させたことは「不作為の殺人容疑」に当たると判断され、2人は大筋で容疑を認めた。司法解剖などの結果、死因は多発性外傷による外傷性ショック死とされた。S君は下あごが折れていただけでなく、右あごも剥離骨折しており、5月下旬に内夫に殴

られたものと考えられた。捜査が長引いた理由として、遺体の損傷が激しく衰弱死の可能性も捨てきれなかったことや、母の供述が「車中で死んだので埋めた」「口をふさいで殺した」など二転三転したうえ、内夫が自殺を図ったことなどがあった。捜査を続けるなかで、母が「内夫の子どもを産むうえで、Ｓが重荷になると思った」と供述し、徐々に虐待状況が明らかになっていった。そして、鑑定結果とともに、小児科、口腔外科、歯科医らにも参考意見を求めたうえで死因が特定された。翌２月６日、殺人容疑で再逮捕された母と内夫は山形地検に送検された。

２月26日、山形地検は、死体遺棄罪に問われて公判中の母と内夫を殺人罪で追起訴し、２人に積極的な殺意があったと認定した。母は、調べに対して「Ｓさえいれば、ほかに何もいらないと気づくべきだった」などと話していたという。

３月22日、母の第２回公判が山形地裁で開かれた。殺人罪の罪状認否では起訴事実を認めたが、「死亡させようと思って虐待したわけではない」と明確な殺意は否定した。

４月５日、母の第３回公判が開かれ、虐待を始めた経緯について、「内夫から嫌われたくなかったから」とした。母は被告人質問において「内夫を怒らせないようＳをしつけるために暴行していたが、最後は虐待をするのが快感になっていた」と述べた。一方、母自身も内夫からエアガンで撃たれたことがあると言い、「今度はお前の番だと言われたこともあり、Ｓを殴らないと自分が殴られるという恐怖を感じていた」とＤＶがあったことも明らかにした。また、虐待について、「はじめは内夫のせいだと思っていたけれど、それは自分が逃げているだけだと今は思う」と心情を話した。この回の公判では、弁護側の証人として母方祖母が出廷した。「虐待について思い当たることは」と尋ねられ、「私たち（夫婦）の生活に余裕がなくて、寂しい思いをさせてしまったからでは」と証言すると、母は泣きながら首を横に振る仕草をしたという。

５月12日、殺人と死体遺棄罪に問われた母に対する論告求刑公判が山形地裁であった。検察側は「確定的な殺意があったのは明らかで、幼児虐待の極みともいえる犯行」として懲役13年を求刑した。それに対して母は、「（Ｓのそばに行けるから）死刑と言われたほうがずっとよかった」と涙を流した。検察側は論告において、母が罪状認否で「死亡させようと思って虐待したわけではない」と述べたことを「罪の軽減を図るために弁解した」と指摘した。Ｓ君に白

米と水だけの食事を与え続けたことや、内夫に自動車事故を装った殺害を提案したことなどをあげ、「積極的かつ確定的に殺す故意があった」とした。動機については内夫がＳ君を嫌ったためとして、「短絡的かつ自己中心的で酌量の余地はまったくない」と指弾した。一方、弁護側は「内夫とその子ども、Ｓ君と４人で楽しく暮らそうとしていただけ。暴行は内夫の機嫌を損ねないようしつけるために始まった」として未必の故意を主張し、寛大な判決を求めた。公判中の母は、涙を流すことはあったが、弁護人に虐待について問われても「よくわからない」と繰り返し、曖昧にする面もあった。裁判長より「最後に何か言いたいことはありますか」と尋ねられた母は、「自分も苦しんで死んだほうがよかった」「殴ったり蹴ったりして苦しめたこと、ここで謝らせてほしい。本当にごめんね」とＳ君へ宛てた手紙を読み上げ号泣したが、そんな母に対して検察側は「恋愛感情におぼれ、母親の責任、理性を忘れた」と指弾した。

　６月７日、殺人・死体遺棄罪に問われた母の判決公判が山形地裁で開かれた。判決は懲役11年（求刑・懲役13年）であった。裁判長は「自分の恋愛感情を満たすために行った犯行で、身勝手で冷酷かつ陰湿な動機に酌量の余地はない」「もっとも信頼すべき母親に裏切られたＳ君の悲しみ、怒り、絶望は察するにあまりある」などと述べた。

　公判を通じて最大の争点となったのは、"母に殺意があったか"であった。検察側は一貫して「確定的な故意」を主張していた。裁判長は、母が主張していた「死なせるつもりはなかった」との弁明に対して、母が不十分ながらも毎日食事を与え続けたことや、体温を上げようと手足をさすったことなどにふれ、「犯行は、内夫の主導によるもので、明確な（殺害の）意図はなかった」と未必の故意を認めた。しかし、「虐待しなければ自分が暴力を受けるおそれがあった」とする母の証言については、「交際、同居を自ら選択し優先させ、虐待行為に加担して死亡させた事実は変わりない」と酌量の余地を退けた。判決の瞬間、母は「何で（刑期を）減らしたのですか」と泣き崩れた。裁判長は最後に「Ｓ君の命を大事に思うなら、自分の命を大事にして、供養をしっかりとやってください」と諭し、母は黙ってうなずき、法廷を後にした。

　母はどうしてＳ君とともに逃げなかったのか、最後まで残ったこの疑問に、母を担当した柿崎喜世樹弁護士は「『自分にしかわからない』という思いがあったのか、彼女の心に飛び込めない部分があった」と振り返った。

第Ⅰ章　2000〜2004年（児童虐待防止法制定後の事件）

内夫の公判

　内夫は2003年12月22日、死体遺棄罪で起訴された。2004（平成16）年2月5日には母と同様に殺人の疑いで再逮捕され、翌6日、母とともに山形地検に送検された。

　2月16日、死体遺棄罪で問われた内夫の初公判が山形地裁で開かれ、内夫は、灰色のスエットスーツで出廷した。終始うつむき加減で、裁判長から「被告人」と2回呼ばれてようやく証言台に立ったという。罪状認否では「間違いありません」と小さな声で答え、起訴事実を認めた。

　2月26日、山形地検は、死体遺棄罪で公判中の母と内夫を殺人罪で追起訴し、2人に積極的な殺意があったと認定した。

　4月19日、殺人と死体遺棄罪に問われた内夫の第2回公判が、山形地裁で開かれた。殺人罪の罪状認否で「死んでもかまわないとは思ったが、計画的にやったわけではない」と確定的な殺意を否定し、弁護側も犯行は未必の故意と主張した。証拠調べで、弁護側は母の証言の一部を証拠として採用することを拒否し、内夫がS君に包丁を突き付けたなどとする母の証言は事実と異なるとして、内夫の殺意について争う姿勢を示した。

　5月24日、内夫の第3回公判が山形地裁で開かれた。被告人質問で、内夫は弁護人から「S君に包丁を突き付けたことがあるか」と尋ねられ、「ないです」と証言し、包丁を突き付けたのは母で、自分は止めただけだと主張した。S君を階段から突き落とそうと母と相談した事実も否定した。検察側は、犯行に関する内夫の証言が母の証言と食い違うとして、母を証人申請し、次回7月5日の公判で母の証人尋問が行われる見通しとなった。

　7月5日、内夫の第4回公判が山形地裁で開かれた。母が検察側の証人として出廷した。母は自分がS君に包丁を突き付けたことを認めたうえで、「内夫は私の包丁を取り上げ、Sに突き付けた。『俺なら殺せる』と言って、本当に刺しそうだった」、またS君を階段から突き落とそうとする相談も、「内夫から出た話だと思う」と述べた。それに対し、内夫は「やってないことまで言っている」と母の証言を否定した。検察側に内夫に対する気持ちを問われた母は、「顔を見るのもいやだし、声も聞きたくない。できることなら、母としてかたきをとってやりたい。本当に償う気がないならば、更生の機会すら与えてほしくない」と述べ、退廷するまで内夫と視線を合わせようとはしなかった。

　7月26日、内夫に対する論告求刑公判が山形地裁で開かれ、検察側は「人

間として到底許されない悪質かつ残酷な犯行」として懲役15年を求刑した。一方、弁護側は「未必の故意だった」として寛大な判決を求めた。検察側は論告で、内夫が法廷で「殺そうと思って虐待したわけではない」と述べたことを「罪の軽減を図った虚偽の弁解」と指摘した。さらに、母に暴行を指示したり、同居後すぐにS君を殴ったりするようになったことなどから、「確定的な殺意をもち、終始主導的な役割を果たしていた。母より刑事責任が重い」と指弾した。弁護側は、自らの暴行で腫れ上がったS君の顔を見て「これ以上殴れない」と思ったことなどに言及し、「自分の暴行で死に至るかもしれないとは思ったが、確定的な殺意があったわけではない」とした。内夫は「大切な命を奪ってしまい申し訳ない。早く刑に服して冥福を祈りたい」と謝罪の言葉を述べた。

10月18日、内夫の判決公判で裁判長は「S君の悲しみ、恨み、絶望を思うと涙を禁じえない」などとして懲役13年（求刑・懲役15年）を言い渡した。「空腹や暴行に耐えて嘔吐（おうと）する姿を目にしながら平然と虐待を続けた被告は、人間としての情が欠如している」と指弾し、動機について「執行猶予中だったことから、S君の警察ごっこにいらだったという身勝手なもので、酌量の余地はまったくない」と断罪した。S君に包丁を突き付けたことなど内夫が否定していた事実も、母の証言を採用して認定し、いずれも「衝動的かつ一過性」と判断した。争点となっていた殺意については、検察側が主張した「確定的な故意」を退け、「未必の故意」とした。さらに、死亡後に遺棄方法を考えたことなどから「計画性は脆弱（ぜいじゃく）」と結論づけた。検察側は判決に先立ち、母方祖母が内夫に書いた「もし罪にならないのならば、Sにしたことをやり返したい」とする手紙を読み上げた。内夫は黙って聞き、「本当に申し訳ないことをした」と謝罪した。判決が出た後、内夫の弁護人は「どんな判決でも甘んじて従う心境だったようだ」と述べ、控訴しない意向を示していたが、内夫は懲役13年とした一審の量刑を不服として控訴した。

2005年（平成17）2月8日、内夫の控訴審初公判が仙台高裁で開かれた。控訴趣意書によると、内夫は、①原判決では殺意を「確定的な故意ではなく未必の故意」と認定したが量刑に反映されていない、②S君を保護すべき母の責任こそより強く非難されるべき、などの理由で一審判決を減ずるよう求めた。内夫は控訴審に出廷して被告人質問が行われる予定だったが、出廷せず即日結審となった。内夫の弁護士によると「1月末に接見した時は欠席するとは言っ

ていなかった」とのことで、欠席の理由は明らかにならなかった。仙台高等検察は「一審判決は量刑正当」と控訴棄却を求めた。

3月10日、仙台高裁で、殺人と死体遺棄の罪に問われた内夫の控訴審判決が出た。裁判長は「原判決の量刑が重すぎるとはいえない」として、懲役13年を言い渡した一審・山形地裁判決を支持し、控訴を棄却した。控訴審公判と同じく内夫は姿を見せなかった。弁護側は一審で認定された「確定的殺意をもって殺したのではない」とする未必の故意などを根拠に減刑を主張していたが、裁判長は「被告人は主導的な役割を担っており、刑事責任は共犯女性より重大」と指摘し、未必の故意を認定したうえでも、懲役13年の判決が妥当とした。弁護人によると、控訴後、接見するたびに出廷を要請したが、内夫は「傍聴席からの視線に耐えられない」ことを理由に拒否し続け、最後まで出廷しなかった。

その後、内夫は控訴審判決を不服として上告した。6月13日、内夫に対し、最高裁第2小法廷は、上告を棄却する決定をした。懲役13年として一、二審判決が確定した。

(4) 事件へのコメント

2003年12月22日、『朝日新聞』では、山田裕子(子どもの虐待防止ネットワーク・あいち〔CAPNA〕常務理事)が、「複雑な問題を多くかかえている事件であり、順調に子育てをしていた母親が男性の影響で短期間に変容し、事件につながる例が最近増えているように感じる。暴力に支配され、正常な判断ができなくなっているのではないか」とコメントした。

さらに、12月23日～27日、『朝日新聞』で全5回にわたって連載が組まれた。各回のテーマは、「幸せの残像」「不安の足音」「暴力の支配」「月夜の別れ」「逃避の末路」であった。連載のなかでは、虐待が始まり逮捕に至るまでの経過をまとめている。そのなかで、佐藤幸子(山形県立保健医療大学講師・小児看護学)は、「自分の衝動をコントロールしきれない男。その不安定さに動揺し、嫌われたくないという気持ちから、男の虐待を止められず、わが子を守れなかった母親の姿がみえる。根底には母親自身の寂しさや見捨てられ不安があるのではないか。このような母親こそ、じつはあたたかく、安定した人間関係を欲し、必要としていることが多い」とコメントした。

1年後の2004年12月20日、『朝日新聞』では「殺意の裏側　にっぽんの安全第5部　虐待『小さな幸せ』求め転落」というタイトルで新聞連載が組まれた。「仕事、家庭、人との絆、そのあり方が大きく変わりつつある『いま』という時代のなかで、『殺意』は思わぬ語りで噴出してくる」と述べ、本事件が取り上げられた。連載のなかで、母がつきあっていた男性から「子もちはダメ」と言われ、インターネットに愚痴を書きこんだことをきっかけに内夫と知り合った経過が書かれていた。そして、つきあい始めてから、S君にきびしく接するほど内夫が自分にやさしく接してくれ、だんだんと「母」であることを捨てていった流れが書かれていた。

(5) 事件がもたらした影響

　2003年11月11日、山形県知事が記者会見を行い、子育てに悩む親を対象とした支援策を検討すると述べた。本事件について「異常の典型で、社会に波紋を広げる」と発言し、子どもを育てる親が精神的に余裕をもつことができない状況を懸念し、「精神や気持ちの癒しに力を入れたい」と話した。具体策として、ケースワーカーやセラピストへの支援や拡充を検討することが提案された（『朝日新聞』2003年11月12日）。
　また、山形大学の模擬裁判実行委員会の主催で、11月19日から20日にかけて、児童虐待の問題を取り上げた模擬裁判が行われた。虐待の防止策や虐待に至るいきさつなどを考えてもらうきっかけとなることを目的にしている。脚本は、類似事件の判例や、児童相談所への取材をもとに、「夫の暴力を受けた長男を医師に見せずに死なせるなどしたとして、保護責任者遺棄致死罪などに問われた母親の初公判から判決までを描いたもの」で、学生が脚本を執筆し、出演をこなした。実行委員長は、「偶然ながら筋書きの似た事件として関心をもった。本当に防ぐことはできなかったのか、早期発見が大事だと改めて思った」と話していた。
　さらに、本事件を含め、虐待事件が相次いだことを受け、11月に県庁で児童虐待防止に関する会議が開かれた。県児童家庭課より、児童相談所に寄せられる3歳未満児への虐待は、5年前は全体の15%だったのに対し、今年は29%に増えていると報告され、「この年頃の子どもは、排泄や食事を自分でするようになり、自己主張をし始める時期。親は育児で戸惑いを感じ、虐待につ

ながるのでは」と述べた。山形県の児童相談所への相談件数は児童虐待防止法が施行された 2000 年の 168 件がピークで、2003 年 10 月末時点で 62 件と減少傾向にあるが、虐待が減っているわけではなく、核家族や地域と接触がない家族が増え、虐待の発見は難しくなっているという。会議では、民生児童委員が地域の目配りを徹底するなど虐待の早期発見が申し合わされた。

4 同居少年による4歳男児虐待死事件
（名古屋市 2003 年）

(1) 事件の概要

　2003（平成15）年10月19日16時頃、名古屋市昭和区在住のアルバイト職員である実母（27歳）の119番通報により、4歳のY君が市内の病院に運び込まれた。母は、「息子が冷蔵庫の上の本を取るため、イスとバケツを重ねて上がったところ、バランスを崩して転んだ」と説明した。病院の当直医より「心停止状態で運び込まれた男児に不審な点がある。傷が古いのではないか？」と愛知県警昭和署に通報があり、間もなくY君の死亡が確認された。司法解剖の結果、死因は腹部内出血による出血性ショックであった。

　事件の2日後、母と交際していた高校3年生の少年（18歳。以下、Aと呼ぶ）が傷害致死の疑いで逮捕され、Aを庇うために嘘の説明をしたとして、犯人隠匿の疑いで母も逮捕された。AはY君に日常的に虐待を繰り返しており、遺体には古い打撲の跡が数カ所あった。事件当日、Aは7時頃と15時頃の2回にわたってY君を殴る蹴るなど暴行し、母はこれを目撃しながらも、Y君の容体が急変した後にAから口裏合わせをもちかけられ、Aを庇って虚偽の説明をしていたことがわかった。

　その後Aは容疑を認め、名古屋地裁は「無抵抗な幼児に加減することなく暴行していて悪質な犯行だが、交際女性との特異な関係から生じた心理的な混乱状態から引き起こされた側面がある」とし、Aに対して傷害致死の罪で懲役3年以上5年以下の不定期刑[1]を言い渡した。

（『朝日新聞』『読売新聞』の報道より）

1　不定期刑は、あらかじめ刑期を定めずに言い渡すものであり、少年法にその規定がある。すなわち少年法第52条は、「少年に対して長期3年以上の有期の懲役または禁錮をもって処断すべき時は、その刑の範囲内において、長期と短期を定めてこれを言い渡す。但し、短期が5年を超える刑をもって処断すべきときは、短期を5年に短縮する」と定めており、犯行時18歳であったAには、不定期刑が科された。

母は、「自らも（Aによる）DVの被害者であり、また、暴行を止めようとした」と無罪を主張したが、地裁は「暴行を繰り返す男との同居を続け、男児を危険にさらしたのは被告本人で、身体を張ってでも暴行を阻止すべきだった」とし、傷害致死幇助の罪で懲役2年執行猶予3年を言い渡した。母は控訴したが、2005（平成17）年11月17日名古屋高裁により棄却された。

　なおY君の通う保育所は、Y君の身体にたびたび痣ができていたことを名古屋市の児童相談所に相談しており、昭和署は児童相談所から相談を受けていた。

(2) 家族の状況

　母は1997（平成9）年に短期大学卒業後、自身が働く飲食店の店長だった男性と結婚し、2人の間にY君が生まれた（詳細な時期や妊娠と結婚の順序などは不明）。母はいったん退職するが、その後離婚し、当時1歳くらいのY君を保育園に預けて2000（平成12）年9月より再び同じ飲食店でパートを始めた。母は2001（平成13）年7月にアルバイトとして入店したAと知り合い、2002（平成14）年3月に母とAは男女の仲となった。この頃、母はY君と2人暮らしをしており、母には別の婚約者がいたという。その後母は婚約を破棄し、2003年3月頃からAを自宅に呼ぶようになる。Aは母との関係に積極的ではなかったが、「来ないなら自宅付近まで行く」「帰るなら手首を切る」などの母

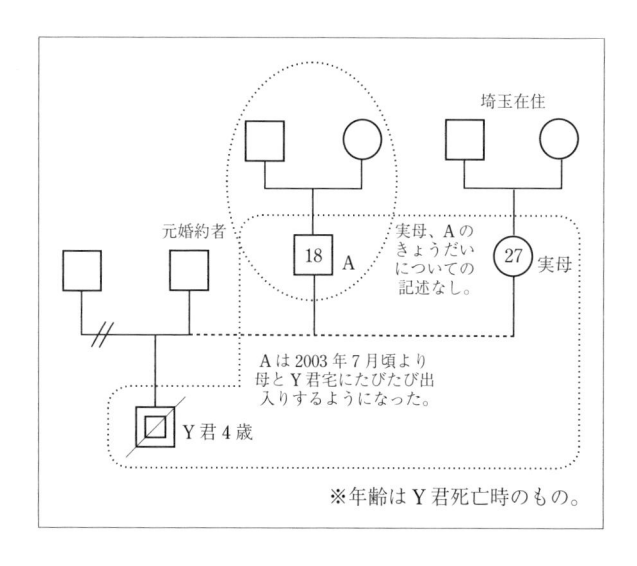

※年齢はY君死亡時のもの。

からの脅迫的な呼び出しが増え、Aは夏休みに入った2003年7月頃より、頻繁に母とY君宅に出入りするようになったという（引用元については、事件の経過表を参照のこと）。

(3) 事件の経過

虐待の経過と事件当日

　Y君は2003年6月頃よりAからしつけと称して虐待を受けるようになった。同年の夏休み以降、AがY君宅に頻繁に出入りするようになり、虐待はしだいにエスカレートしていった。7月16日には、汁をこぼしたという理由でAはY君を叩き、保育園職員がY君の背中にゴルフボール大の痣を発見している。8月中には、腰、足の甲、顔などに痣があることを保育園職員がたびたび発見しており、そのほか、Y君が1人で登園する姿が目撃される、1人で母方祖父母宅に行こうとして駅で保護されるなどした。Y君はAのことも保育園職員に話しており、保育園は児童相談所に虐待通告している。Aは母にも暴力をふるっており、8月6日には職場で上司である母を突然蹴ったとして解雇され、9月上旬にはAに蹴られた母が腰の骨を折っている。9月10日、腰のけがのためY君のショートステイを申し込んだ母は、担当福祉課に「（Y君の痣は）転んだ」と伝えている。Y君は母方の祖父母に預けられることとなり、このとき祖父がY君の脇腹と尻に痣を発見。問いただされた実母は「保育園でいじめられた跡と、冷蔵庫にぶつけた跡」とごまかしている。9月18日、児童相談所は保育園を訪れ、母に対して「Aが来ないように保育園から指導をするように」と働きかけるが、関係悪化を恐れた保育園はこれに応じず、児童相談所が母に直接働きかけることもなかった。母方祖父母宅より戻ったY君は、9月24日保育園職員に「昨日お兄ちゃんにいろいろなところを叩かれた」と話している。このときから事件まで、Y君の身体に目立った外傷は報告されていない。

　事件前日の10月18日21時に、Y君を寝かしつけた母とAは、明け方3時までカラオケ店で過ごしている。翌朝7時にAが目を覚ますとY君が立っており、「トイレに行きたい」と言う。Aはすぐにトイレに行こうとしないY君を蹴り、庇った母も脇腹を蹴られ肋骨を骨折した。14時に昼寝から起きた母は、Aが寝ている間にY君と外出、寄り道などし、ハンバーガー4個と飲み

物2人分を買って15時過ぎに帰宅した。Aは飲み物を2人分しか買わずに帰宅したことに激怒し、Y君に「なぜシェークがあるのか」と質問し、Y君に30分以上暴行を加え続けた。AはY君の右肩を拳で殴る、右脇腹を蹴る、右側の胸から腰にかけて十数回足蹴にするなどした。さらに、Y君を40cmの高さから床に放り投げ、倒れたY君の背中を両拳で10回ほど殴打し、左の脇から腰にかけて十数回足蹴にし、Y君の涙や鼻水で濡れた床を拭かせ、その最中にも背中と脇を押すように2回ほど蹴った。そして、床を拭き終えたY君の右腰付近を4回ほど蹴り、胸を足の裏で1回蹴飛ばした。Aは、Y君が動かず、呼んでも返事をしないことから異変に気づき、母とともに布団に寝かせた。Y君は腹痛を訴え、やがて手足が冷たくなった。母は「子どもが腹痛を訴えている」と119番通報したが、Aは救急隊が到着する前に母に口裏合わせをもちかけた。しかし、搬送先の病院医師が不審な点があると通報し、2日後に母とAは逮捕された（引用元については、事件の経過表を参照のこと）。

事件前の周囲の認識

　新聞報道によると、母がAに「出て行け」と大声を出したり（『中日新聞』2003年11月11日）、Y君が夜に公園で1人でいるところ（『朝日新聞』2003年10月24日）が目撃されたりしている。Y君は、何度か身体の痣を発見されており、1人で祖父母宅に行こうとしたこともあるという（『朝日新聞』2003年10月24日）。しかし、母とY君の仲がよいこと、Y君が明るくふるまっていること、そしてAが大きなトラブルなく、学業やアルバイトをこなしていたことなどから、周囲は母、A、Y君の行動や生活状況に異変を感じていなかったことが以下の報道から読み取れる。

- Y君の通っていた保育園の園長によると、入園当初は仲のよさそうな親子だったという。身体の痣を確認した後も、Y君に落ち込むそぶりはなく、いつも元気に走り回っていたと話している。また、園長は「Y君は日頃から『お母さんに甘えたい』と訴えていたが、家に帰るとお兄ちゃんがいるからお母さんと仲よくできないのかなと思っていた」という（『朝日新聞』2003年10月22・24日）。
- アルバイト先によると、母は真面目で接客やほかのアルバイトへの指示がうまく、Aの仕事ぶりも明るくて真面目だったという（『朝日新聞』2003年10月24日）。

事件の経過表（▶：児童相談所の対応）

1997 年		母、短大卒業（『中日新聞』2003 年 11 月 11 日）。
		母、勤め先の全国チェーン飲食店店長と結婚（『中日新聞』2003 年 11 月 11 日）。
2000 年		母、離婚（『中日新聞』2003 年 11 月 11 日）。
	9 月	母、以前と同じ飲食店のアルバイトを始める（A 判決文）。Y 君、保育園入園（『朝日新聞』2003 年 10 月 24 日）。
2001 年	7 月	アルバイト先で、母と当時高1のAが知り合う。しばらくすると母はAを食事などに誘うようになるも、Aは誘いを断り続ける（A 判決文より）。
2002 年	3 月	Aと母を含む同僚でカラオケに行った後、母が「眠り込んだY君を連れて帰るのを手伝ってほしい」とAに頼む。AがY君宅へ行ったところ、母が迫り、性的関係をもつ。この頃、母には別に婚約者がいたことからAは嫌悪感をいだき、その後の誘いを拒む（A 判決文）。
	9 月	母、店長に昇格（『読売新聞』2003 年 10 月 23 日）。
2003 年	2 月	母は再びAに性的関係を求めるようになる（A 判決文）。
	3 月	Aは母の誘いを断り切れずに再び性的関係をもち、母はたびたびAを自宅に呼ぶようになる（A 判決文）。
	4 月	Aは高3の1学期、週の半分ほど欠席、遅刻や居眠りも多くなる。教員に問われると、Aは「夜遅くまで眠れず、朝起きられない」と話す（『朝日新聞』2003 年 10 月 22 日）。
	5 月	Aは母へ暴力をふるうようになる（『朝日新聞』2004 年 6 月 15 日）。
	6 月	「来ないなら自宅付近まで行く」「帰るなら手首を切る」など、母のAに対する脅迫的な呼び出しが増える。Y君宅での時間が増えるにつれ、Aは「（Y君の）しつけがなされていない」と感じるようになり、最初は口頭で注意していたが、軽く叩くようになる（A 判決文）。
	6 月下旬	母、婚約破棄（A 判決文）。
	7 月	母は子育ての意欲を急速になくしていく（『中日新聞』2003 年 11 月 11 日）。 Aは、母宅にたびたび出入りするようになり、同居状態へと発展する。Aが帰宅しようとすると、母が包丁で自分の手首を切ろうとする（A 判決文）。
	7 月 16 日	保育園職員が、Y君の顔と背中にゴルフボール大の痣があることに気づく。Y君は「テレビを見ていて、お汁をこぼしたら、家にいるお兄ちゃんに叩かれた」と話す。母は「知らないうちにけがをした」と説明（『読売新聞』2003 年 10 月 22 日）。

第Ⅰ章　2000～2004年（児童虐待防止法制定後の事件）

2003年	8月	Y君が1人で自宅から徒歩で登園。また、1人で公園にて遊ぶ姿が目撃される（『朝日新聞』2003年10月24日）。 Aが飲食店アルバイトを辞める。母が店の話題にふれると、Aは「思い出させるな」などと腹を立てて殴る（『朝日新聞』2003年10月24日）。 AがY君への暴行をエスカレートさせ、週に2、3度殴ったり蹴ったりするようになる（『読売新聞』2004年2月5日）。 Aの母への暴力は週3回ぐらいの頻度にエスカレートする（『朝日新聞』2004年6月15日）。 Aは、Y君が「トイレを出て手を洗わなかった」「歯を磨かなかった」という理由でそれぞれ頬を叩くなどする（『朝日新聞』2003年10月24日）。
	8月上旬	この頃の保育園の観察記録に「大泣きして止まらなくなるなど、情緒が不安定になっている」と記載される（馬場、2007）。
	8月6日	保育園職員が、Y君の腰に痣を見つける（『朝日新聞』2003年10月22日）。 アルバイト先でAが突然母を蹴り、解雇される。Aは上司に「気に入らないことがあったら蹴ってもいいという合意が2人の間にある」と話す（『中日新聞』2003年11月11日）。
	8月8日	Y君が、最寄りの地下鉄駅で迷子になり保護される。埼玉の祖父母宅に行きたかったと話す（『朝日新聞』2003年10月24日）。
	8月中旬以降	AはY君と目が合った際に「何を見ているんだ」と聞き、何も答えないY君に暴行する（『朝日新聞』2004年4月23日）。
	8月下旬	Y君は「夏休みが終われば、お兄ちゃんはおらんくなる」とうれしそうに保育園の園長（以下、園長と呼ぶ）に話す（『朝日新聞』2003年10月24日）。
	8月27日	保育園職員が、Y君の足の甲と顔に痣を見つける（『朝日新聞』2003年10月22日）。
	9月	担任が自宅に連絡したためか、Aの欠席が減る（『読売新聞』2003年10月22日）。 Y君は「お母さんが嫌いになれば、お兄ちゃんも来なくなるのに」と園長に話す（『朝日新聞』2003年10月24日）。 Aに蹴られ、母が腰の骨を折る（『サンデー毎日』2003年11月9日）。
	9月4日	保育園職員が、Y君の尻に痣を見つける（『朝日新聞』2003年10月22日）。
	9月9日	▶保育園は区役所に電話で報告し、区役所から連絡を受けた児童相談所は昭和署に相談する（『朝日新聞』2003年10月22日）。
	9月10日	母は「けがをして家事ができない」と児童養護施設の短期利用を福祉事務所に申請（『朝日新聞』2003年10月22日）。

69

2003年	9月11日	▶保育園から、虐待の疑いがあると児童相談所に通告が入る。Y君と面接をした児童相談所の児童福祉司は「目立った外傷はない」と報告する。児童相談所は母とは面接せず、保育園を通じて母へ指導をする（『読売新聞』2003年10月22日）。 ▶児童相談所は緊急会議を開いて対応を検討し、緊急性はないと判断する（『読売新聞』2003年10月23日）。 ▶母はY君のショートステイを福祉課に申し込み、福祉課はこれを虐待の通告とともに児童相談所に連絡。「転んだ」という母の説明を鵜呑みにした児童相談所は情報収集せず（『中日新聞』2003年11月13日）。
	9月12日	母方祖父母にY君を10日ほど預けることになる。このとき、祖父が脇腹と尻に痣を発見し、電話で母に問いただすと「保育園でいじめられた跡と、冷蔵庫にぶつけた跡」とごまかす（『朝日新聞』2004年2月5日）。
	9月18日	▶児童相談所職員2名が保育園を訪れ、「(Aが) 家に来ないように指導を」と保育園に働きかけるが、園長は「母親との信頼関係を損なうおそれがある」と応じず。次にY君に痣や傷が見つかったら知らせるということになる（『中日新聞』2003年11月13日）。
	9月中頃	母方祖父母宅より戻る際、Y君は「(自宅に) 帰りたくない」と話す（『朝日新聞』2004年2月5日）。
	9月24日	Y君は母方祖父母宅より戻り、登園（『中日新聞』2003年11月13日）。 Y君は保育園職員に「昨日、お兄ちゃんにいろいろなところを叩かれた」と話す（『朝日新聞』2003年10月23日）。
	9月26日	▶児童相談所は保育園に電話をかけ、保育園は「目立った外傷はない」と児童相談所に報告（『中日新聞』2003年11月13日）。
	10月7日	▶児童相談所は、AがY君に暴行を加えていた疑いがあるとして昭和署に相談し、昭和署は児童相談所に、母に被害届を出させるようアドバイスする（『読売新聞』2003年10月21日）。
	10月15日	Y君は園長に「お母さんと一緒にお風呂に入ったり、抱っこしてもらったり、一緒に寝たりしたい」と話し、園長から母に伝えてほしいと懇願する。園長は母に「絵本を読んだり、一緒にお風呂入ったり寝たりしてあげてね。忙しいかもしれないけど、一番大切なときだから」と告げる（『朝日新聞』2003年10月24日）。
	10月16日	Y君は園長に「昨日、絵本を読んでもらったよ」と笑顔で報告する（『読売新聞』2003年11月28日）。
	10月17日	▶児童相談所は保育園に電話し、園長は「母子関係はうまくいっている。痣は確認されていない」と報告（『中日新聞』2003年11月13日）。 保育園と母が面談し、母は「Aは自分の代わりにしつけをしてくれる」と話す（『サンデー毎日』2003年11月9日）。
	10月18日	Aと母は21時にY君を寝かしつけた後、午前3時までカラオケに行く（『中日新聞』2003年11月11日）。

第Ⅰ章　2000～2004年（児童虐待防止法制定後の事件）

2003年	10月19日	7時	Aが目を覚ますとY君が立っており、「トイレに行きたい」という。Aが、すぐにトイレに行こうとしないY君を強く蹴ると、Y君はふすまにぶつかって倒れた。母は倒れたY君を見て「やめてよ」とY君に覆い被さり、脇腹を1回蹴られ、肋骨を骨折（A判決文）。
		14時	昼寝から起きた母は、Aが寝ている間にY君を自転車に乗せて外出。近くのスーパーの投げ輪大会の練習に参加し、飲食店でハンバーガー4個と飲み物2人分を買って15時15分頃に帰宅（A判決文）。
		15時15分～50分	Aは、買い物から帰ってきた2人が、飲み物を2人分しか買わずに帰宅したことに激怒し、Y君に「なぜシェークがあるのか」と質問し、何も言わないY君に暴行を始めた。座っているY君の右肩を拳で殴打し、右脇腹付近を2回くらい足蹴にしたうえ、Y君が体の左側を下にして倒れると、右側の胸から腰にかけての部位を十数回足蹴にする暴行を加えた。その際母は、暴行を止めるためにAの腕をつかむなどしたが、Aは母の手を振り払い、暴行を続けた。AはY君の腹部を左右から両手でかかえるようにしてつかみ、約40cmの高さから床に放り投げ、うつぶせに倒れているY君の背中を両拳で10回くらい殴打し、左の脇から腰にかけての部位を十数回足蹴にした。Y君の涙や鼻水で床が濡れていたことから、Y君にティッシュで床を拭かせることにしたが、Y君が四つん這いになって床を拭いている最中にも、その背中と脇のあたりを、足の裏で押すようにして2回くらい蹴った。さらに、床を拭き終えたY君の右腰付近を4回くらい蹴り、胸を足の裏で1回蹴飛ばしたところ、Y君は床の上に倒れた（A判決文）。
		16時	Aは、Y君が動かず、呼んでも返事をしなかったことから異変に気づき、母とともに布団に寝かせた。Y君は腹痛を訴え、やがて、その手足が冷たくなっていった（A判決文）。
		16時4分	母は「子どもがお腹が痛いと言っている」と119番通報する。救急隊が着く前に、Aは母に「イスから落ちたことにしよう」と口裏合わせをもちかける（『朝日新聞』2003年10月22日）。
		16時35分頃	搬送された病院の医師が、「不審な点がある」と警察に通報する（『朝日新聞』2003年10月21日）。
		17時過ぎ	出血性ショックによりY君死亡（『朝日新聞』2003年10月21日）。
	10月21日		昭和署は、Aを傷害致死の疑い、母を犯人隠匿の疑いで逮捕。2人はY君が「イスから落ちて腹を打った」と供述する。同日夜、両者が虐待を認める供述をする（『朝日新聞』2003年10月22日）。
	10月22日		愛知県警は母とAを名古屋地検に送検（『朝日新聞』2003年10月22日）。

71

○Aの通う学校によると、学業や素行に問題はみられなかったという。高3の1学期は欠席が多かったため家庭訪問をし、2学期からは登校するようになっていたという（『サンデー毎日』2003年11月9日）。
○母は夜間3年制の短大で児童福祉を専攻し、卒業研究では地域での子育てを説いた。結婚後暮らしていたマンション近くの住人は、「子どもを大切に育てていた」と振り返っている。離婚後も働きながら、母親の役割は懸命に努めていたと話している（『中日新聞』2003年11月11日）。
○Aの母親は、「外泊を続け、高校に行っていないことは知っていたが、『先輩のところにいる』と言われ、Y君宅にいたとは知らなかった」と答えた（『読売新聞』2005年1月19日）。

母とAの供述と証言

　母、A、ともに「悪いことをした」と後に供述している（『朝日新聞』2003年10月22日）。母は犯行について「少なくとも痣などのけがが生じると思っていたが、多少けがをしても、止めに入るより（Y君が）我慢したほうが乱暴が早く終わると思っていた。Aを叩き出していればよかった」と話している（『読売新聞』2003年11月11日）。Aを庇ったことについては、「好きだから庇った。しゃべれば捕まって会えなくなる。将来がどうなるかも心配だった」と供述している（『朝日新聞』2003年10月22日）。母はAの"いらいらの理由"として、家に帰りたがるAを引き留めたことをあげ、また、「Aの暴力は自分に原因があり、（自分がY君を）きちんとしつけをしていれば止まると思っていた」と述べている（『中日新聞』2004年4月23日）。

　一方Aは、母との交際は恋愛感情からではなく、アルバイト先の上司からの誘いを断り切れなかったためと強調した。Aは、恋人がいるのに自分を誘ってくる母に対して嫌悪感さえいだいていたという。意に反してY君宅で過ごす時間が増えるにしたがい、Y君のしつけがなされていないと感じて生活上の小さなことを注意するようになり、徐々に暴力へとエスカレートしていったという（A判決文）。

(4) 事件へのコメント

Aについて

　Aには心理鑑定が行われており、Aの判決文には、生活背景から事件の経緯に関する鑑定人の考察が掲載されている。また、馬場常子は『愛知江南短期大学紀要』(2007) に、Aの背景を分析したコメントを掲載している。

○Aの人格特性として、上の者には従わなければならないという意味での協調性や義務感が強い、欲求不満の状態に置かれたときには、あきらめてやり過ごすという選択をしやすい、目的に向かって進む意思に乏しい、家族に対して否定的なとらえ方をしていることが指摘される。両親による不適切な養育などにより形成された人格の未成熟さや社会性の未熟さが原因となり、Y君の母との意に沿わない関係が継続される状態に陥った。Y君に対する暴行は、Aが親から受けた不適切なしつけを行っていたというしつけの世代間連鎖であり、擬似的母親であるY君の母から供給される愛情が過小だったため、Y君との間で疑似きょうだい葛藤が生じていた。また、Aが小学校時代に受けたいじめにより、自分の痛みを麻痺させるという対処法を身につけていたため、Y君に対する暴行の際にも、苦痛を与えているという感覚が分離されてしまった（A判決文、鑑定人意見）。

○Aの両親は共働きで、母親は仕事から帰ってきて、「今日も学校に行かなかったんだ」と、お弁当がテーブルに残っているかどうかでしかAの所在をつかめなくなっていた。そして今回の事件後、息子が警察に事情を聴かれていることさえ、母親は知らなかったという。この親子関係には、親子の対話どころか接点すら認められない。またAは、中学の頃から肉弾戦アニメに熱中し、高校に進んでからは1人でいることが多かったという。このように放任といえそうな家庭環境、肉弾戦のアニメとゲームへの傾倒、孤独から、Y君の母と出会い、同棲、そして今回の事件という経過から考えると、この高校生は、家庭や学校に心休まる「居場所」をもっていなかったのではないか。親の監視もなく、ただ自由になるお金欲しさでバイトを始め、バイト先で知り合ったのが離婚後のY君の母であった。AとY君の母は互いに満たされない心と身体を癒し、Aは、自分の「居場所」をY君宅に見つけて居座ることになったのではないか。

　高校3年生ともなると、身体は生物学的には大人である。しかし、精神的

には未熟で大人になりきれていない不安定な存在といえる。つまり、自己中心的な反面自己犠牲的で、情熱的な愛情を燃やすと思えばすぐに冷めてしまう。仲間を作りたがるが孤独にもあこがれる。利己的で現実的である反面、高い理想に燃える。禁欲的である一方、本能的な衝動に身を任せてしまう。他人に対して粗野で分別がないようで、一方では非常に神経過敏である。このように相反する両極端を揺れ動くなど、心は迷いや悩み、不安をかかえる不安定な状態である。しかし、大抵は幼児期の両親からのしつけにより、自我の欲求統制、行動の統制を学び、基本的な習慣やマナーを習得する。さらに青年期にかけて両親や教師、友人との関係をとおして感情の統制、善悪の判断、人生観などを形成する。そして、相手に対する信頼感、愛情、尊敬が基礎となって、さまざまなモデルが取り入れられ自分というものが確立していく。

しかし、今日「機能不全家族」「崩壊家庭」といわれるように、親になりきれていない親が不自然でぎこちない育児に追いやられ、乳幼児期のこうした不自然でぎこちない親のかかわりが隠れた起爆剤となり、その結果として思春期に爆発し、今回のような悲惨な事件を招いたように思われてならない。

一人前の大人とは、自我が成熟していることである。生理学的には、17～18歳で理性や自我の座がほぼ備わり、本能や感情の座をある程度統制することが可能になる。最終的には25歳くらいで完成するが、世間には25歳過ぎても、30歳過ぎても、40歳近くなっても自我の発達が未熟な人がいる。最近、こういった人たちによる常識では考えられない数々の事件が起こっていることも事実である（馬場常子、2007）。

母とＹ君について

母の背景について、戒能民江（お茶の水女子大学教授）は「（DVにより）抵抗したら、『もっとやられる』『彼に捨てられるかもしれない』という２つの恐怖が彼女を支配していた」と分析している（『中日新聞』2003年11月11日）。山田裕子（子どもの虐待防止ネットワーク・あいち〔CAPNA〕常務理事）も同様に、他事件に対するコラムに本事例などの例をあげて「（母親は、Aの）暴力に支配され、正常な判断ができなくなっているのではないか」とコメントしている（『朝日新聞』2003年12月22日）。

Ｙ君は自分の身体の痣について、一度は保育園職員に「ぶつけた」などと答

えており、田島淑子（CAPNA事務局長）は、「自分が悪いと思うことで子どもは心のバランスを保とうとした」とコメントしている（『サンデー毎日』2003年11月9日）。

児童相談所の対応について

　児童相談所に通告が入っていたにもかかわらず事件が起きたことで、その対応に問題がなかったかという点に焦点が当てられた。また、本事件の対応の問題を中心に論議したという「なごやこどもサポート連絡会議」の定例会議について、いくつかの報道記事がみられた。

○長谷川博一（東海女子大学教授）は、「保育園は保育のプロではあっても、虐待問題はしょせん素人でしかない」「児童相談所は、痣がないという連絡だけで安堵し、保育園の指導で、母親がAの出入りを拒絶できると踏んで、対応を保育園に"丸投げ"した」と指摘した（『中日新聞』2003年11月13日）。

○『朝日新聞』は社説で、本事件を含めた児童相談所が関与していた事件を振り返り、連携、専門的職員の増員、権限強化、司法の関与、そして家族の再生とその後のサポートなどの課題があるとコメントした（『朝日新聞』2003年11月25日、社説「危険信号を見落とすな」）。

○判決を下した名古屋地裁裁判長は「児童が暴行を受けていることを認識していた関係者の対応にも不十分な点があった」とあえて言及した（『読売新聞』2005年4月20日）。

○坂井聖二（子どもの虐待防止センター理事長・小児科医）は「母親は、暴行を受けているY君を保育園に通わせ続けることでSOSを出していた。そのサインに適切に対応できていれば、悲劇を防げたのでは」とコメントした（『読売新聞』2005年4月20日）。

○児童相談所の対応について、児童相談所長は「一定の時期に母親に会って、しかるべき対応をとればよかったと反省している」「保育園と母親の信頼関係を大事にしたが、直接会うべきだった」と話している（『朝日新聞』2003年10月22日）。

○名古屋市長は、市の対応について「あと一歩積極的に対応できなかったことは大変残念だ。職員の洞察力のなさにいらだちを覚える」と述べている。児童相談所はY君と直接会ったり、保育園との連携や警察に相談したりした

が、母親と直接会うなどはしておらず、市長は「保育園や母親、幼児自身、地域のサインをどうして見過ごしてしまったのか」、「市内で過去に起きた虐待事件を受け、市は防止体制の整備を進めてきたが、今回活かすことができなかった行政の責任は重い」と話した(『朝日新聞』2003年10月22日)。
○この事例では、サポート・チーム(2000年5月に導入された関係機関連携制度)は結成されず、児童相談所は、一時保護の緊急性はないと判断し、保育園を通じた母親への指導をするにとどまり、母親との接触はしなかった。祖父宅から戻った後も、「ハイリスクな家庭という認識はあったが、おかしいところがあればすぐ報告してくれるよう保育園に依頼していた」と保育園に対応を任せていた。児童福祉センター(児童相談所)の相談課長は「次に大きなけがが見つかれば家庭に介入する予定で、準備は進めていた」と釈明している(『読売新聞』2003年10月23日)。
○いじめや児童虐待を防ごうと、名古屋市の教育委員会や児童福祉センターなど子どもの教育や福祉関係の機関で作る「なごやこどもサポート連絡会議」の定例会議が5日開かれ、Y君虐待死事件での対応ぶりなどを中心に意見を交わした。会議には、名古屋市公立保育園長会の会長や名古屋市医師会の理事など各機関の責任者や弁護士ら約30人が出席し、Y君への対応に当たった児童福祉センターに対し、「なぜ母親に会わなかったのか」「母親への対応を保育園に任せたのは無理があったのでは」などの質問が相次いだ。同センターの相談課長は「保育園と母親の信頼関係を重視した。対応は保育園と協議して決めた」などと説明したうえで、「どの点が不足していたか、今後、詳細に検討したい」と述べた。会議では事件の再発防止のために「より迅速に対応できる関係機関のサポート・チームを作ろう」との意見も出た(『共同通信』2003年11月5日)。

(5) 事件がもたらした影響

事件後、名古屋市健康福祉局によって通達が出された。本事例をふまえて、虐待防止対策が見直された。また、事件とは直接関係ないが、少年事件でもあるため、個人情報の流出に関しての記事がみられた。
○名古屋市健康福祉局は、虐待防止を求める通達を、市内の公立、民間保育所など計391カ所と、各区社会福祉事務所や児童養護施設など32カ所に出

した。通達は、「きわめて不幸な虐待事件が発生し、子どもの生命を守れなかったことを大変遺憾に思う。すべての福祉に携わる者が虐待防止に取り組んでいきたい」として、保育所などに早期発見や関係機関への通告、社会福祉事務所などには児童の安全確保を最優先することなどを求めた（『朝日新聞』2003年10月24日）。

○11月5日、名古屋市は、原因と再発防止策を検証する組織を立ち上げることを決定した。弁護士や保育関係者ら約50人の集まった会議では、児童相談所の対応に疑問や批判が集中した。瀧康暢（名古屋弁護士会弁護士）は「児童相談所は痣などについて、よく調べる必要があったのではないか、調査すべきだ」「市として調査し、教訓を得ることが大切ではないか。第三者を入れて改めて調査すべき」とし、児童相談所の対応などを検証する機関の設置を提案した。児童福祉センターの相談課長は「不足だった点、どんな踏み込み方がありえたか、児童相談所の対応を論議してもらえばいい」と答弁し、第三者の意見も聞き、場面ごとの是非を検証する場を設けることを約束した（『朝日新聞』2003年11月6日）。

○元名古屋家裁調査官で厚生労働省の児童虐待等要保護事例の検証に関する専門委員会の委員でもある野田正人（立命館大学教授）は、「保育園や児童相談所が虐待を認知しながら救えず、大きな警鐘を鳴らした事件で、児童虐待防止法改正の推進力になった」と指摘した。2004（平成16）年10月に施行された改正児童虐待防止法では、児童虐待の定義に「保護者以外の同居人による虐待を親権者が放置すること」が明文化されている。また、児童相談所への通告義務は、「虐待を受けたと思われる」場合にも拡大され、早期発見に向けた枠組みが整えられた（『読売新聞』2005年4月20日）。

○2000年11月の児童虐待防止法の施行以降、名古屋市内で、児童相談所が対応しながら命を落とした子どもは（Y君を含め）5年連続で計5人であったことをふまえ、名古屋市は2005年度、虐待専門に対応する職員を倍増するなどの虐待防止策を強化した。予算も1億3000万円と、前年度からほぼ倍増されることとなった（『朝日新聞』2005年5月19日）。

○インターネット上の掲示板に、逮捕されたAの実名（とされる氏名）などが書き込まれ、名古屋法務局は2003年10月24日、「人権上問題がある」として、掲示板の管理者に削除するよう求めた（『読売新聞』2003年10月25日）。

○報道被害者支援ネットワーク・東海は、少年の初公判で報道機関の数社が依

頼したイラストレーターらが傍聴席の最前列でAの似顔絵を作成したと指摘。少年法は少年本人を推知できるような記事や写真の掲載を禁じており、似顔絵についても「問題ないとは言えない」とし、十分な配慮を求める要望書を報道各社に送付している（『朝日新聞』2004年4月16日）。

参考：類似事件――成人母親が交際する同棲少年による虐待
愛媛県松山市（2003年11月23日）

　同居中の飲食店従業員の女性（20歳）の長男（2歳）の頭を強く殴るなどして意識不明の重体にさせたとして、無職の少年（16歳）が傷害容疑で逮捕された。男児は急性硬膜下血腫で意識不明の重体。長男の身体に複数の痣があるのを見た医師が松山東署に通報し、少年と女性に事情を聴いたところ、少年が暴行を認めたという。

　調べによると、少年は県内の高校を中退した直後の6月頃、携帯電話の出会い系サイトを通じて女性と知り合い、約1カ月前から3人で市内のマンションで一緒に住んでいたという。少年は「仕事もせずに住まわせてもらっているので、子どもの面倒はみようと思ったが、男児がなつかないため、11月はじめ頃から何度か叩くようになった」という。22日18時半頃、少年は、男児の顔や頭を十数回殴ったり叩いたりした。台所にいた母親が「もうやめといて」と制止したが、少年は無視して叩き続けたという。少年は「おもちゃの片づけをしないため、いらいらしてやった」と供述している。23日10時半頃、布団の上でぐったりしている男児を少年が見つけ、近くの病院に運んだ。

　少年は11月25日地検送検され、12月12日「刑事処分相当」の意見書付きで家裁送致、2週間の観護措置の後、少年鑑別所に収容された（『朝日新聞』『読売新聞』『中日新聞』2003年11月24・25日）。

神奈川県茅ヶ崎市（2004年8月17日）

　同棲相手の無職女性（31歳）の長女（5歳）が字の練習をしていないのに「した」と嘘をついたことに腹を立てた少年（18歳）が、女児の顔や腹を殴ったうえ、床に投げつけるなどして、全身打撲で1カ月のけがを負わせた疑いで緊急逮捕された。少年と女性は「転んだ」と偽ったが、身体中に殴られたような痣があったため、不審に思った病院が警察に通報した。警察が少年に事情を聞いたところ、容疑を認めたという。女性は暴行時そばにいたが、「止められなかった」と話している。

第 I 章　2000 〜 2004 年（児童虐待防止法制定後の事件）

少年は 1 年前から女性、女性の長女、長男（9 歳）の 4 人で暮らしており、8 月上旬に引っ越したばかりだったという（『朝日新聞』『読売新聞』2004 年 8 月 18・19 日）。

兵庫県神戸市（2011 年 5 月 19 日発覚、25 日逮捕）

内妻（31 歳）の次女（5 歳）に暴行したとして、無職少年（19 歳）が傷害容疑で逮捕された。19 日、母親の女性が、自宅でぐったりしている次女を病院に連れていったところ、女児の身体には複数の痣があり、肋骨を骨折していた。虐待に気づいた医師が児童相談所に通告した。

少年は 3 月頃から内妻と（2 歳から 8 歳の）4 人の子どもと同居していたが、内妻は「虐待についてはまったく知らなかった」と話している。葺合署は暴行を目撃した長男（8 歳）と長女（7 歳）の証言などから少年を逮捕し、その後少年は「きょうだいげんかを注意してもやめず、かっとなり蹴った」と供述した（『朝日新聞』『読売新聞』2011 年 5 月 26・31 日）。

文献

名古屋地判 平成 17 年 4 月 19 日（裁判所 HP：http://www.courts.go.jp/hanrei/pdf/274A55DEFD2FEEDA4925707C00061739.pdf）

名古屋高判 平成 17 年 11 月 17 日（裁判所 HP：http://www.courts.go.jp/hanrei/pdf/2704F42CFBF81D0A49257114001B0BD5.pdf）

馬場常子（2007）「子どもに伝えたいこと——子どもに関する最近の事件を振り返って、将来、保育士や親となる学生に託したいこと」『愛知江南短期大学紀要』36 pp.15-32.

5 岸和田中学生ネグレクト事件
(大阪府 2004 年)

(1) 事件の概要

2003(平成15)年11月、消防署に119番通報があり、中学3年生の男子(15歳)が病院に緊急搬送された。男児の身体は痩せこけ、顔は蒼白、目は見開いたまま呼びかけに応じず、体中に床ずれがみられた。不審に思った救急隊長が警察に通報し、捜査が始まった。鑑定した医師は、「飢餓の最終段階。最低でも3カ月は食事を与えられていなかったのではないか」と話した。そして、2004(平成16)年1月、実父と継母が殺人未遂容疑で逮捕された。この日以降、マスコミでも連日の報道が繰り返され、日本中に大きな衝撃を与えた。

(2) 家族の状況

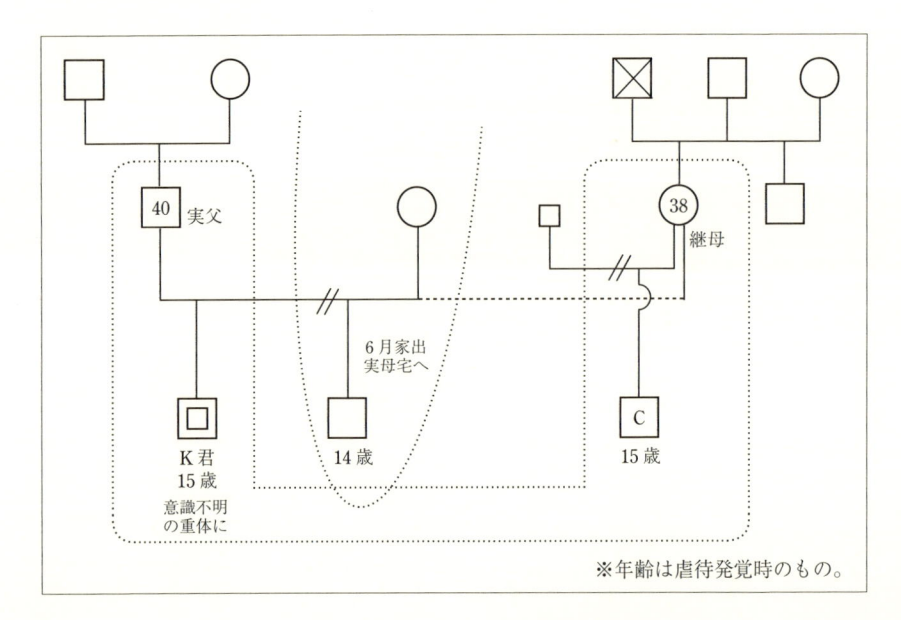

※年齢は虐待発覚時のもの。

K君（15歳）：中学3年生
実父（40歳）：運転手
継母（38歳）：販売員
継母の連れ子C（15歳）：中学3年生
・・・・・・・・・・・・・・・・・・・・・
実母：事件の8年前に離婚
実弟：中学2年生。2003年6月から実母のもとで生活。

(3) 事件の経過

発端

父と継母が岸和田市で同居を始めたのは、事件が発覚する約5年前からである。最初は父、継母、Cの3人で暮らしていた。この当時、K君と実弟は、父方祖父母宅に預けられていた。

2001（平成13）年4月、K君は中学に入学するのを機に、父宅に引き取られ、父、継母、Cと同居した。中学1年生当時は学年代表を務めるなど、元気に活動できていたようだ。

翌年の2002（平成14）年4月に、中学入学を機に実弟も父宅に引き取られるが、この年の6月頃から、兄弟に対する食事制限が始まったとみられている。実弟の同級生が、実弟から「食事をとらせてもらえない」との訴えを聞いている。実弟は、この直後の7月から不登校となった。

同じ頃、近隣では子どもの泣き叫ぶ声が聞かれるようになっている（のちの取調べのなかで、殴る、蹴る、たばこの火を押しつけるなどの虐待が明らかになった。食事は3日に1食程度で、飲み水も制限されていたようだ）。

学校の対応

2002年9月に入ってから、K君（当時、中学2年生）が2週間学校を休んだ。心配した級友が自宅を訪ねたが、会うことはできなかった。再び登校できるようになったときには、急激に痩せたようにみえたので、担任が心配して家での様子を尋ねたが、K君は「何もない」と答えたという。しかし、K君は10月からまったく学校に来なくなってしまった。

担任は家庭訪問を繰り返すが、「体調が悪いので休ませている」という説明

を受けただけで、一度もK君に会うことができなかった。

11月頃、兄弟は何度か父方祖父母宅に逃げ込んだ。しかし、そのたびに連れ戻され、暴行を受けたという。

児童相談所の対応

2002年11月中旬に、父が実弟の非行問題で児童相談所に相談した。この時期、実弟の非行が表面化しており、施設入所を希望しての相談だったようだ。家庭支援課（非行や不登校問題を担当）の児童福祉司は、実弟の様子などについて、学校に電話で聴取している。その際、学校からは、K君も長期欠席をしており、訪問しても会えないとの話が出された。

その後、児童相談所と親や関係者を交えての話し合いが2回（12月と翌年2月）ほど予定されたが、親の体調不良を理由にキャンセルとなった。

2003年4月に担当児童福祉司が異動になった。業務を引き継いだ児童福祉司が、実弟の問題で学校から情報収集するなかで、K君が昨年10月から長期欠席していること、休む前に痩せていたことなどの情報を得ている。

当時、学校と児童相談所との間では、虐待の認識に相違があったことが伝えられている。学校では、4月の会議のなかでK君への虐待の可能性を指摘する声もあったが、当時は不登校児童が数多くいたこともあって、K君の問題についてはそれ以上話題にならなかった。ただし、学校側は、児童相談所に対して、「虐待の疑い」があることを伝えたとしている。しかし、児童相談所によると、担当した児童福祉司が「虐待の疑い」という言葉を聞いたかどうかの記憶はなく、児童相談所内でそういった報告もされていなかった。当然、児童相談所としては、虐待の認識をもち得ていなかったことになる。

その後、児童相談所は実弟の問題で継母に継続的に連絡をとり、5月以降、継母は実弟を連れて児童相談所に2回来所し、相談した。その折、児童福祉司がK君のことを聞くと、継母は「登校してはいないが出歩いている」と答えている。

6月、実弟は家出し、実母のもとに引き取られた。その後、実母が父に対して、K君を引き取りたいと希望するが、K君が拒否したこともあり、実現しなかった。

児童相談所は、5月の面接以降も継母に連絡を試みていたが、まったく連絡がとれない状態が続いていた。また、児童相談所は学校とも連絡を取り合っていたが、K君の情報はないまま事件の日を迎えることになった。

第Ⅰ章　2000〜2004年（児童虐待防止法制定後の事件）

事件発覚

2003年11月2日の早朝、岸和田市消防本部に、救急車を要請する119番通報が入る。駆けつけた救急隊員が見たK君は、年齢からは想像もできないほどに小柄で、異常に痩せており、意識不明、自発呼吸もほとんどできない状態であったという。K君の状況について聞かれた継母は、「4日前まで歩いていた」「数日前まで食事を摂っていた」などと、目の前の状態からするととても信じがたい応答をしている。この結果、救急隊から岸和田警察署に通告されることになった。

緊急搬送された病院でのチェックでも、K君は「ほぼ心肺停止状態に近い」と判断され、蘇生(そせい)処置が実施された。医師が、父と継母に対して、「かろうじて生きている」状態との説明をして事情を聴取したところ、2人は「拒食症で自分から食べなくなった」「3、4日前くらいから歩けなくなった」「前日の晩の10時頃に（K君の）『おやすみ』と言う声を聞いた」などと答えた。

当日、警察による事情聴取と自宅マンションでの現場検証が行われた。同時に、児童相談所も警察から虐待の通告を受けて調査に動き出した。

児童相談所の事情聴取に対して、父と継母は「Kは自分から食べなくなって痩せていった」「学校でのいじめで拒食症になった」などと説明した。また、病院に連れていかなかったのは「Kが自分で倒れ込んで後頭部を打ったため」と答えた。11月8日、大阪府監察医による被害者鑑定が実施された。鑑定結果では、「3カ月近い絶食、またはそれに準じる絶食状態にあった」とされ、さらに病院の診療記録や警察から提供された供述調書なども検討した結果、本児は「被虐待児症候群」であり、虐待者の行為は「きわめて悪質で殺人的行為である」とされた。

逮捕、そして波紋

2004年1月25日、父と継母が逮捕される。2人の逮捕後に事件は公にされ、新聞、テレビ、週刊誌などで大々的に報じられた。新聞の一面には、以下のような見出しが載った。

「食事抜き3カ月、15歳長男昏睡(こんすい)　大阪・岸和田、父と継母を逮捕」（『朝日新聞』2004年1月26日朝刊）

「中3長男虐待　食事与えず、父親と内妻逮捕、殺人未遂容疑、体重24キロ、昏睡」（『読売新聞』2004年1月26日朝刊）

詳細が少しずつ明らかになるにつれ、週刊誌などでも特集が組まれ、以下のような扇情的な見出しが躍ることになった。
「体重24kg、歩くことも、話すこともできず…虐待と恐怖の90日　糞尿垂れ流し　床ずれで背中から膿と血が…　大阪・岸和田・中3少年・餓死寸前虐待事件」(『週刊女性』2004年2月17日号)
こういった報道は一般市民に大きな衝撃をもたらし、K君への同情とともに、加害者への非難の声がわき起こっていった。
さらに児童相談所も、マスコミや一般市民からの非難・攻撃の矢面に立たされた。学校から虐待の疑いがあるとの情報が伝わっていたのに、児童相談所が適切な対応をしなかったという報道があったためだ。
「中学校は2002年11月、児童相談所・大阪府岸和田子ども家庭センターに、K君の長期欠席について電話で相談。2003年4月には教諭が『親による虐待の疑いがある』と同センターを訪問した。しかし、対応した同センターの担当者はその情報を虐待の担当者に報告しなかった。……(中略)……同センターは、中学校側から寄せられたK君の情報を児童福祉法にもとづく『通告』と認識していなかった。このため、通告があった場合に児童相談所職員に認められる住居への立ち入り調査などもなされなかったという」(『朝日新聞(大阪版)』2004年1月26日朝刊)
この報道があった日、児童相談所長は記者会見を開き、虐待としてしっかりととらえる意識が足りなかったことを謝罪した。また、児童相談所の対応について非難する電話が多数(ここまでで90件以上)寄せられていることも明らかにした。
児童相談所が適切に対応しなかったこと、学校や近隣が気づいていたのに救うことができなかったという趣旨の報道は、この後も何度も繰り返されることになり、児童相談所の機能や体制、学校や地域との連携等に関する多くの問題提起と、それに続く議論へと展開していくこととなった。

公判の経過（公判経過からのまとめ）
初公判
2004年5月10日、大阪地裁堺支部にて、父と継母の初公判が行われた。
父と継母は殺人未遂罪に問われ、起訴状にも、「殴る蹴るの暴行を加え、数日に一度しか食事を与えなかった」「治療しなければ死亡すると認識したが」

第Ⅰ章　2000〜2004年（児童虐待防止法制定後の事件）

「放置して殺害しようと決意」「衰弱死したと誤解して救急車を要請」「殺害の目的を遂げなかった」などの言葉が並んだ。

　これに対する被告の意見陳述では、父、継母ともに殺意を否認した。弁護団も殺害の意図や殺意の共謀を否定し、殺人未遂罪の適用ではなく、保護責任者遺棄致傷罪、あるいは殺人未遂罪としても「中止犯」を適用し、刑は軽減されるべきと主張した。

　これに続いて、検察側が冒頭陳述を行った。その要旨は次のとおりである。

〔犯行に至る経緯など〕
① 2001年4月、父と継母はK君を引き取った。同年6月頃から、K君の行儀の悪さや口答えに対して体罰（平手打ちや正座の強要など）をしたが、当時はまだ虐待と評価されるほど激しいものではなかった。
② 2002年4月に実弟を引き取るが、これ以降、継母の体罰がエスカレートした。全身を殴打・足蹴にする、正座を一晩中強要する、たばこの火を顔面に押しつける、風呂の残り湯に顔を沈める、食事を3〜4日に1回しか食べさせないなどの虐待が繰り返された。

　また父も、K君から執拗に文句を言われることに激昂し、激しい暴力を加えた。

　兄弟は、虐待に耐えかねて、同年7月頃から数回にわたり父方祖父母宅に逃げ込んだが、その都度連れ戻された。

　継母は、虐待の事実が発覚することを怖れ、同年11月1日以降、学校に登校させず、訪問してきた担任教諭や友人を追い返すようになった。

　兄弟は同年11月にも父方祖父母宅に逃げ込んだが、実弟だけが祖父母宅にとどまり、K君は連れ戻された。帰宅後、無断外出を理由に暴行を受け、その後、K君は無断で外出することがなくなった。
③ その後も、父と継母は暴行や食事制限を繰り返し、その結果、K君の身体は痩せ細っていった。

〔犯行状況など〕
① 父と継母は、2003年6月頃には、K君が極度に痩せ細り、7月中旬頃からは大便をもらしてこれを食べるという異常な行動をとるようになったことから、医師の治療を受けさせなければ死んでしまうかもしれないと思うようになった。しかし、K君を病院に連れていって虐待の事実が発覚することを恐れ、「死んでも仕方がない」との殺意をいだき始めた。

②同年8月頃までは、K君は自力で食事を摂れていたが、9月頃になると自分で食べることができなくなった。口に食べ物を入れても、嚙むことも飲み込むこともできなくなった。父と継母は、このまま放置すれば確実に死に至ることを認識しながら、医師の治療を受けさせず放置した。
③同年10月には、K君は座ることも言語を発することもできなくなった。父と継母は、K君の死期が近いと感じたものの、虐待の発覚を恐れて医師の治療を受けさせず放置し続けた。
④父は、K君が死んで警察官等にその死因を尋ねられた場合に備え、「学校のいじめによるストレスから拒食症になり、食事を摂れなくなった」と口裏合わせをするよう継母に指示した。
⑤同年11月2日、K君の意識がなくなり、脈も止まったので、父と継母はK君がついに死亡したと誤解して119番通報した。

争点

裁判では、父も継母も、K君に対する虐待行為については、食事制限や行動制限の程度などのいくつかを除いてはおおむね認めた。しかし、殺意や共謀については否認した。

警察や検察の取調べ段階では、2人はいったん殺意を認めたため、調書はその線で作成された。しかし裁判では、調書は圧力と誘導によって作成されたものであり、「死んでも仕方がない」と思ったことはないし、「放置すれば死に至る」とも認識しておらず、「死亡したと誤解」してもいないと主張した。

父については一審判決までの1年5カ月間、継母については2年10カ月間に及ぶ裁判での大きな争点は、この「殺意」と「共謀の有無」であった。継母のほうが判決までの期間が長いのは、供述調書の任意性・信用性で争い続けたことや、継母の精神鑑定を請求（後に却下）したなどの事情によるようだ。

判決

父は、2005（平成17）年5月3日の大阪地裁で開かれた判決公判にて、懲役14年（求刑、懲役15年）の量刑が言い渡された。

「殺意」と「共謀」については、以下のように認定された。「衰弱した長男に医師の治療を受けさせなければ死亡するにもかかわらず、虐待が発覚することを恐れて放置し、死亡させようと共謀した」「9月には自力で食器を持つこともできなくなっていたことから、9月中旬頃には確定的な殺意を有していたと認められる」。

裁判長は、量刑の理由として、「真摯な反省がない」ことや、社会に与えた衝撃の大きさなどをあげ、「実の親としての自覚をまったく喪失している。生命の尊厳を踏みにじる身勝手極まりない犯行」と断じた。継母は、2007（平成19）年3月26日の判決公判で、父と同じ懲役14年（求刑、懲役15年）の量刑が言い渡された。「殺意も共謀もなかった」とした弁護側の主張は退けられた。
　裁判長は、「成長期の子どもに食事を与えず放置し続けた行為はきわめて残虐なものであり、少年の空腹感や絶望感、肉体的苦痛は想像を絶するものであったと想像できる。被告人に親としてはもちろん、人として当然もつ、人間としての感情をまったく認めることはできない」ときびしい言葉で断じた。

(4) 事件へのコメント

　この衝撃的な事件に遭遇して、各識者・専門家からの意見・コメントが数多く発信された。これらの意見・コメントをみると、問題の取り上げ方は大きく2つに分かれる。1つは、被害児童本人や家族の心理・行動を取り上げて論じたものである。しかし、児童本人や家族からの直接情報が得られぬまま憶測や推測で議論を展開させざるをえないこともあってか、この点を取り上げて論じている文献は限られる。もう1つは、援助する側の問題を扱ったもので、対応する機関や地域の動き方を問題として取り上げ、論評を加えている。本事件では、早い段階でマスコミが学校や児童相談所の対応の問題について取り上げたこともあり、論議が数多く巻き起こった。
　以下、上述した2点についてそれぞれ詳細に述べる。

K君と家族について

　被害児童であるK君や実弟、そして加害者である父と継母の行動や心理を取り上げた文献は、視点の置き方や焦点の合わせ方によって、さらに2つのタイプに分けられる。すなわち、①被害児童に焦点を当てて家族関係を推測・解釈したもの、②加害者に焦点を当てて加害者の心の動きや行為の意味を汲み取ろうとしたものである。

2つの「なぜ？」

　多くの記事、論説や論文は①に該当する。それは、表現や視点に若干の違いはあるものの、大きくは2つの「なぜ？」に括られる。1つは「なぜ、これほ

どに悲惨な結果にまで至ってしまったのか？」であり、もう1つは「なぜ、K君は逃げられなかったのか？」である。多くの文献は、この問いに答えるかのように、虐待の親子関係に共通して認められる特徴を抜き出して解釈を加えている。

たとえば、小林美智子（2004）の『岸和田事件から見える課題』があげられる。小林は、「なぜ逃げなかったのか？」「なぜSOSを出せなかったのか？」などの疑問を提示しながら、「これらを理解するには、子どもが生きるために全面依存せざるをえない『親』から受けたときの、呪縛されたような気持ちや行動をもっと知る必要があるように思われる」と述べ、専門用語である「複雑性PTSD」や「ストックホルム症候群」をあげ、自尊心や基本的信頼感の欠如、無力化や攻撃性というものが、子どものなかにどのような気持ちとして存在し、どう表現されるのかを熟知しないといけないと説いている。

子どもは、自分が虐待を受けていても、それが虐待であると気づき、他者にSOSを発する力が育っていないと動くことはできない。また、大人がSOSを感じ取り受けとめてくれるという関係性のなかでこそ、SOSは意味をもつ。K君と実弟、C（継母の子）の3人ともがSOSを発していないことについて、小林は「子どもにとって、学校は家の悩みを相談する場に位置づけられておらず、教師を困っていることを相談する相手に位置づけていない可能性がある」とし、「この社会は、子どもが本当に困ったとき（とくに家庭内での）に助けを求められる大人がいないことを明らかにしている」と断じている。また、子どもが虐待を受けていることを相談できるようになるためには、親へのおそれや、親を否定することへの抵抗感を払拭できるほどの安心や信頼できる関係が不可欠であり、そのためには、大人の対応を「子どもの目線から再吟味する必要がある」とも説いている。

小林は、悲惨な結果を引き起こしてしまった加害者についても、理解を進めるために必要な疑問を提示している。父について、「なぜ加害者となりえたのか」「どのような気持で行動したのか」「どのような人となりで、どのような生い立ちがこの人格を育てたのか」と疑問を重ねている。ここまで虐待行為を継続させてきた継母についても、その人となりや生い立ち、生活してきた環境などについての問いかけを重ね、「われわれは、そのような親像や生活状況についてもっと知らなければ、死の危険性が高まっていることに気づくことも、有効な予防策をとることもできないように思われる」との見解を述べている。

第Ⅰ章　2000〜2004年（児童虐待防止法制定後の事件）

『虐待の家』にみる事件像

　次に、②にあたる文献として、佐藤万作子（2007）『虐待の家』があげられる。佐藤は、裁判を傍聴し、公判記録を読み込み、2年9カ月間にわたる継母との面接および文通を重ねたうえで、その膨大な情報を丁寧にまとめ上げている。さらに、継母が書いた「自分史」から、継母の育ちや家族の歴史を読み解く作業を重ね、その延長線上で、虐待に至ってしまった経過や家族関係の問題などについて論じている。

　佐藤自身が「あとがき」で述べるように、継母からの情報源が主になるため、「継母の視点に立ち過ぎている」と感じられる側面はある。継母の話のどこまでが事実なのか、嘘や誇張がまぎれ込んでいるのではないか、誤解や曲解にもとづいて話しているのではないかなどの疑問が残る部分もある。しかし、たとえそうであっても、継母自身が書き、話した内容は、継母が生きている主観的な現実を映し出しているので、その生き方が本事件へと連なってきたことも事実であろう。以下、佐藤の描いた継母像について、「継母の『自分史』」「母への想い」「新しい家族」の3つの視点からまとめる。

①継母の「自分史」

　佐藤は、継母の内面を描くことで、本事件がなぜ起きたのかを解き明かそうと試みており、その手がかりとなるような多くの情報を拾い上げている。

　継母が1年3カ月間にわたって記録した「自分史」は、400字詰め原稿用紙で1100枚以上になり、継母の人間関係や心理状態に大きな影響を与えたと思われるエピソードが並んでいた。この「自分史」からは、継母自身が、実の母親や交際相手の男性などから、かなり深刻な虐待を受け続けていたことがうかがえる。

　継母が物心つく頃には母子家庭になっており、継母の母親はクラブのホステスだった。母親は、夕方仕事に出かけ、真夜中を過ぎてから帰ってくる。それを1人でじっと待っている毎日だった。母方祖母宅に預けられたこともあった。祖母は継母をかわいがってくれたが、叔母からは足の甲にアイロンを押しあてられて火傷を負ったことがあった。

　4〜5歳頃には、母親がつきあっていた男性に、大きな紙袋に押し込められてゴミ捨て場に放置された。母親と同居男性とがけんかになり、母親が殴られて顔中血だらけになった現場を目撃したこともある。母親の不倫相手の妻から、母親が包丁で斬りつけられた現場に居合わせたこともあった。

89

母親は、この不倫相手とのちに結婚する。この男性は非常にしつけにきびしく、言いつけどおりにできないという理由で、継母は毎日のように叱責や暴力を受け続けた。
　小学5年生のときに弟が生まれる。この頃のことを、継母は「自分史」に次のように綴っている。「私の前では、たった一度も見せてくれなかったまぶゆいほどの笑顔で弟を見つめる父、やさしく穏やかな表情で弟にミルクをあげたり、せっせと世話をしていた母の表情は忘れられません。私には見せてくれたことがなかったから」。
　中学生の頃には性的虐待を受けたことが、裁判のなかで語られた。寝ているとき、気がつくと継父が同じ布団のなかで寝ていたり、布団の上から覆い被さっていたりすることが何度かあったという。この「自分史」には、学校でのいじめや体罰のエピソードも記されている。小学生のときは無視されたり無言電話がかかってきたりし、中学生になっても無視や仲間外れにされることが続いたという。教師には助けてもらえず、逆に怒鳴る、殴るといった体罰にさらされ、学校に行くのがいやになっていった。高校時代には、親に反抗し、家出や外泊、異性交遊などを繰り返した。教師の態度からも差別のにおいを強くかぎとり、強く反発したという。
　継母の目に映っていたのは、自分を疎外し、迫害する世界であり、親や教師だけでなく、大人に対する根強い不信感が醸成されていく様子が読みとれる。

②母への想い

　本書には、大人に対する不信感や反感を募らせていく反面、「母の愛」を渇望しているさまが描かれている。
　継母は、逮捕されて以降、母親が面会に来てくれることを望み続けている。しかし、面会はおろか、1通の手紙すら届くことはなかった。
　継母は、佐藤に宛てた手紙のなかで、「私は39歳になって、母に会いたいとばかり想って、おかしいんじゃないか？　なんて思ったりしていますが、それでもやっぱり会いたくて仕方がなくて……切ないです、サミシイ……」「子どもの頃の私は、ずっと母を想い、求め続けていました。でも、それが満たされないまま大人になってしまい、引きずったまま、ちゃんと処理しきれぬまま今日に至った。だから、今なお求め続けているのでしょうね」と、母への想いを語っている。

第Ⅰ章　2000〜2004年（児童虐待防止法制定後の事件）

　継母を担当した弁護士からも、継母の母親に面会を頼んだが、「大変迷惑をかけられたので、その気持ちはない」と断られたという。しかし、それでもなお、継母は母を求め続けている。

　手紙や「自分史」のなかに、自分が受けた暴力について書き連ねながら、それは親が悪かったのではなく、自分が「いたらなかった」からだとも記している。ある日の手紙には、「いたらなかった」という言葉が繰り返し現れる。「私がいたらなかったから、母も父も暴行とかをしていたんだろうな」「いたらなかった私のことが、本当にうっとうしくて、うっとうしくて仕方がなかったのでしょう」。継母がいだくこの強い想いについて、佐藤は、親から虐待を受けた子どもが、自分は親に愛されていたのだと思い込もうとし、「親は悪くない、自分が悪いから親が怒ってくれた」と話すのと同じだと解釈している。

　佐藤の視点からみれば、このような屈折した強い想いは、継母自身が自分の家族を作り、家族と関係を結んでいくときのありさまに、大きな影響力を及ぼし続けることになる。

③新しい家族

　継母は、結婚をして長男Cを産んだが、この結婚生活は破綻する。継母はCに対しても食事を抜くなどの虐待行為をしていたと新聞では報道されたが、佐藤は、この時期の生活の様子については取り上げていない。継母がどういった家庭を作り上げようと思い描き、実際にどういった家族関係を形作り、そこで何が起こっていたのかは、もう1つの新しい家族での5年間の軌跡をとおして描かれることになる。

　以上のように、佐藤が描く継母像からは、マスコミで取り上げられるような「鬼母」のイメージは伝わってこない。

　継母は少なくとも、K君を祖父母のもとから引き取ってからの最初の1年間は、よい母になろうと、献身的ともいえるようなかかわり方をしていた。K君と一緒に暮らし始めて、家事の負担は増えたが、「本当の母」になろうと必死に努力をしているし、父方の実家にも気を遣った対応をしていた。しかし、この必死さが、しだいに継母を追い込んでいくことになる。

　次に、本書をもとに、継母のK君に対する虐待が始まっていく様子についてまとめる。

虐待の始まり

　破綻は、K君が引き取られてから1年後、実弟が同居し始めた頃から始まる。
　実弟はかなり「やんちゃ」なタイプの子どもだったようで、わがままやいたずらが目立ったようだ。放尿や放置自転車を乗り回すことなど、継母には目に余る行為と映り、きびしくしつけることが必要と考えたようだ。K君と実弟はもとから仲がよくなかったため、些細なことで取っ組み合いのけんかになったという。同時に、K君は、実弟に引きずられるように、一緒になっていたずらや反抗をすることが増えていったようだ。その結果、急速に叱られることが増えていく。
　継母は、K君や実弟の悪い点を矯正しようと必死になった。継母は「お母さんのいないかわいそうな子どもだから、私が本当のお母さんになってあげようと、ずっとずっとがんばっていた」と面会の場で話している。言いつけを聞かなかったり、けんかがあれば、正座をさせて説教し、平手で叩き、時には食事を抜くこともあったという。しかし、この段階では、まだ致命的なダメージを与えるような行為にまでは至っていなかった。ところが、この後、しだいにエスカレートしていくことになる。
　佐藤は、このときの継母の状態を次のように表現する。「しつけのつもりだったが、自分でもわけのわからないエネルギーに突き動かされるようにして食事を抜き、手を上げ、足で蹴った」。
　また、K君たちは、父からも暴力をふるわれているが、一方的に叱られてばかりではなく、父に対して文句を言いにくるようになったようだ。父がくつろいでいるときに、父の手が汚いことやトイレを汚すことについて問い詰めたりしている。同じようなことが執拗に繰り返されるので、父はついに怒鳴りつけ、それでも止めないと殴りつけるということが繰り返されたようだ。
　捜査段階や裁判経過のなかでは、K君たちのこういった行為は、継母にそそのかされてしたという解釈がなされているが、佐藤は異なった解釈をしている。すなわち、K君は父から、「おまえは俺の子じゃない」と言われたことがあり、そのことで傷つき、「DNA鑑定をしろ」と叫んだこともあったようだ。その悲痛な気持ちを父にぶつけようとして、父にからんでいったのではないかと推測している。佐藤はこれを、「父親の愛を求めてさまざまなかたちでぶつかっていった」行為と表現している。
　継母のK君に対する虐待は、実弟が出て行った後にさらにひどくなった。

それ以前から、K君の痩せ方は目立ってきていたが、この段階でも、継母にはその認識がないまま経過してしまう。佐藤は、この頃の継母の状態を、「子どもたちをしつけたい、問題行動をやめさせたいという思いが暴走した結果の虐待から、そういった動機が心の隅に押しやられた虐待へと変異していった」と解釈している。

この後は、坂道を急速に転がり落ちるようにして、最悪の結果へとなだれ込んでしまう。

援助する側の問題

前述したように、文献などにおいて取り上げられたもう1つの論点は、援助する側の問題である。これについては、児童虐待の発見・通告の問題、援助機関内・援助機関間の連携、立入調査などの介入的機能の問題などが取り上げられ、それはまず、学校や児童相談所に対する非難・批判というかたちで始まる。

以下、「対応への批判」「早期発見・通告そして立入調査」「児童相談所の体制」「学校の課題」の順に述べる。

対応への批判

事件直後、新聞をはじめとしたマスコミの論調は、関係機関（具体的には児童相談所と学校）に対するきびしい言葉で埋め尽くされている。たとえば、次のようなコメントが掲載される。

「今回の事件では、立入調査に当たるべき『岸和田子ども家庭センター』は昨年4月、学校側から『登校時には痩せていて、虐待を疑った』と伝えられたにもかかわらず、『正式な通告』として扱わなかったために、立入調査も行われなかった。しかし、近隣の住民や同級生からは虐待の疑いを感じる声が上がっており、児童相談所がそれぞれの情報を付き合わせれば虐待を見破れた可能性もあった」（『読売新聞（大阪版）』2004年1月26朝刊）

「虐待の疑いがあるとの相談は『通告』に当たり、児童相談所は調査すべきだった。今回は担任らが子どもに面会を求めても、親が拒否するという経緯があるのだから、調査していないのは児童相談所の不作為と言っても過言ではない」（『読売新聞（大阪版）』2004年1月26朝刊、高橋重宏〔日本社会事業大学教授〕）

「児童虐待防止法では、児童相談所などが警察官の援助を求め、虐待が疑われる家庭に立入調査ができるようになっている。事実関係が明らかではないが、

このような事案でなぜ立入調査ができなかったのか残念に思う」(『朝日新聞(大阪版)』2004年1月26朝刊、広岡智子〔子どもの虐待防止センター理事〕)

「不可解なのは学校も、学校から連絡を受けた地元の児童相談所も、虐待の可能性を薄々感じつつ、何ひとつ有効な手を打てなかったことである。『勝手なことをすれば（名誉毀損で）訴える』と内縁の妻から脅され、深く立ち入るのを控えたらしい。児童虐待防止法の定めに従って、警察の援助を求めることもできたはずである。要するに他人事(ひとごと)だったのだろう」(『読売新聞』2004年1月27日、編集手帳)

「通告を受けた児童相談所の危機意識は甘さを免れない。学校、家庭、医療機関などとの連携のあり方を改めて取り直してもらいたい」(『信濃毎日新聞』2004年1月28日朝刊、社説)

早期発見・通告そして立入調査

マスコミの論調がこういった経過をたどったため、これ以降も、早期発見、通告、立入調査をめぐる論議が多い。

平湯真人弁護士は、立入調査について次のように述べている。「地元の児童相談所は学校から通報を受けた段階で、虐待の疑いをもち、もっと早くから手順を踏んで家族に接近する方法があったはず。立入調査制度がうまく活かされなかった」。このように、児童相談所の対応の不備を指摘しながら、さらに立入調査制度そのものについても、「相談所は、親が拒否すれば鍵を壊してまで家の中に入ることはできない。……（中略）……一定の要件が備われば、裁判所の許可を得て立ち入れるようにすべきだ」と、その不備を指摘する。また、児童虐待防止法改正にあたっては、国や自治体が予防から保護・支援にまで取り組む責務があることを明記すること、立入調査権の強化を検討することなどが必要との意見を述べている(『読売新聞』2004年2月17日朝刊)。

才村純(2004)は、警察が児童相談所職員と一緒に家庭内に入れるようにしたほうが、円滑な保護に結びつくと、児童相談所と警察との連携強化を提案している。また、虐待の発見・通告から介入・支援に至る過程での機関連携の課題にもふれて、児童虐待防止のための市町村ネットワークが動き始めているが、年に数回講演会を開くだけというように形骸化している例も多いと指摘。有効に機能している自治体の例を参考にするなどして、機関連携が有効に機能するようなシステム作りの必要性を強調している。

津崎哲郎(2004)は、福祉の立場から、なぜこの事件を周囲が察知すること

が難しかったのか、どのように対応すべきだったのかについて検証を試みている。

　津崎は、親族、近隣、学校、児童相談所といった虐待を知り得たであろう立場の地域・機関の動き方への評価を行い、まず第一に、要になるべき親族（父方祖父母や実母）が救済の動きがとれていないことにふれている。とくに実母については、引き取った弟から虐待の事実を知らされ、親権変更の申し立てまでしていながら、関係機関には救済に向けた訴えをしていない。親族のどちらかが児童相談所等の公的機関に相談さえしていたならば、事態の展開はまったく異なるものとなっていたのではないかと指摘する。

　次に近隣については、子どもの泣き叫ぶ声や殴る音、親の怒鳴り声などが響き渡っており、耐えきれずに引っ越す住人もいるような状況でも、誰も通報をしていないという地域特性をあげている。そして、予防や対応を考える際には、閉鎖的で傍観者的な地域性を打破する取り組みが必要であることを指摘している。

　第三に、学校の問題として、本児が痩せて顔色が悪くなるなどの変化、長期の不登校、訪問に対する保護者の拒否等から不自然さを感じとってはいたが、虐待との確証はもてず、保護者との関係悪化も恐れたことで、児童相談所に対しては曖昧にしか情報を伝えていなかったのではないかと評価する。弟との面談や、民生児童委員から地域情報を収集するなどして、「学校の組織としての情報の収集と事態の検証を行い、関係機関との合同会議を経て安全確認と対応を検討すべきである」と指摘している。

　第四に、児童相談所については、地区担当者が学校から「虐待の疑いがある」という情報を伝えられたのに、虐待の担当者に伝えなかったという組織連携の問題、それ以前に担当者が通告とは認識していなかった問題を取り上げている。この背景には、中３の児童ならば自力で逃げられるという予断があり、その後の継母との面談で、「学校には行っていないが、元気に出歩いている」という虚偽の報告を鵜呑みにする結果になったのではないかと指摘する。そして、「担当者の初期の判断や予断、情報確認・収集の姿勢や方法、組織内部の連携のあり方、あるいは組織としての取り組み体制などに大いに課題をかかえていたということを率直に指摘せざるをえなくなる」と結んでいる。

　こういった課題をふまえ、①地域における取り組み、②学校での取り組み、③児童相談所の対応の３点について提言している。①地域における取り組みと

しては、児童虐待の発見や対応の入り口では、親族や近隣の果たす役割が大きい。気づいたときにどこに相談し、どう動いたらよいのか、住民としてできることは何かなどについての啓発活動と、地域の重要なアンテナとしての民生児童委員の活動を活性化することが大きなテーマであるとしている。②学校の取り組みでは、学校としての組織的対応の必要性と、虐待対応における子どもの安全確認優先の原則を徹底することが必要としている。③児童相談所の対応では、個々の職員によって知識や経験に大きな差があるため、この個人的なバラツキを最小限にするように運営上の工夫が求められる。日常の業務のなかでの助言・スーパーバイズ、会議による組織的検討などが確実になされていることが、個人による判断ミスを防ぐために必要と述べている。

また津﨑は、立入調査についても意見を述べている。本事件でもっとも関心が集まったのが立入調査ではあるが、問題の本質は児童相談所が虐待の認識や調査が必要との認識をもち得ていなかったことにあるので、この関心は本質から外れているとしながらも、権限行使の必要性について改めてふれている。親との関係は修復可能だが、「子どもの犠牲は取り返しようがない」と述べつつ、「今なお、権限発動には消極的な姿勢の児童相談所が少なからず存在しているが、必然的な社会の趨勢と機関の使命を自覚し、新たな介入型のソーシャルワークの習熟と発展に努力してほしいと願う」と結んでいる。

事件からは3年近くのときを経るが、児童虐待防止法の改正プロセスとの関連で論じているのが、川﨑二三彦（2006）である。「児童虐待防止法の改正作業にも大きな影響を及ぼした」「わが国の児童虐待対策を考えるうえで象徴的な事件」として、本事件を取り上げている。

川﨑は、本事件に関して、「早期発見・通告」と「立入調査」という2つの問題について論じている。

早期発見・通告については、2000年に児童虐待防止法が制定されて、早期発見から通告に至る制度が作り上げられたたことにより、学校の教職員は、虐待を早期に発見・通告し、児童相談所は、子どもの安全確認の後に、必要ならば一時保護しているはずであった。しかし、本事件では、そのような対応はなされないままに、重大な結果に至ってしまったと述べ、「児童虐待防止法では不十分だという事実が突きつけられた」と断じている。学校も児童相談所も、K君について、児童虐待としては明確に認識していなかった。虐待を発見するということは、ある事象を虐待として認識できるか否かにかかっているのだが、

断片的な情報から、その認識を形成することの困難さが、この事件に象徴的に現れているとも言え、川﨑は「発見すること自体が非情に難しいというのが児童虐待の本質的特徴なのである」と結んでいる。本事件は、通告の範囲を拡大し、通告を促進させることの必要性を改めて認識させることとなり、児童虐待防止法の改正作業に大きな影響を及ぼすことになったという。

もう1つの立入調査に関しては、法改正にからんで、「立ち入ることによる権利侵害」と「子どもの生命にかかわるという大変大きな法益侵害」といった2つの権利侵害の対立という視点から論じられてきていた。ところが、本事件を境にして、法改正論議は、後者の権利侵害をいかに防ぐかという点に比重が傾いていくことになったと述べている。

児童相談所の体制

事件の捜査が進み、経過や事実関係の情報が一定程度整理されると、単に関係機関の対応を責めるのではなく、課題を明らかにし、今後どう手を打つべきかの声が多くなってくる。

才村純（2004）は、児童相談所のかかえる問題についてふれ、「職員が親から殴られたり、脅迫されたりする加害・妨害事件が増えており、1998（平成10）年から2001（平成13）年上半期までに352件。職員はストレスにさらされ、燃え尽き症候群になる人も多い」と述べ、職員のメンタルヘルスへの配慮が必要なことを指摘する。

『朝日新聞』論説委員の大久保真紀（2004）は、『論座』4月号の特集で、虐待の経過と関係機関の対応を検討し、この事件から学ぶべき点として、①児童相談所の体制、②虐待通報の意識と仕組みの、2つの問題に言及している。

①児童相談所の体制については、児童相談所の対応の不適切さや専門性の低さを指摘しながらも、「問題の本質は相談所の体制にある」ことを強調している。新人が1人で虐待問題に対応し、しかも多くのケースをかかえている現状をみると、「人を増やし、同時に専門性を高めることなくしては、いくら立入調査の権限を強化しても、相談所を非難しても、対応しきれない」と述べている。

②虐待通報の意識と仕組みについては、SOSが何回も発せられていたことに近所の住民は気づいていたが通報は1件もなかったこと、学校が把握していた情報を児童相談所に伝えていなかったことなどをあげ、こういった情報が1つでも児童相談所に届いていれば、児童相談所の判断は変わっていたのではな

いかと指摘し、通報の仕組みの改善や啓発活動の強化を説いている。

野田正彰（2004）（関西学院大学教授）は、児童相談所の体制について、以下のように言及している。「所長は、学校から虐待の疑いがあるとの通告があったのに『虐待とは受けとめなかった』と謝ったと報道されている。どこかおかしいのではないか。所長はなぜ『虐待とは受けとめなかった』のか解明しなければならない。なぜ、多くの相談や通報があるのに、児童相談所の体制は質的にも量的にも不備であることを訴えないのか」。

津崎（2004）は、「すべての児童相談所がかかえている大幅な人員不足、一時保護所や児童福祉施設などの受け入れ資源不足、権限発動や介入機能の強化から生じるトラブルの増加、などに対する制度的改善がきわめて不備である」と指摘した。こういった状況に少しでも効果的に対応するため、虐待対応の専管組織をもうけるところが増えてきていることにもふれ、その功罪について以下のように論じた。組織のなかに虐待担当部署を設けるのは、従来の地区担当1人体制では、虐待に対処しきれなくなっている現実があるためで、複数対応・機動性確保・専門性確保を目的に設置されている。児童相談所によって仕組みは異なるが、虐待対応に特化し、ケースを完全に分割してしまった場合、「一部の虐待スペシャリストとそのほかの未経験者という構図があまりにもはっきりしすぎてしまわないか」と危惧をいだいている。虐待とはみられていないケースのなかにも、虐待問題は内包されていることが少なくないと指摘したうえで、「仮に虐待の担当でない地区担当者に、虐待はほかの担当者の問題という意識が少しでも生じているとすれば、悲劇が繰り返されることになってしまうおそれがある」と警鐘を鳴らしている。

学校の課題

本事件は、児童相談所のみならず、学校に対してもさまざまな課題を突きつけた。以下、学校の課題について述べた2つの文献を中心に取り上げる。

峯本耕治（2004）は、学校と教育委員会の問題点や課題について取り上げた。峯本は、学校が取り組むべき課題とその克服のために必要なポイントを、①学校現場でのアセスメント、②主体的なプランニング、③かかえ込み防止とチーム対応、④コーディネーターの必要性と校内ケース会議の活用、⑤通告とその後の連携、⑥スクールソーシャルワーカーの配置の6項目にまとめている。

①学校現場でのアセスメント

峯本は、まず学校としてのアセスメントの問題を取り上げている。本事件

は、福祉的視点からアセスメントされていれば、虐待の可能性やリスクの高さを疑うこともできた事案であり、学校現場におけるアセスメントの重要性を強く認識させることになったと指摘する。とくに、不登校や非行・問題行動などの背景・原因としての虐待や不適切養育への気づきと、子どもが示す問題行動や症状に対する早い段階でのアセスメントが必要であるとし、このようなアセスメントの意識やシステム、スキルをどれだけもつことができるかが大きな課題であると述べている。

②主体的なプランニング

アセスメントの問題とともに、学校は不安を感じた段階で十分にプランニングができていなかったことを取り上げ、子どもや保護者に対して、「学校がやるべきこと、やれることを見極め、通告を行うか否かを含め、児童相談所をはじめとする関係機関をどのように利用し、どのような連携を行う必要があるのかなどの学校の方針と具体的対応方法について、学校自身が主体的にプランをもつことである」と説く。

③かかえ込み防止とチーム対応

学校現場では、教職員が1人で問題をかかえ込む傾向が強い。本事件でも、学校全体で情報を共有しながら、組織として対応した形跡がなかった。峯本は、かかえ込みを防ぐためには、「早い段階で学校の問題として取り上げ、チーム対応につなげていくシステム・ルール作りが必要である」と説いている。

④コーディネーターの必要性と校内ケース会議の活用

チーム対応を行うためには、コーディネーターの存在とケース会議を積極的に活用することが必要になるが、現在の学校には人材が不足しているので、その人材の養成と確保が課題であると述べている。また、校内ケース会議については、問題が明確になる前の早い段階で開催し、子どもたちの気になる変化についてアセスメントする機会を設けることが必要であるとしている。

⑤通告とその後の連携

本事件では、学校から児童相談所に対して、最後まで児童虐待防止法にもとづく通告は行われなかったことを取り上げている。虐待を疑うならば、通告することが義務とされているのだが、現実には通告を行うことについてのためらいが強くみられることも多い。通告の阻害要因として、通告すべきケースなのかどうかについての迷いや自信のなさ、ほかの機関に任せること

への抵抗感、通告後にどうなるかの不安、保護者からのクレームなどの要因をあげて、こういった要因を取り除くため、通告についての意識改革を求めている。通告は、機関連携への入り口であり、役割分担していくための道具として位置づけるべきであり、学校と児童相談所とが綿密な協議や打ち合わせを行うことをセットにして行う必要があると説く。

⑥スクールソーシャルワーカーの配置

学校が前述のようなアクションをとるには、サポート体制が必要であると述べ、スクールソーシャルワーカーの導入を提唱している。しかし、現実にはほとんど進んでおらず、今後も劇的には進む見込みがないので、それに替わるサポートシステム（気軽に相談できる専門職のネットワーク）を整備することが必要としている。

学校の課題については、兼田智彦（2004）も教師の立場から論じている。兼田は本事件に対する学校の対応を振り返って、次のように述べている。「問題点は多く指摘されているが、学校の視点から考えると、第一の問題点は子どもの安否を学校の教師もきちんと確認すべきだったということである」。また、1996（平成8）年に名古屋で発生した、小学6年生女児のネグレクトによる死亡事例をあげ、このときも、学校は何度も家庭訪問を繰り返したが、児童の安否を確認することができなかったと振り返っている。子どもの安否を確認したいという強い思いがあれば、児童相談所にその思いを伝えることができたし、そうしていれば、関係者が集まってのネットワーク会議を開いて役割分担へと進むこともできたはずであった。しかし、本事件でもネットワークは機能していなかった、と兼田は指摘する。

兼田は、学校関係者（教師）の役割として、①子どもの味方としての役割、②信頼できる大人としての役割、③子どもを救うための仕事の一部を遂行する役割、④ネットワークのかなめの役割の4点をあげている。

しかし、学校の教師がこういった役割を十分に果たせているかとなると、現実はほど遠い状況にあると断じている。教育委員会が作成した「虐待防止マニュアル」はほとんど読まれておらず、家庭とのトラブルを敬遠しがちであり、児童相談所に通報しさえすればよいと考え、その後は児童相談所任せになってしまうと述べている。「NPO法人子どもの虐待防止ネットワーク・あいち」が実施する学校関係者向けの研修の受講者の感想からも、虐待の認識が乏しかったことや、1人でかかえ込んで悩んでいる様子、立場や機関によって虐待の認

識に大きな違いがあることがみてとれるという。こういった状況をふまえて、子どもの最善の利益のために、関係者がネットワーク会議等で真摯に話し合い、理解し合うことが必要であると述べている。

また、すぐにできることとして、文部科学省が実施している学校基本調査のなかに、「虐待の認知件数」「虐待の種類」「措置の状況」などの調査項目を入れることで、虐待の実態把握に少しでも迫ることができると提案している。

検証

本事件についての検証は、「大阪府児童虐待問題緊急対策検討チーム」により実施され、問題点の整理と改善に向けての検討が行われ、「緊急提言」として発表されている。問題点としては、次のような項目があげられている。
①虐待通報・相談への組織的対応
　・虐待についての認識と虐待リスクのとらえ方が不十分。
　・児童相談所内部の連携が不十分。
②安全確認とアセスメント
　・子どもの安全確認ができていない。
③学校との連携・児童相談所
　・児童相談所・学校双方に危機意識が欠けており、組織としての情報提供・受理をしていない。
　・双方が協力しての被害児童の状況確認ができていない。
　・虐待のリスク判断に差がある。
　・役割分担が明確でない。
④児童相談所の組織体制
　・職員の資質と職員数が不十分である。
　・人材育成のシステムや、業務のサポート機能・チェック機能が不十分。
⑤地域の状況
　・住民からの通告が適切に得られていない。
　・子どもの声が受けとめられていない。
　・虐待防止ネットワークが十分には機能していない。
こういった問題点を改善するための具体策が、次のように提言されている。
①相談対応の基本の徹底
　・虐待対応マニュアルの見直しを行い、運用の徹底を図る。

・アセスメントツールの完成度を高め、積極的に活用する。
②児童相談所の組織体制の強化
　　・進行管理をシステム的に行い、危機管理機能を強化する。
　　・職員を増員する。
　　・積極的にITシステムの活用を図る。
③職員の資質向上
　　・虐待対応のエキスパートを育成する。
　　・危機管理やメンタルヘルスを含めた組織マネジメントに重点をおいた研修を強化する。
④総括的組織の必要性と第三者的視点の導入
⑤関係機関との連携
　　・通告に関するルール作りと運用の徹底。
　　・虐待防止のためのネットワーク作りと住民への啓発活動。
　　・子どもの声を受けとめる仕組み作りと子ども自身へのエンパワメント。
　ここであげられている問題点や提起されている対策は、この後に全国で発生する死亡事例や重篤事例の検証結果と照らし合わせてみても、決して古くなっていないことに改めて気づかされる。
　問題として提起されているリスクアセスメントの不十分さ、機関連携における情報共有とリスク判断の落差、児童相談所職員の質・量の乏しさ、育成システムの不十分さ、ネットワークの機能不全などは、その後の死亡事例や重篤事例の検証でもたびたび問題とされている。また、改善に向けた具体策として提言されている内容をみても、組織体制の強化、職員の資質向上、関係機関連携の強化といった項目は、この後にも繰り返し目にする項目である。
　それぞれの事例には、虐待発生に至るまでにそれぞれ固有の経過があり、背景や要因にも際だった特徴があるはずだが、それぞれの検証結果としてまとめられる問題点や対策には、すでに本事件の検証結果のなかで述べられていることが繰り返し登場する。このことは、何を意味するのだろうか。時間を経てもなお、同じような問題が継続されているということなのだろうか。虐待対応システムの整備は、虐待問題の拡大に追いつくことはできないのだろうか。岸和田事件での検証結果は、その後の事例理解や予防策に活かされているのだろうか。
　われわれは、過去の事例から何を学べたのだろうか。死亡事例をなくすため

に、過去の事例から学ぶということはどういうことなのだろうか。

事例分析

　虐待防止に役立てるために、事例を詳細に分析することの必要性にふれている文献は、この時期ほとんど見当たらない。唯一、小林（2004）が詳細な事例分析の必要性を強調し、虐待防止に役立てるためのアクションを提言している。本事件から8年が経過した今でも、われわれがどれだけのことを歴史から学びとれているのかについて、鋭く問いかけてくる提言であると思われるため、以下に詳述する。

　小林は、「死亡をなくすことへの挑戦」と題し、事例分析の必要性を次のように説いている。「死亡をなくすには、まず死亡原因を知ることが不可欠である。虐待死の原因には4側面がある。死に至った、①子どもの身体的原因、②生活状況、③親側の要因、④援助、である。しかし、②や③の分析は少なく、なぜ死に至る虐待が起きるのかについてはほとんどわかっていない。死亡を減らすことを進めるには4側面すべての分析が必要である」。

　そして、虐待死の詳細な分析を行っている例として、2002年に英国保健省が40事例の詳細分析を行っていることを取り上げて、その分析結果から、ハイリスクケース（とくに精神疾患・薬物依存・DV・犯罪歴のある親）への育児支援が必要なことと、親の医療者と育児支援機関との連携が強調されていることなどを紹介している。

　死に至る虐待を引き起こす親側の要因としては、「子ども時代からの未解決の葛藤」にもふれ、「子ども時代のネグレクトや被虐待からくる見捨てられや無力感の体験があると、大人になったときに、他者に見捨てられそうになると恐怖に襲われ、無力感を覆すために他者を支配する傾向があり、この葛藤を強く呼び覚ますような生活上の出来事があると、限度を超える虐待が起きるという」と述べている。こういった葛藤を明らかにするためには、親の生育歴や生活歴、営まれている生活や人間関係の様子などが詳細に調査されていなければならないと考えられる。本事件では、虐待の加害者となる継母のなかにも、この「子ども時代からの未解決の葛藤」が推測される。それが虐待行為が雪だるま式に急速にふくれ上がっていく要因の1つとして考えられるとすれば、丁寧で詳細な事例分析の重要性を改めて認識することが必要であろう。

　また、小林（2004）は次のようにも提言する。「わが国でも、死亡事例を分

析する仕組みを早急に作らなければならない。児童相談所やマスコミからの事例だけでなく、医療・保健・教育・警察からの事例を1カ所に集め、生前死後の関連情報を詳細に集めて、分析する専門家集団を組織して、子ども像・親像や生活状況・援助実態を分析して、公表し、われわれ関係者が死亡を予防する手がかりをつかんで、日々の実践に活かす必要がある」。

(5) 事件がもたらした影響

児童虐待対応の現場で、虐待対応における歴史の転換点といえる事件を1つあげてもらうならば、まず間違いなく本事件がトップになると思う。この事件が、福祉や教育をはじめとして関係者に大きな衝撃を与えただけではなく、当時作業途上にあった児童虐待防止法の改正論議にも多大な影響を与え、その後の福祉施策を方向づける大きな要因となったことは、誰も否定できないだろう。

以下、本事件を受けて行われた緊急対策および法改正についてまとめる。

緊急対策

この事件を受けて、以下のような緊急対策の指示・通知、実状調査、対応策の協議などが、厚生労働省や各都道府県において実施された（新聞記事より）。

2004年	1月27日	大阪府が児童相談所長を集めて緊急会議を実施。対応マニュアルの見直しを確認。
	1月28日	岐阜県教育委員会、長期欠席児童の再点検を学校や幼稚園に指示。
	1月29日	岩手県が児童相談所に、相談ケースに対する措置やアフターフォローの見直しを指示。
	1月29日	厚生労働省と文部科学省は、虐待の早期発見・対応等再発防止に向け、①組織的かつ迅速な対応、子どもの安全確保の優先などの基本に立ち返った取り組み、②児童相談所内連携体制の再確認、③地域関係者との協力・連携の確保等を都道府県などに通達。
	2月4日	文部科学省は、岸和田市に専門家を派遣し、市教委や学校、児童相談所の担当者等から事情を聴取。
	2月5日	徳島県の児童相談所が、不登校ケースの実態把握のための緊急調査を開始。大阪府は、府内の市町村に、虐待を発見する地域ネットワークを早期に作るように要請。
	2月6日	熊本県は、児童相談所や県警、小中学校長等の担当者を集め、虐待防止に向けた緊急会議を開催。
	2月10日	大阪府設置の「児童虐待問題緊急対策検討チーム」の第1回会議が開催される。

第Ⅰ章　2000～2004年（児童虐待防止法制定後の事件）

2004年	2月13日	京都府の児童虐待防止ネットワーク会議が、「児童虐待に対する適切な対応に関する緊急決議」を採択。和歌山県は、県警や児童相談所との連絡会議を開催し、虐待対応マニュアルの見直しを決定（立ち入り調査の具体的指針策定）。長野県教育委員会は、県内の学校、幼稚園等に、虐待防止への対応（虐待が疑われたら児童相談所に連絡することなど）を通知。
	2月18日	香川県は、不登校相談ケースの調査を実施。その結果、虐待ケースはなかったと発表。
	2月24日	岸和田市教育委員会は、市内の小中学校等に虐待防止対策委員会を置き、児童相談所との連携を強化することを決定。岸和田市教育委員会は、児童虐待の相談を受ける「きしわだ子どもぎゃくたいホットライン」を設置。
	3月9日	三重県で、児童相談所長に安全確認を義務づける「子どもを虐待から守る条例案」が成立の見通し。
	4月16日	文部科学省は、長期欠席児童の3割は学校側が会えていないとの調査結果を公表し、学校に向けて、児童の把握にいっそうの努力を求める通知を発出。
	4月29日	子どもの虐待防止に取り組む全国の民間団体による「子どもの虐待防止民間ネットワーク」が発足。
	6月29日	厚生労働省が、2003年度の児童相談所への虐待相談件数（速報値）を公表。前年度を12％上回る、2万6573件となる。

法改正

本事件が影響を及ぼした法改正の経緯等は、以下のとおりである。

2004年	1月30日	厚生労働省は、虐待防止に向けた長期的な対策として、児童虐待対策への家裁の関与を強める方針を表明、必要な児童福祉法改正案を提案する準備を進める。
	2月12日	自民党から児童虐待防止法改正案のたたき台が示される。通告義務の拡大や、虐待の定義に、DV目撃や保護者以外の同居人からの加害も加わる。また、立ち入り調査を拒否された場合の警察への捜査要求を義務付け、安全確認することが盛り込まれている。
	2月17日	児童虐待防止法改正案について、自民党案の骨子がまとまる。 ・児童が同居する家庭での配偶者への暴力も児童虐待に含める。 ・発見者の通告義務を「児童虐待を受けた児童」から「受けたと認める児童」に拡大。 ・児童相談所長は、児童を保護しようとして自宅への立ち入りを拒まれた場合、児童の生命や身体に重大な危険が迫っているときは、警察署長に通告しなければならないとし、また警察官は、児童の安全を確保するため、やむをえないときは、児童委員または地方公共団体職員の立ち会いのもとで、児童の住居に立ち入ることができるとしている。

105

	3月4日	児童虐待防止法改正案を検討する与野党の代表者会議で、与党案が大筋で認められる。 しかし、現場の判断で警察官が強制的に立ち入ることを可能とする条文については民主党の反対が強く、法案に盛り込むことは見送る方向となった。警察官の強制立入については、本事件を受けて、与党案に急遽追加されたが、民主党は、「令状にもとづかない警察官の立ち入りは、憲法に定められた住居不可侵の原則に反するおそれがある」として反対した。

文献

大久保真紀（2004）「なぜ少年を救えなかったのか——岸和田中学生虐待事件の背後にあるもの」『論座』107 pp.46-51.

大阪府児童虐待問題緊急対策検討チーム（2004）「子どもの明日を守るために——児童虐待問題緊急対策検討チームからの緊急提言」

大阪府児童虐待問題緊急対策検討チーム（2004）「資料・子どもの明日を守るために——児童虐待問題緊急対策検討チームからの緊急提言（特集2 岸和田事件）」『子どもの虐待とネグレクト』6(3)

大阪府児童虐待問題緊急対策検討チーム（2004）「資料・子どもの明日を守るために—児童虐待問題緊急対策検討チームからの緊急提言」『解放教育』2004年9月号

兼田智彦（2004）「岸和田事件をめぐって——学校関係者として（特集2 岸和田事件）」『子どもの虐待とネグレクト』6(3)

川﨑二三彦（2004）「児童相談所で考える児童虐待対策の課題」『福祉のひろば』417

川﨑二三彦（2006）『児童虐待——現場からの提言』岩波書店

熊井利廣（2007）「ネットワークはなぜ大切か」『小児科臨床』60(4)

小林美智子（2004）「岸和田事件から見える課題（特集2 岸和田事件）」『子どもの虐待とネグレクト』6(3)

佐藤万作子（2007）『虐待の家——義母は十五歳を餓死寸前まで追いつめた』中央公論新社

鈴木一郎（2006）「第5章 児童虐待刑事裁判例についての事例研究」『児童虐待への対応の実態と防止に関する研究』財団法人社会安全研究財団

田中文子（2004）「インタビュー 岸和田事件が問いかけるもの——子どもへの虐待を許さない社会へ」『はらっぱ』240

津崎哲郎（2004）「岸和田事件をめぐって——福祉の立場から（特集2 岸和田事件）」『子どもの虐待とネグレクト』6(3)

中尾卓司（2004）「届かなかったSOS」『少年育成』578

野田正彰（2004）「児童福祉全体があまりにも貧しすぎる——社会制度と文化が虐待を生む」『論座』107 pp.52-27.

峯本耕治（2004）「岸和田児童虐待事件が学校・教育委員会に問いかけたもの（特集2 岸和田事件）」『子どもの虐待とネグレクト』6(3)

山本麻里（2004）「児童虐待の現状と今後の対応——岸和田市の事件に関連して（特集2 岸和田事件）」『子どもの虐待とネグレクト』6(3)

6 小山市幼兄弟殺害事件
(栃木県 2004 年)

(1) 事件の概要

　2004（平成 16）年 9 月、栃木県小山市で 4 歳の兄と 3 歳の弟が行方不明になり、兄弟と同居していた男性（以下、S と呼ぶ）が未成年者誘拐の疑いで逮捕された。S は 2 人を殺害して川に捨てたと供述し、兄弟は死体で発見された。兄弟 2 人は過去、同居する S による虐待で児童相談所に通告され、7 月に一時保護された経緯があった。この家の主は S で、S 宅にはこの兄弟 2 人とその実父、そして S の 2 人の実子が一緒に暮らしていた。児童相談所は、父方祖母宅で兄弟 2 人と同居することを条件に 2 人を父のもとに返したが、父は 2 人を連れてすぐに S 宅に戻ってしまった。父と S は元暴走族の先輩後輩の関係（父が先輩）で、強固な上下関係があった。また、事件当時 2 人は覚せい剤を使用しており、覚せい剤をとおした癒着した関係も続いていた。事件 1 カ月後、10 月、父は覚せい剤取締法違反（使用）の疑いで逮捕された。
　この事件では、児童相談所の対応が問題となった。一時保護を解除した後、S 宅で再び同居した事実を知りながら、家庭訪問もしなかった点である。この対応を各報道機関が大きく取り上げ、きびしく批判した。
　事件を受けて、地元では民間の虐待防止活動団体「カンガルー OYAMA」が発足、オレンジのリボンを虐待防止の象徴とし、リボンを配布しながら虐待防止を訴える活動が始まった。現在各地でオレンジリボンキャンペーンが行われているが、そのきっかけとなったのがこの事件である。

(2) 家族の状況

　S 宅には、S の長女（11 歳）、長男（6 歳）が住んでいたが、2004 年 6 月か

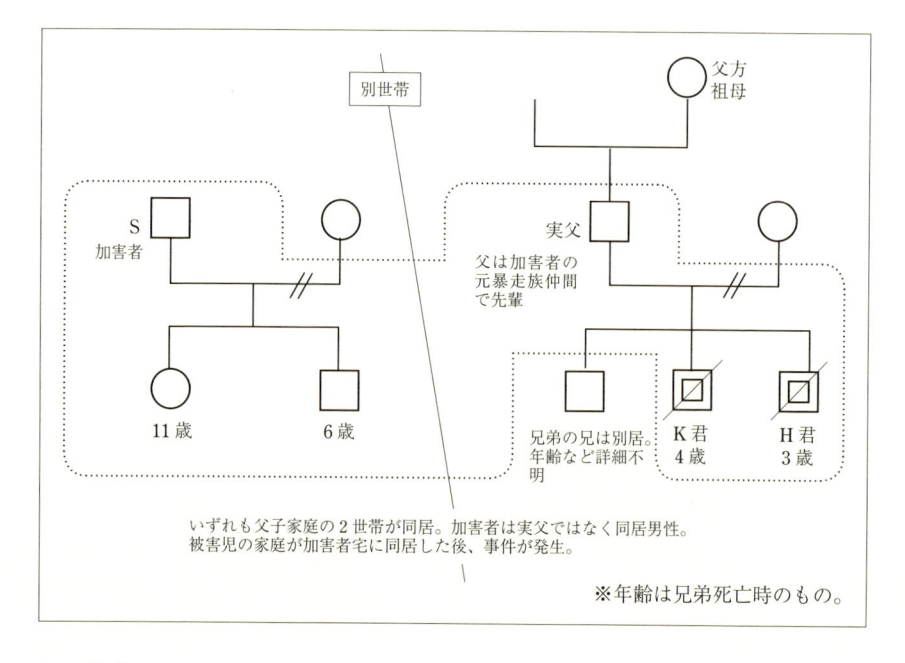

［家系図］
- 別世帯
- S 加害者
- 11歳／6歳
- 父方祖母
- 実父　父は加害者の元暴走族仲間で先輩
- 兄弟の兄は別居。年齢など詳細不明
- K君 4歳
- H君 3歳

いずれも父子家庭の2世帯が同居。加害者は実父ではなく同居男性。
被害児の家庭が加害者宅に同居した後、事件が発生。

※年齢は兄弟死亡時のもの。

ら、塗装工の父とその次男で4歳のK君と三男で3歳のH君が同居するようになった。

(3) 事件の経過

虐待通告

　行方不明になった兄弟は、2004年7月8日に虐待通告されて栃木県県南児童相談所によって一時保護されていた経緯がある。8日午後1時頃、住んでいたアパート近くのコンビニで、商品の飲み物やお菓子を持っていたので、店員が「お金はあるの」と声をかけたが、よく見ると顔に殴られたようなひどい痣があり、シャツをめくると腹部にも青痣があった。店長は小山署に通報。その日の夕方、小山署から児童相談所に、「市内のコンビニで兄弟を保護したが、親がわからないので一時保護してほしい」と通告があった。午後6時頃に児童相談所の職員が署に迎えに行き、午後8時過ぎに県内の児童養護施設に委託一時保護した。その夜、父から子どもを返してほしいと連絡があったが、夜中だったので翌朝児童相談所に来るように求めた。翌朝訪れた父は「やったのは同居人で警察沙汰にしたくない」「東京で暮らしていたが事情があって小山に

戻り、6月頃からSの家に世話になっている」「朝6時から仕事なので子どもを預けられる保育園がない」と話し、Sが暴力をふるう理由として「Sの子より俺の子のほうがかわいいので、やきもちを焼いたんだろう」「今度こんなことをしたらただではおかない」と答えた。児童相談所は父方祖母宅で子どもとともに同居することを条件に子どもを引き取らせた。

児童相談所は7月11日と22日に祖母宅に電話し、父子が同居していることを確認した。しかし、8月10日に電話したところ、「すでにS宅に戻ってしまっている」と言われた。ただ定期的に祖母宅に来ており、兄弟には傷もなく元気とのことだった。8月24日も同様の様子だった。しかし9月6日の電話で「Sが兄弟を叩いた」との情報が入った。父がSをきつく叱ったら、Sが謝ったとのこと。そこで、児童相談所は祖母を通じて父に来所して相談するよう伝えた。児童相談所は計5回の祖母との電話のやりとり以外に、家庭訪問に行くなどの直接の確認はしていなかった。

事件発覚後の経緯

Sは逮捕当初の9月13日、2人を連れ出して12日未明に公園で車から降ろしたなどと曖昧な供述をしていた。しかし夜になって、「川で兄弟を殺害した。思川に2人を置いた」と供述したため、調べたところ、思川上空のヘリコプターから、思川中州に幼児1人を発見、収容後弟のH君の遺体と確認された。その後、Sは「思川の間中橋のあたりで兄弟を殺し、橋から捨てた」と供述。15日には「生きたまま川に落とした」と供述を変えた。解剖結果で少量の水が検出されたことがわかった。

9月16日、H君が見つかった中州から6km下流の思川の左岸の茂みでK君の遺体が発見され、父が確認した。17日の午前、児童相談所長が会見で「K君、H君、守ってあげられなくてごめんなさい」と謝罪した。17日の正午、祖母が会見で、「かわいそうで、かわいそうで」と言って目頭を押さえ、「児童相談所に『子どもたちや父に会って説得してもらうか、子どもたちの姿をみてもらうのが一番じゃないでしょうか』などと頼んだが、会ってはくれず、自分のところばかりに電話をかけてきた」と語った。

これに遡る逮捕当日の児童相談所長の記者会見では、「児童虐待防止法の虐待の定義は『保護者によるもの』とされており、強制手段を適用するのは難しいと判断した」「父に抑止効果があると判断した」「（児童相談所の対応は）適

切な措置だったと思う」と説明する一方、「電話確認だけでよかったかどうか、傷の部位をきちんと調べたり、Sにも事情を聴いたり、父と祖母と児童相談所とで話し合うべきだった。結果、責任は児童相談所にもあると思う」と述べた。

9月17日、Sは殺人容疑で再逮捕された。なお、再逮捕前のSは事情聴取に対し、「同居していることが不満だった。出ていってもらいたかったが、先輩なので言えなかった」と話しており、県警は、Sが2人に暴力をふるい、父もそのことを知っていたとみた。18日の新聞報道では、Sが「兄弟をこのまま連れて帰れば、父にまた殴られると思った」と供述していることや、後部座席で寝ていたSの長女が「男の子の泣き声を聞いた」と話していることが報じられた。

9月21日にK君とH君の告別式が行われた。兄弟の母親が父に付き添われて出席。報道陣に対して「本当にごめんなさいという気持ちでいっぱいです」と語った。

9月22日、児童相談所が警察や親類との情報のやりとりなどを記録しておらず、警察が迷子で保護した情報や、5回にわたる祖母への電話調査のやりとりも記載がなかったことが報道された。

10月1日に、県警は、父を覚せい剤取締法違反（使用）の疑いで逮捕した。県警によれば、Sから逮捕後の尿検査で覚せい剤が検出されていたが、父も覚せい剤を使用しているという情報を得たため、29日に父の尿を採取し鑑定したところ陽性反応が出た。翌日、父は送検された。同時に、Sの覚せい剤取締法違反容疑での取調べも開始された。

10月8日、Sは殺人罪で起訴され、15日には覚せい剤取締法違反の疑いでも書類送検された。

実父の覚せい剤取締法違反の地裁公判

2004年11月15日、父の覚せい剤取締法違反の公判で、検察は「子どもが虐待を受けていると知りながら、あろうことか、ともに覚せい剤使用に興じ続けていた。酌量の余地はみじんもない」として、懲役2年6カ月を求刑した。父は、過去1987（昭和62）年に覚せい剤使用で実刑判決を受けたことがあったが、2004年2月から再び使用し、6月にS宅に同居してからは、子どもたちの目を盗んで少なくとも50回は覚せい剤の注射をしたと検察は説明した。弁護側は、最近の10年間は覚せい剤と無縁であり、Sとの同居をきっか

けに覚せい剤とのつながりができたため、初犯に近いとして執行猶予を求めた。11月22日、父には懲役1年6カ月の実刑判決が言い渡される。父は判決を不服として、12月1日に東京高裁に控訴した。しかし、Sの初公判の後、祖母が父の控訴を取り下げる意向を示し、28日に父は控訴を取り下げた。

Sの公判の経過

初公判（2004年12月13日）

宇都宮地裁で初公判が開かれる。Sは兄弟の殺害を認める。「橋から2人を投げ入れた時点で覚せい剤が身体のなかに入っていて錯乱状態にありました」と答えた。

第2回公判（2005〔平成17〕年1月31日）

覚せい剤による影響などについて検察側と弁護側の主張が対立。

第3回公判（4月21日）

Sは、父から「一生面倒をみてもらうからな」と繰り返し言われるなど、理不尽な仕打ちを受けていたと説明。

第4回公判（6月9日）

Sは「兄弟は『おじちゃんは、お父さんの前では何もできないくせに』と言っていた」「注意した際に『おじさん、うるさいよ』と反抗的な目で見られた」などと証言した。また罪の意識はなかったが、覚せい剤の影響はあったと述べた。

論告求刑公判（8月9日）

検察側は死刑を求刑。弁護側は、報復を恐れるストレスと覚せい剤の影響で、「異常な心理状態に陥っており、極刑は相当ではない」と主張した。

判決公判（9月8日）

求刑どおり、死刑の判決が言い渡される。また、裁判長は児童相談所が兄弟を一時保護しながらもとの環境に戻して放置したことに言及し、「具体的対策が求められていたにもかかわらず、これを講じた形跡がない」「そのあり方が問われかねない誠に遺憾な対応」と批判した。父に対しても、「犯行の下地を作った側面がある」として「一定の道義的責任は免れない」と指摘した。一般人に対しても「かかわりをもった大人が危険な芽を未然に摘まなかった」「積極的に警察への通報などの対応をすることも強く望まれる」と述べた。

弁護側は即日、控訴した。

ところでSは、翌2006（平成18）年の6月4日、拘置中の東京拘置所で死亡する。5月30日に控訴審初公判が開かれる予定であったが延期されていた。この年4月、宇都宮拘置所から東京拘置所に移されたが、その頃から風邪をこじらせ、5月下旬に容体が悪化し、6月4日夕に拘置所内の病室で死亡したという。

Sが犯行に至る経過

　犯行の動機を含む事件の背景や、犯行に至る具体的な経過について、『朝日新聞』と『読売新聞』の報道を中心にまとめた。

　殺害された兄弟は、両親の離婚後、2002（平成14）年11月から半年間、保育所に通っていた。父が送迎をし、欠席はほとんどなかったという。2003（平成15）年7月、「父の仕事が不規則で養育困難」ということで県内の児童養護施設に入所したが、12月に父が引き取る。翌年の6月、Sから連絡があり、父家族がS家族宅に同居する。2人はかつての暴走族仲間で、Sは父の後輩でもあり、そこには強固な上下関係があったという。父が「部屋が見つかるまで居させてくれ」と言うと、Sは了解したという。

　その後Sは、父が家賃や光熱費を払わず、クーラーのある部屋を使っていたなどから不満をいだくが、直接父には言えず、Sは父の子どもにあたるようになる。

　7月8日に兄弟の痣に気づいたコンビニ店長が小山署に通報し、兄弟は児童相談所で保護されるが、翌日、父方祖母と暮らすことを条件に一時保護は解除される。しかし、祖母との同居は1カ月ほどで、8月10日には父と兄弟はS宅に戻ってしまう。祖母は、電話をした児童相談所にそのことを伝えている。9月6日に、Sが兄弟に暴力をふるったため、父がSに説教したと祖母が児童相談所に連絡した。後でわかることだが、祖母は事件後まで、兄弟が身を寄せたS宅の所在地を知らなかったという。

　9月11日に事件は起きた。この日午前、兄弟はSの長女に連れられて自宅近くの教会の流しそうめんの催しに参加した後、自宅に戻る。午後1時半頃、Sは兄弟とSの長女と長男を連れて、車で近くの100円ショップに出かける。その後いったん自宅に戻った後、再び5人で近くのガソリンスタンドに出かけ、午後2時半から午後7時半過ぎまで過ごすこととなる。このガソリンスタンドで、注意しても言うことを聞かない兄弟にSは激しい暴行を加える。K君の

唇は腫れ、H君にはこぶができた。このときSは「このままでは帰れないと思った」と被告人質問で語っている。以前、兄弟に手をあげた際、それを知った父が激怒してSを何発も殴ったからだという。

　Sあてに父から兄弟の所在を尋ねる電話がかかってきたのは、午後6時頃だった。Sは帰宅すればH君の唇が腫れているのがばれると思い、「一緒ではない」と嘘をつく。新聞に報道されたガソリンスタンドの作業員の目撃によれば、午後6時過ぎ、K君の頭を2回平手打ちし、K君はよろけて乗用車の側面に頭を打った。叩かれても泣かず、おびえた様子で、Sの話しかけに敬語で答えていたという。午後7時半過ぎ、ガソリンスタンドの休憩室で兄弟が騒いでいたとして、H君をトイレに連れていき、さらに暴行を加える。

　午後8時頃、ドラッグストアに立ち寄ってH君のおむつを買う。その後、H君らを田んぼ脇の道路に降ろして立ち去るが、再び戻って車に乗せる。午後10時過ぎ、父から再び電話を受けたが、「一緒じゃない」と嘘をつく。追い込まれた心境となり、車内でふざける兄弟に再び暴行を加える。まず助手席に座っていたK君の頭を叩き、引っ張って運転席の足もとに入れて足で踏みつけ、引き続き、H君も運転席の足もとに入れて踏みつけた。ここに至って「ここまで来たら、今さら兄弟を父に会わせても言い訳の仕様がない」と思い、殺意をいだいたという。

　まず午後10時半に兄弟をJR間々田駅近くの公園に置き去りにして車で立ち去ったが、「すぐに見つかる」と公園を一周して再び乗せた。車に乗せられたK君は間もなく泣き出し、「お父さん」と言った。これに激高したSは、はっきりと殺害を決意し、国道50号を西に向かって浅間山をめざした。「噴火口のなかに投げちゃえばわからなくなる」と考えたからである。車が走るうちに、4人の子どもは寝息を立て始めた。やがてSは、浅間山は遠いと思い、行き先を渡良瀬川に変える。川に投げ込んで殺せば、遺体は流されて見つからないと考えた。

　午後11時半に渡良瀬川に架かる橋に到着した。しかし夜でも交通量が多く、人目につくと考えて断念し、思川の間中橋をめざす。翌日午前0時前後、父から再び電話が入る。Sは「自分の子どもは知人宅にいるが、兄弟は別のところにいると思う」と嘘をつく。父は午前0時10分に小山警察署に兄弟が行方不明と届け出る。

　Sは午前1時半前に間中橋に到着し、橋の中央付近で車を止めた。橋は両側

113

に2本のワイアーが柵代わりに張られていた。Sが車を降り、まずは眠っているK君の左手と左足を持って車外に引きずり出し、ワイアーとワイアーの間から思川に投げ落とした。その後、H君も左手と左足を持って引きずり出し、そのまま川に投げ落とした。

Sのこと、父との関係

Sの人間像について、関係者に取材をした『朝日新聞』の記事（2006年9月16日）がある。1人はSと20年以上前からの知り合いでアパートの近くに住む年配の女性である。この女性によると、父たち一家と同居して2カ月以上した8月中旬、S親子が一晩泊めてもらうために訪ねてきた。理由を言わないので不思議に思ったが、とくには尋ねず4泊させてあげたという。この間に、女性が注意しても聞かない子どもたちに、Sが恫喝し、顔や身体を殴ったり蹴ったりした。女性が止めようとすると、「甘いよ」と威喝されたという。ただ、子どもたちはSを慕っていたという。息子を抱きかかえてかわいがったり、家事をする娘の自慢もしていたという。

もう1人、中学時代同級生だった男性は、Sが産業廃棄物の投棄で問題を起こしたとき、Sの子どもたちの面倒をみていた。当時Sの長女が通う小学校もこの家庭のことを心配していた。この男性は、事件のあった年の夏、市内の運動会で親子3人に再会した。Sは自分の息子に向かって「がんばれ、がんばれ」と応援していたという。男性は小学校教師と「これなら心配ない」と電話で確認し合った。

別のもう1人、中学校時代の同級生の女性は、「Sはやさしい子で、彼を知る人で悪く言う人はいない」と語った。

父とSは、かつての暴走族仲間で先輩後輩の仲であり、強固な上下関係があったという。9月15日に父が会見しているが、東京から戻ったときに、「Sから『うちに来なよ』と声をかけられた。『子どもがいるから悪いよ』と言ったが、『別に気にしないで』と言われて同居をした」「3DKのアパートのなかでエアコンのある部屋を『占拠』していたとSが述べているが、『この部屋を使ってください』と言われた」という。ただ父は、「Sが、先輩である自分に何かを言うことができずに、矛先を子どもに向けた」とみていると会見で語った。「部屋が見つかるまで、居させてくれ」と頼むと、Sは理解を示したという。「Sに対する甘えがあった。先輩後輩で、自分にきびしくできなかった」

第Ⅰ章　2000〜2004年（児童虐待防止法制定後の事件）

とも語った。兄弟を虐待したSに対して「問いただしても嘘をつく。叩いて吐かせたところ『自分がやりました』と言ったので、さらに叩きました」と答えた。2人の関係について「昔からあんちゃんって慕ってくれていて、弟のような存在だった」「自分に何も言えないことがうっとうしかったのではないか」「暴走族仲間で怖い存在だったんじゃないか」「被害届を出そうと思ったが、被告の子どもの顔が浮かんだ」と答えた。またSが覚せい剤を使用していたことについて、「覚せい剤をやっているとは知らなかった」と答えた。

　しかし、この会見の翌月の10月1日、父は覚せい剤取締法違反（使用）の疑いで逮捕される。公判での検察の冒頭陳述では、6月に同居してからは、子どもたちの目を盗んで50回は2人で覚せい剤を注射した。Sの虐待に気づいてからは、互いの間にわだかまりが生じたが、それでも2人で覚せい剤を融通し合っていたという。

　2人の関係は、強固な支配服従関係とともに、癒着した関係があったことがわかる。事件の背景にある大人同士の不適切な依存関係と、そこから逃れられなくさせる覚せい剤の影響など、著しく不適切な環境のなかに兄弟は置かれていた。

(4) 事件へのコメント

児童相談所や自治体への批判

　この事件で、大きく問題視されたのは児童相談所の対応である。問題となったのは、一時保護を解除し、祖母が引きとったものの、1カ月後には再び加害者の家に同居した事実を知りながら、家庭訪問さえしなかった点である。事件直後（2004年9月13日）の児童相談所長の会見で「父が抑止できると思った。児童相談所として適切な措置だったと思う」と説明したことに対して、新聞各社は「命救う機会　何度も」（『朝日新聞』）、「救えたはずの命…」（『読売新聞』）などの見出しで、児童相談所の対応をきびしく批判した。2004年9月16日の『朝日新聞』の社説では、「児相と警察が本来の役目を果たせば、最悪の事態を防げたのではないか」「祖母宅からもとのアパートに戻されたときはただちに駆けつけるべきだった」と指摘し、「必要なときは身体を張ってでも子どもを預かって守るのが使命だ」という経験豊かな児童相談所職員の言葉を紹介したうえで、「今回の事件ではそんな決意が感じられない」とした。

識者のコメントの多くも批判的で、「そもそももとの生活が危険なので保護したのだから、もとのアパートに戻ったことがわかったら当然、緊急保護すべきだ。……（中略）……今回の判断ミスの責任はとてつもなく重い」（高橋重宏〔日本社会事業大学教授〕、『読売新聞』2004年9月15日）、「一時保護するというのは親もとが危険という証なのだから、子どもを返す前に安全になったかを確かめるのはイロハのイだ」（飯島成昭〔当時、児童相談所職員〕、『朝日新聞』）などである。また、山本麻里（当時、厚生労働省虐待防止対策室長）は「家に行って子どもの状況を確認しない判断は甘かった」と児童相談所の対応のミスを指摘した。地裁の判決でも裁判長は児童相談所に対して、「そのあり方が問われかねない誠に遺憾な対応」と批判したのは先述のとおりである。

一方、児童相談所の体制の問題を指摘する者も多かった。恒成茂行（熊本大学教授、子ども虐待コンサルテーションチーム・くまもと代表）は、「現状に対する判断が甘かったと言わざるをえない。だが、どこの児相でも起こりうる構造的な問題がある。今回のような重大な結果を招いたケースなどについて事例を検証し、それを児相間で共有するシステムがない。似たよう虐待があったとしても、相談所によって、もしくは担当者によって判断がまちまちになってしまっては、救える命も救えない。職員は県の人事異動でたまたま児相に配属された素人が多い。虐待の対応は、知識もノウハウもない人が適切に判断できるほど簡単ではない。だからこそケーススタディが欠かせない」（『読売新聞』2004年9月19日）と述べている。

2004年10月6日の『朝日新聞』社説は、「自治体は何をしている」の見出しで、栃木県の児童相談所の児童福祉司の配置基準が本来であれば29人のはずを、実際には25人しかおらず、福祉司配置に使うべき国からの交付税をほかに使っていたことを指摘し、こうした自治体はほかにもあると述べ、「こんななかで、全国知事会など地方6団体は、国と地方の税財政改革で、補助金廃止の候補として虐待対策もあげた。……（中略）……補助金を廃止し、それに見合う税源を地方に移すという改革自体は正しい。だが、国からの交付金や補助金があるのに、虐待への取り組みが不十分な自治体が多い。財源が移ってきたからといって、虐待対策に積極的になるだろうか。そんな不安をいだかずにはいられない」と論説している。

警察への批判

　警察への批判もある。先述の 2004 年 9 月 16 日付けの『朝日新聞』社説では、S を傷害容疑などで捜査しなかったことを指摘した。7 月に兄弟がいったん警察に保護されたときに、顔が腫れて痣だらけだったという。「子どもたちの虐待を深刻に考えて積極的に動いていれば、事態は変わっていただろう」と論じている。この点については、一時保護した時点から警察と児童相談所との間で見解が食い違っていた。児童相談所は「家族以外の第三者である S による傷害事件という側面もあるので、警察による捜査が行われるものと思い込んでいた」と言い、県警は「児童相談所が改善策を講じた」と判断して捜査を見送っていたという。2004 年 9 月 23 日に開かれた県警本部長の定例記者会見では、「とるべき措置は講じた」と述べ、一時保護の際の対応について、「父から話を聴いたが、兄弟に虐待を加えた人物が明かされず、捜査協力が得られなかった」と説明、「現段階において、規律違反も義務違反もなかった」と発言したうえで、今後は、学校、警察、児童相談所などの関係機関の職員からなるサポートチームを作り、ネットワークを形成していくと述べた。

　小田和江（専門里親・カンガルー OYAMA アドバイザー）、川村百合（弁護士・NPO 法人カリヨン子どもセンター理事）、斎藤学（家族機能研究所代表）は、小山事件を受けて、座談会を開き、児童相談所の対応だけでは限界であるとし、児童虐待に対する警察の関与の是非や NPO 団体への虐待ケースへの介入に対する権限付与等について議論をした（2005 年）。

父子家庭への支援の弱さ

　『週刊アエラ』は、母子家庭に比べて父子家庭への支援が立ち遅れていることも背景にあると指摘している。記事のなかで、地元の民生委員が「2 組の父子家庭が同居していることを、事件が起きるまでまったく知らなかった」「市や近所の人から少しでも情報が入っていれば、訪問するなどして何か手助けができたかもしれない」と答えていることを紹介している。父の家族は小山市に住民登録もなく、保育園に通わせることもなかった。「職場の上司に前借してでも、子どもにいい物を食べさせたかった」と父は語っていたという。記事のなかで、7 歳と 5 歳の子どもを育てている宮城県の大学教員は、「父子家庭は行政の蚊帳の外に置かれている。存在を把握されていなかったことも、事件の遠因ではないかと思った」と語っている。

(5) 事件がもたらした影響

　栃木県の児童課は、児童相談所児童福祉司の配置を 2004 年 10 月に 27 人に増員、翌年の 4 月には 32 人として、相談所ごとに 5 人程度で構成する虐待対応専門チームを置いた。

　2005 年 4 月に小山市は、子ども課に「子育て支援室」を設置し、係長級職員を 1 人増員して、虐待に対応できる態勢を整えた。児童相談所への虐待通告は激増し、2003 年に 288 件であったものが、2004 年には 462 件にのぼった。

　事件後、思川の現場に花束を持って訪れる人は後を絶たなかったという。2 人を助けられなかったという無力感。まったく知らない人までが、「自分にも何かできたのではないか」という思いにさいなまれたという。事件を受けて、民間の虐待防止活動団体「カンガルー OYAMA」が発足、オレンジのリボンを虐待防止の象徴とし、リボンを配布しながら虐待防止を訴えた。現在この活動は、同年に設立された「児童虐待防止全国ネットワーク」が全国展開している。国は 2004 年から 11 月を「児童虐待防止推進月間」と定め、各地域で児童虐待防止の啓発に努めるよう促したが、オレンジリボンキャンペーンがその象徴的役割を担うようになった。厚生労働省が毎年作成する啓発ポスターには、2006 年からオレンジリボンが明記されている。

　小山市は、2004 年 12 月 11 日に思川の土手に 2 人の名前の桜を植樹した。筆者は一昨年（2010 年）に思川を訪ねた。事件が起きた橋のたもとには、2 体の地蔵が祀ってあった。その前には、2 人の兄弟が好きであったであろう新品の車の模型が供えられていた。

文献
小田和江・川村百合・斎藤学（2005）「民間の力を地域の虐待防止に活かすために——小山市の虐待死事件に学ぶ」『子どもの虐待とネグレクト』第 7 巻第 2 号
杉山麻里子（2004）「栃木・幼い兄弟殺害事件でもわかった——一人親の母子父子家庭格差」『週刊アエラ』2004 年 10 月 11 日号

トピック

重大事件あれこれ① 「短期ネグレクト」

　本書で報告した重大事例のなかで、取り上げることができなかった虐待死事例のかたちの1つに、「短期ネグレクト」とでも呼べるような事例がある。子どもを駐車場に置き去りにしてパチンコなどに興じている間に、熱中症で子どもが死亡するような事例だ。たとえば2012（平成24）年8月の午後、45歳の母は、三重県内にあるパチンコ店の屋外駐車場に止めた車のなかに、生後5カ月の男児を約3時間も放置し死亡させている。

　こうした事例が後を絶たないことから、警察庁は、すでに2004（平成16）年6月15日付けで、「児童の車内放置に係るぱちんこ業界への働き掛けの実施について」という通知を発出し、「平成15年中に検挙した被害児童が死に至った児童虐待事件の被害児童42人の中には保護者が駐車場に駐車した車内に児童を放置したことによって、死に至った児童が5人含まれ、そのうちの4人までがぱちんこ店の駐車場における車内放置事案であった」と述べている。

　そこで、警察庁は「車内放置防止のための広報啓発」「駐車場の定期的な巡回による車内放置の早期発見」などを、「全日本遊技事業協同組合連合会（全日遊連）」等に要請するよう、各都道府県の警察に指示している。

　こうした動きとも関係しているのであろう、「全日遊連」のWebページをみると、「やめて！ 子供の車内放置」とするサイトを設け、「子どもの車内放置は『児童虐待行為』です」と記したポスターも作成して啓発に努めている。また、毎年「子ども事故未然防止事案報告」を集計しており、2010（平成22）年には28件33名、2011（平成23）年には41件51名、2012年には16件22名、そして2013（平成25）年には28件37名の子どもが車内放置されていたと報告している。以下、2013年度の事例からいくつか紹介してみよう。

　「駐車場巡回の際、屋外駐車場のエンジン停止中で施錠され窓が閉じられた乗用車内に放置された乳児を発見。店内放送を行ったが保護者が現れないため、約15分後に所轄警察へ連絡、警察官到着後、しばらくして保護者が現れた。警察官から事故の危険性を説明していただき、厳重に注意した上でお帰り

いただいた」

「駐車場巡回の際、スモークガラスで覆われた乗用車から乳児の泣き声が聞こえたことから、直ちに店内へ連絡し、防犯カメラから保護者を特定の上、車両のナンバーや特徴等をもとに保護者を呼びだしたところ、約10分後に保護者が当該車両に現れ、保護者は子連れでの入場禁止を知らなかったと弁明し直ちに退店した。同日、店長は従業員全員に同事案を周知し、更なる対策強化を図った。その約1週間後、従業員が当該保護者の来店を確認したことから、当該車両の状況を確認したところ、フロントガラスに日よけを置き、前回以上に内部が見えにくい状態にされていた。しかし、所持していた高輝度懐中電灯にて内部を確認したところ、後部座席に設置されたチャイルドシートが確認できたことから、乳児が車内放置されていると判断し、当該保護者に声を掛け子ども連れでの入場をお断りしている旨を強く申し向け直ちに退店させた」

「駐車場巡回の際、乗用車内の母親と女児（4歳）を発見。父親が遊技中とのことであったが、18未満の営業所内入場を禁止する旨をお伝えした。その後、母親の入店を確認したことから再度当該車両を捜索したところ、施錠され窓が少し開いた車内で泣いている女児を発見。母親には再度注意を促したが聞き入れてもらえなかったことから警察に通報した。警察官到着後、両親はその場で事情聴取を受けた」

こうした車内放置はいずれも、まかり間違えば死に至る可能性のある、いわば死と隣り合わせのネグレクト事例である。したがって、「全日遊連」がこれを児童虐待と位置づけ、防止の取り組みを続けていることは評価できるが、一方で保護者の反応をみると、残念ながら自らの行為を虐待・ネグレクトと認識しているとは思えない。車内放置による虐待死を一掃するためには、さらなる努力が必要であるといえよう。

ところで、「短期ネグレクト」には、また違ったパターンがある。たとえば、こんな事例だ。「2014年2月、住宅が全焼。中には1歳から6歳までの合わせて5人のきょうだいがいて、このうち3歳の男の子が意識不明の重体となり、ドクターヘリで搬送されたものの死亡した」というもので、「出火当時、母（26歳）は不在で、子どもたちだけで過ごしていた」という。

保護者が留守中の火事で子どもが死亡するという事件も、残念ながら例年繰り返される事象である。ただし、これらの事件がネグレクト・虐待として取り上げられることは少なく、唯一話題になったのは、2006（平成18）年の暮れ、

第Ⅰ章　2000～2004年（児童虐待防止法制定後の事件）

24歳の母親が、友人とスノーボードをするため出かけた留守中に自宅アパートから出火し、2歳の男児が死亡した事件であろう。このときにはネット上で、母親を非難する意見と、母子家庭で苦労しながら子育てをしてきた母への同情的意見とが交錯していた。

とはいえ、火事でなくとも保護者の留守中に子どもが死亡する事件は、ほかにもある。たとえば、2012年5月、生後1カ月の赤ちゃんと3歳の兄をマンションに残して母親（30歳）がパチンコに出かけ、約7時間後に帰宅してみたら、赤ちゃんが死亡していたといった事件もあった。子ども虐待対応の手引きにも「親がパチンコに熱中したり、買い物をしたりするなどの間、乳幼児等の低年齢の子どもを自動車の中に放置し、熱中症で子どもが死亡したり、誘拐されたり、乳幼児等の低年齢の子どもだけを家に残したために火災で子どもが焼死したりする事件も、ネグレクトという虐待の結果であることに留意すべきである」と述べている。こうした家庭内放置の場合、パチンコ店スタッフが駐車場を巡回するように留守中の家庭を巡回するわけにもいかない。

事件を起こさないためには、これらの事件を詳しく分析、検証するとともに、その危険性に対する社会的な関心をさらに高めていくことが必要であろう。

第Ⅱ章

2005〜2006年
(児童虐待防止法第1次改正後の事件)

わが国の虐待防止制度と重大事例（2）

児童虐待防止法第1次改正

　児童虐待防止法は、制定のときから、すでにその附則で「3年後の見直し」が謳（うた）われていた。それに向け、国においても準備が進められ、2003（平成15）年6月には、社会保障審議会児童部会による「児童虐待の防止等に関する専門委員会」の報告書が出され、「切れ目のない支援」や「家族再統合」など、総合的な対策の必要性が打ち出されていた。

　だが、第1次改正に関しては、こうした対策もさることながら、第1章で示したように、この間に生起した重大事例が大きな影響を及ぼすことになった。その最たるものは「岸和田中学生ネグレクト事件」であろう。本事件は、すでに本文で述べたように、児童虐待防止法第1次改正の議論たけなわだった2004（平成16）年1月、保護者の逮捕によって社会が広く認知することとなり、児童虐待に対して、あらためて大きな関心を集めたのであった。私たちは家庭内の密室における児童虐待の発見の難しさを思い知らされ、わが国の児童虐待通告システムそのものについての見直しを迫られることとなったのである。

　なお、この時期は、厚生労働省も虐待死亡事例について、初めて本格的な調査結果を発表している。すなわち、2004年2月の「児童虐待死亡事例の検証と今後の虐待防止対策について」がそれで、「児童虐待の防止等に関する法律

が施行され、各自治体でも虐待防止に向けた様々な取り組みが行われているところであるが、児童虐待はあとを絶たず、その中には死亡に至る重篤な事例も含まれている。このため、児童虐待防止法施行後の虐待死亡事例についての各自治体における検証・再発防止へむけた取り組みを厚生労働省において整理し、虐待防止に資する対策をとりまとめ」たというのである。

　これらをふまえて児童虐待防止法は改正され、児童虐待を人権を著しく侵害するものと規定したうえで、虐待の定義の見直しを行い、家族再統合への配慮などについてふれ、さらに通告義務の範囲を、「虐待を受けたと思われる児童」へと拡大し、早期発見の努力義務を「児童の福祉に業務上関係のある団体」にも広げることとしたのであった。付け加えれば、新たに条文を起こし、児童虐待の防止等のために必要な事項についての調査研究および検証を行うことを国や地方公共団体にも求めていた。本条の新設をふまえ、国は「社会保障審議会児童部会」のもとに、「児童虐待等要保護事例の検証に関する専門委員会」を発足させ、子ども虐待による死亡事例等についての検証を始めたのであった。

　こうしてみると、児童虐待防止法の第１次改正は、死亡事例を含む重大事例への対応をかなり重視した内容が盛り込まれたものといえよう。

　では、こうした改正を受けて、虐待死は克服できたのか、と問うほどに虐待問題は簡単ではない。それを示したのが、児童虐待防止法第１次改正後に発生した本章の各事例である。

7 18歳女性長期監禁事件
（福岡市 2005 年）

(1) 事件の概要

「福岡市児童虐待防止のための早期発見・支援及び連携のあり方に関する報告書」（以下、報告書）（2006）から抜粋、要約した事件の概要は、以下のとおりである。

被害者は福岡市博多区在住、18歳の女性Aさん。

Aさんの母親は、2005（平成17）年10月28日午後3時30分頃、自宅において、母の留守中にAさんが勝手にテレビを観ていたことに激昂し、Aさんの顔面や背部を数回殴打する暴行を加え、治療約11日間を要する顔面打撲傷などの傷害を負わせた容疑により、同年11月1日、逮捕される。

警察署からの照会により、Aさんの就学状況を確認調査したところ、1994（平成6）年4月8日の小学校入学式を含め、以後18歳になるまで1日も登校していないことが判明した。

母は、傷害罪により罰金10万円の略式命令を受け、保護責任者遺棄罪の立件についてはなされなかった。

なお、本事例は、Aさんが、長期間にわたり、教育を受ける権利や、自由に外出したり社会活動に参加したりする権利を奪われていたもので、このことは、子どもの重大な権利侵害であり、かつ、子どもの心身の健康な発達を阻害する、重度のネグレクトであった。

しかしながら、学校や教育委員会は事件発覚までは不就学児童としてとらえており、長く虐待としての認識はされていなかった。また、児童相談所も、虐待を疑ったものの重度のネグレクトという認識はなかった。そのため、18歳となって今回の事件発覚により保護されるまでは、重度のネグレクト事例としての介入は行われず、Aさんや保護者への支援もなされないまま見過ごされてきた。

(2) 家族の状況

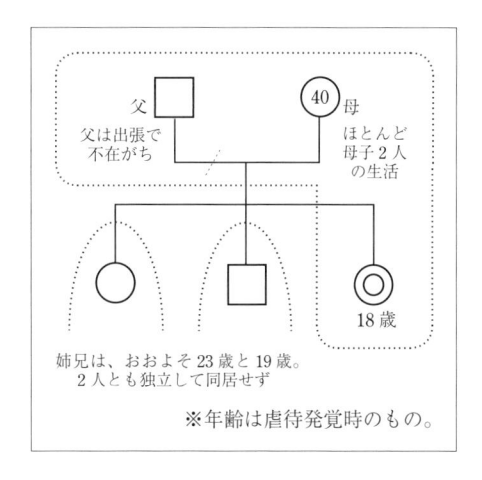

```
          父         40 母
       父は出張で      ほとんど
        不在がち      母子2人
                    の生活

         ○     □     ◎
                    18歳

   姉兄は、おおよそ23歳と19歳。
    2人とも独立して同居せず

         ※年齢は虐待発覚時のもの。
```

(3) 事件の経過

発見・通告の経緯

事件に対する報道や、検証報告書を総合すると、本件が発覚した経緯は、おおむね次のとおりである。

2005年10月28日、Aさんは、テレビを観ないという言いつけを守らなかったことから、母に顔や背中を殴られ、裸足で家を飛び出した。所持金もなく、公園で寝泊まりし、水を飲んで空腹をしのいでいたが、11月1日午後、通行人に助けを求めたことから、警察署が保護した。

この当時のAさんの身長は小学校低学年並みの1m20cm、体重は30kgに満たなかったとのことで、警察が保護した後は検査入院となった。なお、母の暴行による傷害の程度については、報告書が「治療約11日間を要する顔面打撲傷等の傷害」と記しているだけで、報道等では見当たらず、「母親に顔や背中を殴られて」「市内の路上を裸足で歩いていたところ、目の上に切り傷があったことなどから通行人が110番通報して……」(『朝日新聞』2005年12月6日)といった記事がみられた程度である。

また、警察はネグレクトの疑いもあるとみて捜査したが、「養育を完全放棄したとはいえない」と判断して、傷害容疑のみを立件した(『読売新聞』2005年12月6日)。

母親についての報道

事件発覚時に居住していた市営団地に移り住む前のことになるが、母子を見かけた主婦は、「母はビール好きで、飲むと酒癖が悪かった。中洲のクラブで働いても、3、4日でやめた。その後地元のスナックにも勤めたけれど、長くは続かなかった」と話した（『朝日新聞』2005年12月23日）。

「あの子が3歳くらいの頃、団地前の広場で下半身裸で泣いていた。母は『上に2人いるからこの子はいらない』と言っていた」（『朝日新聞』2005年12月23日）。

次は、転居先の団地住民の情報。「姿をほとんど見かけなかった。買い物も団地の集会に参加するのも、町会費を届けるのも全部旦那さん」「その旦那さんは留守がちで、回覧板を回しても、この家で1週間近く止まってしまう」「（母も）引きこもり状態だった」「（Aさんの存在自体を）知らなかった」（『朝日新聞』2005年12月23日）。

1997（平成9）年（Aさんが小4に該当する年齢）に団地の女性がAさんの身体の傷に気づく。「全身につねられたような多数の痣があり、『誰にされたのか』と尋ねると『お母さん』と答えた」（『読売新聞』2005年12月9日）。

「母は姉兄の授業参観や運動会には顔をみせていた」（『読売新聞』2005年12月27日）。

「漢字ドリルを与え、自宅で教えるなどしていた」（『朝日新聞』2005年12月6日）。

実父および兄姉について

実父や兄姉についての報道は、家族図に示した程度の情報以外、ほとんどみられない。

なお、母が捜査当局に説明した内容として、次のような報道があった。「夫の借金の取り立てや、姉や兄の素行や進学などで悩んでいた」（『読売新聞』2005年12月6日）。

第Ⅱ章　2005〜2006年（児童虐待防止法第1次改正後の事件）

事件発覚まで

子ども・家族の動き	関係機関の対応
幼児期	
○「3歳くらいの頃、団地前の広場で下半身裸で泣いていた。母は『上に2人いるからこの子はいらない』と言っていた」（『朝日新聞』2005年12月23日） ○3、4歳の頃、本人だけを柵で囲った場所に残して家族で外出（2005年12月23日『朝日新聞』）。 ○一時、保育所入所。保育生活になじめず中途退所（『毎日新聞』2005年12月7日）。	
1994〜1995年度（小学1〜2年）	
○就学時健康診断や入学説明会欠席。 ○入学式欠席。 ○学校に行かせない理由として、「障がいとそれにともなう症状があるため、学校に行かせることができない」と返事。 ○母は当時小6の姉、小2の兄の授業参観や運動会には参加（『読売新聞』2005年12月27日）。	○学校が家庭訪問をするが、Aさんの状況を把握することはできなかった。 ○小学校長と教頭が家庭訪問をするが、Aさんとの面談はできない状態が続いた。学校は、家庭訪問をしてもAさんと面談できなかったため、民生委員・児童委員に協力を依頼した。 ○学校は繰り返し家庭訪問をするが、Aさんとの面談ができない状態が続いた。障がいの有無については、確認できていない。 ○姉兄の担任は家庭訪問の際、家の中に通されていた（『読売新聞』2005年12月27日）。
1996〜1997年度（小学3〜4年）	
○父は面談の約束を守らないことが多く、面談しても「今のところ、学校には行かせるつもりはない」と返事。 ○母は水商売しているが続かない（『朝日新聞』2005年12月23日）。 ○小4時、それまで住んでいた長屋から市営団地に転居（『朝日新聞』2005年12月23日）。 ○小4時（1997年夏）、団地に住む女性が、Aさんの全身につねられたような多数の痣を発見、痩せ細っていると感じる。Aさんは「母にされた」と発言。	○担任交替により、前年度からの引き継ぎを行うとともに、担任、教頭、教務主任も、繰り返し家庭訪問するが、Aさんとは面談できなかった。学校は父親と面談の日時の約束をする。面談できれば父親に就学を促すが、就学には至らなかった。 ○教育委員会から、保護者宛に児童相談所等の相談窓口も記載した出席督促書を送付した。 ○女性が区役所に「何とかしてほしい」と訴える。ただし、当時の担当課長および係長は「記憶にない」とのことであり、保存期間を過ぎているため通報記録も残っていないという。（『読売新聞』2005年12月9日）

129

	1998～1999年度（小学5～6年）
	○学校は、母とは会えたが、部屋の中には入れない状態が続いた。学校は、民生委員・児童委員、近所の児童などにAさんの所在について尋ねたが、確認はできなかった。 ○2000年2～3月、学校より原級留置や相談窓口についての説明をした。 ○2000年3月31日付けで、小学校長から教育委員会に原級留置の報告書が提出された。
	2000年度（中学1年相当）
	○2001年3月28日、教育委員会から小学校長に出席督促の指導依頼を通知した。同年3月30日、小学校長から教育委員会に原級留置の報告書が提出された。
	2001年度（中学2年相当）
	○2001年9月、教育委員会は、長期の不就学が継続しているので、児童相談所（現、こども総合相談センター）に通告を行い、今後の対応などについて、学校、教育委員会、児童相談所、民生委員・児童委員で協議した。児童相談所の判断としては、学校と親との関係が保たれているようにみえたこと、就学前に虐待の情報がなかったこと、地域でも虐待の事実が把握されていないこと、伝聞にすぎない地域でのAさんの目撃情報などを評価して、虐待のおそれは低いと判断してしまった。この判断にもとづき、児童相談所が直接事例に介入するのではなく、親との関係をもっている小学校が家庭訪問を繰り返し行い、児童相談所と教育委員会が適宜連絡を取り合う方針とした。 ○2002年3月、学校は保護者に対して、来年度が義務教育最後の年になる旨を説明し、登校を促した。
	2002年度（中学3年相当）
○母「本人に障害があるので外に出せない、そっとしておいてほしい」	○学校は、安否や居住等を心配して、交番に調査協力などの相談をするが、事件性が確認できないので難しいとされた。 ○2002年12月、教育委員会と学校とで家庭訪問。 ○児童相談所と連絡協議を行い、子どもの相談窓口として区役所家庭児童相談室があることを母に説明し、教育委員会と児童相談所の双方から、区役所家庭児童相談室に、母から子どもについて相談があった場合の対応を依頼した。 ○児童相談所は、これまでの経過について、保護者が学校に相談できていると評価し、その判断にもとづき、関係者がAさんの安全を現認しないまま虐待の危険性を低いと判断してケースを終結させ、その後は保護者からの相談を待つという対応とした。終結にあたって、児童相談所は、学校や教育委員会に終結の連絡を行わず、民生委員・児童委員に見守りの依頼をするなどの対応も行わなかった。

第Ⅱ章　2005〜2006年（児童虐待防止法第1次改正後の事件）

○母はその都度、「知り合いに預けている」「娘の具合が悪い」などと返答（『読売新聞』2005年12月7日）。	○2003年3月、学校は保護者に電話にて、義務教育年限が終了することについての事前説明をした。 ○教師らは、中学年齢相当の3年間に33回訪問、女性との面会を求める（『読売新聞』2005年12月7日）。
	2003年度
	○4月1日、義務教育年限終了にともない、学齢簿の削除を行った。その後、保護者やAさん本人からの児童相談所や区役所家庭児童相談室への相談はなかった。

※出典の記載がないのは、検証書報告書からの引用。

事件発覚後

2005年11月1日　Aさんが保護されるとともに、Aさんに対する傷害容疑で母が逮捕される。

2005年12月6日　Aさんが義務教育の9年間、1日も登校せず、事実上監禁されていたとの報道がある。

母の発言として、次のような内容の報道がある。

「発育の遅れがあり、外に出しても迷惑をかけると思った」（『朝日新聞』2005年12月6日）

「先天的な発育の障害があると診断されたことがある」（『朝日新聞』2005年12月6日）

「夫の借金の取り立てや、姉や兄の素行や進学などで悩んでいたが、周囲に相談相手がいなかった。次女（Aさん）にストレスをぶつけたかもしれない。もっと早く市に相談していれば」（『読売新聞』2005年12月6日）

市教委は、次のように説明したとの報道。「1994年の小学校入学時から中学校を卒業すべき2003年3月まで、一度も登校しておらず、その間、月1回の頻度で担任や校長、教委職員らが訪問したが、両親と玄関口で話すだけで、Aさんには面会できなかった」「義務教育期間終了後、市教委から、市子ども総合相談センターに引き継いだ」[1]（『朝日新聞』2005年12月6日）

文部科学省は、6日、福岡市教委から事情聴取（『読売新聞』2005年12月7日）。

---

[1] 報告書によれば、児童相談所は、Aさんの中学2年相当年齢時に通告を受け、義務教育期間終了時点では相談を終結させていたと思われる。

市教委は、7日、小中学校にまったく登校していない「不就学」の児童・生徒の現況について再調査を行うことを決定（『読売新聞』2005年12月8日）。
　9日の福岡市議会で、市教育長が、当時の市教委の対応について「学校と連携し、努力したが、結果として就学に結びつかず、子どもの姿すら確認できなかったことは誠に遺憾」と述べる（『朝日新聞』2005年12月10日）。
　福岡県議会で、県教育長は「13日に各市町村教委に対して、不登校などで連絡がとれない児童・生徒の状況を的確に把握するよう通知を出した」ことを明らかにした（『読売新聞』2005年12月14日）。
　市教委は15日、市立小中学校に入学後まったく登校していない児童生徒40人のうち、家庭訪問しても会えない子どもが5人いることを明らかにし、5人については、13日に市子ども総合相談センターに通告したと説明（『読売新聞』2005年12月16日）。
　NPO法人「ふくおかこどもの虐待防止センター」が、市教委に対して検証を求める要望書を提出（『読売新聞』2005年12月17日）。
　厚生労働省は、市に対して2006年1月18日、「（Aさんは）すでに18歳になっており、児童福祉施設への入所は不可能」と回答（『読売新聞』2006年1月19日）。
　2006年1月19日、厚生労働省「社会保障審議会児童部会児童虐待等要保護事例の検証に関する専門委員会」委員4人が厚生労働省職員2人とともに現地に出向き、この日開かれた第1回「福岡市児童虐待防止のための早期発見・支援及び連携のあり方に関する検討委員会」に参加して聞き取り調査を実施（『読売新聞』2006年1月20日）。
　2006年3月、厚生労働省「社会保障審議会児童部会児童虐待等要保護事例の検証に関する専門委員会」が報告した「子ども虐待による死亡事例等の検証結果等について」（第2次報告）において、本事例についてのヒアリング調査にもとづく結果と提言がなされる。
　2006年4月7日、「福岡市児童虐待防止のための早期発見・支援及び連携のあり方に関する検討委員会」が、市と市教委に対して、報告書を提出。

(4) 事件へのコメント

　●は関係機関および厚生労働省の発言、●は識者および議員のコメント、発

第Ⅱ章　2005〜2006年（児童虐待防止法第1次改正後の事件）

言である。

事件発覚当初のコメント

●市教委指導第2部長

「必要な措置は取ってきたつもりだ。結果的にこうした事態になり、大変残念だ」（『朝日新聞』2005年12月6日）、「法的な範囲内で最大限の対応をしたと考えているが、もっと早く何とかできなかったのかという思いはある」（『読売新聞』2005年12月6日）

●市教委学事課長

「もっと早い段階でセンターと協議していれば違う結果になったかもしれない」（『読売新聞』2005年12月6日）

●市子ども総合相談センター所長

「何か情報があれば、という待ちの姿勢だった。女性に誰も面会したことがなかったのを重視して、虐待などの状況を想定したうえで積極的に対処すべきだった」（『朝日新聞』2005年12月6日）

●尾木直樹（教育評論家、法政大学教授）

「子どもに会わせてほしいと説得して断られた福岡市教委には、ほかにとる手立てがなかったのか。重要なのは親とともに問題を解決しようという認識。そういう広い意味での『指導』をするのが教育関係者の役割であり、その責任を放棄した市教委は機能不全に陥っていると言っても過言ではない」（『朝日新聞』2005年12月6日）

●大谷辰雄日弁連子どもの権利委員会副委員長（福岡弁護士会）

「Aさんが一番の犠牲者であることはもちろんだが、母もかわいそうな立場にあると思う。母にアドバイスできる人はいなかったのか、支えてあげられる人はいなかったのか。それができるのは1つは行政であり、子どもに会うことより、まずは母の気持ちを聞いてあげることが大切だったのではないか。校長らが月に1回ほど家庭訪問していたというが、アリバイ作りのためとしか思えない。対応が難しい場合でも、相談センターなどともっと協力を密にしていれば、大きな問題にならなかったと思う。似たようなケースがほかにもある可能性があり、対策をきちんと考えていく必要がある」（『朝日新聞』2005年12月6日）

児童相談所の立入調査について
● 市子ども総合相談センター担当者

「虐待の可能性を考えて調査すべきだった」が、「当時は法施行から間もなく、虐待情報がないまま立入調査をすることはほとんど想定されていなかった」(『朝日新聞』2005年12月10日)

● 厚生労働省虐待防止対策室

「立ち入り調査を積極的に検討するようになったのは、03年11月に大阪府岸和田で中学3年の男子生徒が両親から虐待を受け、餓死寸前で見つかった事件[2]以降であり、今回は難しい事例で、立入調査の是非を含めて詳しく調査する必要がある」(『朝日新聞』2005年12月10日)

福岡市議会
● 高山博光（平成会議員）

「2000年11月の児童虐待防止法改正で児童相談所の立入調査権が認められながら、実行されなかった問題を指摘」して「(法改正後も含め)9年間も放置したのは、教育の怠慢と言わざるをえない」と批判(『読売新聞』2005年12月14日)。

● 市教育長

「(当時の市教委の対応について)学校と連携し、努力したが、結果として就学に結びつかず、子どもの姿すら確認できなかったことはきわめて残念」(『朝日新聞』2005年12月10日)、「言い訳になるが」「母がドリルを買って教育し、食事も与えている中で、立入調査はできなかった」「子どもにとって何が一番よいのか、第三者が判断できるシステムが必要」「市教委として責任を感じている」としたうえで、「現在の児童虐待防止法は万全でなく、法改正を求めていきたい」(『読売新聞』2005年12月14日)

ネグレクトについて
● 才村純（日本子ども家庭総合研究所）

「外出を許さず、学校に通わせなかったことは、もちろんネグレクト(育児放棄)にあたります。親から関心をもたれていないと感じていれば、子どもは

---

[2] 第Ⅰ章5を参照のこと。

第Ⅱ章　2005〜2006年（児童虐待防止法第1次改正後の事件）

深く傷ついているでしょう」（『朝日新聞』2005年12月23日）

不登校について
●市教委指導第2部長
「不登校児の親は激しく、少女の母親はソフトだったため、対応に差が出た。学校任せにして、時間だけが過ぎてしまったことを反省している」「ふすま1枚向こうに少女がいたのなら、何とかできなかったのかとも悔やまれる。病院に診せていないことを育児放棄と受けとめれば、対策がとれていたかもしれない」（『読売新聞』2005年12月27日）
●尾木直樹
「市教委が別の不登校児の対応に追われたというのなら、早い段階で福祉事務所や児童相談所と連携をとるべきだった。学校に問題をかかえ込ませ、他機関との連携をとらなかったことが最大のミスだ」（『読売新聞』2005年12月27日）

18歳以上の児童福祉の措置
●厚生労働省
「今回はきわめて特殊なケースだが、児童福祉法の『児童』には該当せず、すでに入所していた児童とは違うため、入所はできない」（『読売新聞』2006年1月19日）
●市子ども総合相談センター所長
「きめ細かいケアができる児童福祉施設を想定していたため残念。今後、関係機関と協議し最善の方法を考えたい」（『読売新聞』2006年1月19日）
●尾木直樹
「少女は集団生活を経験しておらず、社会性を段階的に身に着ける必要があり、2年程度は児童福祉施設での生活が望ましい。行政の問題で少女が義務教育を受けられなかったという前提を無視した杓子定規な判断だ。選挙権が20歳からであるように、児童の定義自体が曖昧なのだから、国も現場の意見を尊重して柔軟に対応すべきだ」（『読売新聞』2006年1月19日）

事件に関する文献
本事件については、「福岡市児童虐待防止のための早期発見・支援及び連携

のあり方に関する検討委員会」が報告書をまとめるとともに、厚生労働省「社会保障審議会児童部会児童虐待等要保護事例の検証に関する専門委員会」（第2次報告）でもふれられているので、特徴点などを簡潔に述べる。

福岡市の報告書について

NPO法人「ふくおかこどもの虐待防止センター」が市教委に対して検証を求める要望書を提出しており、市民的関心が高かったことがうかがわれる。また、本検討委員会は、「福岡市及び教育委員会合同の検討委員会」として行われた点でも特徴的であるといえよう。報告書は、「虐待との関連では危機意識が薄かった不就学児童、長期欠席や不登校児童生徒についての問題意識を教育委員会・学校とこども総合相談センターが共有できたことは、大きな成果」であると述べている。

報告書は、学校、教育委員会の対応に関して、「平成12年の児童虐待防止法施行以前は、児童虐待についての理解や認識は、学校を始め社会全体にも広がっておらず、児童虐待を疑い児童相談所に通告するという発想は乏しかった」と述べているが、本事例の検討を行うに際しては、こうした時代背景をふまえておく必要があるだろう。本件が発覚した時期は、法律的にも児童福祉法が改正されて要保護児童対策地域協議会の設置が可能となるなど大きな変化が続いており、福岡市においても、「子どもに関するさまざまな相談に総合的に対応するため、児童相談所、青少年相談センター、および教育相談部門を統合し、2003年5月にこども総合相談センターを設置した。2005年4月には各区保健福祉センターにこども相談係を設置し、市民に身近な子ども相談体制の整備を行った」時期であった。

なお、児童相談所の対応に関して、報告書は「関係者が誰も姿を見ておらず安全が確認できていないという事実について重大視せず、目視確認が行われなかったことが要因としてあげられる」と述べているが、こうした反省は、その後の児童相談所の安全確認のあり方などに影響を与えたものといえよう。

ところで、報告書の「おわりに」において、本事件発覚後の対応として、「この女性がすでに18歳に達していたことで、児童福祉法による措置という形の支援の対象にならないという点が、議論となった。虐待を受けた18歳や19歳の未成年者に対する保護や支援策についての制度的な課題が残されている」と提起している点は、注目してよいであろう。

厚生労働省「子ども虐待による死亡事例等の検証結果等について」(第2次報告)
　国の専門委員会による「第2次報告」は、本事例についてヒアリングを行い、その結果をふまえ、本事件であると特定こそしていないが、次のように指摘している。
　「本事例は、支援機関の誰もが本事例の状態に関して、直接確認をすることができないまま、成長発達にとって重要な時期に10年以上も子どもの権利を守る有効な対策がなされず、そのために本児に重大な心身の影響がもたらされたものである。『危機感』があったという発言はあるが、8年の長きにわたって1つの機関がかかえ込み、同じことを繰り返し、戦略的危機介入がなされていないことが、本児への重大な権利侵害に結びついたことを重く考える必要がある」
　そのうえで、教育現場における子ども虐待(ネグレクト)への理解不足や、校内で統合された事例分析が行われなかったこと、児童相談所における子ども虐待への組織対応力の不足などを述べるとともに、「18歳を超えた者への援助」という項目を立て、「今回のケースは、18歳を超えた時点で保護されたため児童福祉法上の措置が適用されない。また、他法による福祉の措置では、本事例のニーズに応じた適切な援助を行うことが困難である。児童福祉法上の措置の特例について制度面も含め検討することが望ましい」との提言を出している。

(5) 事件がもたらした影響

　本事例で課題とされた「18歳を超えた者への援助」については、その後の児童福祉法改正(2008〔平成20〕年改正)において、「第27条第7項の措置に係る者」「児童自立生活援助の実施に係る見直し」が行われ、「第27条第7項の措置に係る者」を「第25条の7第1項第3号に規定する児童自立生活援助の実施に係る義務教育終了児童等(義務教育を終了した児童又は児童以外の満20に満たない者であって、第27条第1項第3号に規定する措置のうち政令で定めるものを解除されたものその他政令で定めるものをいう。以下同じ。)」に改めている(下線筆者、以下同じ)。

※改正前の第27条第7項
　都道府県は、義務教育を終了した児童であって、第1項第3号に規定する措置のうち政令で定めるものを解除されたものその他政令で定めるものについて、当該児童の自立を図るため、政令で定める基準に従い、これらの者が共同生活を営むべき住居において相談その他の日常生活上の援助および生活指導並びに就業の支援を行い、又は当該都道府県以外の者に当該住居において当該日常生活上の援助および生活指導並びに就業の支援を行うことを委託する措置を採ることができる。

文献

社会保障審議会児童部会・児童虐待等要保護事例の検証に関する専門委員 (2006)「子ども虐待による死亡事例等の検証結果等について——社会保障審議会児童部会児童虐待等要保護事例の検証に関する専門委員会第2次報告」
福岡市児童虐待防止のための早期発見・支援及び連携のあり方に関する検討委員会 (2006)「福岡市児童虐待防止のための早期発見・支援及び連携のあり方に関する報告書」

8 渋川市3歳男児虐待死事件
（群馬県 2006 年）

(1) 事件の概要

　神奈川県の児童養護施設に入所中だった3歳の男児K君が、2005（平成17）年12月、群馬県内に住む実父と実母のもとに1週間の予定で一時帰宅した。施設に戻る予定だった前日、父から電話で期間延長の要請があり、児童相談所はやむをえず了承した。しかし、期間延長後に予定されていた帰園日を過ぎても父母はK君を帰園させず、2006（平成18）年2月、K君は父母から暴行を受けて死亡した。死亡当日、父母は自宅において約1時間K君に対して素手やモップの柄で殴打した後、K君が謝り、許しを求めたにもかかわらず、さらに冷水を貯めた浴槽に約2時間にわたり正座させた。その後、K君の異変に気づいた父が119番通報して緊急搬送されたが、全身打撲による外傷性ショックによりK君は死亡した。父母は傷害致死の疑いで逮捕された。父母は、一時帰宅当初はK君に対して口頭で注意していたが、思うようにならないことから暴力をエスカレートさせ、1月中旬頃よりおもちゃやモップの柄で殴打するようになり、2月に入り暴行を複数回にわたり加え、食事を減らすなどの虐待を行っていた。

(2) 家族の状況

K君（3歳）：児童養護施設入所中
父（25歳）：無職
母（28歳）：無職

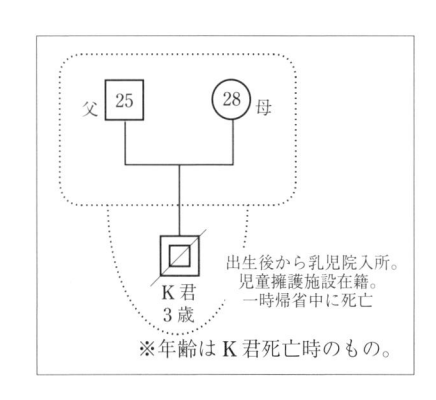

出生後から乳児院入所。
児童擁護施設在籍。
一時帰省中に死亡

※年齢はK君死亡時のもの。

(3) 事件の経過

事件に至るまでの経過（「施設入所児童の支援に関する検証委員会」報告書から抜粋、要約）

2002（平成14）年9月13日、父と母が生活困窮のために本児を育てられないと、K君を出産した病院に相談し、同病院から神奈川県厚木児童相談所に連絡が入る。

9月20日に、K君は乳児院入所となる。

その後の10月、父母は大阪府A市に転居。さらに、10日あまりで同じ大阪府内のB市に転居する。

2003（平成15）年12月24日、父母が面会のために乳児院に来園。このとき、乳児院の支援内容について苦情を述べ立てる。

2004（平成16）年9月、K君は乳児院から児童養護施設に措置変更される。

2005年8月、父母は児童養護施設を訪問。K君と面会するが、その際に家庭引き取りの希望が出される。これを受けて児童相談所は、今後の3カ月程度で家庭引き取りに向けた取り組みを行うことを決定している。

2005年10月に父母は群馬県D市に転居。しかし、転居して10日あまりで渋川市に転居する。D市に転居する前、父はK君の住民票をD市に移すための代行手続きを児童相談所に要請。児童相談所はこれを認め、転出手続きを代行する。しかし、渋川市への転居については、父母から連絡がなかったため、児童相談所はK君が死亡するまで住所を把握していなかった。

12月上旬に、児童相談所から父母に電話連絡し、家庭引き取りに向けた説明を行う。父母から、「年末に外泊させ、そのまま引き取りたい」との希望が出されるが、児童相談所は、段階を踏む必要があることを説明し、父もこれを了承する。

12月21日から一時帰宅実施。母が迎えにきて、12月28日までの予定で一時帰宅。

12月23日に父から児童養護施設に電話があり、施設での生活の様子を確認してくる（食事の様子や、便は普段のような感じであるかなどを尋ねる）。

施設に戻る日を確認するため、12月27日に児童相談所が父に電話すると、一時帰宅延長の希望が出されたため、これを認める。

2006年1月4日、児童相談所が父に電話すると、一時帰宅を1月25日まで

第Ⅱ章　2005〜2006年（児童虐待防止法第1次改正後の事件）

延長してほしいと要望される。これに対して担当者は、帰園する日が決まり次第連絡を入れるよう指示している。しかし、この日を境にして、父母との連絡がいっさいとれなくなる。

　2006年2月7日、父母による虐待でK君が死亡する。

　K君が死亡に至るまでの経過を、新聞は次のように伝えている（『朝日新聞』2006年2月20日朝刊・社会面からの要約）。

　「父母は生活に困ってK君を施設に預けたが、母に親の遺産（約800万円）が入り、生活のめどがついたことで、K君の引き取りを決意する。

　2005年10月に渋川市に転入。家賃が月7万円ほどのアパートに居住する。母はイラストレーターの仕事をしていたが、父は定職に就いていない。生活費が足りず、貯金を崩しながらの生活だったという。

　父母が施設に面会に訪れたのは3回のみだったが、一時帰宅の時にはK君も喜んでおり、児童相談所職員の目にも、関係はよさそうに映っている。また、渋川市に来た当初は、親子3人で楽しそうに出歩く姿が目撃されている。

　しかし、年が明けてからすぐ、頻繁に泣き声が聞かれるようになり、1日中カーテンが閉め切られ、外出もまれになっていった。

　児童相談所から、外泊期限が過ぎたことを電話で伝えられても、忙しいことを理由に応じず、今回の事件へと至ることになる」

事件発覚後の捜査、起訴までの経過（新聞記事からの抜粋、要約）

　2006年2月7日夜に、父母からの119番通報を受けて救急隊員が駆けつけたときには、K君の意識はすでになく、間もなく死亡が確認された。群馬県警渋川署は、2月8日に父と母を傷害容疑で逮捕。翌日には殺人容疑に切り替えて送検した。冬場に冷水を張った浴槽に正座させたまま2時間も放置したのは、「死んでもかまわない」という未必の故意に当たると判断したもの。

　父母は警察の調べに対し、「引き取ったのになつかないから、やった」「しつけのつもりだった」と供述している。

　2月28日、前橋地検は、父母を傷害致死罪で前橋地裁に起訴。

　起訴状によると、2月7日の午後8時頃から9時頃にかけて、自宅で「態度が気に入らない」としてK君の頭、腹などを平手や金属モップの柄で多数回殴打。服を脱がして冷水を満たした浴槽に正座させて2時間放置し、午後11時40分頃、全身打撃による外傷性ショック死で死なせた、とされる。

公判の経過

初公判

2006年4月25日に初公判があり、父母ともに起訴事実を認めた。

検察側冒頭陳述は、虐待の経緯を次のように明らかにしている。

父母は2005年12月下旬に、K君を一時帰宅で引き取り、「そのまま一緒に生活したい」と自宅に留め置いた。2006年1月上旬から、食べ物をこぼす、おねしょを告げなかったなどの理由で、「しつけ」と称して暴力をふるい、その後はK君が謝るまで足蹴りを加えるようになった。

2月に入ると、「思いどおりに育たず邪魔だ」との思いから、金属製のモップの柄で殴るなどの虐待を繰り返し、1日に1食か2食しか与えず、暖房のない廊下で毛布1枚だけで寝かせた。

2月7日、母が外出するときにK君が横目で手を振ってきたのを、「いやな目つきで見ている」と考え、父に殴るように依頼する。父は、「また困らせている」などと激しい暴行を加え、母も暴行に加わった。K君が謝っても虐待を続け、「お水いやだー」と抵抗されたが、裸にして水風呂に正座させ、約2時間放置した。

第2回公判

6月13日の第2回公判。被告人質問で父と母は、自分たちも幼少時に「親から虐待されていた」と述べている。また父は、「K君と一緒に暮らすのが念願だった」と述べ、母も「あたたかい家庭を作ろうと思っていた」と、自分たちのいだいていた思いを述べている。

結果的に虐待に至ってしまったことについては、「しつけと思い込み、正当化した」「いい子に、といらだち、焦った」などと弁明している。

これに対して検察官は、K君を水風呂に放置したまま、パソコンゲームの準備やインターネットに熱中していたとして、両被告を非難している。

論告求刑公判

6月22日の公判で、検察側は父に懲役13年、母に懲役12年をそれぞれ求刑した。

論告によると、K君の全身には多数の皮下出血などが広がり、頭のなかにまで損傷があった。水風呂で正座させられたため、凍死と同じ症状も示していたという。検察側は、「残虐性、悪質性は筆舌に尽くしがたい」と非難している。また、父母が自分たちの行為をしつけだったと正当化しようとしていると指摘

し、K君への「責任転嫁でとうてい容認できない」と主張している。

これに対して弁護側は、最終弁論で、両被告が親に虐待されたことが背景にあり、反省の態度を示しているとして情状酌量を求めた。

判決公判

7月27日の判決公判で、父に懲役7年、母に懲役6年6カ月が言い渡された。

判決を受けて前橋地検は、求刑に対しての量刑判断が軽いことを不服として控訴する。

控訴審判決

12月1日の東京高裁は控訴審判決で、一審の前橋地裁判決を支持し、検察側の控訴を棄却する。

控訴審で検察側は、「子育てに努力したが苦悩した事案とは異なる。預かった他人の子を虐待して殺人行為に及んだに等しい」と主張している。

これに対し、判決では「やっとの思いで引き取った喜びを憎しみへと変化させた背景には、周囲と交流のない閉鎖的環境という不幸な事情が重なった面がある」と指摘し、「両被告の非難のみに終始することに躊躇を感ずる」としている。また、傷害致死罪の有期懲役を引き上げた法改正の趣旨を反映させていないという検察側の主張も退け、「原判決の量刑が軽きに失して不当だとはいえない」と結論づけている。

(4) 事件へのコメント

この事件に関しては、まず児童相談所の対応が問題視され、次に裁判経過のなかで、量刑判断に注目が集まった。

児童相談所の対応

事件は渋川市で発生しているが、K君は神奈川県厚木児童相談所の措置により児童養護施設在籍中のため、厚木児童相談所が対応していた。

児童相談所の対応について、『読売新聞』(2006年2月10日朝刊) は、両親の渋川市内への転居が把握されておらず調査が遅れたことや、群馬県の児童相談所に調査・確認の協力依頼をしていなかったことなどを取り上げている。

2月14日には、神奈川県知事が定例会見で、「十分な対応ができていなかっ

た。県にも責任の一端はある」と述べ、陳謝している（『読売新聞』2006年2月15日朝刊）。

父母が引き取った当初は、親子関係も良好そうにみえたのに、その後に親子関係が悪化していったことについて、あるベテラン児童福祉司（匿名）の発言が紹介されている。

「3年間の空白で子どもの発達段階もわからず、不安や焦り、ストレスをため、袋小路に陥ったのでは」「周囲に親類や知人がいて、第三者のアドバイスや支援が届きやすい環境下だったら、違う結果になっていたかもしれない。虐待死を防ぐ手立てがなかったのか、児童相談所だけでなく、医師、保健師らも協力して再検証すべきだ」（『読売新聞』2006年3月2日朝刊）

第三者の有識者による検討委員会が検証結果をまとめて県に提出。報告書のなかでは、児童相談所が一時帰宅を認めた判断を、「両親の生活状況の把握など、客観的な情報収集が不十分で判断が主観的だった」とし、父母と連絡がとれなくなった状況に対して、「子どもに危険な事態が生じているかもしれないという認識をもち、緊急に対応する必要があった」と結論づけている（『読売新聞』2006年6月8日朝刊）。

判決が確定した後の12月22日の『朝日新聞』には、「忙殺される児童福祉司」と題して、児童相談所の対応が遅れた背景には児童福祉司の多忙さがあることにふれて、担当者も「何とかしなければと思いながらほかの仕事に忙殺された」と悔やむ様子が紹介されている。

その日の同じ紙面には、才村純（日本子ども家庭総合研究所）の、「ちょっとしたボタンの掛け違いが、虐待にエスカレートしかねない」「虐待を未然に防ぐためには子育てを孤立させないことが必要」との話が紹介されている。

量刑判断

県警は当初、父と母を傷害容疑で逮捕したが、送検段階では殺人容疑に切り替えていた。しかし、前橋地検は、傷害致死罪で起訴している。ただし、こういった経緯をふまえたためか、論告求刑公判では父に懲役13年、母に懲役12年を求刑している。一連の虐待行為の残虐性や悪質性、虐待を正当化しようとする態度、施設関係者などから厳罰を求める声があることなどを論拠としている。

しかし、前橋地裁の一審判決は、求刑を大幅に下回る判決となった。

第Ⅱ章　2005～2006年（児童虐待防止法第1次改正後の事件）

この判決への反響を、翌日の新聞（『朝日新聞』2006年7月28日朝刊）では、乳児院で本児を担当していた女性の声（「こんなに軽いとは、と驚いた。悔しいし、悲しい」）として紹介している。

検察庁は、判決を量刑不当として控訴している。しかし、控訴審においても、検察側控訴は棄却された。

虐待事件の求刑や判決が重罰化する傾向にあることに、岩城正光（子どもの虐待防止ネットワーク・あいち弁護士）は疑問を投げかける。岩城弁護士は、「両親に重い刑事責任があるのは当然」としつつも、「見せしめとしての重罰化」を懸念し、「裁判で心理、精神鑑定をして、虐待が起きるメカニズムの解明こそが再発防止につながる」との意見を述べている（『朝日新聞』2006年12月1日朝刊）。

事件に関する文献

事件に関する文献としては、検証委員会の報告書（「施設入所児童の支援に関する検証委員会」報告書）がある。

検証委員会は、2006年3月2日に第1回が開催され、その後5月23日までに計6回開催されている。

この報告書では、「本事例から得られた検証結果」とともに、親子分離ケース全般の、また一般的な相談対応でのポイントや、児童相談所や施設の体制についても述べている。

本事例から得られた検証結果

ここでは時系列に沿いながら、援助方針会議での判断、一時帰宅実施に関する判断、期間延長の連絡があった時点での判断、親との連絡がとれなくなったときの対応、地元との協力体制の5点をあげて検討している。

①援助方針会議での判断
・入所前後の情報、保護者情報、施設の所見などをふまえて総合的に検討し、判断する必要があったのに、こういった情報が十分に報告されていない。
・3カ月をめどに、家庭引き取りに向けた取り組みを行っていくことについて、担当者は組織としての了解を得たとの認識であったが、管理職はそのようには認識してはおらず、具体的な取り組みについては、その都度の検討が必要であった。
・家庭復帰についての具体的なプロセスの確認と家族評価のポイントを整理

しておく必要がある。

②一時帰宅実施に関する判断
- 実際に養育した経験のない父母のもとへ一時帰宅させるのだから、里親委託と同様に、面会、外出、外泊を段階的に行う必要があった。
- 父母の生活状況の把握が不十分。群馬県への転居後に面会に来るように指導し、父母の生活状況を把握すべきであった。
- 子どもの立場での一時帰宅のプログラムを作成する視点が、児童相談所も施設も不足していた。事前に帰宅先の環境について把握されていれば、一時帰宅が実施されなかった可能性もあり、児童相談所と施設の役割・連携について確認する必要がある。

③一時帰宅の延長連絡
- 期間延長の申し出は、当初の契約破棄であり、親にとっては都合の悪い事態、子どもにとっては危険な事態が生じているかもしれないとの視点から、毅然とした態度で臨む必要があった。
- 担当者と保護者の「信頼関係」にとらわれない、組織としての客観的なルールを作る必要がある。

④連絡がとれなくなったときの対応
- 親との連絡がとれないということは、親が何かを隠している、子どもに危険が生じている可能性があるという認識をもって緊急に対応する必要があった。

⑤地元との協力体制
- 一時帰宅の判断をする前に、地域の児童相談所に連絡して、家庭訪問などの依頼を行うべき。

親子分離ケースへの対応
- 再統合に向けた基本的手順を検討しておく。
- 虐待ケースか否かで対応が分かれてしまいがちだが、「子どものリスク」に視点を置いた対応をとる。出生直後に入所したケースなど、これまでの生活歴で親子関係がない場合にはハイリスクケースとしてとらえるべきである。
- 心理職員などを活用し、適切なアセスメントを行う。
- 家族再統合プロセスでは、親や子どもの様子などについての情報を関係者が共有し、親に提示する課題についても十分に検討する。

・引き取り後の支援を明確にするため、保護者に具体的なプランを提示していく。
・一時帰宅が遠隔地になる場合は、地元の児童相談所と協力・連携する。

児童相談所等の体制

児童相談所や施設の体制を充実・改善するために10項目の提言がなされている。

①チームアプローチの推進とそれを可能とするスタッフ配置。
②児童福祉司担当ケース数の軽減。
③スーパーバイズ機能の充実。
④重篤なケースに対応するチームの設置検討。
⑤効率的な議論ができるような援助方針会議の運営方法の見直し。
⑥ケース管理のデジタル化。
⑦自立支援計画立案での協働体制の強化。
⑧市町村・施設との連携を主として担う職員の配置。
⑨職員の研修体制の充実。
⑩施設数や入所児童定員数不足への対応。

(5) 事件がもたらした影響

この事件を受けて県は、「業務上の瑕疵があった」として厚木児童相談所の職員など計8人に対する処分を発表した。処分理由として、一時帰宅の是非を会議で判断すべきであったのに、職員個人の判断で認め実施したことで、重大な結果につながった、などと説明している（『朝日新聞』2006年9月13日）。

文献
施設入所児童の支援に関する検証委員会（2006）「『施設入所児童の支援に関する検証委員会』報告書」

9 藤里町児童連続殺害事件
（秋田県 2006 年）

(1) 事件の概要

　2006（平成18）年4月、秋田県山本郡藤里町で小学4年生の女児Aちゃんの水死体が発見された。当初、県警は事故死と判断していたところ、翌5月、本児宅の2軒隣の小学1年生男児G君が絞殺遺体で発見された。
　1カ月の間に2人の子どもが亡くなり、周囲が不安をいだくなか、県警は捜査を開始し、6月にAちゃんの実母を容疑者として逮捕した。
　県警は、G君の遺体発見後から、母の自宅付近に警察車両を駐車するなどしたため、マスコミが押し寄せメディアスクラムが起こった。逮捕前から母を犯人視する記事が週刊誌に載るなど、メディアのあり方も問われる事態となった。
　母は、G君の殺害は認めたものの、娘であるAちゃんの殺害についての供述は二転三転した。母自身の言動やG君殺害の動機は、周囲からは不可解なものとしてとらえられ、不安や憤りを生んだ。また母の育児に対して、虐待が疑われていたなどの記事もみられた。
　母は、Aちゃんの殺害については最後まで否認したが、第一審・控訴審ともにAちゃんへの「殺意」を認め、無期懲役判決が下された。

（2）家族の状況

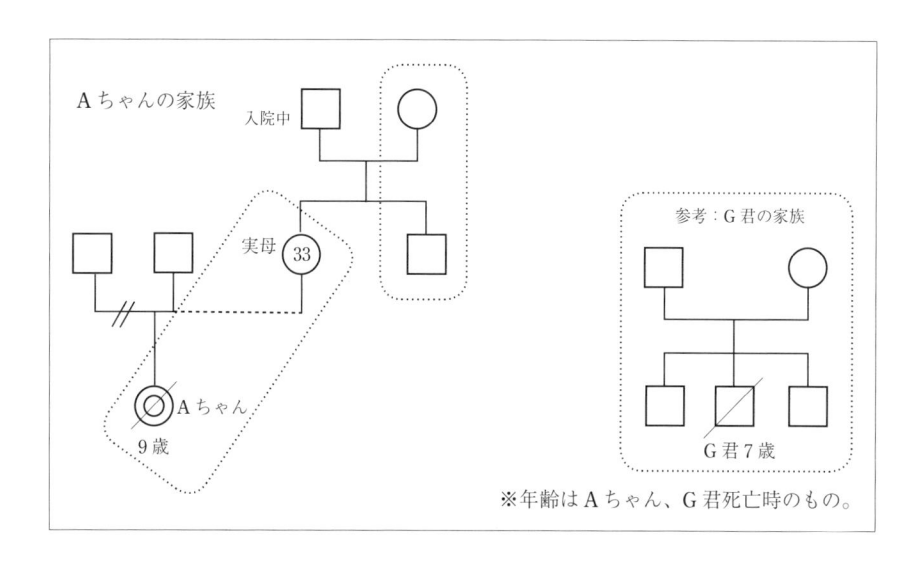

Aちゃんの家族

参考：G君の家族

※年齢はAちゃん、G君死亡時のもの。

（3）事件の経過

事件1：Aちゃんの水死

　2006年4月9日午後7時半頃、秋田県山本郡藤里町に住むAちゃん（9歳）の母から、長女のAちゃんが「友だちの家に遊びにいってくると言って、午後4時に出かけたまま帰宅しない」と能代署に110番通報があり、県警や消防のほか、保護者や教員ら総勢100人が、山林や河川敷などを捜索した。翌10日午後1時半頃、県の防災ヘリコプターが、藤琴川の浅瀬で、頭を上流に向けて横向きに倒れているAちゃんの遺体を見つけた。検視では死因を特定できず、同日夕方、県警は転落場所を特定するため、警察犬を使ってAちゃん自宅付近の藤琴川を調べ、周辺道路における検問により目撃情報を収集した。11日に秋田大学医学部で行われた司法解剖の結果、死因は水死と判明した。県警は、付近に大人の足跡や争った形跡がないことから、Aちゃんは川原で1人で遊んでいるうちに、足を滑らせ、川に落ちて流されたと判断し、事故死として捜査を打ち切った。

事件2：G君殺害事件

　同年5月17日午後6時半頃、同じく秋田県山本郡藤里町に住むG君（7歳）が「学校から帰らない」と、父親から110番通報があった。Aちゃんのときと同様、県警や消防団、PTA関係者など総勢110人が、自宅周辺や川沿いなどを捜索した。翌18日午後3時過ぎ、川沿いをジョギングしていた男性が、川岸から数メートル離れた草むらに仰向けになって倒れているG君の遺体を発見した。G君は、17日午後3時過ぎに自宅近くで友だちと別れた後、消息を絶っていた。司法解剖の結果、首を絞められたことによる窒息死の可能性が高く、県警は殺人・死体遺棄事件として、19日未明、能代署に捜査本部を設立した。

　捜査本部は、G君の遺体に争った形跡がなく、自宅付近で不審な人物を見かけたという情報もないことから、現場の地理に精通した者による犯行との見方を強め、容疑者の絞り込みを進めた。さらに県警は、G君の事件の発生を受け、いったん打ち切ったAちゃんについての捜査を再開し、2つの事件の共通点や相違点の洗い直しを始めた。

　県警は、捜査本部を設置して以降、23日までの5日間に延べ532人の捜査員を投入し、G君の死体遺棄現場周辺での聞き込みや車両の検問を行い、不審車両などの情報分析や確認を行った。また、G君の遺体には家族以外の複数の毛髪が付着しており、DNA鑑定などにより捜査を進めた。

　一方、公にはされなかったが、県警は、G君が行方不明になった5月17日の午後9時半頃、Aちゃんの母の自宅を訪れ、当日の行動などを聞いていた。捜査員は入れ代わり立ち代わり、常時3人、18日未明まで4時間以上"事情聴取"を続けたという。同日午前から、警察は「被害者対策の一環」として、母が身を寄せていた実家付近に警察車両を待機させた。このような警察の動きに連動し、翌19日からは、母の実家に報道陣が集まり始め、その数は100人近くになったという。

逮捕1：G君殺害事件

　同年6月4日夜、Aちゃんの母が、G君の死体遺棄容疑で逮捕された。4日午前6時頃、母の実家周辺には捜査員や警察車両が集結し、捜査員3人が呼び鈴を押して家に入った。母は捜査員の求めに素直に応じ、家族の運転する車に乗り込んで捜査本部のある能代署へ向かった。午前7時頃、男性署員に誘導され署内に入った母に、任意による事情聴取が始まった。同じ頃、母の自宅およ

第Ⅱ章　2005～2006年（児童虐待防止法第1次改正後の事件）

び実家には捜査員が入り、午後9時過ぎまで70人態勢による捜査および鑑定作業が続き、母の所有する車内の指紋採取、自宅玄関の足跡採取などが行われた。G君の遺体に付着していた毛髪のDNAが母のものと一致し、県警は状況証拠や物証が整いつつあると判断し、逮捕に踏み切ったという。そして、G君の殺害容疑、Aちゃん水死事件の際の警察への母の抗議・不満とG君事件との関係などについても調べる方針を立てた。

　翌5日、母はG君の死体遺棄容疑で秋田地検に送検された。その後母は、G君の殺害をほのめかし、死体遺棄について詳細な供述を始めたことがわかった。しかし、G君殺害との関連についての話に及ぶと「横にならせてほしい」「薬を飲ませて」などと発言し、事情聴取はたびたび中断し、具体的な供述はされなかったという。

　9日、接見した弁護士2人が記者会見を開き、母がG君殺害時の状況を詳細に話していることを明らかにした。それによると、母は5月17日午後3時半頃、G君に「Aの思い出に何かもらってほしい」と言って自宅に招き、G君の姿をみて「ほかの子は元気なのに、Aはいない。せつなくて、苦しくて、張り裂けそうな気持ちになった」「何でAがいないのか」と思って、G君の後ろから着物の腰紐（ひも）を使って絞殺した。遺体はシートにくるんで車で運び、遺棄したと説明したという。弁護士は、「自宅に招いた時点で殺意はなく、自宅に入ってから殺意が芽生えたようだ」と話した。このような母の自白に対し、藤里町の住民には「同情できない」という新たな怒り、悲しみが広がった。

　21日、県警捜査本部は母を立ち会わせ、G君を殺害したとされる母の自宅や死体遺棄現場などで現場検証し、遺棄したルートなどを確認した。同日開かれた県議会教育公安委員会では、委員から、Aちゃんの水死とG君殺害事件との関連についての質問が相次いだ。

　そして25日、県警は母をG君の殺害容疑で再逮捕し、秋田地検は同事件の死体遺棄罪で母を秋田地裁に起訴した。また、県警は、Aちゃんの水死については、事件と事故の両面で捜査を続けているものの「事故死の可能性が高い」という見方を変えていないことを明らかにした。

　翌月7月17日、G君殺害事件で、秋田地検は母を殺人罪で秋田地裁に追起訴した。

逮捕2：Aちゃん水死事件

　G君殺害事件での殺人罪での追起訴と前後するが、7月14日、Aちゃんが水死したことについて「一緒に川を見にいき、橋から転落した」「気が動転して助けを求めなかった」と母が供述し、事件と事故の両面から進められてきた再捜査に新たな展開がみられたことが明らかになった。司法解剖によりAちゃんに目立った外傷はなかったものの、頭部を陥没骨折していたことが新たに明らかにされた。その後、母が「（Aちゃんが）うとましくなったので、橋から落とした」「突き落とした」などの供述をしていることが明らかにされた。県警は18日、母がAちゃんも殺害していた疑いが強まったとして、母をAちゃんに対する殺人容疑で再逮捕した。

　19日、県警は母の自宅と実家の2カ所を、Aちゃん殺害の件でははじめてとなる捜索を行い、母子関係や殺害動機に関連する物品類を押収した。そして20日には、Aちゃんに対する殺害容疑で母を秋田地検に送検した。

　その後の調べで、Aちゃんが事故死と判断された後に母が再捜査を求めたのは、家族（Aちゃんの母方祖母）から勧められたことが理由である可能性が高いことがわかった。また、母がAちゃん殺害について「だだをこねたのでいらいらして落とした」「後ろから両手で押して落とした」などと供述していることが明らかにされた。しかし、母の供述は変転し、「何で私が犯人なの」とAちゃん殺害を否認していることもわかった。

　秋田地検は、母の犯行時の精神状態を調べるため、簡易精神鑑定を実施。これらの結果などから、母は自己中心的で反社会的な人格傾向が認められるが、刑事責任能力には問題がないと判断された。これまでの捜査ではAちゃん殺害に関する有力な物証は得られていなかったが、地検は、①殺害を認めた逮捕後の供述、②事件直前に大沢橋で母とAちゃんの姿を見たという目撃情報、③責任能力があるという簡易精神鑑定の結果から、犯行を否認しても立証は可能とし、拘留期間満期の8月9日、Aちゃんに対する殺人罪で母を追起訴した。

第一審[1]——無期懲役、そして控訴へ

　2006年8月9日、Aちゃんに対する殺人罪で母が追起訴され、一連の事件

1　第一審の経過については、産経新聞社会部（2008）『法廷ライブ秋田連続児童殺害事件』に詳しいので、参考にしていただきたい。

第Ⅱ章　2005〜2006年（児童虐待防止法第1次改正後の事件）

の捜査は終局を迎えた。同月17日、秋田地裁は母について「公判前整理手続き」を適用する決定をした。第1回公判前整理手続きは2007年2月7日に開かれ、8月29日に計12回をもって終了した。

　2007年9月12日、公判が始まった。約2500人が傍聴券を求めて列を作り、注目を集めた。

　母は2件の殺人罪、1件の死体遺棄罪に問われた。検察官が読み上げた起訴状では、Aちゃん殺害については「（大沢）橋の欄干にのせたうえ、その身体を手で押して同所から水中に落下させ、……（中略）……溺水により窒息死させて殺害した」となっていた。裁判官が罪状認否を促すと、母は弁護士の様子をうかがってからはっきりした口調で「違います」と答え、Aちゃん殺害については、「殺害を決意したことはありません」と否認した。G君殺害については「間違いありません」と認めたが、「精神状況が正常だったかどうかは、私にはわかりません」と話した。

　検察官による冒頭陳述の内容は、母の性格の自分勝手さを印象づけ、Aちゃんに対して愛情をいだいていなかったという実態を訴えるものであった。一方、弁護側の冒頭陳述では、母の受けてきた虐待やいじめが取り上げられ、いかに不幸な生い立ちを送ってきたかが強調され、検察側の話した内容とはかなりニュアンスが異なっていた。そして弁護側は、Aちゃん事件については殺人ではなく過失であったことを主張し、「非道極まる」取調べを行ったとして警察と検察を批判した。

　証拠調べでは、弁護側が申請していた精神鑑定が採用された。検察側からは、G君の両親、母が通院していた精神科医師、元夫（Aちゃんの実父）などの供述調書が読み上げられ、関係者が母に対して強い処罰感情をもっていることが述べられた。弁護側がAちゃんの母方祖母の供述調書を読み上げたとき、母は不意に涙を流したという。また、弁護人は母がG君の家族にあてた謝罪文を読み上げた。

　その後、公判は計12回行われた。母の元交際相手や元夫、近隣住民や母を取調べた刑事などが証人として出廷した。被告人質問では、母自身が自分の半生を話し、Aちゃん事件の前後の経緯やG君事件について供述した。

　そして、年が明けた2008（平成20）年1月25日、論告求刑公判が行われた。検察側は、Aちゃん殺害を「確定的殺意のもと、欄干から突き落として殺害した」と殺意を強調し、G君殺害については、社会への復讐心や計画性を指摘

した。母に真摯な反省・悔悟の念はみられず、矯正は不可能とし、死刑を求刑した。一方、弁護側は、Aちゃん事件については母に「スキンシップ障害」があったことによる過失であると改めて主張し、G君事件は警察による捜査が十分に行われていれば起こらなかった可能性を述べ、計画性を否定した。母が謝罪と更生を放棄したわけではないとして、有期の懲役刑を求めた。

判決公判は3月19日に行われた。初公判時を上回る約3000人が一般席傍聴の抽選に並んだ。秋田地裁は、母に無期懲役の判決を言い渡した。AちゃんとG君を殺害した事実を認定したが、計画性がなかったとして死刑を選択しなかった。判決の言い渡しが終わると、母はG君の両親に向かって土下座し、謝罪したという。

Aちゃんへの殺意を否定して争っていた弁護側は、即日、不服として控訴した。また秋田地検も、3月31日に判決を不服として控訴した。

控訴審──再び無期懲役

2008年9月25日、仙台高裁秋田支部において控訴審初公判が行われた。仙台高検は、第一審の秋田地裁判決を「量刑不当」として改めて死刑を求めた。一方、弁護側は、第一審に続いて、Aちゃんを殺害したとする自白に任意性と信用性はなく、G君の殺害時は心神耗弱状態にあったとして、量刑の不当を訴えた。

その後の裁判における被告人質問で、母はAちゃんに対する殺意を改めて否認し、記憶の曖昧さを訴えた。弁護側の依頼で母に面会したD鑑定医は、Aちゃんの事件について「計画を積み重ねたものではなく、突発的と考えるのが普通。事故の側面が強い」と主張し、「殺意があったか、（被告）本人もわからないのではないか」と分析した。さらに、母には発達障害がみられ「反省したくても、反省の仕方がわからないのではないか」との見解も示した（『読売新聞』2009年1月20日東京朝刊）。

控訴審は2009年1月30日に結審した。検察側は改めて死刑を求め、弁護側は有期の懲役刑の適用を求めた。3月25日、仙台高裁秋田支部は、Aちゃんに対する殺意を改めて認定し、再び無期懲役の判決を言い渡した。

仙台高検は上告を考えていたが、断念する方針を決めた。一方の弁護側は、上告期限である4月8日に上告したが、5月18日に取り下げた。これにより、事件発生から3年余りを経て、裁判は終結した。

第Ⅱ章　2005 〜 2006 年（児童虐待防止法第 1 次改正後の事件）

Aちゃんの母の生い立ち

　母の逮捕後、新聞等に掲載された母の背景などは、以下のとおりである。

　母は旧二ツ井町（現能代市）で生まれ、父親（Aちゃんの母方祖父）は元トラック運転手、母親（Aちゃんの母方祖母）はパート勤務をしていた。4歳下の弟がおり、4人家族で育った。小学校時代には「栄養失調」「貧血」などのあだ名がつけられ、いじめられていたという。高校ではバトミントン部に所属。部員の財布が相次いでなくなるトラブルがあり、母は真っ先に疑われた。高校の卒業文集には、級友たちから「秋田には帰ってくるな」「会ったら殺す」「永久追放」など、心ない言葉が寄せられていた（『朝日新聞』2006年6月5日朝刊・2006年6月29日朝刊、『読売新聞』2006年6月13日朝刊・2006年6月14日朝刊、『週刊朝日』2006年6月23日・6月30日など）。

　1991（平成3）年に地元の高校卒業、その後は栃木県内のホテルに仲居として就職したものの、1年ほどで地元に戻った。1995（平成7）年、21歳のときにトラック運転手だった男性（Aちゃんの実父）と結婚し、現在の自宅（町営住宅）に入った。翌年、長女のAちゃんを出産したが、半年後には離婚。その後は、地元の釣具店やパチンコ店などを転々としながら働いた。一方で、その頃、複数の消費者金融からの借金をかかえ、職場に借金返済を催促する電話がかかってきたりもしたという。約4年勤めたパチンコ店を退職直後、2003（平成15）年に自己破産。その後は生活保護を受給していた。自宅にこもりがちな生活をしており、近隣住民の目には「だらしない母親」と映っていたようだ。派手で、ルーズで、人づきあいが苦手で、団地のなかでも母は浮いた存在だったという（『朝日新聞』2006年6月5日朝刊、『読売新聞』2006年6月14日朝刊、『週刊朝日』2006年6月23日など）。

　また、母が同級生に「子どもが嫌い」と話したこと、Aちゃんの通う小学校から「汚れた服を着続け、いつもおなかをすかした児童がいる」と民生委員が連絡を受けて家庭訪問をしていたこと、自宅に男性が来ていたことなど、母の私生活についても紙面に載った。母を知る人たちからは、「子煩悩だった」「子育てには無関心だった」と正反対の証言があり、母の二面性について指摘した記事もあった（『朝日新聞』2006年6月17日朝刊・2006年6月21日朝刊、『週刊朝日』2006年6月23日など）。

　母の高校文集に対しては、エッセイストである木村欣一が「彼女の罪が正当化されるわけでも軽減されるわけでもないが、彼女の教師や同級生には憤り

を禁じえない」(『朝日新聞』2006年6月29日朝刊)と強く指摘した。この件に関しては、県内外の人から秋田県教育委員会に50件以上の抗議の電話やメールが寄せられた。県教育委員会はこれを受け、6月下旬に元担任から話を聴き、文集が作られた経緯などについて、7月5日の定例教育委員会で報告した。元担任が責任を痛感していることや、今後同じようなことが起こらないように10日の定例校長会で注意を促すことになった(『朝日新聞』2006年7月6日秋田朝刊)。

Aちゃんの母親についての所見

新聞各社では、本事件についての連載が多々組まれた。その多くは、母の家族背景や不可解な言動を探るものであり、母とその母親(Aちゃんの母方祖母)との関係性について言及している記事もあった。

新聞紙面には、不可解な母の言動や人格に対して、犯罪心理学、犯罪精神医学などを中心とした専門家による説明が多く掲載された。さまざまな見解があり、必ずしも専門家の所見が一致しているとはいえなかった。各専門家の所見は、以下のとおりである。

福島章(上智大学名誉教授・犯罪心理学)は、母は「解離性障害」の可能性が高いと分析し、「解離性障害があれば健忘の程度はいっそう深いものになる。思い出せないということは、どう反省すべきか以前に、何を反省すべきかがわからないということ。本質的に反省するのは難しい」と指摘した(『読売新聞』2009年3月23日東京朝刊)。

小田晋(帝塚山学院大学教授・犯罪精神医学)は、母の人間像について「自分が一番大事と考えるナルシスト」とし、2人の子どもを殺害したことについて「捜査が進行するにつれて、被告の役割は、悲劇の母親から疑惑の母親に変わり、そして裁判で裁かれる被告となった。彼女にとってはこれらの状況は一種の舞台である可能性があり、自己を表現することに意欲を燃やした可能性も否定できない」と説明した(『読売新聞』2008年4月18日東京朝刊)。

作田明(聖学院大学客員教授・犯罪心理学)は、「演技性が強く、自己顕示欲の強い彼女にとって裁判は、苦痛だけでなく、ある種の心地よさを感じる場であるのかもしれない。その意味で、土下座という芝居がかった行動は、彼女の性格をよく物語っている」と述べた(『読売新聞』2008年3月20日東京朝刊)。

影山任佐(東工大学教授・犯罪精神医学)は、「被告は二重人格に近い存在。A

ちゃんを愛した彼女も本当なら、殺した彼女も本物。父親との関係が、人格障害に生々しく影響を与えている。ヒステリー性人格障害で、衝動的で精神が不安定。自分をコントロールできない。子どもに愛情をもてず、接し方がわからない。それは、犯行動機にもつながっている」と説明した(『読売新聞』2008年3月25日東京朝刊)。

矢幡洋(臨床心理士)は「衝動性をコントロールできない『反社会性人格障害』の典型です」と述べた(『読売ウィークリー』2006年6月25日号)。

長谷川博一(東海学院大学教授・臨床心理士)は、母に実施したカウンセリングや手紙のやりとりなどから、母について分析している。長谷川は、母の特徴として「ショックな出来事を忘れてしまう解離性健忘が重篤」と強調し、「(母からの手紙の)反省がみられないような記述は、(父親からの)虐待による発達障害で善悪の判断ができないためとみられる。何を反省すべきかがわからないなかで苦悩している」と分析した(『読売新聞』2009年1月20日)。

(4) 事件へのコメント

無期懲役判決について

母に対して無期懲役判決が下されたことについて専門家の意見が寄せられ、判決が軽いのではないかとの意見もあった。たとえば、渡辺修(甲南大学法科大学院教授・刑事訴訟法)は「被告の心の内側を注視して死刑を回避したのは、市民の良識としてはわかりにくく疑問だ(『神奈川新聞』2008年3月20日)」と述べ、諸沢英道(常磐大学教授・犯罪学)は「被告は遺族に十分な謝罪をしておらず、無期懲役はやや軽い印象だ(『読売新聞』2008年3月20日)」と述べた。一方、田中喜代重(弁護士、元検事)は、「被告の供述は変遷しており、判決は、その供述のポイントを拾い上げて両事件を衝動的殺人と認定しているため、無期懲役はやむをえない(『読売新聞』2008年3月20日)」と理解を示した。雑誌などにおいても、死刑ではなく無期懲役判決になったことについての法律家による解説・論考がなされ、母への判決がいかに社会的関心を集めていたかがわかる。

また、裁判員制度が始まる目前の裁判であったということもあり、本事件と裁判員制度を結びつけた記事も見受けられた。たとえば、『朝日新聞』(2009年5月20日)は、本事件では殺害動機が最後まで判然としなかったこと、母の精

事件の経過表

1991 年	3 月	Aちゃんの母、高校卒業後、栃木県の温泉ホテルに就職。
1992 年	12 月	母、同ホテルを辞めて実家に戻る。その後、スナックなどで働く。
1994 年	1 月	母、男性（Aちゃんの実父）と駆け落ち、同棲。
	6 月	母、実家に戻り、Aちゃんの実父と結婚。事件の起きた団地に転居。
1996 年	11 月	Aちゃん出生。
1997 年	6 月	Aちゃんの両親、離婚。
1999 年	10 月	母、いくつかの転職後、パチンコ店に就職。
2003 年	1 月	母、パチンコ店を辞める。
	4 月	Aちゃん、小学校入学。
	9 月	母、自己破産手続きを行い、生活保護受給を開始。
	12 月	母、精神科通院、自律神経失調症と診断される。
2004 年	夏	母、入院（4～5日間）、手術。
	取得日不明	母、ヘルパー2級の資格取得。
2005 年	5月3日	母、大量服薬による自殺を図る。
	9 月	Aちゃんの母方祖父が脳梗塞で入院。母、看護を行う。
2006 年	4月9日	母、能代署にAちゃんの捜索願を提出。
	10 日	藤琴川で、Aちゃんの遺体発見。能代署の警察指定医が検視を行う。
	11 日	秋田大学医学部法医学教室の医師が司法解剖を行う。
	12 日	警察は、捜査員80人態勢を20人態勢に縮小させる。
	14 日	母の実家にて、Aちゃんの葬儀が行われる。
	18 日	母、精神科入院（4日間）。
	下旬	母、Aちゃん事件に関する情報を求めるビラを配布。
	5月14日	母、Aちゃんの遺影を携え、藤里小学校の運動会に姿をみせる。
	17 日	G君が行方不明になる。
	18 日	米代川の堤防で、G君の遺体発見。警察車両が母の実家付近に待機、報道各社が母の実家に集まり始める。G君の遺族が各社に文書で取材自粛を要請。
	19 日	警察車両が、母の自宅と実家に24時間態勢で張り付く。
	21 日	毎日新聞が母へのインタビューを掲載。
	24 日	母、取材自粛を各社に申し入れる。
	25 日	放送倫理・番組向上機構（BPO）の「放送と人権等権利に関する委員会」がテレビ・ラジオ局等に節度ある取材を文書で要望。
	27 日	Aちゃんの四十九日法要。
	31 日	日本テレビ系番組が母へのインタビューを中継。
	6月3日	東京弁護士会・人権擁護委員会の「報道と人権」部会の弁護士ら3人が実家を訪問。

第Ⅱ章　2005〜2006年（児童虐待防止法第1次改正後の事件）

2006年	6月4日	母、早朝から能代署で事情聴取を受ける。深夜11時過ぎ、G君の死体遺棄容疑で逮捕。
	9日	母の弁護士による記者会見（1回目）。
	14日	母の弁護士による記者会見（2回目）。
	15日	秋田地裁、母の拘留期間を25日まで10日間延長を認める。
	21日	G君殺害・死体遺棄事件について、捜査本部が現場検証を実施。
	23日	母の弁護士による記者会見（3回目）。
	25日	G君の死体遺棄容疑で母を起訴。同じく殺害容疑で再逮捕。
	7月6日	母の弁護士による記者会見（4回目）。はじめてG君殺害の「動機」のようなものが語られる。
	7日	秋田地裁、母の拘留期間を17日まで10日間延長を認める。
	10日	Aちゃん水死について、捜査本部が藤琴川で実況見分を実施。
	11日	G君殺害事件について、捜査本部が現場検証を実施。
	17日	G君を殺害したとして、殺人罪で母を追起訴。
	18日	Aちゃん殺害容疑で母を再逮捕。
	28日	秋田地裁、母の拘留期間を8月9日まで10日間延長を認める。
	8月1日	母同行のもと、現場検証。
	9日	Aちゃんを殺害したとして、殺人罪で母を追起訴。
	9月4日	県警本部長が県議会で初動捜査のミスを認める。
	11月	県子育て支援課が「子ども虐待防止対策検討委員会」を発足。
2007年	2月7日	公判前整理手続き開始。
	3月	「子ども虐待防止対策検討委員会」が報告書を提出。
	3月16日	母、手鏡を壊し、その破片を左腕に刺す。「鏡の中の自分が自分でないような気がした」と。
	8月25日	母、拘置所で自らの頸部を絞め、自殺を図る。
	8月29日	弁護側が請求していた精神鑑定を決定。計12回の公判前整理手続き終了。
	9月12日	初公判。弁護側、Aちゃんへの殺意は否認。G君の殺害は認めたが、心神耗弱を主張。
	21日	第2回公判。近所の住民ら6人が「Aちゃんを邪険にしていた」などと証言。
	10月1日	第3回公判。元交際相手、Aちゃんの実父らが出廷。Aちゃんの実父は「極刑を求める」。
	17日	第4回公判。能代署巡査部長が実況見分調書作成時の誘導を否定。
	29日	第5回公判。初の被告人質問。「思わず手で払った」と強調。
	31日	第6回公判。「極刑にして」と被告人が涙声で証言。
	11月2日	第7回公判。検察側からの、G君殺害はAちゃん殺害の隠蔽のためではという追及に、否定や黙秘を繰り返す。
	12日	第8回公判。被告人質問で、捜査段階の自白の任意性を否定。
	22日	第9回公判。取調べをした検察官と元刑事が、自白の強要を否定。

159

	12月3日	第10回公判。裁判所は、捜査段階の供述調書の任意性を認め証拠採用。G君殺害の責任能力を認めた精神鑑定書も採用。
	12日	第11回公判。G君の両親が死刑判決を求める。G君事件に対して「罪悪感はほとんどない」と書いた日記が明らかに。
	21日	第12回公判。裁判所委嘱・B鑑定医を尋問。
2008年	1月25日	論告求刑、最終弁論、被告人の意見陳述後、結審。死刑求刑。
	3月19日	判決公判。犯行の計画性は認められず、更生の可能性は否定できないなどとして無期懲役判決。 弁護側はAちゃん事件の殺意が認定されたことに反発して、即日控訴。
	3月31日	検察側は量刑不服として控訴。
	9月25日	仙台高裁秋田支部で控訴審初公判。
	10月16日	控訴審・第2回公判。被告人尋問。
	29日	控訴審・第3回公判。被告人尋問。G君の父親が証言。
	11月17日	控訴審・第4回公判。弁護側によるC臨床心理士の意見書を裁判所が却下。テレビ朝日の番組を証拠として廷内放映。「健忘」を明確に認定した弁護側・D鑑定医の意見書朗読。
2009年	1月8日	非公開審理。D鑑定医の尋問。
	19日	控訴審・第5回公判。被告の精神状態は複合的な精神障害に侵されているとした、D鑑定医の証人尋問調書が読み上げられる。
	30日	控訴審・結審。検察側は「被害者感情を満足させる量刑」を求め、弁護側は更生の可能性を主張。
	3月25日	控訴審・判決公判。Aちゃんへの殺意を認定。記憶は完全に失われてはいないと断定し、G君殺害には責任能力を認定したが、犯行に計画性や残虐性などは認められないとして控訴棄却、無期懲役判決。
	4月8日	検察側「最高裁の判例に対して著しく量刑が不当とはいえない」などとして上告断念。弁護側「刑を受け入れられるか不安。考える時間がほしかった」などとして上告。
	5月18日	被告人が最高裁上告を取り下げる。無期懲役確定。

神鑑定結果について意見が分かれたことなどをあげ、「本事件は裁判員制度に大きな課題を残した」と指摘した。

事件全体について

これまで述べてきたように、本事件は警察の捜査や報道のあり方、母の言動、殺害動機など、さまざまな点で社会的関心を集めた。そして、母に関するプライベートな情報、さまざまな人たちによる本事件についての意見・推測・憶測・批判などが飛び交った。そのようななか、裁判において母の実子であるA

第Ⅱ章　2005〜2006年（児童虐待防止法第1次改正後の事件）

ちゃんへの殺意は認定されたものの、母自身はAちゃんへの殺意に関しては否定し続け、その真の背景は最後まで明らかにされることはなかった。

本事件に関する一連のことが終結した控訴審判決後、本事件を振り返った書籍が2冊出ている。1つは、ルポライターである鎌田慧による『橋の上の「殺意」』である。事件や公判、事件にまつわるマスコミや専門家の意見などを丁寧に追ったうえで、鎌田は「これは哀れな『魔女』の裁判にかかわる記録である」と記している。Aちゃん殺害に対する母の「殺意」を証明する根拠がないことなどを指摘し、被害者の両親をはじめ検察官、地域住民、新聞各紙、専門家までもが「死刑」を強調する風潮に対してきびしく批判している。

もう1冊は、北羽新報社編集局報道部による『検証秋田「連続」児童殺人事件』である。本書は、事件後に北羽新報で連載した内容をまとめたものである。本書の表題について、「検証取材を進めるなかで、Aちゃんの水死事件は判決が認定したような殺害事件ととらえることに疑問をいだかざるをえなくなりました」と述べ、「連続殺害に疑問符を付ける意味を込め」「連続」をカッコでくくることにしたという。控訴審について「一審で際立った争点が深められることがないまま控訴審に持ち込まれ、決定的な新証拠の提出・採用もないまま検察、弁護側の主張だけが先鋭化していった」という印象を述べており、「犯した罪に罰を下すことと、真相の解明は、どこかずれているような気がする。両事件とも、いまだ真相が明らかになったとは言いがたい」と指摘している。

(5) 事件がもたらした影響

地域への波紋
県の動き

2006年7月24日、県は今後の予定として、母によるAちゃんへの虐待状況を調べるチームを立ち上げ、検証を行うことを決めた。この発表により、母がAちゃんへ日常的に虐待をしていたなどと曲解した報道が一部流れるという事態が起こった。県内の社会福祉協議会の担当者からも、当事者の名前をあげて検証することに対して、疑問の声があがった。そのため、県子育て支援課は「事例検証で当事者の住まいや名前が出ることはない」「捜査中の事件でもあり、事例検証を計画していることを発表したのはタイミングに問題があった」などのコメントを出した。

その後、2006年11月、県子育て支援課は、児童虐待の実例を検証する「子ども虐待防止対策検討委員会」を発足させた。4回の会議を経て2007年3月、報告書が提出された。この報告書では、Aちゃんの事件と大仙市の保育園児殺害事件[2]の2つを取り上げ、経緯を分析している。そのうえで、児童相談所や福祉事務所などの相談体制や連携の強化、医療機関や教育機関などの虐待発見・予防への取り組み強化が、今後の方策としてあげられた。

　また県は、市町村の「要保護児童対策地域協議会」の設置率が全国最低レベルだったため、本事件と大仙市の保育園児殺害事件を受けて、設置に向けて動き出し、児童虐待防止対策に本腰を入れ始めた。

地域住民への影響

　母が2件の殺害容疑で逮捕されたことは、地域住民にやりきれなさや怒り、不可解な思いなどを与えた。また、Aちゃんの水死については母自ら再捜査を求めていたため、周囲は不安や困惑、憤りに包まれ、理解に苦しんだ。「早く捜査していれば、G君は殺害されずにすんだかもしれない」という県警への批判や、ネグレクトが疑われる情報を得ていたものの児童相談所に通報していなかった町役場に対する非難の声が相次いだ。また、本事件を受けてつめかけた報道陣からの精神的ストレスも地域住民に多大な影響を与えた。事件から2年後に『読売新聞』で組まれた連載「衝撃から2年・連続児童殺害」では、いまだに藤里町の地域住民が不安などをかかえて生活している現状が報告されている。このことからも、本事件がいかに周囲に傷跡を残したかがわかる。

　このような傷跡をかかえた地域住民が安心した暮らしを取り戻すため、事件後、秋田県山本地域振興局は藤里町と連携し、「住民こころの支援事業」として住民への支援を継続的に行ってきた。その全容は、母の第一審判決が出た2008年3月に提出された報告書『藤里児童殺害事件における住民の心のケア・支援報告書〈増補版〉』に詳細に綴られている。それは、取り組みの実態だけでなく、地域の行政や支援者側の苦慮も読みとれる内容になっている。

---

[2] 2006年10月23日、秋田県大仙市で4歳男児の遺体が見つかった。加害者は、実母(当時31歳)とその交際相手(当時43歳)。車内において2人が性交渉を行おうとしたところ、男児が声を上げて反対したため、2人で暴行。瀕死の重傷を負った男児を用水路に放置し、男児は窒息死した。児童相談所もかかわっており、その対応の是非が問われた。実母は懲役14年、交際相手は懲役16年の刑が確定した。

警察をめぐる動き

本事件では、警察に対する批判も多く寄せられた。大きくは2点についてであり、1つは「被害者保護」を理由に逮捕前の母の自宅近くに24時間体制で警察車両を待機させた捜査手法についてである。もう1つは、Aちゃんの水死を「事故」と判断した初動捜査に対する批判であった。

G君殺害事件発生直後の5月19日から7月末までに、県警本部や能代署捜査本部には、全国から1200件以上の批判や意見などが寄せられたという。各新聞紙面や書籍(黒木、2007)においてもきびしい指摘が載せられ、県や県議会からも捜査に批判が上がった。捜査終局後、捜査当局自らが判断の是非に関して検証を行うという異例の事態となり、2006年9月4日に開かれた県議会教育公安委員会において県警本部長がはじめて初動捜査のミスを認めた。

このような事態のなか、山田不二子(子ども虐待ネグレクト防止ネットワーク理事長)は、本事件のように「不慮の事故による死亡とされた事例のなかに事件性の高いものが含まれている危険性が潜む」と指摘し、18歳未満の子どもの「予期せぬ死亡例」は全例、死亡事例検証する必要性があることを強調している(『神奈川新聞』2006年7月24日)。

メディアをめぐる動き

本事件については、Aちゃんの母が逮捕される前から、週刊誌や民放TVにおいてセンセーショナルな報道がされていた。なかには、母の実名を載せたり、母を犯人視する記事や書き込みもあった。母がG君の死体遺棄容疑で逮捕された後は、新聞、テレビ各局において母の実名や顔写真、住所、経歴などがいっせいに解禁され、殺害を実行したという報道までなされた。週刊誌では、事件と関係のない家族のプライバシーについても掲載された。

このような報道のあり方に対して、批判の声も上がった。たとえば、浅野健一(同志社大学教授)(2006)は「今回の事件報道をみていると、NHK、共同通信も含め、当局に捕まった市民の公正な裁判を受ける権利を尊重する姿勢はまったくない」と指摘している。内藤正明(2007)は、本事件とアメリカの「ジョンベネちゃん事件」[3]との類似性を「集団的過熱取材による人権侵害」と

---

3 1996年12月26日、アメリカのコロラド州で当時6歳の女児ジョンベネ・パトリシア・ラムジーが誘拐され、自宅地下から遺体で発見された事件。内藤(2007)は本事件とこの事件の類似点として、新たな物的証拠がなく自供だけで逮捕に踏み切った検察当局への批判や、両親が「犯人視」され過熱取材が問題になったことなどをあげている。

いう視点による検証と、「集団的過熱取材が生んだ逮捕前犯人視さらにゆがんだ人物像の創出の危険性」という視点から裁判員制度への影響について考察している。

文献

秋田県・秋田県山本地域振興局（2008）「藤里町児童殺害事件における住民の心のケア・支援報告書〈増補版〉」
朝倉喬司・中村うさぎ（2006）「第一章畠山鈴香二児連続殺人事件」『事件巡礼彼らの地獄我らの砂漠』メディアックス
朝野健一（2006）「これは史上最悪の狂乱取材ではないか！秋田・男児殺害事件マスコミ報道の大問題」『創』2006年8月号
鎌田　慧（2009）『橋の上の「殺意」――畠山鈴香はどう裁かれたか』平凡社
北羽新報社編集局報道部（編）（2009）『検証秋田「連続」児童殺人事件』無名舎出版
栗林佐知（2010）「鎌田慧著『橋の上の「殺意」――畠山鈴香はどう裁かれたか』」『アディクションと家族』26（3）　pp.224-226.
黒木昭雄（2007）『秋田連続児童殺害事件――警察はなぜ事件を隠蔽したのか』草思社
子ども虐待防止対策検討委員会（2007）「『子ども虐待防止対策検討委員会』報告書」
産経新聞社会部（2008）『法廷ライブ秋田連続児童殺害事件』産経新聞出版
四方由美（2008）「犯罪報道は変化したか――メディアが伝える女性被害者・女性被疑者」『宮崎公立大学人文学部紀要』15（1）　pp.115-132.
土本武司（2008）「インクのしずく（Vol.109）死刑と無期刑のはざま――秋田連続殺害事件判決」『捜査研究』57（5）　pp.103-100．
鶴岡憲一（2006）「メディアスクラム対策の到達点――秋田連続児童殺害事件の取材現場から」『新聞研究』662　pp.26-29.
内藤正明（2007）「集団的過熱取材―人権侵害と裁判員制度への影響――秋田県の連続児童殺害事件と米ジョンベネちゃん事件」『名古屋外国語大学外国語学部紀要』32　pp.327-352.
古井大樹（2009）「丹念な取材で犯人視報道からの脱皮を――秋田県藤里町連続児童殺害事件を通して見えた課題」『新聞研究』693　pp.34-37.
米山勝弘（2006）『Gはなぜ殺されたのか』新潮社
「ロー・フォーラム裁判と争点計画性否定し死刑回避――秋田連続児童殺害事件で無期懲役［秋田地裁2008.3.19判決］」（2008）『法学セミナー』53（6）　p.126.

第Ⅱ章　2005〜2006年（児童虐待防止法第1次改正後の事件）

10　自宅放火母子3人殺害事件
（奈良県 2006 年）

(1) 事件の概要

　2006（平成18）年6月20日午前5時頃、奈良県田原本町の医師の自宅が出火した。午前6時頃に鎮火したものの家屋は全焼し、同じく医師である妻、夫妻の実子である小学2年生の男児（7歳）、保育園児の女児（5歳）の3人が、一酸化炭素中毒により死亡した。
　遺体が発見された後、この家の16歳の長男（以下、Aと呼ぶ）の姿が見えなくなっており、22日午前8時過ぎ、京都市左京区の路上で、自転車に乗っていたAが、警察官に職務質問され保護された。Aは放火を認め、逮捕された。
　同年10月13日、奈良家裁に提出されたAの精神鑑定書によると、Aは広汎性発達障害と診断され、幼少期からの父親の暴力により持続的抑うつ状態だったとされた。10月26日、奈良家裁は「殺意はあったが、程度は低い。父親の暴力を受けた成育環境が非行に走らせた要因の1つで、広汎性発達障害の影響が強く現れている。保護処分によって、矯正、改善の見込みがある」として、中等少年院送致とする保護処分を決定、収容期間について「相当長期の処遇が必要である」とする意見をつけた。

(2) 家族の状況

　Aの両親は離婚し、Aは実父と同居。Aの実妹は、離婚した実母が引き取っている。
　父は再婚し、異母弟（7歳）と異母妹（5歳）がいた。父および継母はいずれも医師であった。
　Aは中学校から奈良市内の関西有数の中高一貫校に入学し、事件当時は高校1年生だった。

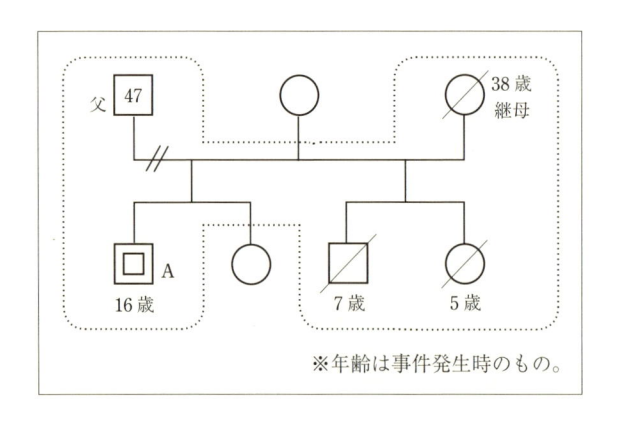

[家系図: 父47歳、継母38歳、A 16歳、7歳、5歳 ※年齢は事件発生時のもの。]

(3) 事件の経過

事件の発生からAの逮捕まで

主に新聞記事の抜粋、要約を中心に、事件の経過を記す。

事件の発生

「奈良県田原本町の医師が住む住宅が、2006年6月20日早朝全焼し、妻と子ども3人の計4人が行方不明になった。近くの人が救出しようとしたが、猛火の前になすすべもなかった。自宅の庭でよくバーベキューをしていたという仲のよい一家であった。『幸せそうだったのに……』。閑静な住宅街は重苦しい雰囲気に包まれた。家族は地域に溶け込み、みんな明るい人柄だった。妻は、医師として町内の介護老人保健施設に勤め、利用者から『やさしい先生』と慕われていた。長男の高校1年生A君（16）は、両親のように医師になるのが夢。小学2年生の次男（7）は人なつっこく、集団登校の際も、近所の人に元気に『おはよう』と声をかけ、保育園児の長女（5）は、好奇心旺盛な子だったという。近くの主婦は『悲しくて信じられない』と声を震わせた」（『読売新聞』2006年6月20日夕刊）

事件発生を告げる第一報は、不慮の事故であることを推測させるような内容となっており、その後の展開は、この時点ではまさに想定外の事態だったと思われる。

行方不明となったA

「住宅が全焼し、焼け跡から3人の遺体が見つかった火事で、県警捜査1課は、遺体を妻（38）、小学2年生の次男（7）、保育園児の長女（5）と確認した。

妻の遺体に、刃物で傷つけられたような跡が複数あることなどから、同課は何らかの事件に巻き込まれた可能性もあるとみて捜査を始めた。同居している長男（16）の行方がわからなくなっており、同課は父親からの捜索願を受けて長男を捜している。一家は5人家族で、父は当時、勤務先の民間病院がある三重県内に外出していて不在だった。長男は高校で剣道部に所属。19日は普段どおりに通学、クラブ活動の後、友人と駅で別れ、午後9時前まで、英会話学校で授業を受けていた。携帯電話での応答もないという」（『読売新聞』2006年6月21日朝刊）

Aの発見

「火事の後、行方不明になっていた長男が、自宅から55km離れた京都市左京区で2日ぶりに見つかり、真相究明を願う住民らはひとまずほっとした表情を浮かべた。一方、長男が関与をほのめかしているとの情報に、高校関係者や近所の人たちは『何があったのか、早急に解明してほしい』などと話した。長男が見つかったのは、児童公園や駐車場に囲まれた一戸建ての民家だった」（『読売新聞』2006年6月22日夕刊）

なぜ民家で発見されたのかについて、続報では、当時行われていたワールドカップサッカーの日本・ブラジル戦を観たくて（ただし、試合日を1日勘違いしていたという）午前3時頃に侵入したとされ、家人に見つかり逃げ出した後、110番通報で駆けつけた警察官に近くの路上で発見され、保護されたという。

なお、Aが事件の関与を認める供述をしたという点をふまえてのことであろう、報道ではAに関する情報がしだいに多くなってくる。以下も、その1つである。

「長男は、父と同じ医者になる夢を小学校の卒業文集に綴っていた。『（父が）手術をしている写真が家にかざってあるのですが、その写真がとてもかっこよくみえたからです。父は何も話してくれませんが、がんばって仕事をしているのがよくわかります』。長男の純真な願いが伝わってくる。小学校時代の同級生は『勉強もゲームも、何でもできる子だった。一生懸命勉強していたのに一体、何が……』と話した」（『読売新聞』2006年6月22日夕刊）

Aの逮捕

「3人が死亡した火事は、6月22日、行方不明だった長男が、殺人と現住建造物等放火容疑で逮捕されたことで、関係者の衝撃が広がった。長男は『医師になるよう望む父の期待が大きなプレッシャーだった』と供述し、父を殺そ

としたとしているが、小学2年生の次男や保育園児の長女の幼い命まで奪った凶行に、学校関係者や住民らは『なぜ』『どんな事情が……』とやりきれなさを募らせた」(『読売新聞』2006年6月23日朝刊)

　長男の犯行ということに、多くの人がとまどっていることを感じさせる報道である。そこで、逮捕直後に報道された本人の供述を、以下に記載する。

　「長男は『自宅1階の階段下に火をつけて逃げた』『父から成績のことでしばしばきびしく叱られた』などと供述している。長男が通う高校では事件当日の20日、テスト結果を伝える保護者会が予定されており、長男は『母がいなければ、成績表が父に渡されることがないと思った』とも話している。調べに対し、長男は『前日(19日)に父を殺そうと思った』『医者になれというプレッシャーに耐えられなかった』などと供述している。事件当時、父は不在だったが、長男は『2階で3人が就寝していたことは知っていた』とも話している。長男は3人について『取り返しのつかないことをしてしまい、本当にすまなく思っている』と語ったという」(『読売新聞』2006年6月23日朝刊)

　「奈良県警に逮捕された長男は、県警捜査本部の調べに対して、英語の試験の点数が低かったのに父親に『できた』と伝えており、『学年保護者会で母親が成績表を受けとると嘘がばれると思った』と供述していることがわかった」(『朝日新聞』2006年6月24日朝刊)

　以下では、逮捕直後に報道された本人や家族に関する情報を記載する。

　「『がんばれ』。中学受験の際、父の大声が家の外まで聞こえてきた。父も息子が医師になることを望み、塾から帰宅したあとも、深夜0時まで隣に座って復習させていたという。長男は関西でも有数の進学校に合格した。父は、前妻との間に生まれた長男に、学生時代に親しんだ剣道も教えた。家の庭で竹刀を振る息子を、父が腕組みして見守る姿を近所の人はよくみかけた。長男は二段まで腕を上げた」(『朝日新聞』2006年6月23日朝刊)

　「長男が通う奈良市の中高一貫の私立高校では22日午後6時から、校長と教頭が記者会見。校長は『深刻なトラブルは認識していなかった。家庭内での問題も聞いていない。非常にショックだ』と語った」(『朝日新聞』2006年6月23日朝刊)

　「長男はこれまでの調べに対し、『父親から成績のことで強く叱られた。暴力も受けた』と父親のきびしさにストレスを募らせ、日頃の出来事を父親に報告する母親にも不満を口にしていた」(『朝日新聞』2006年6月24日朝刊)

第Ⅱ章　2005〜2006年（児童虐待防止法第1次改正後の事件）

逮捕直後に出された有識者のコメント

　ここまで紹介した報道でも明らかなように、外見上は何も問題がないと思われていた医師夫妻とその家族を見舞った突然の凶行に社会的な関心は高く、本人や家族の状況についての断片的な情報が出されるたびに、それをどう受けとめればよいのか困惑があった。そこで頼られるのが、有識者の意見であろう。ここでは、逮捕から間もない時期に新聞に出されたコメントを紹介する。

○長谷川博一（東海女子大学教授・臨床心理学）

　「優等生といわれる子は、期待に応えようと、無意識のうちに子どもらしい感情を押し殺して育っていることが多い。少年も幼少期から抑圧してきた心の膿（うみ）が何らかのきっかけで爆発し、衝動的に放火したのだろうが、まだ不可解なところもある。ゆとりを奪われ、のびのび育つことが難しい時代だけに、こういった問題を潜在的にいだいている子どもは多い。社会全体が、子どもの心の内面をみようとする姿勢をもたないと、凶悪な少年事件の連鎖は止まらない」（『読売新聞』2006年6月23日朝刊）

○井上敏明（六甲カウンセリング研究所長）

　「勉強に疲れたり飽きたりして、テレビやゲームに興じているのを何度か注意され、蓄積した反発が一気に爆発して、凶行に及んだのではないだろうか。両親とも医師で、自分も医学部に進学しなければならないという使命感が重荷になり、追い詰められていたのかもしれない。本人も相当、苦しんでいたのだろう。また、父の関心が自分以外の家族に向くなどして、何らかの憎悪を募らせ、その葛藤から3人の命を奪った可能性もある」（『読売新聞』2006年6月23日朝刊）

○影山任佐（東京工大学教授・犯罪精神病理学）

　「小学生時代に父親を理想像としていた少年にとって、成績が伸びないという現実は非常に苦痛の種となったのだろう。成績を知られ、叱責（しっせき）されるという恐怖が犯行の引き金となったのではないか」（『読売新聞』2006年6月23日朝刊）

○清永賢二（日本女子大学教授・少年非行）

　「現場の映像を見ると焼け方が激しい。執拗（しつよう）に火をつけた印象を受ける。ただ親を殺すのではなく、家に火をつける行為には『こんな家はなければよかった、消えてしまえ』という、母に象徴される『家』を壊したいとの思いがあったかもしれない。家に居場所がなかったのだろうか。反抗期にかかる

169

年頃。親の一生懸命さが嘘くさい演技にみえ、仮想の家族のように思っていたのかもしれない」(『朝日新聞』2006年6月23日朝刊)
○小林剛（武庫川女子大学教授・思考臨床学）
　「あれだけの行動に出るには、おそらく心の中は大変煮詰まった状況になっていたはずだ。親などから、勉強を中心とした膨大なプレッシャーがかけられていたのではないか。少年の気持ちに寄り添って思いのたけを聞き、『君もしんどいんだね』と言ってあげられる人が、彼のまわりにいなかったのが残念だ」(『朝日新聞』2006年6月23日朝刊)
　どうであろうか。これらのコメントが出されたのは、事件が発覚して数日後のことではあるが、しだいに明るみに出されてくる父からの激しい虐待を予測するようなものはうかがえない。こうした識者のコメントをみるにつけ、子どもの行動などから虐待を疑い、発見することはそんなに簡単ではないことが浮き彫りになったようにも感じられる。

逮捕後の報道――しだいに明らかになる虐待のエピソード

　本事件の報道は、逮捕後も続く。ここでは、事件後の少年審判にかかる主な動きとあわせて、Aの生育史にかかわる内容を報道記事から抜粋する。
　「小学校時代から成績優秀だった長男は、性格も明るい人気者だったが、中高一貫校の進学校に入学後は、成績が振るわず、教育熱心な父親からたびたび叱られていた。しだいに口数が減り、友人らに『父がうるさい』と不満を漏らしたこともあったという」(『読売新聞』2006年6月25日朝刊)
　「長男が、県警捜査本部の調べに『火はつけたが、母親や妹、弟が死ぬとは思わなかった』と供述していることがわかった。逮捕当初は認めていた殺意を、一転して否認したことになる。長男は、以前から父親に対しては憎しみをもっていたものの、母親や弟、妹に対してはなかったと言っている。そして『家族が死んだことは、警察から言われて初めて知った。3人が死ぬとは思わなかった』などと、殺意を否認する供述を始めたという」(『読売新聞』2006年6月30日朝刊)
　「逮捕された長男が中学2年だった2年前、家庭訪問した担任教師に、父親から暴力を受けていて、やめさせるように訴えていたことがわかった。しかし、その後も父親の暴力は続いていたといい、長男が発していた『SOS』を周囲が見逃していた可能性が高い。学校側はこれまで、『どこにでもあるような親子

第Ⅱ章 2005〜2006年（児童虐待防止法第1次改正後の事件）

関係で、目立ったトラブルはなかった』と説明。しかし、関係者らによると、長男は学校の成績をめぐって父親から再三、暴力を受け、けがをして登校したこともあったという。2年前、当時の担任が家庭訪問した際、両親と長男本人の計4人で面談。長男は担任から『何か言いたいことは』と問われ、『殴るのをやめさせてほしい』『塾をやめさせてほしい』などと訴えたという。担任は保護者に助言したというが、県警の調べなどで、父親の暴力はその後も続いていたことがわかっている」（『読売新聞』2006年7月1日朝刊）

「弁護士によると、きびしい父親から暴力を受けていたことについて、長男は『毎日、精神的につらかった』、事件を起こしたことを『非常に後悔している』と語ったという」（『読売新聞』2006年7月4日朝刊）

「5日、接見した弁護士によると、長男は『幼稚園の頃から毎日勉強させられたので、みんなと同じように遊びたくて、つらかった。何でこんなに勉強しないといけないのだろうと思っていた』などと語ったという」（『読売新聞』2006年7月6日朝刊）

幼少期から父に暴力をともなう強制で勉強をさせられていたという経過が浮かび上がってくる。とはいえ、この時点では、暴行の具体的な内容は記されていない。さらに報道をみていくこととしたい。

家庭裁判所送致

奈良地検は、7月12日、長男を殺人と現住建造物等放火の非行事実で奈良家裁に送致した。家裁は同日、2週間の観護措置を決定、長男を奈良少年鑑別所に収容した。早くもこの段階で、Aの心情に関する検察側と弁護側の見解は対立する。それを以下の報道で示してみよう。

「『事件を真摯に受けとめているのか疑問。反省の情は乏しい』。奈良地検は、家裁に提出した意見書できびしく指弾した。これに対し、弁護側は、教育熱心な父親の指導に耐え切れなかった長男の苦しみを強調、近く始まる審判で情状を訴える」（『読売新聞』2006年7月13日朝刊）

こうして、事件が家裁に送られた後も報道は続き、Aの気持ちや父の養育内容などが取り上げられた。その1つを以下に紹介する。マスコミの関心の1つは、なぜ放火という手段を選んだかという点にも向いていた。

「『今は会えない。どんな言葉で謝ったらいいのかわからない』。長男は、家族でただ1人生き残った父親について、接見した弁護士にそう話したという。

171

父親は、『ICU（集中治療室）』と名づけた勉強部屋を用意し、自らも指導するほど"教育熱心"だった。父親の医者仲間は言う。『彼は酒席で「長男は俺よりいい大学の医学部に入れて、腕のいい医者にするんや」と話していた。彼も祖父から「絶対、医者になれ」と言われて育った。それと同じことを長男に言っていたそうです。事件後、彼は「もっと自由にさせればよかった。育て方がまずかったのか」と語っていました』」（『週刊朝日』2006 年 7 月 14 日号）

「一方、長男は放火する数日前に凶器を手に父親の寝室に向かったほど、父親を憎んでいた。そんな父親の不在時を狙って、あえて母、妹、弟の殺害に及んだのは、父親への恨みが動機だったのか。県警の調べに対して、『家族 3 人が死んでもかまわないと思った』と話していた長男だが、最近になって殺意を否認するようになり、精神的に不安定になっているという。『凶器を使って返り血を浴びるのがいやで怖かった。放火なら、むごいシーンを見なくていい。事前に着替えをすませ、すぐに家を出ることができるように、準備をして火をつけた』。そんな趣旨の供述をしている」（捜査関係者）（『週刊朝日』2006 年 7 月 14 日号）

長男の第 1 回審判が、7 月 19 日、奈良家裁で行われた。2001（平成 13）年に改正された少年法により、審判に検察官が立ち会うことができるようになったが、この事件でも検察官の出席が認められた。

ところで、本件では、弁護側と検察側で処遇をめぐっても意見の対立があった。そもそも少年法は、16 歳以上の少年が被害者を死亡させるような事件を犯した場合には、原則として検察官への送致を行うよう求めていたが、調査の結果刑事処分以外の措置が相当である場合には、この限りではないとも定めている[1]。本件は 16 歳の長男が放火殺人を犯したとして家裁送致された事件であったため、検察側は原則通りの検察官送致を求め、弁護側は、寛大な処遇を求めたのである。その点を報じた記事を、以下に紹介しよう。

---

1 少年法の当該規定は、以下のとおり。
　第 20 条　家庭裁判所は、死刑、懲役又は禁錮に当たる罪の事件について、調査の結果、その罪質及び情状に照らして刑事処分を相当と認めるときは、決定をもつて、これを管轄地方裁判所に対応する検察庁の検察官に送致しなければならない。
　2　前項の規定にかかわらず、家庭裁判所は、故意の犯罪行為により被害者を死亡させた罪の事件であつて、その罪を犯すとき 16 歳以上の少年に係るものについては、同項の決定をしなければならない。ただし、調査の結果、犯行の動機及び態様、犯行後の情況、少年の性格、年齢、行状及び環境その他の事情を考慮し、刑事処分以外の措置を相当と認めるときは、この限りでない。

第Ⅱ章　2005～2006年（児童虐待防止法第1次改正後の事件）

「揺れる長男の内面を見極める作業は難しい。検察と、長男の付添人弁護士は殺意と反省の有無をめぐって見解を違える。
　象徴的なのが、長男立ち会いの県警の現場検証（7月7日）だ。その直後に接見した弁護士に、長男は『お母さん、弟、妹の顔を思い出して涙が出た。ごめんなさいと何度も心の中で謝った』『今の生活から逃げたい一心だった。後のことを考えなかった自分にすごく腹が立っている』と述べたとされる。その一方、検察幹部は現場検証中、長男は『涙一つ浮かべなかった』と明かした。『家が灰になってすっきりした』との供述や検察官が調書作成中、『手持ちぶさたなのでゲームをしていいですか』と話すなど、反省の態度がみえないとしている」（『朝日新聞』2006年7月20日朝刊）
　「事件の大きな要因とされる父親の『体罰』についても、付添人弁護士は『きびしい勉強の指導で毎日つらかったようだ』とするが、検察側は『口答えしたときに平手で叩くなど、ごく普通の家庭でもありえる程度だった』と重視しない」（『朝日新聞』2006年7月20日朝刊）

虐待について

　第2回審判は、8月2日開かれ、付添人弁護士が、長男と面会した父親の手記を提出し、公表した（後段で紹介）。また、父に対する質疑が行われた。以下に、審判における父の発言部分を引用する。
　「父親は『長男が取り返しのつかないことをしたのは、長男の気持ちを考えず、医者にしたいという思いだけを押しつけ、勉強漬けにして追いつめたのが原因。心から反省している』と述べた。長男への暴力について、涙声で『髪の毛をつかみ、引きずり回し、何度も殴って蹴るというような乱暴を十数年の間、何度もしていた』と打ち明けた。この間、長男はうつむいたまま静かに聞いていたという。長男の処遇には、『本当の償いは（長男を）更生させること。単に刑罰を与えるのではなく、どんなに時間がかかっても保護処分にしてもらいたい』と訴えた」（『読売新聞』2006年8月2日夕刊）
　こうした父の発言をみるかぎり、検察官が主張した「ごく普通の家庭でもありえる程度」ではなかったとみるべきだろう。以下は、新聞報道ではなくインターネット情報ではあるが、具体的な虐待の内容が整理されて掲載されているので、抜粋して紹介したい。
　「（Aは、中学）1年の3学期の期末テストですべての科目で平均点を下回っ

たことがあった。医学部に進学させることを決めていた父親は理系に進むための理科・数学・英語を重視しており、Aは成績表のその3教科の点数をコピー機で改竄した。改竄は担任教師から自宅に電話が入ったことで発覚するのだが、それがばれた夜、父親は『何でこんなに成績が悪いんや！』と怒り狂い、Aを滅茶苦茶に殴った。

中学2年の3学期には、理科のテストで『公式が思い出せないから』とカンニングをした。それらはすぐに教員にばれた。その日の夕方、父親は勤務先からテストの結果を聞くために電話をかけてきて、Aは正直に話して謝った。だが、その夜、書斎に呼ばれて顔や頭を殴られた。

Aは県内にある関西でも有数の私立進学校に入学。毎年多くの東大・京大合格者を出す。しかし、中学までトップクラスだった成績は半ばに落ち着き、なかなか伸びなかった。伸びない、といっても、この高校で半ばほどであれば、どこの大学でも狙える位置にある。とはいえ、成績が伸びないことについて、父はいらだったのか、さらにきびしく勉強をさせるようになった。A自身も、このままでは父の希望にかなう志望校には入れないと感じるようになった。

塾や英会話学校がない日、Aは夜7時半から12時頃まで、自室ではなく父親の書斎で勉強をした。目の前には父親が黙って座っていて、問題を解くのが遅かったり、間違えたりすると、父親はこぶしで殴ったり、髪の毛を引っ張ったり、殴り倒してから足蹴りするというような暴力である。あるときには、シャープペンシルを頭に突き刺したこともあった。Aの前歯2本は殴られたためか差し歯だが、折れたときのことは覚えていないという。

またテレビゲームをしているのが発覚して以来、Aは2階の自室ではなく、1階にある父の隣りの部屋で寝るようになった。

6月5日、5月に行われた中間テストの英語の答案が返ってきた。平均点より20点も下回っていたことにAはショックを受ける。テストの点数を正直に話したら殴られるし、『今度嘘をついたら殺すぞ』とも言われていた。7日、Aは英語のテストについて『平均点より7点よかった』と父に嘘をついた。20日には保護者会が予定されており、そのときに嘘はばれる。Aは追い詰められた」（「奈良・母子3人放火殺人事件」http://yabusaka.moo.jp/narabosi.htm）。

かなり重篤な暴力、身体的虐待が続けられていただけでなく、心理的にも極限に近い状態まで追いつめられていたことが浮かび上がるのではないだろうか。なお、弁護士は、Aの犯行時の行動に矛盾が多いなどとして精神鑑定を請求し、

家裁もこれを認めている。

父の手記

　以下では、弁護士が公表した父の手記について紹介する。父が、事件後はじめて面会したときの様子を記したものである。

＊

　7月13日、事件後、はじめてAに面会してきました。そのときの様子を報告します。まず、会ってすぐ、Aは、直立して、「ごめんなさい」と謝ってくれました。話の途中からは、泣きじゃくって謝ってくれました。Aはやはり表現、言葉も顔の表情もうまく出せないようです。

　事件を起こしたときも、捕まった後も、人生をほかして（捨てて）いるような感じです。捕まった後、何をしてももう一緒、もし外に出てもパパに叱られるし、自分は外ではもう生きられないと、自分から望みを絶ったのかもしれません。

　でも、しっかり反省していました。面会の後、鑑別所の職員が、「まだ1日みただけですが、お父さんの前で、急に子どもらしい感情表現をしましたね」と言っていました。

　Aは父である私の愛情に非常に飢えている様子です。また、友だちの友情にも心を動かされるようでした。私はできるだけ頻回にAに会って、少しでも心を開かせたいと思います。大まかな話の内容です。参考までに。

　私「パパが悪かった。おまえにたびたび暴力をふるって悪かった。家にいてもずっとパパに監視されていて、家にいるのがつらかったやろ」
　A（だまってうなずく）
　私「暴力ふるったパパを許してくれ」
　A（うなずき、少し涙）
　私「今、何か困っているものあるか？　何でも言いや。服のサイズはあれで合っているか？」
　A「サイズは合っているし、今は、何もほしいものはない」
　私「ママらも死んでしまった。自分が何をしたかわかるやろ」
　A「ごめんなさい」（泣きながら謝る）
　私「3人とももう帰ってこない。罪を償わなければならない。原因を作ったパパも、罪を償う」

A「ごめんなさい」(泣きじゃくりながら謝る)

私「Aが牢屋に入っていることだけでは償いにはならないと、パパは思う。それは法律上の償いでしかない。3人への本当の償いは、A自身がちゃんと更生し、人生をもう一度やり直すことだと、パパは思う。Aも自分でどうしたら3人に謝れるのか、罪を償えるのか考えてほしい。Aが出てきても、もうパパは勉強しろと言わない。パパは、死ぬまでAと一緒になって、罪を背負って生きていくつもりやし、できうるかぎり、Aをサポートする。けど、A自身が、自分で考え自分で道を決めていかなければならない。ゆっくり考えなさい。自分で考える道を歩むためには、まず、今現在どうすればよいかを考えなさい。まず、今はいっそう反省して謝罪をすること。それが償いの始まりや」

A (泣きじゃくりながら話を聞く)

私「Aは友だち多かったということを、今回の事件後よくわかった。みんなAのこと思って、嘆願書を書いたり、手紙くれたりしたよ。B君本人と、B君のお母さんがパパに直接メールくれたよ。B君『Aは何があっても一生の親友です』。お母さん『A君が京都から帰ってくるとき、BとC君がA君を迎えに行くと言って警察まで行き、A君が帰ってきても、少しでもA君のそばにいたいと言って、雨の中夜遅くまで警察の前で立っていた』そうや。パパよりはるかに友だち多い。みんな待ってるで。Aが更生して出てくることを。親友のためにもがんばらないとあかん」

A (いっそう、強く泣き出す)

私「もしAが20歳以上なら、3人死亡しているので、間違いなく死刑。しかし、Aは16歳だから、少年法で裁かれる。少年法は将来のある子どもを少しでも更生させようとする法律や。パパは、Aがもう一度やり直せる可能性があると信じてる。おまえはまだ若いから、まだまだやり直せる」

A (泣きじゃくりながら聞いている)

私「Aは俺そっくりなんや。おれの悪い癖そっくり受け継いでいるんや。だから、パパにはおまえが何を考えているかよくわかる。でもな、ほかの人にはまったくわからへんで。今は涙もろくなったけれど、パパは、心の内を表情に出さないのや。学生のとき、先生に怒られたら、必ず言われた。何笑っているんや、叱られているのに何をニタニタしているんや、

とさらに先生に叱られた。自分では何も笑っていないし、先生を馬鹿にしているわけではない。反省しているのに、そんな表情しか出せなかった。Aも同じや。おまえ、パパに似て口下手やろ。おべんちゃらなんて絶対言えない。でもな、警察でも調書とられたやろ。口に出して言わないと、調書に書いてもらわれないんやで。わかるやろ。心の中でどんなに反省してても、口に出して言わないとほかの人はわかってくれないよ」

私「3人に対し、今はどう思ってるんや」

A（泣きながら）「ごめんなさい。ほんとにひどいことしてしまったと思ってる。僕の代わりに、毎日花供えたって」

私「わかった」

私「X（亡くなった母の実家の地名）のおじいさん、おばあさん、わかっていると思うけど、Aとは血がつながっていない。でも、こんな事件を起こしても、おまえのこと孫やと言うてくれているで。夏、山登りに連れていってほしかったんやろ。毎年、アユ釣りや山菜採りに行きたかったが、パパが許さなかったんや。もっとXに遊びに行きたかったんやろ。パパが悪い、おまえの楽しみをすべて取り上げていたんや。ごめん」

私（職員に向かって）「手紙のやりとりはできますか」

職員「できます」

A「パパにちゃんと手紙書きます」

私「パパも出すよ。XとY（父方の実家の地名）の両方のじいちゃん、ばあちゃんに手紙書いたり。安心するよ」

私「また会いに来ていいか」

A「会いに来てほしい」

（Aは鼻水垂らしてずっと泣いていた）

（『朝日新聞』2006年8月3日朝刊）

精神鑑定

Aの精神鑑定書が10月13日、奈良家裁に提出された。以下は、そのことを報じる新聞報道である。

「（鑑定書は）長男を自分の興味・関心に執着する『広汎性発達障害』であったと診断、犯行時に『幼少時からの父親の暴力によって持続的な抑うつ状態に

あった』ことが重なり、父親から逃げることに病的に集中した結果、非行に及んだ『不幸な事件』とした。

奈良家裁は同日、観護措置を26日まで再延長。近く少年審判を再開し、少年院送致などの保護処分か、正式裁判を受けさせるための検察官送致（逆送）かを決定する。

関係者によると、広汎性発達障害の程度についてはふれておらず、心神耗弱だったかどうかや、刑事責任能力の有無については言及しなかった。

約2カ月間の精神鑑定期間中、長男は父親から差し入れられた英語や数学の本で勉強を再開した。父親の体罰を受けながら勉強していたころと違い、『勉強の本当の楽しさがわかる気がする』などと話しているという。長男は高校1年だったが、7月末に退学。同校の関係者は鑑定結果を聞き、『長男は、周囲を気にせず、先を読めない行動をとる面もあったので納得できる。反省してしおらしくみせようと、気が働くような子ではなく、刑事裁判にはそぐわない』と話す」（『朝日新聞』2006年10月14日朝刊）

精神鑑定の結果を受け、その1週間後に第3回の審判が開かれた。その様子を、引き続き新聞報道によってみてみよう。

「長男の第3回審判が10月20日、奈良家裁で開かれ、長男を『広汎性発達障害』と診断した精神鑑定結果について、長男の付添人弁護士と奈良地検の双方が意見を述べた。家裁の依頼で実施された鑑定書は13日に提出され、広汎性発達障害に、父親の暴力によって抑うつ状態であったことが重なり、父親から逃げることに病的に集中した結果、非行に及んだとした。

審判は非公開。関係者によると、弁護士は鑑定結果に加え、長男が接見で『3人は2階の寝室から隣の倉庫へ飛び降りて逃げられると思った』などと話していたことから、長男に殺意はなく、あっても薄いと判断。『重過失致死』を主張し、医療少年院送致の保護処分を求めたという。

一方、奈良地検は『長男の行動や生活状況などから、広汎性発達障害は医学的に当てはまらない』と主張。2階で寝ていた3人の逃げ道である階段下付近に放火したことなどをあげ、『確定的な殺意があった』として、成人と同じ刑事裁判を受けさせるため、検察官送致（逆送）を求めたという」（『朝日新聞』2006年10月21日朝刊）

第Ⅱ章　2005〜2006年（児童虐待防止法第1次改正後の事件）

中等少年院送致

　最終的な処分を決める審判は、10月26日に行われた。ここでは、審判の様子と処分内容についての報道を紹介する。
　「長男（16）の少年審判が26日、奈良家裁で開かれた。裁判長は、長男が3人を殺害した非行事実を認定し、『殺意はあったが、程度は低い。父親の暴力を受けた成育環境が非行に走らせた要因の1つで、広汎性発達障害の影響が強く現れている。保護処分によって、矯正、改善の見込みがある』として、中等少年院送致とする保護処分を決定した。収容期間については『相当長期の処遇が必要である』とする意見をつけた。
　決定によると、長男は6月20日午前5時頃、自宅1階台所などにサラダ油をまき、ガスコンロで着火したタオルで1階階段付近に放火。木造2階建て延べ約 $140m^2$ を全焼させ、2階で寝ていた母親（当時38歳）、次男（同7歳）、長女（同5歳）を一酸化炭素中毒で死亡させた。裁判長は、長男が医師宅2階で3人が寝ているのを認識しながら、逃げ道になる階段付近に火をつけたことから、『3人が死ぬことはやむをえないと考えた』として、殺意については未必の故意を認めた。
　しかし、事件の背景として強度の暴力を受けていたなどの事情があったとし、『少年だけに責任を負わせることは相当ではない』などと指摘した。『社会的な反響の大きさを考慮すれば、原則どおり、検察官送致も考えられる』としながら、①殺意は確定的なものではなく、程度はかなり低い未必的なもの、②父親から長年にわたって受けた暴力から逃れる手段として放火を思いついたなどとして、『中等少年院における指導により、発達障害への対応は十分可能』と判断した。
　『父の暴力から逃れる手段としての犯行で、動機に酌むべき点がある』。長男を中等少年院送致の保護処分とした26日の奈良家裁の決定。3人の尊い命を奪った結果の重大性にふれながら、父親の医師の暴力や、長男の資質が事件につながったと複合的な要因を強調した。長男は終始、うつむきながら言い渡しを聞き、『自分に責任がある。一緒に罪を償いたい』と保護処分を願っていた父親は後ろの席に座り、見守った。午前10時12分、家裁3階の少年審判廷で開廷。長男と父親、弁護士が付添人として出席した。
　弁護士によると、裁判長が約40分間にわたって決定主文などを読み上げると、ワイシャツに黒色セーター、紺のズボン姿の長男は緊張した面もちで、

じっと聞き入った。裁判長が『3人がどんな思いで亡くなっていったのか、十分かみしめ、更生の第一歩にしなさい』と諭すと、小さな声で『はい』と答えたという。長男は閉廷後、裁判長に『大変お世話になりました』とはっきりした口調で述べ、頭を下げた。

その後、弁護士が家裁近くの県文化会館前で会見。家裁の決定を評価したうえで、『長男は前日、「どんな決定にも従います」』と話していた。裁判長の説諭を聞いて、ずしりときたのでは。今後も接見を続けて、相談に乗っていきたい』と気遣った。

弁護士らによると、長男は鑑別所では、就寝前に正座して亡くなった3人に対し、『天国で平穏に暮らしてください』と心の中で祈ることが日課で、反発していた父親が週に1回、面会に来ると、『将来は一緒に暮らしたい』と口にするようになった。差し入れた参考書で勉強も再開。『強制されない勉強は楽しい』と話しているという。

父親は事件直後、『家族を失い、息子は逮捕され、どうしていいかわからない』と悲痛な思いを知人に漏らしていたが、審判では『自分の暴力が原因。息子を保護処分にしてほしい』と訴えてきた。現在は、カウンセリングを受け、長男を追いつめてしまった原因などと向き合う日々。『息子の更生を見守りながら、無医村で働きたい』と話しているという」(『読売新聞』2006年10月26日夕刊)

なお、本審判結果を受けて、上記の読売新聞は、識者のコメントとして、保護処分に賛意を示す意見と、検察送致すべきだったとする意見の両方を掲載している。

家庭裁判所の決定要旨

以下では、同じ日の『読売新聞』夕刊に掲載された家庭裁判所の決定要旨をそのまま引用する。

殺意について

証拠によれば、長男は、2階で母ら3人が就寝中であることを認識しながら、あえて自宅に放火し、消火措置を特段講じることもないまま家出していることが認められる上、長男は、緊急逮捕された直後から審判に至るまで、ほぼ一貫して、母らを積極的に殺害する意図はなかったと供述する一方、放火することで母らが避難できずに焼け死ぬ可能性があるものの、死亡することもやむを得

ないと考えていた旨供述しているのであるから、長男には母らに対する未必の殺意があったということができる。検察官は、長男には確定的殺意があったと主張する。しかし、そもそも、長男が放火を思い付いたのは、父を殺害する手段としてである。一方、本件記録及び長男の当審判廷における供述を総合しても、死亡した3人に対する関係では、確たる殺害の動機は全く見当たらない。長男は、母について、自分をかばってくれないことや、父から尋ねられると長男のことを何でも話してしまうことなどに不満を感じてはいたが、このような不満は誰もが感じる程度のものであり、これだけでは母を殺害する動機として不十分であることは明らかである。

鑑定結果

鑑定人は本件非行やこれに至る経緯に現れた行動、成育歴等を踏まえ、長男の精神状態について特定不能の広汎性発達障害であると診断。本件非行を理解するためには、一般的な心理解釈だけでは不十分で、「同障害の特徴を考慮する必要がある」とし、「あることに注意が向いている時には他のことにあまり注意が向かずに周りへの配慮を欠く」「特に現前する物や現在の関心事に強い注意が向くことが多い」などの特徴を指摘する。

このような特徴は「幼少期から本件に至るまで長男が父から受けていた暴力により陥っていた持続的な抑うつ状態においては更に強まる」ことを指摘する。

本件非行の理解

○父に対する殺意の形成

長男は幼少時から、医師になることを過剰に期待され、父の監視の下で長時間の勉強を強いられ、強度の暴力を受け続けてきた。その過程で親族や、カンニングを契機に父の暴力を知った担任教師が介入しても暴力はやむことがなかったため、長男は誰も父の暴力を止められないと思って他人に相談することをあきらめ、家族内での孤立感や父に対する無力感を深めていった。

さらに、カンニング以降、父から「今度嘘ついたら殺す」といった発言を繰り返し受けていたところ、本件非行直前の中間試験で平均点を大きく下回る点数しか取れなかったことから、父に発覚すれば本当に殺されてしまうくらい殴られるなどと恐怖し、心理的に追い詰められた揚げ句、「父を殺害して家出する」ことを決意した。

○殺害方法の選択

長男は当初、ナイフや包丁などを思い付いたが、父に致命傷を負わせること

は難しいと考えてあっさりと取りやめ、結局、通常殺傷力があるとは考え難い練習用竹刀で父を撲殺しようと決めた。しかし、いざとなると練習用竹刀による父の撲殺を実行できなかったが、その背景には支配者である父と直接対峙(たいじ)できないという無力感があり、長男にとっては血のつながった父を殺害することへのためらいもあった。そこで、直接対峙せずとも父を殺害できる方法として、放火という手段を思い付いた。

○父不在中の放火

最終的に本件放火を決断したのは、前夜、学翌塾から帰宅して就寝するまでの短時間であり、明日になれば保護者会が開かれて、成績に関し嘘をついたことがばれてしまうという、非常に切羽詰まった状況だった。

○結論

以上のとおり、長男は幼少期における父の支配的養育態度という環境の下で情緒の健全な発達が阻害された状態で成長した。1つのことに固執する傾向があり、追い詰められた状態になると周囲の状況が見えなくなって自分の考えを短絡的に実行してしまうといった性格特性が形成されてきたが、加齢にともなう自意識の高まりや父に対する反発の強まりによって、それまでのような表面的な安定を維持し難くなっていた。

高校入学後の最初の定期試験で平均点を大幅に下回る点数しか取れなかったという、長男にとって危機的な状況に陥ったことから、ついに不快な感情を押えつけることができなくなり、「父を殺害して家出をする」ことを決意した。そして、それを実行する場面では、広汎性発達障害という生来の特質による影響が強く現れ、放火という殺害手段を選択し、殺害する相手がいないという現実に合わせて計画を変更できなかった。

処遇の選択

本件では保護処分を選択すべき特段の事情がある。

殺意は、確定的なものでは到底なく、未必的なものであるにすぎず、殺意の程度は、未必の殺意の中でも、かなり低いものであったというべき。父の暴力から逃れる手段として、放火を思い付いたものであり、犯行の動機に酌むべき点がないとはいえない。長男なりに反省の情を示している。成育環境が、長男の性格・資質上の偏りを生じさせ、長男を本件非行に走らせた要因の1つとなっていることは、家庭裁判所調査官の調査などからも明らか。

また、長男は適切な教育・指導がなされないと、真の意味での更生は果たせ

ないままとなることが危惧される。厳格な規制のもとにある刑務所での処遇では、父による支配的な養育環境と相似形となるおそれがある。遺族である長男の父、父方の祖父母、母方の祖父母は、いずれも、保護処分により教育的な指導がなされることを望んでいる。寛大処分を求める多数の嘆願書が当裁判所に寄せられるなど、社会感情も必ずしもきびしくはない。

なお、長男は広汎性発達障害であると指摘されているものの、長男がこれまで学校教育に適応してきたことや、集団生活の中で社会的スキルを身につける必要性が高いことに加え、中等少年院における個別処遇により発達障害への対応は十分可能であることにかんがみれば、長男を医療少年院ではなく、中等少年院に送致するのが相当である。

長男に内省を深めさせ、社会人として安定した生活をする上で必要不可欠な情緒性や社会性を獲得させるためには、相応の期間を要すると予想される。

父は、長男に暴力をふるっていたのは仕事上や家庭生活上のストレス解消という面があったことも自認しており、父がかかえる問題性は大きい。父は、専門家によるカウンセリングを受けるなど、自らの改善に向けて取り組み始め、将来的な長男の引き受けにも意欲を示しているが、今後、父と長男との関係改善にも相応の期間を要することが予想される。これらの事情を考慮すると、長男については相当長期の処遇が必要である（『読売新聞』2006年10月26日夕刊）。

その後

家庭裁判所の決定を受け、地検は不服申し立てにあたる「抗告受理の申し立て」を行わず、審判が確定した。また、父は決定を受けて、次の手記を公表した。

「長男のしたことは決して許されることではありませんが、その原因を作り追い詰めたのは紛れもなく私です。大人の都合で幼少時より複雑な家庭環境に置き、いい大学に入って医者になることが幸せにつながるという価値観を暴力に訴えてまで押し付け、知らず知らずのうちに精神的な極限状態に追い込んでしまいました。そのことで妻や次男、長女は命を失い、長男も罪を償うことになり、今までの人生で築き上げた何もかも失ってしまいました。

どうしてよく話し合って本当の気持ちを聴き出そうとしなかったのかと後悔ばかりです。結局は親のエゴを押し付けただけだったと思います。3人だけではなく長男も私の被害者でした。

長男には多くの嘆願書や励ましの手紙をいただきました。私への怒り、お叱りのメッセージだと心に刻み、まず私自身が更生するために人の生き方など一から学び直す所存です。

長男も深く反省しています。鑑別所で面会を終えて帰るとき、握手を求め『また面会に来てほしい』と言い、審判で『一緒に生活してもいい』と言ってくれたことが、せめてもの救いです。

父子関係の本来のあり方を一生懸命学び、長男の更生に今後の人生をささげ、2人で死ぬまで罪を背負って生きていくことが、3人に対する唯一の償いだと思います」（「奈良・母子3人放火殺人事件」http://yabusaka.moo.jp/narabosi.htm）

(4) 事件へのコメント

審判で「中等少年院送致」が決まると、付添人として担当していた弁護士は、会見を開いて保護処分の決定を評価し、「今後も相談に乗っていきたい」とコメントした。また、長男が通っていた高校の教師は、「本当に涙が出るほどうれしい。裁判所の方々に感謝の気持ちでいっぱいだ。これからかかわる人たちに心を開いて、人間的に成長してほしい」と話している（『朝日新聞』2006年10月27日朝刊）。

一方、長谷川博一は家庭裁判所の決定を批判し、「長男は医療少年院で特別のプログラムを受け、相当長期の治療が必要だった。中等少年院は、あくまで集団生活の場で、誤った判断」と述べている（『読売新聞』2006年10月27日朝刊）。

これらのコメントは、検察官への逆送とならず保護処分としたことを評価しているものと思われ、事件の背景にAが虐待を受けて育ったことを、問わず語りに認めたものといえるかもしれない。とはいえ、直接的に「児童虐待」という表現を用いたコメントは、読売新聞や朝日新聞の新聞報道を見るかぎり見当たらなかった点も付記しておきたい。

(5) 事件がもたらした影響

本件は16歳のAが起こしたものではあるが、放火殺人で3人もの命が奪われたこと、はた目には幸せそうにみえていた医師一家で起こった事件であるこ

と、有名進学校に通う高校生が犯した事件であることなどから社会的な注目を集め、少年事件としては異例といっていいほど多量の報道がなされた。

また、父親殺害を計画したはずのAが、父親不在中の自宅に放火して3人が死亡した経過などから、その背景や動機などにも強い関心が払われた事件でもあった。報道された家庭裁判所の決定要旨では、「父を殺害して家出をする」ことを決意したAが、「実行する場面では、広汎性発達障害という生来の特質による影響が強く現れ、放火という殺害手段を選択し、殺害する相手がいないという現実に合わせて計画を変更できなかった」とされている。

とはいえ、ここまでの全経過をふまえれば、本事件のもっとも本質的な問題は、息子を医師にしようとする父により、幼少期から長期にわたって勉強の名のもとに重度虐待といっていい暴力行為を受け続けたことであり、暴力から逃れたい一心で成績について嘘を言い、そのことでさらに追い詰められたAが「父親を殺すしかない」と考えて犯した事件ということであろう。したがって、本事件は深刻な児童虐待が招いた重大事件といって差し支えない。

ところが、家庭裁判所の決定要旨をみるかぎりでは、「父の監視の下で長時間の勉強を強いられ、強度の暴力を受け続けてきた」（下線筆者）といった表現はみられるものの、「虐待」という表現は（決定全文ではいざ知らず）みられず、本事件を「児童虐待」の観点で本格的に論じたコメントなども、寡聞にして発見できなかった。しかし、すでに述べたように、本事件が重篤な虐待を背景としていたことは明らかであり、私たちは、児童虐待の結果がいかに深刻な事態を招くのかについて本事件から深く学び、虐待の防止に向けてさらに取り組みを強めなければならないといえよう。

ところで、この事件に関しては、その後、草薙厚子（元法務省東京少年鑑別所法務教官、フリージャーナリスト）が、『僕はパパを殺すことに決めた』（2007年5月、講談社）と題した単行本を出版した。本書において、草薙は「A4版用紙にしておよそ3000枚」の「奈良県警が残した『供述調書』を含む捜査資料」が集まってきたとして、「供述調書に記された少年の肉声を公開することを決意した」と述べている。草薙自身が「少年事件において警察の作成した供述調書が手に入ることは、いかなる取材をもってしても本来ありえない」と記すように、資料は、ある意味では本事件を分析、解明するうえで貴重な材料を提供するものと言えよう。

ただし、本書が出版されると、奈良家庭裁判所が、「少年審判に対する信頼

を著しく損ない、関係者に苦痛を与えかねない」として、草薙と講談社に抗議文を送り、東京法務局長も講談社に対して「少年の成育歴などを詳細に記述したのは、プライバシーなどの人権の著しい侵害」と判断して、「本件書籍によるさらなる被害を防止するための適切な措置を講じるとともに、今後、このような人権侵害行為をすることのないよう、ここに勧告する」との勧告を行った。また、遺族も本書発刊を批判しており、加えて、草薙に供述調書などの精神鑑定資料を閲覧させたとして精神科医が秘密漏示容疑で逮捕された。本件は1審で有罪（懲役4カ月、執行猶予3年）となり、最高裁まで争われたが上告棄却となって刑が確定した。こうした経過をふまえ、本報告では、本書から事件内容に関する引用は行わないこととした。

文献
草薙厚子（2007）『僕はパパを殺すことに決めた──奈良エリート少年自宅放火事件の真実』講談社

11　泉崎村3歳男児ネグレクト死事件
　（福島県 2006年）

(1) 事件の概要

　2006（平成18）年7月29日の『読売新聞』は「3歳児低栄養死、両親逮捕　食事与えず、暴行の跡も　泉崎村」の見出しの記事を掲載した。3歳の三男に十分な食事を与えず死亡させたとして、実父と実母を保護責任者遺棄致死の疑いで逮捕したと報じたものである。死亡したのはK君（3歳5カ月）で、食事がなかったことで、栄養失調に陥り、この年5月に低栄養と肺炎により死亡したとみられた。K君の死亡時の体重は7.9kgで、生後6カ月の乳児の平均値程度だった。全身に暴行を受けたような傷もあり、県警では日常的に虐待を受けていた可能性があるとみて2人を追及した。遺体の写真を見た捜査関係者は、憤りを抑えながら「素人が見てもひどい。常識ではこんな子どもはいない。どんなことがあっても親の責任を追及する」と語ったという。その後、父は懲役10年、母は懲役6年の実刑判決を受けた。

(2) 家族の状況

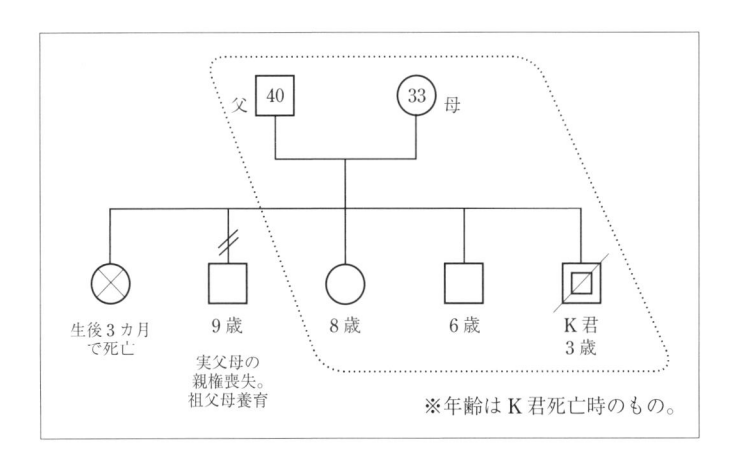

※年齢はK君死亡時のもの。

187

父と母は5人の子どもを授かったが、事件当時は次女と次男、そして死亡した三男との5人で同居していた。長女は1996（平成8）年に生後3カ月で乳幼児突然死症候群で死亡している。長男は、父からの虐待によって保護された後、2002（平成14）年に父母の親権喪失が決定し、祖父母が養育することとなった。これについての詳細は以下のとおりである。
　新聞の取材報道などによれば、父は1999（平成11）年6月に2歳6カ月だった長男に対する傷害容疑で警視庁に逮捕された。その当時家族は東京在住で、東京都の児童相談所は長男を保護し、児童養護施設に措置した。略式起訴された父は、同年7月に都内から泉崎村に転入する。ここには、父の父親がバブルの頃に土地を買い、父に譲った家があった。父はその後、長男が入所していた施設を探し出し、同年8月に無理やり長男を連れ戻した。東京都の児童相談所は、福島県中央児童相談所に協力要請して立入調査を実施し、長男について両被告の親権喪失の申し立てを行い、親権一時停止および職務代行者選任の仮処分決定を受け、長男を保護した。その後、2002（平成14）年11月に親権喪失が決定した。

(3) 事件の経過

　朝日新聞、読売新聞による報道と「児童虐待死亡事例検証報告書」をもとに、逮捕までの経緯を以下に述べる。
　1994（平成6）年7月に父と母は結婚する。その2年後長女を出産するが、生後3カ月で乳幼児突然死症候群で急死する。その後1997（平成9）年に長男が、翌年には次女が誕生する。長男が2歳6カ月の1999（平成11）年6月に、父が長男に暴行を加えて、逮捕され、長男は児童福祉施設に保護される。なお、この事件は、翌月に八王子簡易裁判所が父に罰金10万円の略式命令を下すことで、終結となる。そして同年7月、一家は都内から福島県泉崎村に転居する。転居した家は、すでに述べたように、父方祖父が建て、父に譲ったものであった。
　2000（平成12）年8月、長男が入所していた施設を探し出し、同年8月に無理やり長男を連れ去り、自宅に連れていく。すぐに東京都の児童相談所が長男を保護するために動き、福島県中央児童相談所に協力要請を行う。この年、次男が生まれる。10月には近隣の住民から虐待通報があり、次女等についても

第Ⅱ章　2005～2006年（児童虐待防止法第1次改正後の事件）

福島県中央児童相談所がかかわるようになる。

　転居後のこの家族は、近隣をはじめ外部との接触もほとんどなく、生活実態の把握が難しい状況にあった。加えて、自宅のすべての窓に全自動シャッターが取り付けられ、閉められたままであったため、なかの様子がわからない状況であった。この年の12月までに福島県中央児童相談所は、長男についての協力要請のあった東京都の児童相談所と一緒に3回、住民からの虐待通報のあった次女等の関係で1回、合計4回の立入調査を実施した。しかしシャッターが閉められ、なかに入れない状況で、いずれも不成功に終わってしまった。

　この間、東京都の児童相談所が福島家庭裁判所白河支部に、長男に対する父母の親権喪失審判、「親権職務執行停止」の保全処分、児童福祉法第28条の申し立てを行い、2000年11月　長男に対する父母の親権職務執行停止の保全処分、職務代行者選任に父方祖父が選出されることで、長男は家族から分離され福島県泉崎村を離れることとなる。児童虐待死亡事例検証報告書によると、家族と家庭裁判所との接点ができたことによって、福島県の児童相談所は家庭裁判所の仲介により、この家族と面接する機会をもつことが可能となった。しかし、はじめのうちは家庭訪問ができたものの、しだいに拒否され、電話もつながりにくくなり、メールでやりとりするしかできなくなる。次女と次男について保育所入所を勧めたが、結局利用されることはなかった。面接は、父の都合に合わせて、メールにより指定された日時場所で行うようになっていった。

　2002（平成14）年11月　福島家裁白河支部が、長男について両親の親権喪失を決定する。翌年の2月にK君が出生する。児童相談所は2002年までは家族と8回の面接を行うことができたが、母のK君の妊娠、児童相談所の担当者の人事異動等で面接の回数は減っていった。結果的に、2002年はメールのやりとりのみになってしまった。

　出生後のK君について2003（平成15）年7月の4カ月児健康診査、翌年9月の1歳6カ月児健康診査は異常なしとの所見であった。2004（平成16）年12月に県中央児童相談所がK君（2歳10カ月）と面接する。結果的にはこれが児童相談所がK君と会った最後となる。2005（平成17）年1月に、次女の小学校入学を4月に控えたのを機に児童相談所は、学校と連携して、関係機関による第1回ケース検討会を実施する（K君が死亡するまで計9回開催）。同年4月、次女が小学校に入学する。以降数回にわたり身体的虐待が確認され、この年11月の次男の就学時健康診断においては、次男の著しい発育不全が確

認された。しかし家族に対して十分な介入がなされずに時が過ぎていく。背景に家庭内の様子がまったくつかめないことと、暴力的な父親に対して恐怖を感じ、別の児童や職員らへの報復を恐れていたことが後に指摘されている。とくに小学校は規模が非常に小さく、教職員数も少なかったため、この家族と向き合うには十分な体制がとれなかったようである。

2006年4月、次男は小学校に入学したが、その翌月5月28日にK君は死亡した。父母が衰弱したK君を医療機関に連れていったものの、死亡が確認されたのである。この事件の直後、病院から通告を受けた白河署が自宅を訪問したところ、著しく発達の遅れた次男と次女がおり、児童相談所に連行、同所は2人を一時保護した。

同年7月28日、白河署が両親をK君の保護責任者遺棄致死容疑で逮捕する。警察に対して、母はしつけの範囲内だとして、また父も、十分ではないが食事は与えていたと容疑を否認した。しかし死亡時のK君の状態は、食事等を適切に与えている状態とはほど遠いものであった。死亡したK君は、司法解剖した結果、手足にほとんど筋肉がなく、死亡前には、低栄誉状態で自立歩行ができず、寝たきりになっていたと推察された。食事は母が口まで運んで食べていたが、バナナがのどに詰まっており、吐き出そうとしても反射運動ができないほど衰弱していたとみられている。

保護された次女と次男の身体にも刃物で切られたような傷や痣(あざ)があり、次女は身長108.3cm、体重20.5kg(同年齢全国平均は127.5cm、26.7kg)で、次男も身長87cm、体重10kg(同年齢全国平均は114cm、体重20kg)と著しく小さく、ランドセルを持てないほど衰弱していた。対応した村の女性職員に抱きしめられた次男は、「何でそんなにやさしいの」と尋ねたという。2人は捜査員に対し、「おなかがすいたときに、自宅にあったドッグフードを食べた」とも話した。身体が小さい2人が小学校の給食を楽しみにし、おかわりをする様子はよく知られていた。

8月18日に白河署は、両容疑者を次男に対する保護責任者遺棄致傷の疑いでも再逮捕。栄養失調状態に陥らせながら、病院にも連れていかず、発達障害などの傷害を負わせた疑いである。

9月8日に福島地検は、K君を死亡させ、次男を発達障害に陥らせたとして、両容疑者を保護責任者遺棄致死傷の疑いで起訴した。さらに父に対しては、日常的に次女を暴行したとして暴力行為等処罰法違反(常習的傷害)の罪でも起

訴した。2004年から2005年にかけて、自宅で次女の腕に刃渡り20cmのナイフを叩(たた)きつける暴行を加え、重傷を負わせたというものである。

実父の公判

福島地裁初公判（2006年12月1日）

　父は起訴事実を認めた。検察によると、父は、「おはようございます」や「ごはんをください」などがうまく言えないと、子どもたちに食事を与えず、拳や布団たたきなどで殴りつけていたこと、父が納得するまで食事をさせないため、3人は丸1日食べ物を口にできないことがたびたびあったことが明らかになった。次女はドッグフードで空腹をしのぎ、次男は小学校の粘土工作で食べ物ばかりを作っていたという。父は、痩せ細った次男を「骸骨」、K君を「鳥」と呼ぶことがあったほか、子どもが台所で食べ物を探さないよう子ども部屋にセンサーや防犯ブザーをつけて行動を監視していたという。また母は、K君について「次男の送り迎えで面倒をみる時間がなくなった」と供述していることもわかった。両親逮捕後、次男と次女は児童福祉施設に入所し、体重は目覚ましく増加、学校に順調に通うようになったという。

論告求刑公判（2006年12月4日）

　父の論告求刑公判が行われ、検察側は「現在の日本の生活環境ではおよそ考えられない異常な事態」と指摘、「なぶり殺しにも近く、常軌を逸している」ときびしく非難し、懲役10年を求刑した。

判決公判（2006年12月15日）

　裁判長は「残虐で非人間的な犯行」として、求刑どおり懲役10年の刑を言い渡した。

実母の公判

福島地裁初公判（2006年12月11日）

　母は起訴事実を認めた。弁護側は、1994（平成6）年の結婚当初から父にペンチで身体をつねられたり、裸で外に立たされたりしていたことを明らかにし、「母には夫に対する恐怖心があり、止めたり意見したりすることができなかった」と主張した。

論告求刑公判（2006年12月12日）

　検察側は「保護義務違反の程度は父親に勝るとも劣らず、刑事責任は著しく

重大」として、懲役6年を求刑した。弁護側は、母が実質的に父の支配下に置かれていたとして、「共同正犯として起訴されているが、従属的だ」とし、寛大な判決を求めた。被告人質問で、母は「機会をみて逃げ出さなきゃと思うこともあったが、用意しているところを見つかったら、想像できないほどの暴力を受けると思った」と話した。

判決公判（2006年12月21日）

裁判長は「子の安全で健やかな成長への責任を担うべき母親の行動としては、強い非難に値する」として、求刑どおり懲役6年の刑を言い渡した。

家族の暮らしぶりについて

1999（平成11）年、泉崎村へ転居後、父は一時トラック運転手をしていたが、その後はパソコンのホームページ制作などで生計を立て自宅にいることが多かった。自宅のすべての窓には全自動シャッターが取り付けられ、日常生活ではほとんど開くことがなく、外部からは人の気配もわからない状態だったという。近くの主婦は「挨拶は返さないし、柵もわざわざ庭が見えないものに替え、不気味だった」と話す。また自治会の草取りに参加しなかったり、ゴミ出しをしなかったりで、近隣とのトラブルが絶えなかったという。父が近隣の家に怒鳴り込んでいく姿も目撃されており、「誰も怖くて、口出しできなかった」と近所の女性は話した。「母親も情緒が不安定で人づきあいが難しい」（福島県中央児童相談所職員の話）状態だったという。福島県中央児童相談所も、訪問面接を一方的にキャンセルされるなどがあり、接点を作ることが難しかったようである。

親子関係について、近隣の住民は「親子で戯れる姿を見たことがなかった」と話し、「父親が物を扱うように子どもの首をつかんで運んでいた」「母親が次男に『遅えんだよ、早く歩けよ』と怒鳴っていた」などの粗暴な態度もたびたび目撃されている。見かねた住民が注意すると、猛然と反発したという。母が「1日に1食しか与えなかった」と供述しているように、食事も不十分な状態であった。次女や次男は登校していたこともあり、ある程度は地域の目にふれていたが、就学前のK君が自宅から出る機会は少なく、2004年12月を最後に関係者から目視による様子確認はできていなかった。

第Ⅱ章　2005〜2006年（児童虐待防止法第1次改正後の事件）

福島県中央児童相談所と関係機関の対応

　福島県中央児童相談所が父の長男への虐待を知ったのは2000年8月、東京都の児童相談所の要請によってである。2カ月後には「次女が虐待されている」との通告を受け、所内は「大変難しい家族」という認識で一致していた。同年に4回、東京都の児童相談所とともに自宅への立入調査を試みたが、いずれも不成功に終わった。ただこの間に、「親権職務執行停止」の保全処分と父方祖父母の職務代行者選任が決定され、長男が保護される経過のなかで、児童相談所は家裁の仲介で家族と面接する機会を得ることができる。しかし、はじめのうちは家庭訪問が行われていたものの、しだいに拒否されるようになり、メールでのやりとりとなる。面接は、父の都合に合わせてメールで指定された場所で行ったという。

　母がK君を妊娠した頃から、児童相談所の担当者の人事異動もあり、面接の回数は減っていく。なお、K君については、出生後4カ月健診と1歳半健診は受けており、ともに異常なしとされた。その後2004年10月にはK君（当時1歳8カ月）の顔に不自然な痣があることも確認したが、保護には至らなかったという。

　2005（平成17）年1月以降、家庭訪問は行われていない。その理由として、次女が小学校に入ったことで、学校を通じて状況を把握する方針に変えたためという。次女が学校に上がり、日常的に接触して情報が得られると考えたようだが、その1年4カ月後にK君は死亡する（当時3歳3カ月）。

　その間、ほぼ2カ月に一度のペースで関係者のケース検討会が開かれていた。会議のメンバーは児童相談所のほか、村の保健福祉課、教育委員会、小学校などの10人程度だった。話し合いのなかで地元側から保護を強く求める声もあったが、保護には至らなかった。事件後、村側の出席者から「もっと強く言わなければいけなかった」と悔やむ声が上がっている。

　2005年の6回目の検討会では、次女が父から叩かれていることが報告され、児童相談所は長期間にわたる虐待を疑い、3人の保護に向けて検討を行った。児童相談所は家裁に施設入所承認の申し立てについて相談したが、「虐待の状況について、どれだけの情報や資料があるかによる」と回答され、「承認される可能性は低い」と判断したという。

　また2005年11月には、次男の就学時健康診断において、著しい発育不良が認められていたにもかかわらず、学校医は虐待通告をしなかった。

K君の死亡1カ月前の2006年4月17日にも検討会が開かれている。そこで次女が学校の聴取に対して、「一緒に野菜パンを食べた」などと答えていたことが報告され、それを根拠に、K君の健康状態は差し迫った状態ではないと判断された。またその直前の4月中旬、次男と次女が通う小学校を訪れた父が「次女が（きびしくしつけなくていいように）変わってきたのは学校のおかげだ」と感謝の言葉を口にしていたという。「親子関係に改善がみられる」との考えも生じた。しかし実際には、食事等も不十分であり、子どもたちは深刻な虐待状況に置かれ続けていた。

　児童相談所の所長は両親逮捕後の7月29日の会見で「振り返れば、積極的に介入すべき点はあった。安全確認が不十分だったことについて、責任を感じている」と、対応の非を認めた。

(5) 事件がもたらした影響

　事件の後、児童相談所には電子メールと電話で計37件の抗議や意見が寄せられたという。識者からは、以下のような指摘があった。

　生島浩（徳島大学教授・犯罪心理臨床）は、『朝日新聞』に「最大の問題は、児童相談所が強制的に立入調査をして子どもの保護を行うといった緊急を要する判断を的確に下し、裁判所が迅速に審議して認める実務の態勢が整っていないことである」とし、児童相談所に対して「管理職も必ずしも児童相談実務の経験が豊富でない現状は、早急に改めてもらわなくては困る」とコメントしている。

　『朝日新聞』の取材に対する野田正人（立命館大学教授・司法福祉）のコメントは、家裁に相談に行った点にふれ、「事前の根回しとして『了解をもらおう』と家裁に相談したが、期待した回答が得られないと『家裁は消極的』と受けとり、保護を見送っている。家裁は、証拠を集めたうえで裁判官が判断するところ。相談の段階で大丈夫だと判断できるはずもない。この思い違いで虐待が進行してしまったケースは多い」というものであった。

　泉崎村では、小中学校長らが出席して「児童相談に関する緊急会議」を開催、未然防止や早期発見のための警察や保護司、民生委員を加えた「村要保護児童対策地域協議会」を設置した。8月29日に第1回代表者会議が開かれた。

　福島県教育委員会は、県内の幼稚園、小中学校に調査を行い、園児、児童、

生徒で虐待を受けている疑いのある子どもが66人いることがわかった。そのうち、小学生2人、中学生1人の3人について児童相談所に通告したが、いずれも一時保護などの緊急な対応をするケースではなかったという。

本事件を受け、厚生労働省は児童相談所設置自治体に対して「児童虐待への対応における警察との連携について」という通知を、警察庁は「児童の安全の確認および安全の確保を最優先とした児童虐待への対応について」という通達を両者同日付（2006年9月26日）で発出した。また翌月には警視庁少年育成課内に児童虐待対策班が設置された。さらに厚生労働省は、2007年に「児童虐待の通告後、48時間以内に目視による安全確認を行うことが望ましい」とする「児童相談所運営指針」の改定を行った。

福島県は、専門家を交えての検証委員会[1]を立ち上げ、8月10日に第1回委員会が福島市で開かれた。また児童相談所が虐待のおそれを把握し、監視を続けている他のケースについても子どもの安全を緊急点検する方針を決めた。

検証委員会は、2006年11月2日に、問題点や改善策などをまとめた報告書を県保健福祉部長に提出した。

報告書は、児童相談所が保護すべき時期を見逃していたことを強く批判している。その時期として2006年4月に次女が入学後、次女の身体に刃物などによる傷や痣が認められたとき、2005年11月の次男の就学時健康診断や、翌年の入学時に、次男が極度の栄養不良・発育不全であることを確認した時点をあげている。とくに後者は、関係者がかなり強烈なショックを受けたにもかかわらず、その貴重な情報を積極的に提供する姿勢に欠けていたと指摘している。

学校側の対応としては、虐待を把握しながら、暴力的言動を繰り返す父親に恐怖を感じ、別の児童や職員らへの報復を恐れていた点をあげ、危機管理として警察に協力を依頼することや、県教育委員会に指導を受けるなどして、対応を検討する必要があったと指摘している。

警察についても「関係機関と継続的・積極的に連携しようとする姿勢に乏しかった」としている。

改善策として、所内に虐待対応班を設置することなどの児童相談所の機能の充実や、児童相談所の増設等の組織体制の強化をあげている。また、教育関係機関の対応力の強化、保健医療機関の対応力の強化、警察の対応力の強化をあ

---

[1] 委員長は小林英義（会津大学短期大学部教授）。

げ、各関係機関の連携強化を求めている。

　なお、2007年の児童福祉法の改正では児童相談所と警察との連携強化に向け、裁判所の許可を得て実施が可能となる臨検・捜索制度が設けられたが、川﨑二三彦(子どもの虹情報研修センター)は、2010(平成22)年4月の全国児童相談所長会議における講演で児童虐待防止法10年の歩みを振り返り、「泉崎村における4回の立入調査が、保護者の抵抗でいずれも不成功に終わったことが、後の臨検・捜索制度創設に影響を与えたのではないか」と述べている。

文献
福島県児童虐待死亡事例検証委員会 (2006)「児童虐待死亡事例検証報告書」

第Ⅱ章　2005～2006年（児童虐待防止法第1次改正後の事件）

12　長岡京市3歳男児ネグレクト死事件
（京都府 2006 年）

(1) 事件の概要

　2006（平成18）年10月、京都府長岡京市で、実父と内妻が食事を与えないなどによって、T君（3歳）が餓死した。T君の実姉は、虐待により施設に入所していたが、姉の入所後、T君についての虐待通告が児童相談所に何度も入っていた。しかし、T君への直接的介入はなく、死亡に至った。本事件が契機となり児童相談所の運営指針の見直しが図られ、通告を受けた後の安全確認について「『48時間以内とする』ことが望ましい」という、いわゆる「48時間ルール」が設けられた。

　以下、逮捕後の調べでわかった情報を含め、虐待が始まってT君が死亡し、判決が出るまでの経過について『朝日新聞』『読売新聞』の報道を中心にまとめる。

(2) 家族の状況

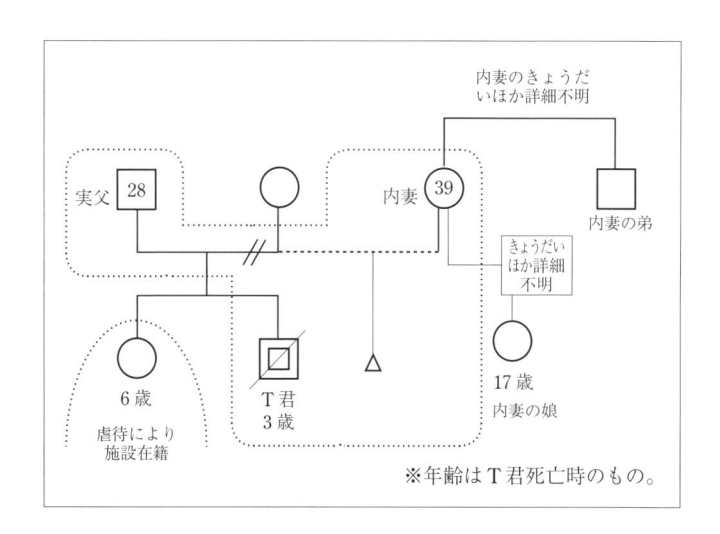

T君（3歳）
実父（28歳）：電化製品などの配達を請け負う仕事。客からの苦情はなく「真面目」
内妻（39歳）：無職。近隣とのつきあいはない
実姉（6歳）：児童福祉施設入所中
・・・・・・・・・・・・・・・・・・
実母：T君1歳時に離婚

(3) 事件の経過

T君誕生から実姉の施設入所まで

T君の誕生から3歳上の姉が児童福祉施設に入所するまでの経緯についてまとめる。

2003（平成15）年9月1日、T君出生。低体重児であり出生1カ月後の体重は2600gであった。2カ月後に保健師が訪問した際には体重5652gであり、実母は授乳指導を受けていた。このとき、T君と実母との関係に問題はみられず、市の4カ月健診も良好と判断され、保健所としての対応は終了した。

2003年11月頃、一家は現在の自宅に引っ越すが、2004（平成16）年、T君が1歳のときに実父母は離婚し、実母が家を出た。同年、父は、飲食店（スナック）店員だった内妻と交際を始め、翌2005（平成17）年4月には、内妻が同居するようになった。2005年6月、T君は1歳8カ月健診を受診し、とくに問題は認められなかった。

2006年3月8日、主任児童委員より児童相談所と市の児童福祉課（以下、市）に、「姉がしつけとして食事を与えられていない。T君はかわいがられている」との通告が入る。児童相談所は市と情報共有等協議を始めた。同日、内妻が子どもたちの世話をしないため、父は保育所入所を考え、姉とT君を連れて市役所を訪問していた。通告が入ったが、姉、T君ともに落ち着いていたことから、地域での見守りを継続することとし、児童相談所は当時姉が通っていた幼稚園に対し、父に児童相談所への相談を促すことを要請していた。この頃、幼稚園教諭は姉が痩せていることに気づき、父に説明を求めたことがあった。その際、父は「しつけで食事を断っている」と答え、教諭は「きちんと食べさせてください」と注意していた。教諭は内妻にも電話で、「ちゃんと食べ

させてあげて」と伝えていた。22日には、父より市に「子どもをみることができるようになった」と保育所の入所辞退の連絡が入る。

　3月28日午前1時頃、姉が自宅を放り出され、パジャマ、裸足で家の前にいる姿を見つけた近隣住民が110番通報した。警察は、顔や腰に痣があったことから児童相談所に通告し、通告を受けた児童相談所は、姉を一時保護すると同時に市にも保護開始を連絡した。姉は十分に食事を与えられておらず、「殴られたり、押し入れに閉じ込められたりした」と話したため、児童相談所は虐待の可能性が高いと判断した。しかし、T君については調査しなかった。このとき父は、「自分は体罰を受けて育った。それで世のなかのことがわかったので、体罰は否定しない」と話したという。警察は児童相談所に通告した後、「命にかかわるような深刻な症状ではなかった」としてそれ以上の捜査はしなかった。

　姉の保護後、父、内妻、T君の3人は、何度か姉の面会のために一時保護所に来所した。4月7日、児童相談所や市など関係機関で協議を行い、姉の施設入所方針を固めるが、T君は保護せず様子をみることとした。市はその後、このケースについて、児童相談所をはじめ関係機関に一度も問い合わせていなかった。25日には姉が児童福祉施設に入所したが、このとき父は、「甘やかしすぎた。弟には親の言うことを聞くように、しっかりしつけたい」と周囲に話していた。

実姉の入所後、家族3人での生活からT君の死亡まで

　姉が児童福祉施設に入所したため、自宅では父、内妻、T君の3人での生活となった。そんななか、5月9日朝9時頃、T君が外を1人でうろうろしていたことがあり、心配した近所の人が家に連れていくということがあった。こうしたことをふまえ、17日に主任児童委員が児童相談所に通告したところ、引き続き見守りを依頼され、22日にも児童相談所から連絡を受けていた。

　5月24日、姉の入所施設に、父、内妻、T君、児童相談所職員2名（福祉司・心理司）が面会に行く。その際、T君は内妻のひざの上に座るなどなついている様子が確認されていた。

　6月20日、T君について、主任児童委員が近隣より届いた次の3件の情報を児童相談所に通告した。①10日午後11時頃、家を飛び出し、「帰りたくない」と近隣住民に訴えた。②11日午後7時～8時半頃、真っ暗な家に1人で

置き去りにされて泣いていた。③14日午前6時半頃、父がT君を戸外に締め出していた。この通告を受け、児童相談所は主任児童委員へ引き続き見守りを依頼し、翌21日には施設入所していた姉の面会で、父、内妻、T君と会っていた。そのときの様子から問題なしと判断し、以降は電話などで父にT君の様子を聞くのみで、家庭訪問などは一度もしなかった。児童相談所がT君を直接確認したのは、この日が最後であった。

7月頃、T君の泣き声が近所に頻繁に聞こえてくるようになる。7月21日、児童相談所は、父がT君の養育のことで内妻と意見の違いなどがあり、悩んでいるとの情報を児童福祉施設から得た。24日に児童相談所は姉の件で父に連絡していたが、このときT君について話したかは不明である。

8月上旬、内妻は妊娠に気づく。8月11日、児童相談所は姉の夏休み面会の日程確認のために父に連絡を入れていた。その際、父より、内妻が姉の施設入所について悩んでいることを聞きとっていた。16日には児童相談所が姉と面接を行っており、姉についての動きは頻繁にあったようであった。

8月18日、児童手当の手続きで父とT君が市に来庁したことを市職員が確認していた。翌19日、父はT君を連れて認可外保育施設に行き、入園の説明を聞く。21～31日の間、認可外保育施設にT君を一時保育で預けるが、31日を最後にこれ以降は保育施設の利用はなかった。

9月1日、T君は3歳の誕生日を迎えた。

9月中旬、内妻は親族から「T君のおむつもとれていないのに、産んで育てられるのか」と出産を反対される。同時期、父が認可外保育施設に電話し、T君のおむつがとれないことを相談したところ、焦らなくても時間が経てばとれると回答を受けていた。じつはこの頃、T君はドアの外側に鍵が取り付けられた2階の4畳半の部屋に軟禁に近い状態で入れられ、食事も与えられていなかった。そして、近所ではT君の泣き叫ぶ声が何時間も聞こえたり、「ママ、開けて」と大声で訴える声が聞こえたりしていた。T君のトイレットトレーニングがうまくいかなくて焦っていた内妻は、「3歳になったのにおむつがとれない」と、おもらしのたびに平手で叩く、身体をつねるなどの虐待を始めていた。そして、9月15日、父と内妻は、トイレのタイミングをきちんと伝えられたら食事を与え、できなかったら食事を抜くというルールを作った。結局、9月15日から死亡する10月21日までの37日間のうち、計26日間はほぼ絶食状態であった。内妻の記憶では、3食を与えたのは2日間だけ、2食が1日、

1食が5日、お茶か牛乳だけが3日という悲惨な状況だった。また、9月20日以降、T君は外出や入浴をさせてもらえていなかった。

9月18日、21日と児童相談所は児童福祉施設に姉の状況を確認した。その際、父が姉を引き取れないことに悩んでいる様子であること、内妻の体調が悪くて寝込んでいて面会に行けないことを施設から聞く。9月22日には児童相談所は児童福祉施設で姉と面接していた。

9月25日、民生児童委員が「最近T君の姿を外で見かけない」「よく叱（しか）られているようだ」と児童相談所に通告した。同日、児童相談所が父に電話し、姉との面会を促すとともに、T君について尋ねると、「言うことを聞かない年頃になってきた。叩くこともあるが、叩かれた理由をわかるようにしてやりたい。内妻が（T君を）叩いているのは見ていない。（T君が）外に出るのをいやがる」と答えていた。

9月26日、警察庁が各都道府県警に対し、虐待の疑いがある家庭への警察官の積極的な立ち入りなどを求める緊急通達[1]を出す。厚生労働省もこの通達にあわせ、各都道府県児童相談所に警察と情報交換を密にするよう求める通達[2]を出す。

10月8日、前夫との間の娘（当時17歳）が痩せ細ったT君を見て、「こんな（痩せこけた）Tちゃんは見たくない、死んでしまう」と忠告したが、内妻は「絶対に死なさへん」と反論していた。しかし、12日以降はT君の着替えもさせていなかった。また、14日には、父が内妻に「大変なことになるぞ」と注意したが、治療などを受けさせることはなかった。16日、児童相談所は電話で父に児童福祉施設にいる姉への面会予定を確認した。その際、父から内妻の体調が悪いことが話された。同日、主任児童委員から「（T君が）家に1人で置き去りにされている」「外であまり見かけなくなった」「ときどき、T君の『出してー』という声が聞こえる」「昨夜、夜中1時頃にT君の泣き声、父母両方からの叱責（しっせき）が聞こえた」などの通告が児童相談所に入る。児童相談所が再度父に電話すると、父は「妻の体調が悪く、受診も考えている。（T君は）外遊びが十分にできてない。来年は、幼稚園に行くのでそれまでの辛抱だ」と

---

[1] 警察庁丙小発第38号警察庁丙生企発第83号警察庁丙捜一発第29号　平成18年9月26日「児童の安全の確認および安全の確保を最優先とした児童虐待への対応について」
[2] 雇児総発第0926001号　平成18年9月26日「児童虐待への対応における警察との連携について」

話す。児童相談所は「内妻がT君の面倒をみられないなら、児童相談所で預かることができる」と伝えると、父は「そうなれば連絡します」と返答し、電話のみの確認で終わっていた。電話を終え、児童相談所は主任児童委員に現状を伝え、引き続き見守りと情報提供を依頼した。このとき、児童相談所は、ようやくT君について詳細な調査が必要と認識し、父から連絡がなければ1週間後に家庭訪問するという計画を立てていた。T君が死亡する前の10月19日、父、内妻だけでステーキ店で食事をしていた。

　10月21日夜、内妻はT君が苦しそうなため、ヨーグルトを1個食べさせていた。翌22日午前10時55分頃、T君の名前を呼んでも答えないことから、内妻は「子どもがぐったりして動かない」と119番通報をした。そのとき、父は仕事で留守であり、家には内妻とT君の2人だけであった。救急隊員が駆け付け、内妻がT君をかかえて救急車に乗り込む様子について、目撃者は「男の子は頬がこけ真っ白な顔に大きな痣ができていた。いつもサングラス姿の内妻は、このときはじめてサングラスを外していた。男の子を気遣う様子もなく、冷たい顔で、抱いているというより持っているという感じ」と言っていた。すでに心肺停止状態になっていたT君は、病院に運ばれたが死亡が確認された。T君の顔には殴られた痣が拡がり、6月の健診時の体重は標準の**11kg**台であったのに、このときの体重は標準の半分の約**7kg**しかなかった。司法解剖の結果、死因は低栄養状態による餓死であった。

内妻、実父の逮捕

　10月23日未明、京都府警向日町署は、内妻、父の2人を保護責任者遺棄致死容疑で逮捕した。警察は朝より自宅の現場検証を始めた。また、T君について児童相談所に虐待をうかがわせる情報が寄せられていたのに対応できておらず、警察にも情報を伝えていないことがわかった。24日、保護責任者遺棄致死の疑いで、父と内妻は送検された。逮捕から3日後、26日の『京都新聞』には、内妻が府警の調べに対し、虐待を後悔していることをはじめて口にしたが、落ち着いた様子で淡々と応じているとの記事が掲載された。

　11月10日、京都地検は父、内妻を保護責任者遺棄致死罪で起訴した。地検は殺人罪の適用も検討したが、2人が死亡直前にT君の靴を購入したり、ヨーグルトを食べさせたりしていることから、殺意は認定できないと判断した。

内妻、実父の公判

　2007年1月11日、保護責任者遺棄致死罪に問われている父、内妻の初公判が京都地裁で開かれた。起訴状の朗読が始まると、内妻は肩を震わせて泣き始め、父も途中から前かがみになってうなだれた。2人は起訴事実を認めた。検察側は「このまま死んでしまうかもしれないなどと思いながらも、『適当に食事を与えていればいい』などと安易に考え、病院に連れていくなどの措置をとらなかった」と指摘した。"排泄のことを言えなければ食事を抜く"というルールについて、父は「トイレットトレーニングの際、（T君は）おしっこの感覚はわかっていたので応えてくれると思った」と述べた。10月初旬の内妻の娘からの忠告について、内妻は「娘の言葉が心に刺さったが、手のひらを返すと甘やかすことになる」と供述していた。また、虐待を止められなかったことについて、内妻の親類は「子どもには母親が必要だと思った。（内妻に）何も言えなかった」と弁解した。検察側が父になぜ病院に連れていかなかったのかと問いただすと、「父親としての自覚がなかったと言われればそうだった」と述べた。内妻の弟は、内妻について「『T君』と言ってかわいがり、T君も甘えていた」と証言した。父は「やせていくのは知っていたがどうしていいかわからなかった」「どう償っていいのかわからない」と後悔を口にした。弁護側の証人として出廷した父方祖母は、施設入所している姉が正月に「パパに会いたい、パパに電話して」と訴えたと話した。

　1月22日、京都地裁で父、内妻の論告求刑公判が開かれた。検察側は「しつけ目的ではなく、被害児童の存在をうとましく感じて犯行に及んだ」と述べ、父に懲役7年、内妻に懲役8年を求刑した。

　1月26日、京都地裁で父、内妻の判決公判が開かれ、裁判長は「しつけとは到底言えない残酷で悪質な行為で、育児を放棄していたと非難されてもやむをえない」と述べ、父に懲役5年6カ月、内妻に懲役6年を言い渡した。裁判長は「生命活動に不可欠な食事を与えないことは、その目的にかかわらず正当化されるものではない」と述べ、病院に連れていくなどもせず、自分たちの考えに固執したと指摘し、2人から強度の虐待を継続的に受けたT君の精神的な苦痛は大きいとした。また、"トイレのタイミングを伝えられなかったら食事を抜く"といったルールを主導的に提案したのは内妻だったと判断し、内妻が6カ月長い懲役となった。

事件の背景

父は逮捕後当初、警察の調べに対し、「内妻に『死んでしまう』と注意したが、聞いてもらえなかった」「殴ってはいない。内妻がやっていることは知っていた」と、虐待は内妻が主導であったと供述していた。また、父は「甘やかさないよう、子どもとはあまり接しないようにしていた」「子育てのことで内妻に意見すると食ってかかってきた。自分の子の面倒をみてもらっている負い目があり、虐待をやめるよう強く言えなかった」と供述しており、内妻に対してかなり気を使っていた様子もうかがわれた。父は、運送業の仕事で午前7時頃出勤、午後11時頃に帰宅する生活で、子どもが起きている時間に家にいることは少なかったようで、家事や育児は内妻に任せきりであった。その内妻は調べに対し、「友人はほとんどおらず、最近はずっと家にこもっていた」と供述していた。姉が保護されてからは近所の目を避けるようにしていたといい、警察は、子育てのストレスを誰にも相談できないまま孤立感を深め、虐待行為をエスカレートさせたとみていた。近所の住民も、内妻は家に閉じこもっていることが多く、近所づきあいもなかったと話していた。自宅を訪れる人はなく、内妻が外出の際はサングラスをしていたという。父には「おむつがとれないのはおかしい」とさかんに訴えるなど子育てのストレスをかかえていたが、児童相談所との連絡は父が引き受け、外部と接触することは少なかった。3月に保護された姉については児童相談所が対応していたが、T君に関しては「姉の家族の情報」とされ、きちんと取り上げられず、家のなかではさらに孤立した子育てが行われていた。

虐待が深刻化するきっかけとなったのは、8月上旬の内妻の妊娠と考えられる。父、内妻ともに出産を望んでいた。しかし、当時、もうすぐ3歳のT君はおむつがとれておらず、9月頃、内妻の妊娠を知った親族は、「T君のおむつがとれていないのに、赤ちゃんを生んで育てられるのか」と出産に反対していた。困った父は認可外保育施設にT君のおむつがとれないことを相談し、焦らなくても時間が経てばとれると回答を受けていた。しかし、トイレットトレーニングがうまくいかず、3歳になってもおむつがとれないことに焦った内妻と父は、9月15日、しつけと称し、"トイレのタイミングを伝えられなかったら食事を抜く"というルールを設けた。また、それ以降、暴力を加えるようになった。姉の施設入所、T君の排泄の失敗など、子育てのできなさを指摘され続けているように感じた内妻は、何としてもT君のトイレットトレーニン

グを成功させ、自分の養育能力を確認したかったのだろう。もしT君のおむつが外れていたら、その後の展開は変わったのだろうか。

事件が発覚した後の関係機関の対応

新聞報道によると、T君への虐待情報について、児童相談所には通告者名など具体的な記録が残っておらず、受付票もなく、受理会議も開かれていなかったようである。通告も複数回入り、児童相談所が把握していたにもかかわらず死亡したことで、関係機関への批判が相次ぎ、行政側もその対応に追われた。発覚後の関係機関の動きを以下に記す。また、本事件に対する市民の反応について、新聞報道からわかる範囲でまとめた。

児童相談所をはじめ関係機関等の対応

10月22日夜、京都府京都児童相談所長が記者会見を開き、T君への虐待は把握していなかったと述べた。10月16日、T君について父に電話しただけで終わったことについて、「姉の保護の件で、父とは変わったことがあれば連絡をとることになっており、信頼関係が経緯としてあった」と説明した。

また、「父と話をして大丈夫だと思った。事件は予想外で残念。適切な対応をしたつもりだが、判断に甘さがあったかもしれない」と話した。一方、向日町署副署長は、姉に対する虐待についてそれ以上の捜査を行わなかった理由について、「4月上旬に児童相談所から被害届を出さないという報告を受けた」と説明した。しかし、児童相談所長は「被害届の話はしていない。姉の件は警察から通告があったので、立件するかしないかは警察の判断のはず」と述べ、両者に食い違いがみられた。

翌23日、児童相談所長は再度記者会見を開き、経過を改めて説明した。「T君の状況も把握しようと努めたが、介入できなかった」としたうえで、「対応に問題がなかったか、改善すべき点はないか、検証していきたい」と話した。同日、京都府は、関係者を集めて緊急の児童虐待防止ネットワーク会議を開催した。会議では、虐待情報が事実上放置されていたことに対し、外部の専門家らから批判が相次いだ。この年度上半期に把握した虐待事案167件を中心に総点検し、児童、保護者との対面調査や、児童相談所と警察との連携の強化、児童虐待に詳しい有識者など外部の意見を入れて事件の検証を行うことなどが決まった。

10月24日、閣議後の会見で、柳沢厚生労働相大臣（当時）が、本事件を受け児童相談所の不備を指摘した。また、知事はT君の自宅を訪れたり、児童相談所の体制強化の必要性を述べたりし、長岡京市長は「児童相談所から情報がなく、接点をもてなかったことが一番の問題」と批判するなど、コメントが多く寄せられたことからも事件の衝撃の大きさがわかる。さらに、自民党府議団、民主・府民連合府議団、府議会新政会議員団、公明党府議団、共産党府議団などが、次々と事件の究明や再発防止、児童相談所の体制充実などを求める申し入れを知事あてに提出するなど波紋はさらに広がった。
　そして事件後には、長岡京市での児童虐待防止ネットワーク会議をはじめ、さまざまな会議が開かれた[3]。これら一連の会議では、事件への批判だけでなく、児童相談所の体制強化や各機関連携の強化、児童虐待防止対策の見直し、人材確保の必要性も論じられた。これら会議のなかで、児童相談所では、3月末で退職していた職員の後任が、6月1日の定期異動（4月の府知事選による）までの2カ月間、補充されていなかったなど、体制不備も明らかになった。そして次年度予算編成には、児童福祉関係行政機関の連携強化など防止策の充実を盛り込む要望なども出された。
　12月25日には京都府児童虐待検証委員会による検証報告書、1月29日には長岡京市児童虐待防止対策会議報告書が提出され、一応の検証はここで終えられた。
　本事件から1年後の2007年10月22日には府児童虐待防止ネットワーク会議が開かれ、会議の冒頭でT君に黙禱（もくとう）を捧（ささ）げ、関係者は再発防止を誓った。

市民の反応

　事件を受け、10月25日、地元自治会のメンバーらが自宅前にT君の献花台を設けたところ、多くの人が訪れ、線香を手向けたり花や菓子を供えたりして冥福を祈った。23〜28日の間に児童相談所をはじめ、府の機関に寄せられた抗議などの電話やFAX、メールは約1000件に上り、大半が「なぜ保護しなかったのか」など児童相談所の判断へのきびしい意見であった（『京都新聞』

3　27日には府議会の厚生労働常任委員会や、長岡京市議会全員協議会、30日には長岡京市児童虐待防止対策会議、31日には府議会の決算特別委員会、11月6日には衆議院青少年問題に関する特別委員会のメンバー（小宮山洋子委員長）による非公開の関係者への聞き取り会議、11月8日には長岡京市議会文教厚生委員会などが開かれた。

2006年10月29日)。長岡京市では、事件によって「なぜ助けられなかったのか」という自責の声が多いことを受け、11月7、8日に心のケアを目的とした相談会を実施したところ、15人の相談があった。またその後、本事件の自宅近くの住民ら5人が事件のショックで不眠など心身の不調を訴え、保健師の訪問を継続して受けていた。

事件の衝撃が大きく、一般市民が心を痛めていたことは、新聞への投稿を見てもわかる。10月25日から11月7日までの間に、5件の投稿が『読売新聞』や『朝日新聞』に寄せられた。投稿内容は父や内妻に対する怒りや児童相談所への批判だけでなく、社会全体で子どもを守る必要性、人と人とのつながりの大事さなども述べられていた。

(4) 事件へのコメント

虐待を行った内妻や父へのきびしい批判、児童相談所がこの家族にかかわっていたにもかかわらず、T君が死亡してしまったこと、また、虐待対応ネットワークが機能しなかったこと、そして日本における虐待対応システムの不備等について、多くの批判的コメントが新聞や雑誌に掲載された。それらをテーマごとにまとめる。

児童相談所の対応について

虐待通告があったにもかかわらず、直接T君の安全確認を行っていなかった点や、児童相談所のアセスメントの甘さについて、「児童相談所の責任は重い」など多くの批判・意見が掲載された。そのなかで、長谷川博一(東海女子大学教授・臨床心理学)は、児童相談所職員が虐待する親の心理を十分に理解していなかったことに問題があったと指摘した。さらに、主任児童委員から何度か連絡を受けたことで、児童相談所側には周囲が見守ってくれているという妙な安心感が生まれてしまい、対応が遅れた可能性もあると指摘した(『朝日新聞』2006年10月23日)。また、高橋重宏(東洋大学教授・子ども家庭福祉論)は、職員が自宅を訪れ、直接子どもの状態を確認する「目視」を怠ったことが事件につながったとし、「目で見ることではじめて問題の大きさがわかる。可能なかぎり早く行動することが必要だ」とコメントした(『朝日新聞』2006年10月23日)。また、10月28日の『読売新聞』には「民生児童委員が語る」と

題し、虐待情報を通告し続けた主任児童委員への取材内容が掲載された。取材のなかで、主任児童委員の、「このまま放っておいてええんやろうか、と思っていた。何度も住民から連絡が入り、児童相談所に緊急性を伝えても最後まで児童相談所は現場に現れなかった。無力感でいっぱい、私たちに何ができたやろうか……」と悔やむ気持ちが紹介された。

児童相談所の体制・専門性について

児童相談所の対応への批判と同時に、十分に介入・支援することが難しい体制への意見も掲載された。そして、虐待の早期発見・早期対応のために、児童福祉司の増員や、制度の見直しが必要と説いた記事もみられた。同じ児童相談所の立場から、兵庫県中央こども家庭センター所長は「児童相談所には、子どもの保護だけでなく、いずれ親もとへ戻すという役割もある。多くの職員が、その板挟みのなかで悩んでいるのが現実だ」と苦悩を述べた(『朝日新聞』2006年11月11日)。また、児童相談所の専門性について、坂井聖二(子どもの虐待防止センター理事長・小児科医)は、「深刻なケースが増えているのに、児童相談所は調査、危険性の評価、長期的見通しなど、すべてにおいて専門性が欠けている。虐待という社会病理についての専門家を育てる必要がある」と指摘した(『読売新聞』2006年11月22日)。さらに、津崎哲郎(花園大学教授・児童福祉論)は、「家族全体のアセスメントが不十分であり、児童相談所の専門性の確保が子どもの命を守るための最低限のセーフティーネットであることを十分に意識し、質量ともに充実した組織作りを真剣に考慮すべき」とコメントした(『毎日新聞』2006年11月22日)。

機関連携・ネットワークシステムについて

本事件では、児童相談所と市、警察など関係機関の連携がうまくいかず、ネットワークが機能していなかったことが露呈された。この点について、小原理恵(大阪府家庭支援課参事)は、「組織全体で分析をしたり、地域や自治体と協力して変化を見逃さないようにしたりするしか手立てはない」とコメントした(『朝日新聞』2006年10月23日)。また、津崎は、「ネットワークは児童相談所を支援する役割を担っている。児童相談所が動かないなら、自治体が率先して動けばいい。参加した各機関が積極的に情報収集し行動する姿勢がなければ、いくら枠組みを作っても機能しない」と、現状のシステムを批判した(『読売

新聞』2006年10月29日）。

虐待対応制度について

　日本における虐待対応の制度の問題についてふれたコメントも多くあった。そのなかで、桐野由美子（京都ノートルダム女子大学教授・児童福祉論）は、姉が虐待で児童福祉施設に入所していたにもかかわらず、T君への支援がしっかりと行われていなかった点について、米国ではきょうだいの1人が虐待を受けたら全員を親から離すと法律で定めているとして、「日本の制度に問題があると思う。1人が虐待されたら、ほかの子どもも危ないという信号だ」などと指摘した（『毎日新聞』2006年10月24日）。また、山縣文治（大阪市立大学教授・子ども家庭福祉論）は、「2004年の児童福祉法改正の精神が、市町村、児童相談所のどちらにも伝わっていないことが明らかになった。実際にその親子が居住する市町村が、地域と連携して支援する仕組みを作らなければ」と、児童虐待対応システム全体が機能していないことを指摘した（『読売新聞』2006年11月9日）。さらに、児童相談所の判断で行うことができる立入調査等の強制介入について、松原康雄（明治学院大学教授・児童福祉論）は、「刑事事件の家宅捜査と同様に、裁判所の承認がほしいと思うのは自然だ。親権者にとっても、児童相談所の判断に納得できないとき、裁判所がかかわるということは、より公平な判断をしてもらうことにつながる」とコメントした（『朝日新聞』2006年11月11日）。さらに津崎は、「本事件を機に、行政は虐待防止対策の見直しをはじめ、実子以外への虐待を防ぐため、里親の子育てを参考にしてほしい」と提言した（『朝日新聞』2007年1月27日）。

本事件の検証

　京都府、長岡京市が本事件の検証委員会を立ち上げ、報告書が提出された。

京都府児童虐待検証委員会報告書

　5人の外部委員により事件の背景・原因および課題・問題点をまとめた報告書が出された。
　検証報告書のなかには、問題点として以下の3つがあげられた。
①虐待情報に係る判断のあり方（児童相談所は家族との信頼関係を築くことを重視し、速やかな安全確認を行わなかった点。虐待のリスクの見極めができていなかった点）

②組織としての対応のあり方（児童相談所内での情報共有が行われておらず、複数人による評価が入り得なかった点）
　③地域ネットワーク会議との連携のあり方（関係機関の役割分担が曖昧だった点）
　また、児童相談所における虐待対応の組織・業務執行体制においても、出張や夜間における体制整備、専門性・資質向上、虐待対応チームの専任化、進行管理のためのシステム構築、第三者による支援・評価などの必要性・課題があげられた。
　上記をふまえ、7点の提言が行われた。①すみやかな安全確認等のルールの確立（48時間ルール含む）、②リスク管理の客観化、システム化（チェックリスト作成や進行管理システムの確立など）、③組織内の情報共有の徹底（ミーティング等の開催の徹底など）、④実効ある地域の虐待防止ネットワークの確立、機能強化（市町村へのアドバイザー派遣や体系的研修プログラムの実施、ネットワーク機能のマニュアル整備など）、⑤地域における体制の強化＝保健所の役割の明確化と機能強化（定期的な情報共有など）、⑥中長期的な人材育成・組織体制の強化等（専門性の確保に向けた人事配置やケーススタディによる職員の資質向上など）、⑦外部有識者等の活用・定期的な運用指導（外部アドバイザーの招聘、保護者支援プログラムの研究など）、以上である。

長岡京市児童虐待防止対策会議報告書

　長岡京市でも、児童虐待防止対策の現状および課題を明らかにするとともに、今後の対応について報告書が提出された。
　検証の視点としては、①子育ての不安や悩みの相談等のシステムがどうであったのか、②虐待防止ネットワークの組織がありながらなぜ機能しなかったのか、③ケースでかかえる問題の背景などについて深くみることができたのか、をあげている。そのうえで、現状と課題について以下の3点を示している。

　①虐待情報等の共有化としての、1.通告システムの整備と確認、2.機関ごとの保有情報の共有と管理の徹底の必要性
　②家族背景の十分な考察や、危機管理意識の共有化、また、早期発見、迅速な対応だけでなく、虐待の未然防止の意識形成や関係する職員等の資質向上の必要性
　③連携における関係機関の役割確認、日常的な意識啓発、研修会の開催等の必要性

　これらをふまえ、今後の対応として次の3点があげられた。

第Ⅱ章　2005〜2006年（児童虐待防止法第1次改正後の事件）

①情報の管理……児童相談所との通告情報の共有化と確認、情報確認のための会議の新設と定例化、主任児童委員との情報交換の定例化を行い、情報の一元管理、進行管理に努める。
②関係機関等との連携強化と資質の向上……研修内容の充実化を図り、関係機関が役割や機能を認識し、連携体制の整備と強化に努め、あわせて児童虐待防止などの市民意識の高揚に向けた啓発を推進する。
③支援体制の強化……虐待を行う背景を十分把握し、家庭に応じた早い段階からのかかわりと支援が必要。

なお、資料として、児童虐待対応フローチャートや、関係機関の役割をまとめた表が掲載されている。

(5) 事件がもたらした影響

本事件を受け、虐待対応システムについて見直す機会が設けられた。新聞報道された範囲で、どのような展開があったかを以下に述べる。

まずは予算編成について、10月27日、京都府は2007年度の当初予算編成方針を発表し、そのなかで、本事件を受け、児童虐待防止対策の強化などを盛り込んだ。さらに、虐待を含めた家庭に関する問題を一括して担当する「家庭支援総合センター（仮称）」を整備することが提示された。さらに、京都府は11月17日、厚生労働省に対し、2007年度政府予算編成を前に、児童虐待防止対策の充実など、16の重点要望をまとめた。立入調査時の令状発行や親指導など司法が積極的に関与する新制度の創設や、国と都道府県、市町村の役割分担を明確化する児童虐待防止法の改正などを要望した。さらに、市町村に虐待事案に対応できる専門職員を配置するための財政措置を求めた。そして、京都府では、児童相談所の業務をOBらがサポートする児童虐待対応協力員[4]を5人増員すると発表した。そのほか、市町村、警察などとの連携を充実させるため、大学教員や児童福祉司らを「虐待防止アドバイザー」として市町村などに派遣する対策も補正予算案に盛り込まれることとなった。続いて12月6日には、府知事が虐待事件の再発防止策の1つとして、政令指定都市である京都市を除

---

[4] 2000年、厚生省（当時）は児童相談所で扱う児童虐待の急増にともない、児童虐待対応協力員（非常勤）を全児童相談所に1名配置する制度を設けていた。

く全市町村に「虐待案件対応会議」を設置し、各市町村単位で関係機関が定期的に集まり、虐待案件の情報交換や対策の検討をしていく方針を明らかにした。

そして、本事件を契機に児童虐待対応ルールが大きく見直された。翌2007年1月23日、児童相談所運営指針などの改正が行われた[5]。児童相談所がかかわりながら虐待死を防げなかった事例が相次いでいることから、虐待情報を受けてからの安全確認について、「『48時間以内とする』ことが望ましい」と明記された。これがいわゆる「48時間ルール」である。また、被害児童にきょうだいがいる場合は「ハイリスク家庭」として、必要に応じてきょうだいも児童相談所に一時保護するなどの内容が盛り込まれた。さらに、児童相談所は、被害児童を特定できる虐待情報のすべてについて緊急会議で対応を検討し、子どもの安全確認は、児童相談所職員らが「直接目視する」ことを原則とすることや、要保護児童対策地域協議会で虐待対応の進行管理台帳を作成し、3カ月に1回程度、子どもの状況などを確認することが盛り込まれた。

今回の指針見直しとは別に、与野党では、知事が保護者に「呼び出し命令」を出し、拒否した場合、警察と児童相談所が強制的に立入調査できる制度の創設が検討された（後に出頭要求の制度が虐待対応に組み込まれる）。また、本事件を受け、京都府では、児童相談所業務の評価や助言をする外部評価委員会が設置された。2007年10月15日に第1回会合が開催され、3児童相談所の業務について、評価する方法や項目などが話し合われた。

そして、2009（平成21）年11月17日、「子育てしやすい街・虐待を予防できる街　京都府長岡京市」をめざす催しが開催された。事件から3年経ち、児童虐待予防に取り組んできた子育て支援グループや市などが3年間の活動を振り返る講演会やシンポジウムが開かれた。

本事件は、行政機関だけでなく一般市民への衝撃も大きく、体制や意識変化の契機となった。

5　雇児発第0123002号　平成19年1月23日「児童相談所運営指針等の改正について」（抜粋）。「安全確認は、児童相談所職員又は児童相談所が依頼した者により、子どもを直接目視することにより行うことを基本とし、他の関係機関によって把握されている状況等を勘案し緊急性に乏しいと判断されるケースを除き、通告受理後、各自治体ごとに定めた所定時間内に実施することとする。当該所定時間は、各自治体ごとに、地域の実情に応じて設定することとするが、迅速な対応を確保する観点から、『48時間以内とする』ことが望ましい」

追記

当時の京都児童相談所の職員体制

児童福祉司5人、心理判定員4人。相談判定課長が3月で退職しており、主任児童福祉司が代理。児童福祉司5人で分担していた管内の担当地域を4人で割り振っていた。

事件関係者への処分

2006年10月30日、本事件について厚生労働省は民生児童委員からの情報を児童虐待防止法にもとづく「通告」として受理せず、安全確認義務を怠ったとして、同法に反する対応と判断した。また、12月26日、府は虐待についての複数の情報が寄せられていたのにT君の安否確認を怠ったとして、児童相談所長と、主任児童福祉司を戒告処分とした。さらに、監督責任を問い、知事、副知事、保健福祉部長の3人を文書訓戒とした。

文献

健康福祉部児童福祉課(2007)「長岡京市児童虐待防止対策会議報告書——児童虐待死事件の教訓を生かすために」
京都府児童虐待検証委員会(2006)「検証報告書」

> トピック

重大事件あれこれ②　「嬰児殺」

　10年間にわたって毎年のよう殺人事件を繰り返し、9人もの人間を殺めたとしたら、世間を大きく騒がせてしかるべき重大犯罪だといえよう。ところが、実際にあったこの事件は、全国紙の片隅にベタ記事として載った程度で、世間の誰もが忘れ去っている。何を隠そう筆者自身も、ある法医学者の論文に紹介されていたのを見つけるまで、本件のことはまったく知らなかったのである。論文は石橋宏他（1987）「多数の嬰児死体隠匿例」（『日本法医学雑誌』41）。新聞報道によると、事件の概要は次のようなものであった。

　「○○警察は、1986（昭和61）年7月21日、子どもを産み落としては次々と窒息死させていたホステスE子（41）を殺人の疑いで逮捕した。調べによると、E子は1981（昭和56）年3月初旬頃、当時住んでいた自宅で、出産したばかりの嬰児の顔にバスタオルをかぶせて窒息死させた疑い。20日午前、E子の家を訪れた知人が『変なにおいがした』と警察に通報。調べたところ、玄関を入ってすぐの納戸のなかから、この遺体を含めてほぼミイラ化した9体の遺体が見つかった。遺体は1体ずつタオルや毛布にくるまれ、段ボール箱や衣装箱のなかに入れられていた。調べに対し、E子は『1971（昭和46）年頃から1986年3月までの間に、ほぼ毎年計9人の子どもを産んだが、生活が苦しくて育てていけなかったので殺した』と供述している。E子に結婚歴はなく、昨年6月、現在の借家に移ったとき、9体の遺体も運んでいた」

　今回の児童虐待重大事例のなかで、取り上げることができなかった虐待死事例の類型の1つに、新生児の殺害、いわゆる「嬰児殺」がある。ところが嬰児殺は、1970年代初期にコインロッカーベビー事件などで騒がれた時期を除き、前述の事件の報道にもみられるように、社会のなかで重大事件として取り上げられることもなく、長く見過ごされてきたといえよう。

　こうした事件が、大きな社会的関心を呼ぶようになったのは、おそらくは、「社会保障審議会児童部会児童虐待等要保護事例の検証に関する専門委員会」（以下、専門委員会）が公表した死亡事例等の「第6次報告」あたりからであ

第Ⅱ章 2005〜2006年（児童虐待防止法第1次改正後の事件）

ろう。「第6次報告」は、対象期間が2008（平成20）年度の1年間であったが、このときの（心中による虐待死を除いた）0歳児の死亡が全体の6割近くを占め、なおかつその3分の2は生後1カ月未満の乳児（0カ月児）だったのである。こうした事実をふまえ、「専門委員会」では、翌年の第7次報告に際して、「0日、0カ月児の死亡事例についての検証」を行った。そこで明らかとなったのは、死亡事例のなかでは一貫して0歳児がもっとも多く、なかでも0カ月児、さらには日齢0日児（出産後24時間以内の新生児）の死亡が非常に多いという点である。そこで、現在までに公表されている第1次から第9次までの合計でみていくと、心中以外の死亡数合計495人に対して0歳児の死亡は218人で、全体の44％を占めており、0歳児のなかの0カ月児は100人（0歳児に占める割合は45.9％）、さらにそのなかの0日児の死亡をみると83人となっていて、0カ月児に占める割合は83.0％となる。ちなみに、（心中以外の虐待）全死亡数に占める0日児死亡の割合は、16.8％にのぼるのである。

ところで、加害者となる母親の年齢について、読者はどんなイメージをもっているだろうか。おそらくは、10代を含む若年、未婚の女性が望まぬ妊娠をし、思いあまって出産直後に殺害したと考える人が多いのではないかと思う。たしかに、こうした若年世代に1つの山があるが、意外に知られていない事実に、既婚者で子どもも育てているが経済的な困難をかかえているような30代に、もう1つの山があることだ。これら2つのグループでは、その対策のあり

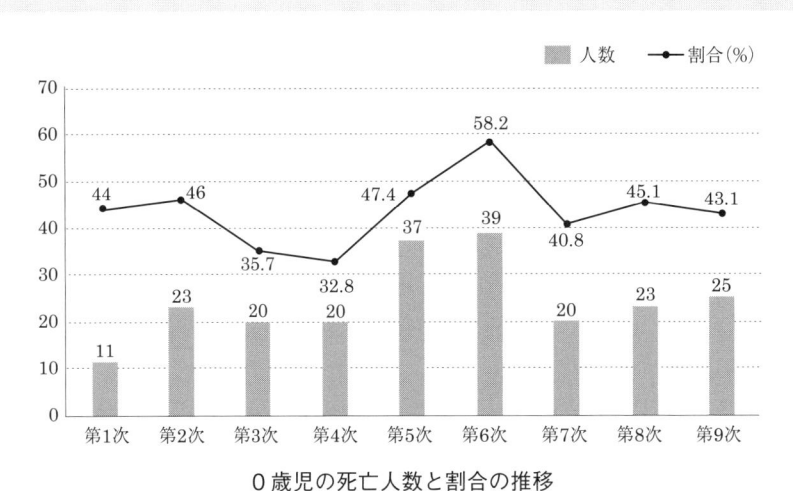

0歳児の死亡人数と割合の推移
（「子ども虐待による死亡事例等の検証結果等について（1〜9次報告）」より作成）

215

方も違ってくると思われるので、新生児の殺害を防ぐには、その点を意識した取り組みが求められるといえよう。

さて、こうしたデータがしだいに明らかになってくると、0歳児の死亡、なかでも出産直後の虐待死をいかになくすかが、社会の大きな関心事になってきた。たとえば、JaSPCAN（日本子ども虐待防止学会）は2013（平成25）年の第19回学術集会（信州大会）の大会宣言で、「（国の）検証報告で、新生児期の死亡、特に日令0での死亡が多いことを明示したことは……（中略）……わが国の虐待死の実態把握の第一歩と評価できる」とし、「『新生児期の虐待死亡をゼロに』を緊急目標に、妊娠期から出産後にかけての母親とその家族への継続的な支援、および乳児期の子どもへの支援のための施策と方策の検討と実行を、福祉、保健、医療等の領域の総力で取り組むこと」を提起している。

とはいえ、新生児に対する虐待死について、私たちがどこまで理解しているかというと、その現状は決して十分ではない。現に本書を編纂する際にも、先に示した例が象徴するような連続殺害に至る重大な事例が、今日に至るまでいくつも出現しているにもかかわらず、十分な情報が得られる事例がなかったため、取り上げることができなかった。

こうした新生児の連続殺害に、古くから関心を示してきたのは、唯一法医学者だけだったのではないだろうか。たとえば、先の事例のような9遺体を前にすると、警察や検察は、これらの遺体の生死産の別を判断し、死後何年経過しているのか、性別はいずれか、血液型はどうなっていて死因は何か等々について見極めなければならず、勢い法医学者への期待は高まらざるをえない。まさに法医学者の出番であり、彼らはこうした事例に強い関心をもち続けたのである。

しかしながら、新生児の殺害をなくしていくためには、法医学者の努力に加え、加害者となった母親の生育史や家族状況、さらには事件当時の心理その他、さまざまな角度からの分析が不可欠であろう。今後は、そうした分析を丁寧に行うことで新生児殺害に潜む問題点を深く見極め、根絶するよう、努力しなければなるまい。

第Ⅲ章

2007〜2008年
（児童虐待防止法第2次改正後の事件）

わが国の虐待防止制度と重大事例（3）

児童虐待防止法第2次改正

　児童虐待防止法の第2次改正が国会で議論され、全会一致で可決・成立したのは2007（平成19）年5月のことだから、本法が初めて可決・成立してからちょうど7年を経た時期のこととなる。そして本改正もまた、第1次改正のときと同じく、この間に発生した重大事例が大きく影響したのではないかと考えられる。

　改正の重要な内容の1つは、児童の安全確認等のための立入調査等の強化、すなわち、「臨検・捜索」制度の導入である。この点については、前章「泉崎村3歳男児ネグレクト死事件」でもごく簡単にふれたが、立入調査を繰り返し実施しても、保護者の拒否にあって子どもの安全確認ができないという事例の存在をふまえ、制度上の課題を解決するために必要とされたものである。ただし、さかのぼって考えると、2000（平成12）年の法律制定時には、立法者である衆議院議員が、「強権的に部屋に入るということになりますと、……（中略）……その親子と児童相談所の職員というのはやっぱり信頼関係がないとその後のいろいろなことがうまくいかなくなるという点がありまして、相談所の職員に例えば裁判所から許可を出して錠を壊させる権限を与えるということは望ましくないのではないかというような考え方であります。そこで、児童相談所の

職員にはそのような強硬な権限は与えないことにいたしました」(2000年5月16日参議院法務委員会)と述べており、法制定時には、「臨検・捜索」のような制度は好ましくないとして、否定されていたのであった。考え方を180度変えるこのような改正は、おそらく数々の重大事例、死亡事例が背景にあって提起されたものであろう。

　重大事例とかかわる改正点をもう1つあげるならば、国や自治体に対して「児童虐待を受けた児童がその心身に著しく重大な被害を受けた事例の分析」、すなわち、重大事例の検証の義務化が加えられたことである。これまで、国は「児童虐待等要保護事例の検証に関する専門委員会」において、毎年報告書を出してきたが、本改正の施行後は、地方自治体でも検証の実施が求められることとなった。死亡事例から学ぶことがより強く意識された結果であろう。なお、児童虐待防止法の第2次改正においては、そのほかにも、保護者に対する施設入所等の措置のとられた児童との面会又は通信等の制限の強化、児童虐待を行った保護者が指導に従わない場合の措置の明確化等の措置が加えられ、子どもの保護の強化にシフトした内容となっている。

　これらをふまえれば、児童虐待による死亡事例をいかに防ぐのかが、社会のますます重要な課題として位置づけられたことがうかがえるのではないだろうか。とはいえ、その後の推移をみていくと、私たちは想定外ともいえるような事例に遭遇する。以下では、児童虐待防止法第2次改正後に発生した事例を紹介しよう。

13 苫小牧市2幼児放置死・衰弱事件
（北海道 2007 年）

(1) 事件の概要

　2007（平成19）年2月20日、北海道苫小牧市で、1歳男児（以下、S君と呼ぶ）と3歳の兄（以下、A君と呼ぶ）の2人を1カ月以上自宅アパートに放置してS君を死亡させ、遺体を段ボール箱に入れて交際相手宅の物置に遺棄したとして、21歳の母が逮捕された。なお、A君は生の米や生ゴミ、マヨネーズなどを食べて命をつないでいた。母には懲役15年が言い渡された。

(2) 家族の状況

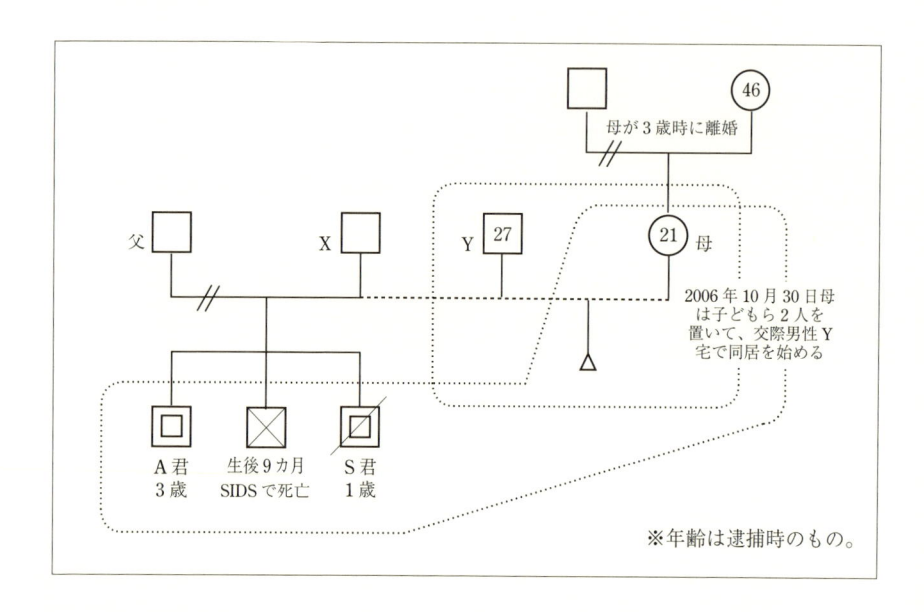

図中の記載：
- 母が3歳時に離婚
- 46
- 父
- X
- Y 27
- 21 母
- 2006年10月30日母は子どもら2人を置いて、交際男性Y宅で同居を始める
- A君 3歳
- 生後9カ月 SIDSで死亡
- S君 1歳
- ※年齢は逮捕時のもの。

(3) 事件の経過

S君の誕生とネグレクトの始まり

　S君の母は3歳時、両親が離婚し母子家庭で育った。小学生の頃は、「将来保育士になりたい」と話していたという。しかし、中学生になると非行に走り、児童相談所がかかわったこともしばしばあった。中学卒業後、高校には進学せず、バーでアルバイトをするなどして過ごしていた。

　やがて父と交際を始め、2002（平成14）年に長男出産を機に16歳で結婚した。次いで、次男を出産するが、この頃から、父が職を転々としたり、母に対して暴力をふるうことなどが原因で不仲になった。

　2004（平成16）年には、次男が乳幼児突然死症候群（SIDS）により生後9カ月で死亡した（新聞報道では窒息死という記述もある）。これについて母は、「自宅で遊ばせていたら死亡した」などと話している。司法解剖の結果、事件性はないと判断されたが、事件発覚後のTV取材では、通報が事故発生の3時間以上後だったことから、次男の死亡原因に対して母方祖母が疑問をいだいていたと報道されている。

　父母は2005（平成17）年に離婚したが、その時点で母はすでにS君を妊娠していた。離婚後、母はしばらく実家にいたが、2005年9月から市営住宅に引っ越し、生活保護費を受給しながらA君、S君とともに3人で暮らし始めた。S君をベビーカーに乗せ、A君の手を引き散歩する仲むつまじい姿に目を細める住民もいた。その後、子どもたちを保育園に預け、飲食店で昼間働くが、子どもの世話のためにいずれも長続きしなかった。母子保健担当の市保健師は、若年シングルマザーの母に対して養育支援が必要であるとして、一時かかわりをもっていた。しかし、母が子どもをかわいがっていたこと、保育園に通わせたことなどで「育児は安定している」ととらえ、距離を置くようになった。

　2006（平成18）年6月、子どもたちは保育園を退園となる。休みがちで送り迎えもきちんとしないことから、実質的に退園させられたかたちだったという。8月に、再度入園を申し込んだが、「定員オーバー」を理由に断られた。

　8月上旬頃から、母はスナックでの勤務を始めて深夜まで働くようになった。当初は留守の間のA君とS君の世話を母方祖母に任せていた。しかし、終業後も友人と遊んだり交際相手宅に泊ったりするなどして帰宅が遅いことが原因で母と祖母はけんかになり、母は祖母にA君とS君の世話を断わられてしま

う。その後、母は子どもたちを自宅に置いたままスナック勤務に出かけるようになった。しかし、深夜まで働き、明け方帰宅して寝ようとする頃に子どもが起きだすため十分な睡眠がとれず、母はしだいに子どもたちの世話に煩わしさを感じるようになっていった。

　9月には友人を介してXと知り合い、交際するようになった。Xとの交際に夢中になると、子どもたちの存在がさらにうとましくなり、その世話を怠るようになった。10月初めにはXと別れたが、関係は続いていた。そのような折、スナック勤務を通じて知り合ったYから交際を申し込まれた。母はYと交際することとし、Xに関係を清算することを話した。しかし、Xから未練があることを伝えられ、自ら別れを切り出したことを強く後悔し、落ち込んだ。ふさぎ込んでいる母の様子を子どもたちは心配し、そばに寄ってきたが、このような子どもの態度を母はうとましく思い、「これ以上世話をしたくない」「邪魔だ」と考えた。

2　児の置き去り

　2006年10月、母は知人の勧めもあって、苫小牧市の生活保護の担当者に電話し、Yと交際し始めたことや、夜の仕事を始めたことを理由に「子どもを預かってほしい」と相談した。しかし、仕事を始めたことなどを理由に生活保護が打ち切られたうえ、Yとの同居を「内縁関係」とみなされ、児童扶養手当の支給停止を求められた。これに対して、ある市関係者は後に、「児童家庭課が相談と手当受給の両方の窓口となっていることが問題。相談のつもりなのに、手当の打ち切りを求められて行き場を失ったのでは」と話している（『読売新聞』2007年2月22日）。母は、市があてにならずほかに頼れる人もない、自宅には食料がほとんど残っていないことから、いっそのこと子どもたちを放置して餓死させてしまおうという気持ちに襲われた。

　10月30日には、母は子どもたちを十分な食料がない市営住宅に残し、Yとの生活を本格的に始めた。家を出ていく日、子どもたちに卵やタマネギなどの具が入ったチャーハンを食べさせたという。11月上旬に一度、母はS君の粉ミルクを買って市営住宅に戻ったが、なかに入ることをためらい、ドアの外に置いて帰ってしまう。2人を餓死させようと決めたときの気持ちに対して、母は後に法廷での被告人質問で次のように話している。

　弁護人「子どもは3歳と1歳。死んでしまいますね」

第Ⅲ章　2007〜2008年（児童虐待防止法第2次改正後の事件）

母「はい」
弁護人「家を出るときどう思いましたか」
母「逃げ出したい気持ちでした」
弁護人「何からです」
母「全部からです」
検察官「人の道に反すると思ったことはありませんでしたか」
母「あります。あるけど、お酒を飲んで忘れました」
検察官「事件を起こしたのはなぜだと思いますか」
母「自分が悪いです。逃げちゃいけないところで逃げた」

　母は2人を置き去りにして、Y宅で暮らしていた。一方、おむつのとれていないハイハイ歩きのS君は1週間ほどで脱水および栄養不良による飢餓、もしくは湿ったおむつが身体を冷やし低体温症により死亡したとみられている。

　市営住宅では、死亡したS君の遺体の腐乱化が進み、近所から悪臭やウジ虫が這ってくるなどの苦情が寄せられていた。市は苦情にもとづいて母に改善を指導したところ、不在がちであることがわかった。そのため、母に入居の意思を確認すると、母は退去すると答えた。

　母は通告されていた退去日である12月4日に市営住宅に戻った。ところが、死んでいると思ったA君が生きており、母は驚いたと後に証言している。A君は布団のなかで丸まってうずくまっており、母が帰ると飛び出してきて「ママ、遅いよ」と駆け寄ってきたという。A君は1カ月あまりの間、冷蔵庫のなかにあった残飯や生の米、マヨネーズ、生ゴミなどを食べて生きのびていた。冬だったが、暖房が自動的につくアパートだったため、凍死することもなかった。そのため、母はA君をY宅へ連れていった。また、S君の死体をバスタオルおよびゴミ袋で包んでダンボールに入れ、その蓋を粘着テープで閉じたうえ、Y宅の物置に放置した。

　事件後にA君は、「S、動かない」「口のなかに虫いっぱい入ってた、ママ取ってた」「ビニールかぶせた。口にガムテープ張った」などと話していたという。

事件の発覚と裁判の経過

　2007年1月、母はYと別れ、実家の祖母のもとへ戻った。2月には苫小牧市児童家庭課に「子育てで困っている」と相談した。子どもの長期的な保護

が必要と考えた同課からの連絡を受け、児童相談所は9日と15日に母と面談を行った。初回の面談時、母はA君を連れてきており、児童相談所は経済状況や子育てに対する困難を理由にA君をその日のうちに保護した。S君の所在に不審をいだいた児童相談所が母に質問したところ、「知人宅に預けている」などと曖昧な答えをしたため、同相談所が19日に警察に通報し、事件が発覚した。後に児童相談所長は、S君の死亡について、「このような深刻な結果に至る前に、もっと早く私たちに知らされていれば。早期にどこからも通告されなかったこと自体、児相の反省点だ」と肩を落とした。

　2月20日、住宅の物置でS君の遺体が見つかり、苫小牧署は同日、「息子の遺体を捨てた」と供述した母を死体遺棄容疑で逮捕した。遺体は腐敗していたが、目立った外傷はなく、餓死か病死とみられた。母は容疑を認め、「交際相手と生活していくうえで子どもが邪魔になり、（A君とS君の）2人とも殺すつもりで放置した。死ぬのはわかっていた」「自分勝手な行動で息子を死なせた。警察に捕まりたくないと思い、遺体を移した」などと供述した。同署は明確な殺意があったと判断し、保護責任者遺棄致死容疑でなく殺人容疑で送検した。

　母は、S君に対する殺人と死体遺棄、A君に対する保護責任者遺棄の罪に問われた。A君に対しては殺人未遂罪の適用も検討されたが、A君が健康であったことから立件は困難とみて、保護責任者遺棄罪での起訴となった。検察側は論告で、「長時間にわたって苦痛と恐怖をあたえる餓死という残酷な方法で殺害した。自分の気にさわるものは殺してでも排除するという身勝手さ」と指摘し、懲役20年を求刑した。

　弁護側は最終弁論で、不幸な生い立ちや経済的な困窮、幼少期からの母と祖母の葛藤などをあげて、「1人で育児をする限界を感じていた」として情状酌量を求めた。母は最終陳述で、「ひどいこと、最低のことをした。死刑になってもいい。ごめんなさい」と涙ながらに述べた。公判中に第四子を出産した経験や母方祖母との手紙のやりとりをとおして、内省が深まったという。

　2007年12月17日、裁判長は、「反省の態度を示し、生育歴などに同情すべき点を考慮しても、長期間の刑を科し、その罪を贖わせるとともに更生を期するのが相当」として懲役15年の実刑を言い渡した。

第Ⅲ章　2007〜2008年（児童虐待防止法第2次改正後の事件）

事件の経過表

2001年	12月	父母の交際が始まり、同棲する。
2002年	12月6日	長男A君出生。
	12月16日	父母婚姻。
2003年	12月19日	次男出生。
2004年	9月23日	次男死亡（生後9カ月）。
2005年	3月22日	父母離婚。
	7月20日	本児（S君）出生。
	9月12日	母は実家から市営住宅に移り、母、A君、S君の3人で生活するようになる。
2006年	6月	A君とS君、公立保育園を退園。
	8月上旬	母、スナックでの勤務を始めて深夜まで稼働。しだいに子どもたちの世話に煩わしさを感じるようになる。
	9月	男性Xと知り合い、交際が始まる。交際に夢中になるあまり、子どもたちの存在がうとましくなる。
	10月	苫小牧市役所に「子どもを預かってほしい」と相談。
	10月30日	子どもたちを市営住宅に残し、交際し始めたばかりの男性Yと生活を始める。
	12月4日	母、市営住宅に戻る。S君の遺体をY宅の物置の中に段ボールに入れて隠す。
	12月20日	Yとの間に第四子の妊娠がわかる。
2007年	1月	Yと別れ、祖母のもとへ戻る。
	2月	苫小牧市児童家庭課に養育相談。同課からの連絡でA君は児童相談所が保護。S君の所在に不審をいだいた市や児童相談所が警察に通報する。
	2月20日	母、逮捕される。
	8月	獄中にて第四子出産。
	12月17日	母、懲役15年の実刑が言い渡される。

（4）事件へのコメント

　本事件が全国紙で大きく取り上げられることはなかったが、地元の『苫小牧民報』では2007年の5月23日から25日にかけて、「密室の悲劇――児童虐待を考える」と題して全3回にわたる連載が組まれた。関係者への取材をとおして事件の経過を追い、虐待防止に向けた問題提起が行われた。このなかで、虐待防止対策に携わる担当者は、「自治体の組織のなかでいかに危機管理意識を高めるか。ネットワークをいかに活かすか。これが欠如すると、今回のような

225

惨劇を生む」と指摘している。

(5) 事件がもたらした影響

　本事例は、若い母親が子どもを放置し、餓死させたという点において、後の2010（平成22）年に大阪市西区のマンションで起こった2幼児放置死事件と類似している。1歳3カ月にして餓死し、物置に放置されたS君、変わり果てていく弟の死体に寄り添い、わずかに残された食料を食べて命をつなぎ、戻ってきた母に「ママ、遅いよ」と発したA君の胸のうちはどのようなものだったのだろうか。一方で、母親もまた複雑な生い立ち、若年出産、孤立したなかでの子育て、経済的困窮など多くの困難をかかえていた。
　事件後、苫小牧市は、乳児をもつ母親の精神状態や子育て環境を把握するため医療機関との連携、新生児の全家庭訪問の実施、専門家を交えた検討会議の開催など、乳児の養育支援に向けた新たな母子保健システムを作っている。

文献
札幌地裁　平成19年12月17日（裁判所HP：http://www.courts.go.jp/hanrei/pdf/20080122114141.pdf）

14 南国市小5男児暴行致死事件
（高知県 2008 年）

（1）事件の概要

2008（平成20）年2月4日、高知県南国市の小学5年生男児・K君（11歳）が、内夫（31歳）の暴行により死亡した。

前夜の3日午後7時30分頃、K君が「謝らない」として、内夫が自宅でK君を両手で持ち上げ、畳の上に2回投げつけるなどの暴行を加えた。K君の意識がなくなったことから、約50分後に実母（31歳）と内夫が近くの消防署へ運び、市内の病院へ搬送された。K君は右硬膜下血腫などによる心肺停止状態で、翌朝午前びまん性軸索損傷により死亡した。内夫は同日緊急逮捕された。

本事例は、その約1年前（2007［平成19］年2月）、K君と次男（K君の実弟）の兄弟2人について小学校から児童相談所に虐待通告されている。児童相談所はネグレクトを認定し、2007年4月には次男を一時保護し、児童養護施設に入所させているが、K君については在宅で継続的に対応してきた。しかし、関係機関の間でうまく連携がとれないまま、内夫と一度も接触できず、最悪の結末を迎えた。

（2）家族の状況

K君（11歳）：小学5年生
実母（31歳）：内夫とは出会い系サイトで知り合い同居。夜間就労。事件当時、妊娠約4カ月
内夫（31歳）：公判によれば、中卒後、土木作業員を1カ月で辞めて職を転々とし、自転車窃盗などで保護観察、中等少年院入院歴がある。1994（平成6）年に結婚し、長女をもうけるが離婚。1997（平成9）年には傷害、建造物侵入し（処分不明）、2000（平成12）年に再婚、長男をもうけるが離婚。2001（平

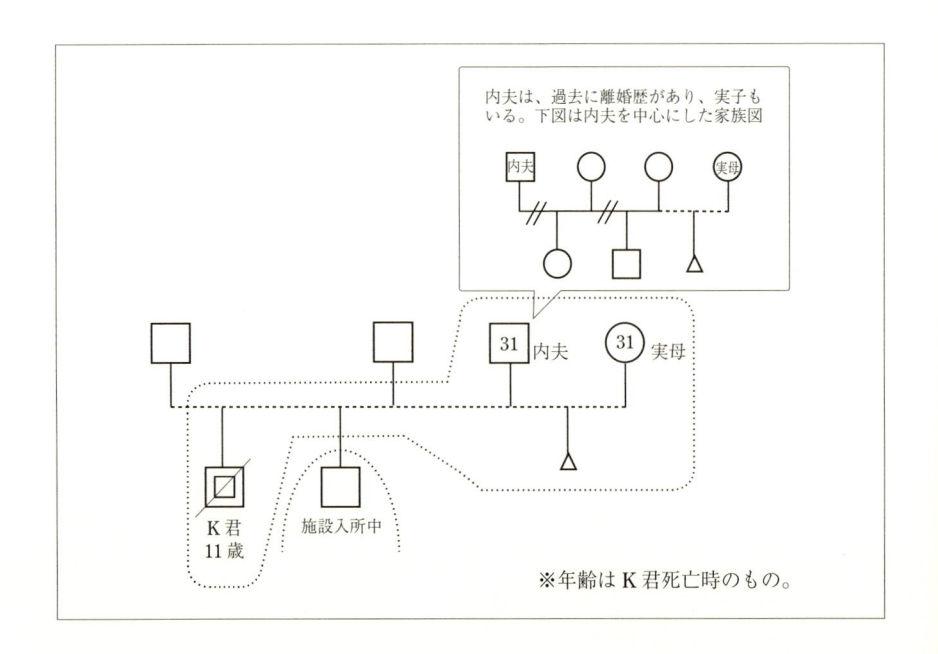

> 内夫は、過去に離婚歴があり、実子もいる。下図は内夫を中心にした家族図

※年齢はK君死亡時のもの。

成13) 年 4 月には執行猶予取り消し、6 月には傷害、毒物劇物取締法違反で懲役 1 年 6 カ月の実刑判決。この間 24 歳までに 15～20 回くらい職を替える。服役後、25 歳で暴力団組員となるが 1 年でやめる。母と同居後、1 週間で仕事を辞め、以後無職。当時は母の収入や手当で生活し、昼頃起きてテレビゲームをする生活であった。母の浮気を疑ったときや「買い物忘れ」などのときに、母に対して顔を殴る、髪を引っ張る、足を蹴る、木刀を使って殴るなどの DV が何度もあった（子どもが寝ているときが多かった）

　次男（7 歳）：小学 2 年生。2007 年 2 月に虐待通告、同 4 月、児童養護施設に入所

第Ⅲ章　2007〜2008年（児童虐待防止法第2次改正後の事件）

(3) 事件の経過（検証報告書・新聞報道・公判[1]より）

事件発生まで
虐待通告以前
　2006年1月、母と内夫は出会い系サイトで知り合い、交際が始まった。その後4月に転居し、内夫と母、母の2人の子どもの4人で同居を開始した。兄弟2人とも、5月に転校している。同居後、内夫は仕事を辞め、昼頃起きて、自宅でテレビゲームをする生活になる。生活費は母の収入に頼っていた。

　同年6月頃、K君と次男がアパートからウサギを落として死なせてしまったが、これをきっかけにして内夫がおもちゃのピストルで2人を殴打するなど、「しつけ」と称する暴力が始まった。このとき、次男は頭から出血している。公判で内夫は、「このままでは生き物を大切にしない子になると思った」「母がしつけをまったくしないため、自分がしなければと思い、はじめて叩いた」と供述している。その後、トイレの電気をつけっぱなしにしたとき、ものを片づけないときなどに暴力をふるうようになり、足で蹴るようにもなった。

　さらに、同年8月頃からは、兄弟に対して2、3日食事を与えないことが何度もあった。その後、拳や木刀で殴ることがあり、しだいに暴力がエスカレートしていった。11月には言うことを聞くようになったことで、いったん暴力は減ったが、翌年2月頃再燃した。母は内夫の暴力について、きっかけは些細なことが多かったと公判で証言している。公判では、2、3時間の正座や、「些細なこと」での2、3日の食事抜きが複数回あったことが明らかにされた。母は公判で「やりすぎだと思うこともあったが、止めるとかえって椅子を投げつけられるなどしたため、制止しなくなった」と言っている。

虐待通告
　2007年2月6日、学校から児童相談所に虐待通告があった。通告内容は、「兄弟が食事を与えられていない」「廊下に徹夜で座らされていた」「同じ服をずっと着ている」「長靴で運動会の練習に出ていた」などである。これを受けて児童相談所は、小学校訪問、保育所調査など、関係機関と連携をとって情報収集を行った。同月19日には、「ハムスターを逃がしてきつく叱られた」「兄弟とも元気がなく朝食を食べていない」「木刀で叩かれた」「家に帰りたくない

---
[1] 本事件については著者の1人が公判を傍聴しており、その記録も参照した。

と言っている」などの情報が小学校から再度児童相談所に寄せられた。同 26 日、児童相談所は、身体的虐待の要素も含んでいるが、上記に加え、学校への遅刻などもあることから、ネグレクトと虐待認定した。

翌3月15日、児童相談所から「内夫による母への DV が疑われる」との情報提供を受けた南国署は、すぐに内夫の周辺調査を開始し、翌日には「内夫は暴力的な男性である」と児童相談所に伝えた[2]。同月 26 日には同署が提案し、児童相談所、小学校、同署各担当者が情報交換をするケース検討会議を開いた。この時点で、強制保護は難しいとの判断から、小学校が母との関係を保持しながら生活状況の把握、安全確認をしていくことを確認し、内夫の情報を共有した。

内夫から母への DV については以下の新聞報道がある。「児童相談所は、内夫による母への DV を以前から指摘し、内夫が圧倒的な権力をもっていると感じていたというが、2007 年3月、K君の家庭訪問をした同小から『母が顔を腫らしている』と連絡を受けた。児童相談所は母と対話を重ねるなかで、内夫からの暴力を確認。南国署に『内夫から母への DV』を報告したという。そのうえで、母に県女性相談所（配偶者暴力相談支援センター）への訪問相談を促したが、母が女性相談所を訪れることはなかった。『訪問させたいが、児童相談所が強制的に母を連れていくことはできない』とやりきれなさを口にする職員もいる」（『朝日新聞』2008 年2月8日）」。

次男の保護・施設入所

3月 26 日の検討会の約1週間後となる4月2日、住民の情報から、家出してゴザにくるまっている次男を南国署が保護し、児童相談所は身柄をともなう通告を受けて次男を緊急一時保護した。

K君と次男は、2006 年8月から翌年3月の間に2、3日食事を与えられないことが何度かあったという。次男は食事抜きに耐えられず、保護時、ラーメンと鍋を持って家出をしていた（公判より）。翌日、児童相談所は自宅を訪問して母と面談し、次男の施設入所の同意を得て、5日に児童養護施設に入所させ

2　2007 年3月時点の警察の迅速な対応は「民事不介入」を理由に警察の対応が遅れた桶川ストーカー事件（1999 年、埼玉）を教訓としていたと報道された（『朝日新聞』2008 年2月7日）。(当時の) 副署長は「昔と違い、今は民事であっても積極的に動く」とした。しかし、「暴行」などの刑法犯罪でないかぎり、警察が強制力を行使できない状況は変わらない。副署長は「本当は警察独自でも動きたいが、われわれには一時保護の権限がない。家庭に介入した際、子どもの安全を保証できない」とした。

第Ⅲ章　2007〜2008年（児童虐待防止法第2次改正後の事件）

た。

　K君についての児童相談所の方針は、在宅のまま施設入所に向けて家庭状況を確認しながら支援方法を検討していくというものであった。公判で母は、次男の保護後、内夫からK君への暴力は減ったと話していた。

　しかし、次男や家族と児童相談所の直接の接触はこのときがはじめてであり、後に出された検証報告によれば、児童相談所は内夫と母に次男の一時保護や施設入所の理由についての説明を十分にはできておらず、その後のフォローもさまざまな課題があった。

　その後の関係機関のかかわり

　2007年6月6日、K君が南国署により触法通告された。これを機に児童相談所は月1回程度母子での通所を提案し、母とK君は7月9日に第1回の通所をした。

　その後、同月17日には、学校から児童相談所に「K君が夕方6時くらいまで外に出されている」との情報提供があった。また8月4日には、「午前2時頃、泣き声と『ごめんなさい』の声が聞こえた」という近隣住民からの通告が入り、児童福祉司はすぐに学校に出向いてK君と面接を行ったが、このとき差し迫った危機感は感じとれず、児童相談所内でも状況変化をふまえ、再アセスメントはなされなかった。

　この頃、夏休み中の学校のイベントでA教諭（K君の担任ではない）がK君とかかわりをもった。A教諭の「昼ご飯食べたか？」の問いに「はい、朝ご飯食べました」というかみ合わない返答が返ってきたという（『朝日新聞』2010年8月10日）。A教諭は違和感を感じた。

　8月16日、関係機関によるケース会議が行われ、情報交換が行われた（南国署、児童相談所、小学校、福祉事務所）。この頃内夫は、K君に"友だちを作らせるため"として「午後6時まで遊んでこい」と言うようになっていた（公判より）。

　8月21日と9月26日に、母子は児童相談所へ通所した。9月の通所では、K君の施設入所の希望が母から出た。ただし、児童扶養手当などのこともあり、次男を引き取ることと引き替えという条件になっていた。それを受け、翌日27日に児童相談所は検討会を行い、「次男は家庭で暮らせるか検討し」「K君は施設入所が必要ならその方向で話す」ことを確認した。この頃、内夫は自分がやっているテレビゲームの邪魔になってのことか、「外に出ていても友だち

おらんがやろ」とK君にいやみを言うようになっていた（公判より）。

10月17日の通所でも、母は再度、「次男を引き取り、本児を預けたい」と希望したが、児童相談所は次男の引き取りは現状では難しく、外泊などを続けながら時間をかけて進めていくと伝えた。面接で、母は今後の通所は困難であるというので、児童相談所は母の便宜も考慮して、自宅に近い小学校で面接を継続していくことにした。

事件直前の状況

2007年11月21日、通所日だったが母が来校しなかったため、児童相談所は小学校でK君とのみ面接を行った。12月20日には児童相談所側の都合で面接がキャンセルになった。公判で内夫は「11月頃からKが言うことを聞くようになり、体罰は減った」と述べたが、翌1月からK君を閉め出すために内夫は家に鍵をかけるようになる（公判では2回）。2008年1月10日も小学校でK君と面接を行ったが、母は来校しなかった。K君は正月に外泊をした次男と一緒に過ごせたこともあってか、比較的落ち着いている様子であった。同月15日、児童相談所では所内報告会が開かれ、引き続き虐待ケースとして施設入所の方向で対応を続けていくことを確認した。

1月20日、この日は、学校でPTA主催のイベントがあり、1人で外にいるK君をA教諭が発見した。雨も降っており寒い日だったので家に帰るように言ったが、K君は帰ろうとしないので、イベントの餅を食べさせて、その後ラーメンを一緒に食べにいった。午後3時頃、A教諭が同行してK君を帰宅させたものの、「6時になっていない」「なぜ帰った」などと内夫に怒鳴られ、家に入れなかったため、A教諭は警察へ相談した。南国署は児童相談所に連絡し、児童相談所職員が南国署でK君と面談した。児童相談所職員は、K君に一時保護所に来るよう誘ったが、本人が拒否したため、児童相談所はこの日の一時保護を断念し、今後の一時保護を念頭に置いて、放課後に一時保護所に連れていって慣れさせるという方針をとることにした。児童相談所職員は、A教諭にK君を自宅まで送るよう頼み、今後通所を促すこと、日々の細かな状況を記録することを依頼した。

午後5時、A教諭とK君の2人はいったん学校に戻った。寒さに耐えきれず、A教諭が「先生が家に入れてくれるように頼むから」と、K君を学校に残して再び自宅へ向かった。不在だったので、アパートの前で5分ほど待っていると、内夫と母が車で帰ってきた。A教諭は、「もう暗いですし、雨が降って

いてとても寒いので、おうちへ入れてあげてくれんでしょうか」と頼んだ。大柄で威圧感のある内夫は、「友だちがようできんき、外におらしちゅうがじゃ。1人で帰らせや」「『遊んでこい』とは言ったが、『帰るな』とは言っていない」「本人が『帰るなと言われた』と話しているのか」とA教員を怒鳴りつけた（公判、『毎日新聞』2008年8月10日）。A教諭はやむなく学校に戻って再びK君を自宅へ送り届けたが、K君がなかに入ると、その直後「おまえはいらんことゆうたんじゃないやろうな」という内夫の声が聞こえ、外壁越しに、どすどすという大きな鈍い音が3回ほど聞こえた。A教諭は「玄関を開けようか。開けたら何と言おうか」と迷ったが、K君の声は聞こえず、「悲鳴でもあれば入れるが、音だけで踏み込んで、間違いやったら……」と思い、約30分間アパートの自宅前にたたずんでいた。そして、携帯電話で児童相談所に電話したものの、日曜の夜だったために警備員しかおらず、担当などへはつながらなかった。

　翌21日、担任教諭が登校したK君の状況を確認するが、見える範囲での外傷はなく、とくに変わった様子もないという結論になった。A教諭が「激しい暴力がふるわれているおそれがある。このままでは大変なことになる」と対応を急ぐよう強く校長らに求め、校長や教頭、担任を交えた少人数の会がもたれたが、家庭訪問などによる積極的な実態把握や、児童相談所への保護要請などは見送られるなど、危機感をもった受けとめはされずに終わり、「しばらく担任を中心に見守る」こととなった（『高知新聞』2008年2月7日、『毎日新聞』2008年8月10日）。その週末の学校の職員会議で、「児童の様子で報告は？」と司会のA教諭が促したが、K君については議題にのぼらなかった。

　22日には児童相談所で所内報告会が行われた。同日、再度小学校から児童相談所へ連絡が入った。担任がK君には児童相談所へ通所する気持ちがないことを確認し、そのことを児童相談所に伝え、関係者によるケース会議を要請した。

　この頃内夫は、20日のことについて、K君に「お前はA教諭に嘘を言った。悪いと思うなら謝れ」と言い、23日にはK君の背中を足で蹴り、30日からは謝るまで食事を摂らせないと（内夫と母が相談のうえ）決めた。本人も「うん」と言ったという（公判）。

　31日、児童相談所は母に電話をしたが、通じなかった。翌週の7日に学校で面接予定であったが、2月3日に本事件が発生した。

事件発生

　事件のあった2月3日は日曜参観日であり、昼食の給食をK君は山盛りにして食べたという(『朝日新聞』2010年8月20日)。その日の夜、お腹をすかせたK君が冷蔵庫のウィンナーを食べたことについて、母が「あんたが食べたんがや」と叱り、K君に謝らせようとしたが、母の叱る声を聞いた内夫がK君の部屋に行き、座っているK君に「謝れ」と言って椅子を後方に倒して正座させ、「どうして謝らんのか」と怒鳴りつけた。それでも謝らないので、内夫は腹立ちをさらに強め、K君の頭を下にして二度畳に叩きつけた。K君は受け身もとれず仰向けに倒れた。K君は口から血を出し、ぐったりして動かなかったが、息はしているため母と内夫は布団に寝かせて様子をみた。ところがその後、2人はK君が息をしていないことに気づいて人工呼吸を行い、病院に搬送したが、翌日未明死亡した。司法解剖の結果、K君の身体には以前からの虐待を示すような跡は見つからなかった(『朝日新聞』2008年2月13日)。

　現場にいた母は、内夫の凶行を止めることができなかった。事件直後、母は「しつけだった」と話し、内夫をかばうような発言をしていた(『朝日新聞』2008年2月8日)。

　警察によると、内夫は、次男を木刀で叩き、頭に血をにじませるほどの暴力をふるったことがあったが、大きなけがをさせたのはそのときのみだった。

内夫の逮捕・起訴

　2月3日深夜、内夫は殺人未遂の容疑で緊急逮捕され、翌日K君が亡くなったことで、逮捕容疑は傷害致死容疑に切り替わった。

　内夫は取調べに素直に応じ、K君が亡くなったことを捜査員から告げられると、「大変なことをしてしまい、後悔している」と涙を流した(『朝日新聞』2008年2月6日)。「Kに申し訳ない。将来的に結婚して、子どもたちを引き取るつもりだったのに、大変なことをしてしまった」と話していた。

　K君への暴力については「平手打ちやげんこつで叩くなど手をあげることがあり、感情的になることがあった」「子どもが曖昧な返事しかしないことに腹を立てた」「しつけだった」と話しているが、日常的な暴力は否定した(『朝日新聞』2008年2月4日、2月13日)。

　内夫の逮捕直後に、母への取材が行われた(『朝日新聞』2008年2月5日)。以下、その内容である。

〈当時の状況は？〉「悪いことをしたのに謝らないから、しつけのつもりでやった。3人で和室にいたが、注意をしていたら、はっきりものを言わないから手を出した。これまでもしつけの範囲内で叩くことはあった。でも、痣になるようなことはない」

〈虐待ではないか？〉「こういう結果になってしまったけど、昨日はちょっと手加減できなかった。持ち上げて投げるようなことはこれまでにしたことはないし、虐待じゃない」

〈K君の弟が昨春児童相談所に保護されているが？〉「次男は施設に入れてからも、月1回くらいは帰ってきている。そろそろ出そうかと思っていたところだった」

〈K君への今の気持ちは？〉「Kにはごめんと言って謝りました」

その後の母への取材によると、1月20日の一件以来、内夫は別の部屋に閉じこもり、K君と言葉を交わすことはなかったという。母は、内夫について「普段はやさしいけれど怒ったら手がつけられなかった」と話していた(『朝日新聞』2008年2月13日)。

2月25日、地検は内夫を傷害致死罪で起訴した(『朝日新聞』2008年2月26日)。

公判

初公判　2008年6月25日

内夫は起訴事実を全面的に認めた。検察側は「人1人の生命を奪った結果はあまりにも重大」「暴行をしつけと称して正当化することは断じて許されず、犯行に至る経緯、動機に酌量の余地はない」「しつけのためではなく、K君が内夫の言うことを聞かないことに腹を立てたもので、理不尽極まりない」「児童に対する虐待を防止する観点からも、きびしい態度で臨む必要がある」とし、懲役8年を求刑、即日結審した(『毎日新聞』2008年6月26日)。

弁護側は「しつけをまったくしない母親に代わって、自分がしなければというしつけ教育が高じての突発的な行為」「人工呼吸など救命の努力もした。男児の母親は被告の子を妊娠しており、社会復帰後は婚姻を決意している」などとして情状酌量を求めた(『朝日新聞』2008年6月26日『読売新聞』2008年6月26日)。

内夫の供述（公判より）

「兄弟への暴力については、母が子どもを言葉で叱ることもなく、母に子どもたちを叱るように言ったが、母はしなかった」「最初は自分の子ではないためにそこまでしようと思わなかったが、ウサギの一件から暴力が始まった。今考えると、暴力はしつけというより腹立ちだった、子どものことは母が考えるという思いがあって、真剣に考えていなかったと思う」。内夫はしつけと言うが、K君へのかかわりは叱るときだけで、それ以外に子どもの世話をすることはなかった。

母への証人尋問では、母自身もK君を一緒に殴ったことを認めた。母は「多少の暴力は仕方がない、内夫だけの責任だとは思っていない」と述べ、母がK君に暴力を始めたのは、内夫と知り合ってからだという。次男が施設に入った後、K君への暴力はいったん減ったとも述べた。母は、内夫の出所後結婚し、次男の引き取りを考えていると証言した。また、K君には「帰ってくるな」とは言っていない、「遊んでこい」と言っただけだが、今から思うと本人にとっては、そんなに違いがあるとも思えないので、本人が嘘を言ったとは言えないような状況だったとも思うとも述べた。

2006年頃、母は夜仕事をしていて帰りが遅かったため、K君は次男に食事をとらせてくれたり、手伝いをしてくれたりして、手助けをしてくれたやさしい子だったとも述べている。

A教諭の供述

「K君は他児より小柄で、発達に遅れがあるかと思った」と説明。1月20日の件では、内夫と母に「迎えにきて」と頼みにいった際、やりとりのなかで内夫が興奮して怒鳴ってきたということも述べている。

判決公判（2008年7月31日）

内夫に対して、懲役7年の実刑判決が言い渡された（求刑同8年）。裁判長は判決理由で「無抵抗の11歳の被害児童に対し、胸までかかえ上げて頭から畳に投げつける行為態様は、きわめて危険で悪質である」「おもちゃを片づけないなど些細な理由で、被告はしつけと称し、木刀などで頭を叩くほか、2、3日食事を与えないなど、過度の対応を行っていた。事件当日も何の落ち度もない被害児童に対し、理不尽かつ自己中心的な動機で、二度頭を畳に投げつけ死亡させた。将来を断ち切られた被害児童の無念さは察するにあまりあり、児童虐待が社会問題化する折、危険で悪質な暴行が地域社会に与えた影響は無視で

第Ⅲ章　2007～2008年（児童虐待防止法第2次改正後の事件）

事件の経過表

2006年	1月	母と内夫、出会い系サイトで知り合う（公判より）。
	4月	転居。母、K君、次男、内夫、同居を始める（公判より）。
	5月	転校。
	6月	内夫からの暴力が始まる。8月頃まで足で蹴る（公判より）。
	8月	兄弟に2、3日食事を与えないということが、翌年3月まで（公判より）。
	秋頃	週に2回程度、拳や木刀で殴るようになる（公判より）。
2007年	2月頃まで	いったんは暴力が止まっていた（公判より）。
	2月6日	小学校から児童相談所へ虐待通告、児童相談所受理会議。
	2月9日	児童相談所調査報告会、判定会議。
	2月19日	小学校から児童相談所へ情報提供。児童相談所協議、学校による家庭訪問の実施を依頼。
	2月26日	児童相談所判定会議、支援検討会議。ネグレクトと虐待認定。
	3月14日	担任が、K君が服を濡らしたので叱られるといけないと思い、家庭訪問をしたところ、母が顔をものすごく腫らしていた（翌日、校長が児童相談所に連絡）。
	3月15日	「内夫によるDVが疑われる」と児童相談所から警察に相談。翌日には、警察から児童相談所に「内夫は暴力的な男性である」という情報が寄せられた。
	3月26日	関係機関によるケース検討会議。保護は難しいと判断し、学校が母との関係を保持しながら状況の把握、安全確認をしていくことを確認。内夫の情報共有。
	4月	K君の担任が新しく赴任してきた教員に交替する。
	4月2日	次男は食事なしになり家出、身柄をともなう通告により児童相談所は次男を緊急一時保護。
	4月3日	児童相談所、家庭訪問して母と面談。母は次男の施設入所に同意。
	4月4日	児童相談所、緊急支援会議で次男の施設入所決定。K君は在宅支援に。
	4月5日	次男、児童養護施設入所。以後9月頃まで週1、2回、K君への暴力が続く（公判より）。
	次男施設入所後	施設から、次男のけがは内夫によるものであるとの情報が伝えられる。
	6月6日	K君、補導される。南国署から児童相談所へ触法通告。
	6月22日	児童相談所へ母子来所。月1回程度の通所を始めることに。
	7月9日	児童相談所へ母子通所。
	7月17日	小学校から児童相談所へ情報提供。「夕方6時頃まで家を出されている」。
	夏休入る前後	「朝から夕方まで家を出されている」「雨の日も出されている」「昼も何も食べていない。日が経つにつれてしだいに元気がないような感じがする」などの情報が児童相談所に。

237

2007年	8月4日	近隣住民より児童相談所へ虐待通告。児童相談所、安全確認。児童福祉司が小学校を訪問し、K君と面談。昨晩は「何もなかった」と返答。見える部分での外傷はない状況。
	8月16日	関係機関によるケース検討会議（小学校、南国市福祉事務所、南国署、児童相談所）。
	8月21日	児童相談所へ母子通所。
	9月26日	児童相談所へ母子通所。母より「次男を引き取り、K君を預けたい」との要望あり。
	9月27日	児童相談所での検討会（所長、課長、担当児童福祉司）。「次男は家庭で暮らせるか検討し」「本児は施設入所が必要ならその方向」を確認。
	10月頃	内夫からK君への暴力が週に3回ほどとなる（公判より）。
	10月17日	児童相談所へ母子通所。母より「次男を引き取り、K君を預けたい」との意向が再度示される。また母からは、今後の通所が困難であると言われる。
	11〜12月	暴力は週に一度あるかないか（公判より）。
	11月21日	小学校でK君と面接。母来校せず、K君とのみ面接。
	12月20日	児童相談所側の事情で日程調整がつかず、面接をキャンセル。
2008年	1月	内夫、K君を閉め出す（公判より）。
	1月10日	児童相談所、小学校でK君と面接。母、来校せず。正月に外泊をしていた次男と一緒に過ごせたこともあってか、比較的落ち着いている様子であった。
	1月15日	児童相談所、所内報告会。施設入所の方向で対応を続けていくことを確認。
	1月20日	K君が閉め出されているのを見つけたA教諭が対応。警察に相談、児童相談所に連絡するも、本人は一時保護をいやがるので、再度A教諭が家庭訪問。南国署から児童相談所へ虐待通告。
	1月21日	小学校から児童相談所へ連絡。担任が登校したK君の状況を確認（外傷なし）。
	1月22日	児童相談所所内報告会。小学校から児童相談所へ連絡。担任がK君には児童相談所へ通所する気持ちがないことを確認し、そのことを児童相談所に伝え、ケース会議の開催を要請。
	1月23日	背中を蹴る（公判より）。
	1月30日	以後、2月1日まで食事抜き。「謝るまで食べさせない」と（公判より）。
	1月31日	児童相談所から母に電話をするも通じず。翌週2月7日に学校で面接予定であった。
	2月3日	事件発生。内夫逮捕（殺人未遂容疑）。
	2月4日	K君死亡後、内夫の逮捕容疑を傷害致死容疑に切り替え。3月7日県教育長厳重処分。
	6月25日	初公判。

2008 年	6 月 30 日	検証委員会報告書の提出。
	7 月 31 日	判決公判。
2009 年	1 月 28 日	検証部会（1 月 28 日、10 月 23 日）の開催。
2011 年	1 月 26 日	検証部会の開催。

きない」「父親代わりとして被害児童を養育すべき立場であるのに、その心情等を顧みない姿勢ないし、態度が表れているという点においても、犯行に至る経緯に酌むべき点はない」とした。一方、「事件は日常的に暴行を加えるなかエスカレートしたというものではなく、一時の感情に駆られた突発的な犯行である」などと情状を酌量した（『朝日新聞』2008 年 8 月 1 日）。

(4) 事件へのコメント

事件発生直後の関係機関のコメント

事件発生当初、児童相談所、学校、警察は暴行の事実を把握していなかったとコメントした（『朝日新聞』2008 年 2 月 4 日、『読売新聞』2008 年 2 月 5 日）。また、警察は「刑事事件ではないので、積極的に動けなかった」とした（『読売新聞』2008 年 2 月 5 日）。

児童相談所長（当時）は「強制的に入所させることはできるが、そこまでの事実は集まっていなかった。母と話はできており、同意を得ての入所が適切と判断した」（『朝日新聞』2008 年 2 月 5 日）とすると同時に、「弟が被害を受けていた時点で、K 君が虐待される可能性が高いと、もっと強く考えるべきだった」と振り返った（『朝日新聞』2008 年 2 月 6 日）。

事件発覚当初、各地の児童相談所の職員のコメントが掲載されていた。以下にその内容を紹介する。

「（内夫に）会えていれば、事態は変わったはず」（『朝日新聞』2008 年 2 月 6 日）、「今回の結果を考えると、反省しなければならないことが数多くある。ただ、同様のケースがあったときに強制的な保護が必ずしもいいとはかぎらない」（『朝日新聞』2008 年 2 月 7 日）、「同意しての保護であっても、どんなに親に暴力をふるわれている子どもでも、親から引き離して喜ぶ顔なんか一度も見たことがない」「保護した子どもの多くはこのまま親に捨てられてしまうのではないか、自分が言うことを聞かないから怒られる、自分が悪い子だから児童

相談所に預けられると感じて不安を募らせる」などとコメントした(『朝日新聞』2008年2月7日)。

　小学校は、事件が起きる1年前から虐待の疑いを把握し、関係機関と協議を続けていたが、「プライバシー」や「守秘義務」の問題もからみ、PTA役員や地域の民生児童委員らに対して具体的な情報を伝えなかった。小学校の校長は「数年前の(別の)虐待問題では民生委員からの働きかけがあり、地域で解決することができたのだが」と話し、「みんなで支えてあげたかった」と苦渋の表情を浮かべた(『朝日新聞』2008年2月7日)。また「担任らが、何でも話してほしいと声かけを繰り返していたが、そこまで至らなかった」とした(『朝日新聞』2008年2月5日)。

　県教育長は、児童相談所が開いた2008年2月5日の緊急連絡会議において、「命を守れなかったのは痛恨の極み。再び繰り返さないためにも、率直に踏み込んだ意見交換が必要だ」と述べた(『朝日新聞』『毎日新聞』2008年2月6日)。

事件発生時の周辺住民のコメント

　事件以前から、家庭でのK君や次男の様子を心配する周辺住民は少なくなかった。以下、その報道の抜粋である(『朝日新聞』『読売新聞』2008年2月5日、2月7日)。

　「昨日(3日)午後6時過ぎに通ったら、家のなかから男の人のすごい怒鳴り声が聞こえた。でもしょっちゅうのことなので『また怒ってる』と思った」

　「(K君が)2、3日前、雨の日に、表に出されてかがみ込んでいた。子どもの泣き声が毎日のように聞こえ『ぽんぽん』と物で身体を叩くような音と、子どもが『ごめんなさい、ごめんなさい』という声が聞こえたこともあった」

　「K君は、……(中略)……服が汚れていることも、顔に傷があることもなかった。『昼間家に帰っても誰もいない』とは言っていた」(子どもがK君と親しかったという女性)

　「毎日、昼も夜も、夫婦げんかや子どもを折檻する声が聞こえてきた。子どもが『ごめんなさい、ごめんなさい』と泣きじゃくって謝る声が響くこともあった」

　内夫と母は夜遅く帰宅することが多く、日頃からネグレクト状態だった。「(K君への)虐待のうわさはあったが、確かな情報はなかった。知っていれば、声をかけることもできたのに……」(同級生の保護者)

第Ⅲ章　2007～2008年（児童虐待防止法第2次改正後の事件）

K君の葬儀のときの様子

2008年2月6日午前、K君の葬儀が行われ130人が参列した。会場は同級生や保護者らのむせび泣く声に包まれたという。葬儀には母とともに小学2年生の次男の姿もあった。次男は焼香する人たちをじっと見つめていたが、葬儀の最後に棺が開けられると、涙を流して最後までK君のもとを離れなかった（『朝日新聞』2008年2月7日）。

初公判時の関係機関のコメント

管轄児童相談所長（初公判を傍聴）は、「暴力について、裁判で相談所が把握している半年以上前からあったと知った。また具体的な暴力も、把握していたより回数も多く、それらをつかんでいなかったことは大きな落ち度。傍聴して改めてなぜ防げなかったのかという思いが強くなった」（『朝日新聞』2008年6月26日）と述べた。

(5) 事件がもたらした影響

虐待通告件数の増加

事件直後の2、3月に児童相談所への通告が増え、2007年度の県内の児童虐待の相談件数は279件で過去最多になった。そのうち虐待と認定されたのは158件であった。種別では身体的虐待がもっとも多く46.8%、ネグレクトが29.8%であった。中央児童相談所は「地域の人らが『泣き声が聞こえる』などと通告してくるケースも増え、虐待への理解が進んできている」とした（『読売新聞』2008年7月19日）。

県での議論

2008年2月8日、高知県の人権施策の諮問委員会である「県人権尊重の社会づくり協議会」（委員は教育・福祉関係者や弁護士で構成）が開かれ、子ども課が今回の事件の内容について説明した。子ども課からの、「家に帰りたくない」という言葉があれば一時保護も考えたとの説明に対し、委員は「犯罪被害者と同様、虐待された児童は『自分が悪いから怒られる』と感じる傾向がある。そういうことをわかって対応したのか」「虐待の明白な事実がないと、親から分離できないというシステムがおかしい」「言葉だけではわからない子どもの発

するメッセージを拾うべきだった」「他府県でも同様の事件はあった。命を救うことを一番に考え、なぜもう一歩踏み込んで対応できなかったのか」「関係機関が連携をとって機能できていない」などと批判的な意見が相次いだ(『朝日新聞』『毎日新聞』2008年2月9日)。

同月20日には、県議会総務委員会と文化厚生委員会が開かれ、管轄児童相談所長、県警少年課長、教育長らが出席し関係機関の対応の経緯を報告した。県議からは、学校現場には「児童相談所に相談しても動いてくれない」という苦情がある、児童相談所の態勢が不十分ではないか、暴力について学校、行政、警察の連絡ができていないなどの意見が出た(『朝日新聞』2008年2月21日)。

総務委員会では県教育長が自身を含めた関係者の処分を検討していることを明らかにした。委員の「1人の命が失われ、誰が責任をとるのか」との質問に、教育長は「現場の聞き取りをし、私自身の処分も含め、県教委に諮りたい」とした(『読売新聞』2008年2月21日)。

児童相談所

事件から2週間あまり経った2月20日、県は新年度から2カ所の児童相談所に職員を計5人増員することを県議会文化厚生委員会で報告した。中央児童相談所の相談課は4人増員し、これまでの3班13人体制を4班17人体制に、幡多児童相談所は1人増員で5人体制にするという内容であった。委員会では、中央児童相談所長が「次男が家出した昨年4月の段階で、虐待を想起すべきだった。命は救えたという思いが、日々強くなっている」とした(『読売新聞』2008年2月21日)。

翌月の3月11日には、健康福祉部長が県議会文化厚生委員会で児童福祉司など有資格者の採用や、現職員の資格取得支援策を検討する考えを示した。中央、幡多両児童相談所は現在「児童福祉司」の資格をもつ職員が8人であり、県こども課は「新規採用を増やすだけではバランスが悪くなるおそれもあり、業務に熱意をもつ職員の資格取得などを支援したい」とした(『読売新聞』2008年3月12日)。

県は検証報告書発表時に、児童虐待専従チームの設置や児童福祉司と児童心理司の増員(児童福祉司らの5人程度の増員)、保護者らの意に反しても施設に入所させることができる児童福祉法第28条に関する実務の弁護士への委託、児童相談所を指導できるOBを招くことなどを発表した。また、県教育委員会

は、児童虐待対応のガイドラインを作成し、全教職員に配布するとした（『朝日新聞』『読売新聞』2008年7月1日）。

さらに、同年12月には、児童相談所の各事例に対する会議を重ねて対応の査定方法を明確にする、先進的取り組みを行う大阪府中央子ども家庭センターに職員を派遣しての研修の実施、弁護士や有識者を呼んでの研修、次年度から職員の専門性を高める虐待専従チームを発足させる、などを決め、対応の改善に取り組むことを示した（『毎日新聞』2008年12月25日）。

高知県教育委員会

2008年2月5日、県教育長は、県内の市町村教育長と県内の保育所、幼稚園、県立学校など教育関係者あてに「子どもたちの『いのち』を守るために行動を起こしましょう」と呼びかける通知を送った。通知では、「一定の状況を把握しながらいのちを救えなかった事実を、真摯に、重大に受けとめなければならない」「虐待やいじめも表面化するのは氷山の一角。その陰に、傷つき、苦しみ、泣いている子どもたちが多くいることを、いつも心にとめておかなければならない」「虐待は発見も対応も難しいが、もう一歩踏み込んでいく勇気をお互いにもちたい」とし、すべての子どもについて虐待やいじめを受けていないかの再チェック、学校間の丁寧な引き継ぎ、虐待防止の手引きやチェックリストの活用、児童相談所などとのすみやかな協議、家庭、地域との連携などに取り組むよう求めた（『朝日新聞』『毎日新聞』2008年2月7日）。

同月8日には、事件を受けて臨時の県教委・市町村教育長会議が行われ、「再発防止」に向けた議論が繰り返され、子どものサインを見逃さない、学校単位での対応が無理なら市町村教委に相談する、最悪の事態を想定して行動する、の3点を確認した。県教育長は「虐待に限らず、弱い立場にある子どもが危険にさらされることはどこにでもある。すべての人が当事者の気持ちをもってほしい」「今後は修復を見込んだ親子関係重視の支援よりも、まず子どもの命を守るための強制的な対応をとることに比重を置いていかなくてはいけない時代に来ているのかもしれない」とした。1年前から把握していた虐待が学校から市教委に報告されていなかったことについて、県教育長は「連絡がなかったことは今回の課題」と強調し、「（学校が市教委に）報告すべき事案だった」「学校が対応、判断に限界を感じるときは、すぐに教育委員会に報告してほしい」「教育委員会は、子どもを守ることに強い責任と不安を感じている学校を、

支えていかなければいけない」など、連携強化の見直しや再発防止について協議が行われた(『朝日新聞』2008 年 2 月 9 日)。

　県教委は、実態を把握しながら事件を防げなかったとして、県教育長を文書による厳重注意処分とした(2008 年 3 月 7 日付)。処分理由は、児童相談所や学校などの関係機関が K 君への虐待の事実を約 1 年前から把握しながらも死亡に至り、「教育行政の信頼を失墜させた」というものである。当時の教育長は 12 日の県議会総務委員会で、事件発覚直後、知事に辞職を申し出たが慰留された経緯を明らかにしたうえで、「弱い立場にある子どもを守れなかったことは痛恨の極みで、私自身危機意識が欠如していた」「深く、重く受けとめている」と話した。委員からは、「法的な責任はないものの道義的責任はある」「このままでは事件が風化する懸念がある」などきびしい意見が相次いだ(『朝日新聞』『毎日新聞』2008 年 3 月 13 日、『読売新聞』2008 年 3 月 14 日)[3]。

　2008 年 8 月、県教委は、児童相談所職員や外部有識者の意見も参考に、教職員向けの対応マニュアル『いのちを守りはぐくむために』を作成した。県内幼稚園、保育所、小中学校、高校、特別支援学校 770 カ所のほか、市町村の主管課などに配布した。概要版にあたるガイドラインは 1 万 6000 部作成し、幼稚園や保育所、小中学校の教職員らに配布した[4](『朝日新聞』2008 年 10 月 10 日)。

虐待死亡事例検証委員会の設置

　県は、事件発生から 12 日後の 2008 年 2 月 15 日、「県児童虐待死亡事例検証委員会」を設置し(会長：高知県児童養護施設協議会会長)、再発防止に向けた検証報告書を同年 6 月 30 日に発表した[5]。報告書発表時、委員長は「報告書は

---

[3] 県教委が保育所・幼稚園、小・中・高校、特別支援学校など県内 760 校を対象に虐待と思われるケースの調査を行った結果、331 件あり、うち緊急支援が必要なケースが 27 件あったことも同時に報告された。
[4] マニュアルでは、虐待に気づくためには「そんなことをする親にはみえない」「あんな明るい子が虐待を受けているわけがない」などの固定観念に縛られないこと、「非行や不登校の背景に虐待がある場合があるので、表面的な行為だけで判断しない」ことを心がけるよう指摘。「極端な栄養障害や慢性的な脱水症状があるとき」「不登校などで子どもに会えないなど、状況がわからないとき」などには、児童相談所に直接通告するよう求めている。ほかに、子どもが出す「SOS」のチェックリストや虐待の疑いがある場合の効果的な家庭訪問の方法、虐待への対応を考えるための具体例なども示している。マニュアルは高知県の HP でも公開している (http://www.pref.kochi.jp/%7Ejinkyou/)(『朝日新聞』2008 年 10 月 10 日)。
[5] 報告書は高知県のホームページで閲覧可能 (http://www.pref.kochi.lg.jp/uploaded/attachment/35119.pdf)。

まだ入り口の段階。子どもを守るという強い思いをもって（組織が）変わらなければならない」と述べた。

　報告書は、今回の事件は多くの機関が1年間継続的にかかわってきたなかで起きた事件であり、DVを含む家族内での暴力の具体的把握のできなさ、見立ての不十分さ、それぞれの時期の対応の見直しが行われず、援助が膠着した状態で時間が経過し、受け身的な姿勢になり、課題や問題点が積み重なるなかで発生した、と指摘した。背景に児童相談所の組織的対応の欠如、市役所や小学校などの主体性不足があったことが大きな課題であったとし、各機関の課題を検討し、今後の対策などを盛り込んだ。

　児童相談所に対しては、最初の通告段階では組織的対応がなされたが、その後は、状況が変わっても、虐待に関する具体的な情報収集、それによる再アセスメント、援助方針の決定、介入的手法の必要性などについて、担当者任せで組織的協議、対応が不十分だったと指摘した。そのほか、初期対応時や次男の一時保護時の対応、保護者に対する虐待の告知、内夫のもつリスク、DVと虐待との関連、K君の触法通告後の対応、2007年の夏休みの対応、兄弟事例の課題（次男の引き取り要求時の対応など）、事件直前の対応、法的対応、児童相談所の体制、虐待を受けている子どもへの理解などについても指摘した。

　市福祉事務所に対しては、2004年の児童福祉法改正で市町村が児童家庭相談の第一義的な役割を担うとされたにもかかわらず、「児童相談所任せであり、地域の問題であるという認識がなかった点に課題がある」と指摘した。

　小学校に対しては、受け身的姿勢、虐待対応の認識と主体性、組織的対応、教育委員会との連携、危機管理対応能力などについて指摘した。

　警察の対応については、「警察のもった危機感を関係機関で共有できなかったことに課題がある」とした。

　本報告書で打ち出された提言は、「児童虐待対応における役割と責務の自覚」（2項目）、「児童相談所の機能上の充実と組織の改善」（13項目）、「教育関係機関の対応力の強化」（3項目）、「南国市福祉事務所の対応力の強化」（1項目）、「警察の対応力の維持」（1項目）、「その他関係機関の強化等」（3項目）の計23項目である。

　また県としては、今回の検証委員会と同様に第三者機関を設置し、検証を継続することにした（『読売新聞』2008年7月1日）。

県児童福祉審議会・児童虐待検証部会

　事件を受け、検証委員会が6月に出した提言にもとづき、再発防止策の事後点検を行うために高知県児童福祉審議会の児童虐待検証部会が設置された（部会長＝県社会福祉協議会常任理事）[6]。

　初会合は2009年1月28日に開催された。県や県教委の担当者らが、再発防止策の進展状況を説明し、委員からは学校と地域が十分に連携して対応する体制が確立されていないと指摘する意見などが出された。

　県の報告では、2008年度は12月末までで254件の虐待通告があり、うち149件を虐待と認定。前年同期より通告が84件、認定は43件多かった。虐待認定が増えたのは、事件後に虐待と認定する範囲を広げたためとみられる。提言書が出された7月以降は、虐待の通報が125件あり、うち63件を虐待と認定。保護者への告知は45件だった（『読売新聞』2009年1月30日）。

　提言後の改善点として、県は相談があれば複数の職員で直接確認することなどを盛り込み、初期対応体制を重視した手順の見直しを行ったこと、また、虐待か否かを判断する「アセスメントシート」を強化し、事例の台帳管理の徹底とあわせて、虐待などと判断した理由がわかるようにしたことを報告した。県教委は虐待対応のための職員向け研修をはじめ、マニュアルを作ったことを報告した。

　委員からは「各学校に虐待対策チームを作るべき」「学校側は民生児童委員に対して積極的に情報を出していないようだ。もっと地域で協力し合う必要がある」などの意見が出され、学校と地域の協力が不十分と指摘された（『読売新聞』2009年1月30日）。

　同年10月23日の会合で、県は、2008年度の虐待通告件数302件のうち、184件を虐待と認定、認定数は2004年度から倍増したと報告した。また、この年4月の「高知県児童福祉司活動マニュアル」（非公開）の作成、中央児童相談所への9人の児童虐待対応チーム新設などの取り組みを紹介した。委員からは「予防的観点から過去の相談内容の分析が重要ではないか」「職員の研修を充実させたことを今後の人事異動で活かしてほしい」などの意見が出された（『朝日新聞』2009年10月25日）。

6　事後対応に関する検証部会については報道も少なく、すべての情報は把握できていない。

研究・論考

　羽間ら（2012）は、学校教育の観点から、本事例を含む学齢児死亡事例4例の検討を行っている。4事例全例で転入・転校していることがわかり、学校側がその前後の情報を得る必要があること、その際個人情報保護との関係で生じる問題の慎重な議論が必要であることを指摘している。

　本事例については、なぜ担任交代がされたのか、なぜK君にかかわる情報が新しい担任に十分引き継がれなかったのか、また転校事例であり、就学前ならびに転校前の状況、転校の経緯についての情報がないことなどが指摘されている。また、次男は小学1年生の5月に転校してきているが、転校前の学校に登校していたのか、そもそも学籍があったのかなども、検証報告などでも不明な点を指摘している。

　また、学校以外のことについては、同居男性がいつ家庭に入ったのか、同居男性が家庭に入ると同時に転入したのかなどの情報も不足しているとしている。

　さらに、現在の日本の学校教育は、教員の頻繁な異動が特徴的であり、子どもの発達支援において、教員がチームとして児童生徒集団に対して一貫性をもつことが重要だが、本例のような困難をかかえた事例である場合、とりわけ学校が一貫性を保つような配慮や教職員がチームとして情報の共有をしていく必要があるとしている。

　安藤（2008）は、本事例をあげ、裁判に関する報道記事から地域住民の虐待裁判に対する期待と司法の判断との間にみられた乖離について考察している。すなわち、「懲役7年は短すぎる」（量刑）、「2回の公判で判決が出たため、検証が必要だ」「被害児童をよく知る人は、言い渡し後もしばらく傍聴席に座り込んだまま、手錠をかけられ退廷する被告をじっと見つめ、『裁判はこんなにシンプルなんですね』とため息をついた」「被告らは虐待を『しつけ』というが、法律は判断を示さなかった」（『高知新聞』2008年7月31日）といった地域住民、傍聴者のコメントを引用し、本事例の裁判についての世間の反応は、世間が期待しているような人権裁判としての虐待死裁判ではないとした。事実上、虐待に関して民事訴訟はありえないことから、被害者が自身の主張を展開できず、関係機関への責任を問うこともしにくいことを指摘し、刑事裁判は、直接福祉や教育を裁くものではないが、刑事裁判で検察官が子どもの人権の立場に立って、事件の構造と克服すべき課題を明らかにすることはできる、司法関係者には「子どもの人権からする虐待裁判過程研究および判例研究」が進められ

なくてはならない、としている。また家庭裁判所の審判において、子どもの人権の理解を深めることが求められるとしている。

A 教諭の思い

「A 教諭は『僕は二度、逃げた』と話す。一度目は玄関で、二度目は職員会議。『警察に電話したらよかった。会議でも挙げかけた手を下ろしてしまった』。事件から半年後、K君をよくみかけた池のほとりに立って、そこに支柱のついた丸時計があり、K君は「6時、6時……」と思いながら、時計を見つめていたことに気がついた。

『彼はサインを出していた。それを僕がよう受けとめなかった』と涙をぬぐった。

『学校は虐待に対し、家庭の問題だとか、保護者との関係が壊れるとか、さまざまな理由をつけて及び腰になりがちだった。でもサインを見抜けなかったら、子どもは命を落とす。私たちは最後の命綱。教員はその実感を失ったらいかんがです』」

A 教諭は、2010年8月21日、全日本教職員組合の教員研究全国集会で体験を報告した(『朝日新聞』2010年8月20日)。

K君の詩

最後に、事件後、小学校の全校集会で紹介されたK君の詩を載せて本稿を終わりとしたい。友だちと遊ぶことと家に帰ることについてのK君の複雑な思いが表現されている気がしてならない。この詩は、事件当日の小学校の授業参観で発表されたものである。授業参観には内夫、母ともに来なかった。

「友だちと遊んだ」
　　友だちと遊んだ
　　友だちと遊ぶときは、5時までの門限で帰る
　　友だちと野球で遊んだり、ゲームをしたりする
　　いっつものように遊ぶ
　　一緒に遊んでくれるのが、ぼくはありがたい
　　友だちを大切にしないといけないと思う
　　帰って、また明日遊ぶぞ

(『朝日新聞』2008年2月6日)

文献

安藤　博（2008）「虐待裁判を子どもの人権の立場から問うことの必要性」『週刊教育資料』1054　pp.15-17.

高知県児童虐待死亡事例検証委員会（2008）「高知県児童虐待死亡事例検証委員会報告書」

羽間京子・保坂　亨・小木曽宏・小野寺芳真（2012）「学齢期児童虐待事例検証の再検討——死亡事例について」『千葉大学教育学部研究紀要』60　pp.133-142.

15 蕨市4歳男児ネグレクト死事件
（埼玉県 2008 年）

(1) 事件の概要

　2008（平成 20）年 2 月、埼玉県蕨市で、4 歳の R 君が死亡した。この件につき、2010（平成 22）年 3 月 4 日、R 君を衰弱させ、放置したとして両親が逮捕された。2011（平成 23）年 4 月には保護責任者遺棄致傷罪で、実父に懲役 5 年、実母に懲役 4 年 6 カ月の判決が言い渡された。

　R 君出生当時、家族はホームレスであった。そのため、R 君は乳児院に入所となったが、3 歳を前に、家族の住居と生活保護の受給が決まり、退所となった。しかしその後、児童相談所や市の担当者が面会に行くも、父に拒まれて会うことはできなかった。両親は R 君に対して食事を与えず、歩行が困難なほど衰弱していたにもかかわらず、医師による治療も受けさせなかった。近隣からは R 君が「お水をください」と哀願する声も聞かれていた。死亡時、R 君の体重は平均より 6kg ほども軽い 10kg だった。

(2) 家族の状況

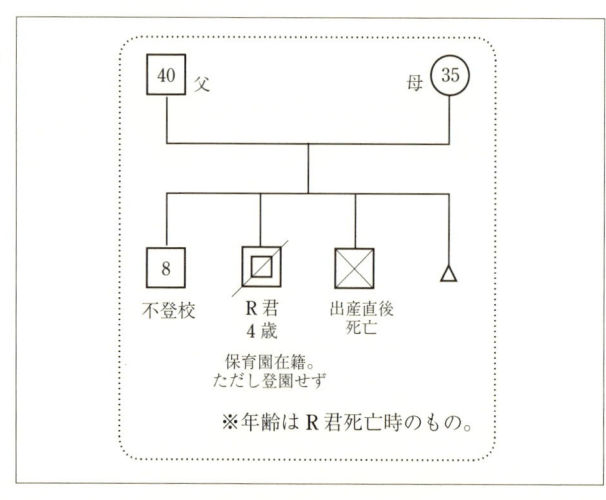

```
     ┌40┐父              母35
     │                      │
     └──────┬───────────────┘
            │
   ┌────┬───┴──┬──────┐
   │    │      │      │
  ┌8┐  ╳     ⊗     △
 不登校 R君   出産直後
        4歳    死亡
        保育園在籍。
        ただし登園せず

        ※年齢は R 君死亡時のもの。
```

(3) 事件の経過

乳児院の入所と退所

　R君の両親は 2003（平成 15）年 3 月頃に家賃滞納でアパートを追い出され、長男（R君の実兄）と公園を転々とするホームレス生活をしていた。

　9 月には次男の R 君が誕生した。両親は「ホームレス状態で育てられない」と訴え、R 君は乳児院に入所した。市などは長男の保護や生活保護申請を再三働きかけた。両親は拒否し続けたが、2004（平成 16）年 3 月に児童相談所が長男を保護したことをきっかけに両親は生活保護を申請、市の紹介でアパートに入居した。同年 9 月、三男が自宅で誕生したが、出生直後に救急搬送された病院で死亡が確認された。母は出産時まで自分が妊娠していたという認識がなかったという。

　両親の生活が安定したことや、長期の外泊でも問題がなかったことから、2006（平成 18）年 1 月、児童相談所は R 君の乳児院退所を決定した。しかし、家庭に引き取られた後、R 君は 3 歳児健診を受けず、入園した公立保育園に一度も通っていなかった。長男も小学校に通っておらず、通学する小学生をうらやましそうに眺めていたという。両親は出かける際に、「つまみ食いするので部屋から出られないように」と R 君の部屋の戸にダンボールの板を立てて閉じ込めていた。

　保育園は毎月 1 回両親宅を訪問したが、応対した母が「風邪だから」などと理由をつけて通園を拒否していた。2007（平成 19）年 5 月頃、保育園の園長は自宅前で一家と会った際に R 君を抱きしめ、「保育園に来てね」と話しかけると、R 君は何も言わず微笑んだという。

　2006 年 6 月に児童相談所が登園を促すために家庭訪問をした際に、R 君の顔に数カ所の痣を発見したが、両親は虐待を否定した。同月中に 2 回家庭訪問を行ったが、父が拒否したため、目視による確認はできなかった。7 月の家庭訪問では両親は不在であり、在宅していた長男と R 君に面接できたが、直後に帰宅した父に胸ぐらをつかまれるなど威嚇された。8 月にも 2 回家庭訪問をしたが、父に拒まれ、姿を確認できなかった。市と児童相談所などの関係機関で協議した結果、児童相談所に対する父の拒否感が強いため、今後は市が中心となり、両親と面接していくこととなった。

　こうした関係機関の対応について、事件後に設置された検証委員会は、「本

児および長男が登園・登校ができていないことから、"いかに登園、登校させるか"という当面の課題解決にとらわれていた。『登校、登園していない』『理由をつけて子どもたちに会わせようとしない』という事実のもつ問題性に対する視点が欠けていた」と指摘しており、家族の全体像や人間関係、R君の危険状況などの実態把握が不十分だったとしている。また、乳児院からの引き取りの判断において、住む場所の確保や親子関係の構築に主な関心が向けられ、「両親の対処能力や、両親が児童相談所や市からの支援を受け入れる姿勢などの分析が十分に行われていなかった。さらに、本児の家庭引き取り後に両親が履行すべき条件が設定されず、守られなかった場合に児童相談所がとるべき方針も決めていなかった」と述べている。

関係機関の対応

近隣の住民は、壁に何かがぶつかる大きな音、「私の子どもじゃない」「あんたは犯罪者の子どもだ」といった怒鳴り声や子どもの泣き声を聞いていた。「お水をください」と敬語で哀願するR君に対して、「おまえにやる水はない」と母は怒鳴り返したという。不動産業者は家賃受け取りのたびに、両親に「ちゃんと面倒みなさい」と注意したが、「悪いことをした子を怒るのは、親として常識」と言われた。

児童相談所や市の担当者は月に1〜2回訪問し、4人家族のなかで1人だけパジャマ姿でひどく不衛生な様子のR君を確認していた。しかし、学校や保育所に行っていないという以外に、R君への虐待を疑わせる徴候が確認できず、担当者が胸ぐらをつかまれるなどの父の威嚇的な態度にはばまれ、R君の状態を確認できないことがしばしばであった。

児童相談所は、2007年1月、長男に対する保護者の就学義務違反による児童福祉法第28条の申し立てについて、家庭裁判所に事前相談を行った。その結果、申し立ては困難と認識した。8月には、虐待通告により、市と児童相談所が家庭訪問し、両親、長男、R君と面会したが、R君に傷や痣は確認できなかった。

2007年11月には、母の妊娠検査で訪問した市保健センターの保健師が、居合わせたR君について、「痩せている」と感じた。そのため、12月に要保護児童対策地域協議会を開催し、R君については親子分離を視野に、各機関で虐待の客観的証拠を集める方針となった。保健センターが中心となって家庭訪問を

行い、R君の身長・体重の測定、発育状況の確認をし、母の養育相談に応じることとした。

しかし、事件直前の2008年1月と2月には、児童相談所の職員や保健センターの保健師が訪問したが、父は「いない」「昼寝をしている」などと言ってR君に会わせなかった。保健師が痩せていることに気づいた後は、関係機関はR君の様子を一度も直接確認できなかった。

担当者らは、2006年5月から死亡の約1ヵ月前まで計13回、警察なども交えて対策会議を開き、R君の職権保護も検討していた。警察署も、住民から「大きな泣き声が聞こえる」と通報を受けていたが、「明確に虐待を示す痣やけがは発見できなかった」と回答している。児童相談所は「家庭裁判所にも相談したが、『明確な虐待が認められなければ強制保護は難しい』との回答を受け、断念した」「暴力の形跡は確認できず、強制的に介入[1]するかどうか難しいケースだった。強引に子どもの確認を試みれば、次回の訪問を完全拒否されるおそれもあった」と説明している。

こうした対応について、検証委員会は「長年、関係機関が継続的にかかわってきたが、父が児童相談所に拒否的であり、こう着状態であったにもかかわらず、長男やR君に関する虐待通告の重要度を認識せず、出来事をとらえ直し、この家族を再評価する視点が欠けていた。その結果として一時保護するタイミングを逸した」「要対協における個別ケース検討会議等では、具体的な役割分担や事態を打破するための対応策を協議し、タイミングよく明確な方針を打ち出せず、受容的アプローチから介入的アプローチに切り替えるべき時期を逸した」と述べている。

この間、R君は自力で歩けないほど衰弱しており、1人で歩けないR君の身体を長男がつかんでトイレまで引きずっていたという。2008年2月11日、父が「子どもの呼吸が弱くなっている」と119番通報した。R君は病院に搬送されたが、まもなく急性脳症、脱水、低栄養状態のため死亡した。司法解剖の結果、低栄養状態が確認され、複数の打撲痕や擦り傷もあった。調べに対し、父は「面倒をみていた」、母も「私も面倒をみていた。逮捕されるような覚えはない」と虐待を否認した。

---

[1] ここでの「強制的介入」とは、児童虐待防止法第9条にもとづく「立入調査」をさすと思われる（鍵を開けてでもなかに入ることができる「臨検・捜索」制度が導入されるのは2008年の4月からである）。

R君の死亡後、児童相談所は長男を保護し、児童養護施設に入所措置した。その2カ月後に生まれた長女（実妹）は、直後に児童相談所によって職権保護され、乳児院に入所措置された。

両親の逮捕と裁判の経過

　死亡から2年後の2010年3月4日、埼玉県警蕨署は両親を保護責任者遺棄容疑で逮捕した。これに対して関係者は次のように述べている。児童相談所長は、記者会見で地検側から2009（平成21）年末に長男らへの聴取要請があったことを明かしたうえで、「死亡当時、児童相談所としては『刑事事件では』との思いがあった。やがて警察の音沙汰がなくなり、事件化は難しいのかと思っていた」と話した。市の担当者も「警察から『虐待の客観的証拠がないため、立件は困難』と聞いていた。この時期の逮捕に非常に驚いている」と話した。警察署長は逮捕まで2年あまりを要したことについて、「当署の懸案事項であり、早く立件したいとの思いはずっとあった」「両親から事情を聞くべく、再三呼び出しを行ったが、『病気だ』などと繰り返し、聴取に応じなかった」と説明した（『読売新聞』2010年3月5日）。

　逮捕後に、2人は了解不能なことを話すことがあることから、さいたま地検は精神鑑定を実施し、責任能力の有無を調べた結果、「刑事責任能力に問題はない」と結論づけられた。地検は「死亡と養育遺棄に因果関係があるとまではいえない」と判断し、保護責任者遺棄致傷罪で両親を起訴。罪状認否で2人は「食事は与えていた」として、起訴事実の一部を否認。病院に連れていかなかった点について、父は「母がヒステリーを起こすので断念した」、母は「顔色が悪くなり亡くなるかもしれないと思ったが、痩せてきたので他人に何か言われるのがいやだった」「父が反対した」とそれぞれ主張した（『読売新聞』2011年2月9日）。

　検察側は「きわめて悪質で、人間としての最低限の生活もさせなかった。双方が責任をなすりつけ合う供述を繰り返しており、自己中心的、身勝手で被害結果は重大」として、それぞれ懲役10年を求刑した。父の弁護側は「育児放棄や虐待はなく、愛情をもって接していた」、母の弁護側は「悪意や愛情の欠如から養育義務を果たさなかったのではなく、知的能力が低く問題に適切に対応できなかった」とし、執行猶予付きの判決を求めた。

　2011年2月25日、さいたま地裁は父に懲役5年、母に懲役4年6カ月を言

第Ⅲ章　2007〜2008年（児童虐待防止法第2次改正後の事件）

事件の経過表

2003年	3月	父母、家賃滞納でアパートを追い出され、長男とホームレス生活。
	9月	本児（R君）誕生。両親の訴えで乳児院に入所措置。
2004年	3月	長男を一時保護。両親は生活保護を申請し、アパートに入る。
	6月	長男、一時保護解除。
2006年	1月	R君を乳児院から引き取る。
2008年	2月	R君、搬送先の病院で死亡（4歳）。
	4月	長女誕生、直後に乳児院に保護。
2010年	3月4日	父母逮捕。
2011年	2月26日	保護責任者遺棄致傷罪で、父に懲役5年、母に懲役4年6カ月の判決が言い渡される。

い渡した。裁判長は、R君は死亡時に骨と皮の状態だったと指摘。「両被告が食事を十分与えていなかったことは明らか。虐待の露見を恐れて病院に連れていかなかったとしか考えられない」とし、食事を与えていたとの弁護側主張を退けた。

(4) 事件へのコメント

　事件後、強制的な介入の必要性が指摘されている。高橋重宏（東洋大学教授）は、「痩せ始めているというのは深刻なシグナル。ネグレクトは傷などがなくて、すぐわからない。強制的な立ち入りも考えるべきだった」（『朝日新聞』2010年3月8日）と、磯谷文明弁護士（くれたけ法律事務所）は、「強制的な入所措置は、親の親権を制限することにつながるため、行政は過度に慎重になる傾向がある。緊急性があると判断できるのであれば、（28条申し立ての）却下を恐れず、積極的に実行する必要がある」（『読売新聞』2010年8月10日）と、それぞれコメントしている。
　また、両親の心理状態について、西澤哲（山梨県立大学教授）は、「食事を与えず、目の前でわが子が衰弱死していくのを受け入れる親の心理は了解不能なものだ。いったい何が起きているのか。むろん人類としてまったく例外的な存在なら理解する必要はないが、どうも例外ではないようである」「正直に言ってわからない。殴る蹴るのような発作的なものではなく、いわば慢性的な加虐性がどこから生まれてくるのか。それを理解するためには、われわれは親たち

を断罪するのではなく、親たちと向き合わなければならないと思う」(『朝日新聞』2010年4月15日)と述べている。

(5) 事件がもたらした影響

　埼玉県は、R君が亡くなった翌月に「家族支援プログラム」を作成し、児童相談所と市町村の職員が合同ミーティングを行い、子どもが施設から家庭に引き取られるまでに、家族の問題点や解決策を親と一緒に考えながら再び虐待するおそれがあるかどうかを慎重に確認するように定めた。プログラムについて、埼玉県小児医療センターの星野崇啓医師は「児童相談所の職員は子どもの保護に手いっぱいで、家族の支援に手が回っていない。民生委員や学校、保健所など地域の人々が担う役割が大きい」(『朝日新聞』2011年2月26日)と指摘している。

　事件後、有識者による県の「児童虐待重大事例検証委員会」が設置された。2010年9月に、ネグレクトに対する関係機関の危機意識が不十分で、身体的虐待が認められなかったことなどから介入的なアプローチが適切に行われなかった、とする検証結果がまとめられた。委員会は、両親やR君に接触できた時期もあったことから「状況が好転するかもしれないと考え、相当な時間を経過させるなど危機意識が十分ではなかった」と指摘。受容的なアプローチから、職権による一時保護などの介入的なアプローチに切り替えるタイミングが、少なくとも3回(①2006年6月の虐待通告後、児童相談所が訪問時に威嚇されたり、訪問を拒否されたとき、②2007年11月にR君が痩せているという情報を入手したとき、③2008年1月末から2月にかけて訪問した際にR君に面会できなかったとき)あったのに、「重要度を認識せず、タイミングを逸した」とした。

　委員会は、①児童の安全確保を最優先にした取り組みの徹底、②児童相談所による的確な実態把握と進行管理の徹底、③関係機関における危機意識の共有、④要保護児童対策地域協議会の機能強化と各機関の対応能力向上などを提言している。

文献
埼玉県児童虐待重大事例検証委員会 (2010)「埼玉県児童虐待重大事例検証委員会報告書(蕨市4歳男児死亡事案)」

第Ⅲ章　2007 〜 2008 年（児童虐待防止法第 2 次改正後の事件）

16　奈良市 4 カ月双子男児虐待・死傷事件
（奈良県 2008 年）

(1) 事件の概要

　2008（平成20）年 3 月 9 日、奈良県奈良市で、生後 4 カ月の双子の次男（以下、A 君）が、実父（29 歳）、実母（21 歳）による激しい暴力のすえ、心肺停止状態になり病院に搬送され、その 4 カ月後に低酸素脳症による脳機能障害で死亡した（死亡時 0 歳 8 カ月）。同様の虐待を受けた双子の長男（実兄）は、保護後に慢性硬膜下血腫で入院し、重い後遺症が残った。A 君と双子の長男の 2 人は、ともに生後間もない頃から実父、実母による激しい暴力を受け続けており、暴力はしだいにエスカレートしていき、兄弟には暴行の跡が蓄積していた。3 月 9 日早朝、A 君の異変に気づいた父が病院に連れていくも、A 君は心肺停止状態で、身体には多数の骨折があった。病院は虐待の疑いがあるとして警察に通報した。父母は翌日の 3 月 10 日に殺人未遂容疑で逮捕された。長女（A 君の実姉。当時 1 歳半）および双子の長男は保護され、その後長男は乳児院に、長女は児童養護施設に入所した。

　本事例は、関係機関の関与がなく、家庭内で起きていた虐待が周囲に知られることのないまま発生した事件であった。当時兄弟ともに 4 カ月健診の対象期間が終了する間際で未受診であった。父から母への DV も疑われたが、今回収集した報道記事からは明らかにならなかった。

　本事件は「乳幼児ゆさぶられ症候群 Shaken Baby Syndrome」（以下、SBS）[1] が傷害致死として認められるかということも争点の 1 つであったが、その結果についての報道は見つけられなかった（『朝日新聞』『読売新聞』2008 年 3 月 10 日、『朝日新聞』3 月 14 日他）。

---

[1]　乳児を泣きやませようと強く揺さぶるなどが原因で、脳障害が残ったり、死亡に至ったりするもの。児童虐待の 1 つ。

(2) 家族の状況

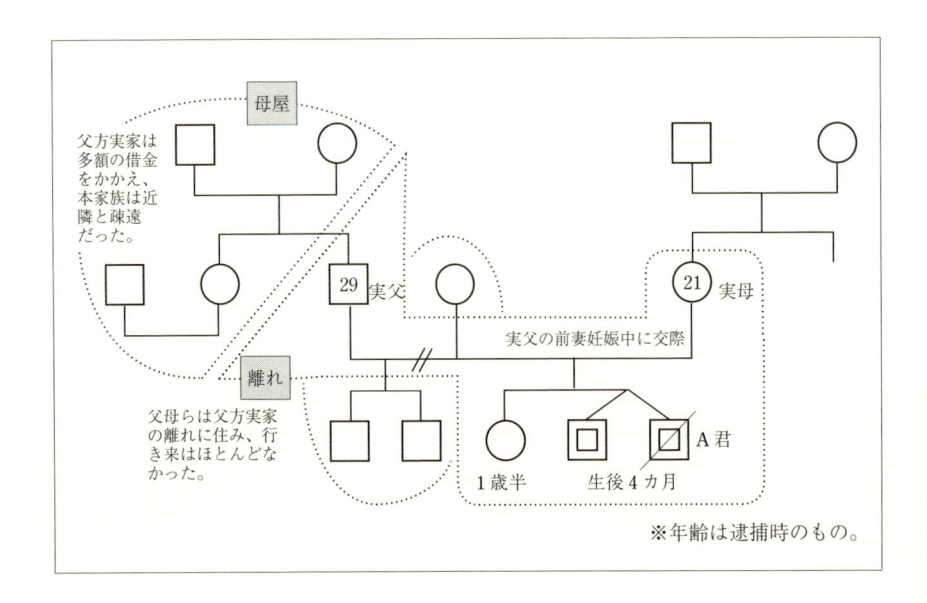

```
母屋
父方実家は
多額の借金
をかかえ、
本家族は近
隣と疎遠
だった。

29 実父    21 実母
実父の前妻妊娠中に交際

離れ
父母らは父方実家
の離れに住み、行
き来はほとんどな
かった。

1歳半  生後4カ月  A君
※年齢は逮捕時のもの。
```

A君（4カ月）
実父（29歳）：無職。二度目の結婚、前妻との間に2人の子どもがいる
実母（21歳）：無職
長女（1歳半）
長男（4カ月）

事件当時、父、母、長女、双子の長男、本児の5人で、父の実家の離れで暮らしていた。敷地内には、父の両親、父の姉夫婦が住んでいたが、離れへは父より立入りを拒まれ、同じ敷地内にいながらも異変に気づかなかった。

(3) 事件の経過

事件前の父、母に関する情報
父の生育歴に関する情報

地元の小・中学校卒業後、工業高校に進学し電機科で学ぶ。中学生の頃から目立つタイプだった。挨拶もきちんとできるし、親が離婚した友人を気にすることもあった。この頃家族は仲よかったという（知人）。卒業後は自動車部品

などの製造会社に就職したが、高校時代からやっていたバンドをやりたいという理由で4年くらいでやめる（1歳下の幼なじみ）。

父が近所と疎遠になった原因は借金であったという。父の両親が店の経営に失敗し、消費者金融から借金し、何千万もの借金をかかえた。その後家族が総出で働きに出るようになり、近所つきあいはなくなる。父は1人で家を離れた（近所の主婦）（『週刊女性』2008年4月8日号）。

金の貸し借りが原因で親戚ともめだした（『週刊新潮』2008年3月27日号）。

母の生育歴関する情報

母の両親は教師。家出同然で結婚した。母の家庭も複雑だった（近所の主婦）（『週刊女性』2008年4月8日号）。

事件発覚までの経過

父の前妻が妊娠して実家に戻っているときに、父は母と不倫関係となった。2003（平成15）年頃に前妻と離婚した後、母と再婚（近所の主婦）（『週刊女性』2008年4月8日号）。2人いた子どもは前妻が引き取った（『週刊新潮』2008年3月27日号）。父は電気工の仕事を辞め、その後も仕事をせず、実家の離れに引きこもりがちになり、生活費は両親に頼っていた（『朝日新聞』2008年3月11日）。

地域、親族間でも、孤立している一族であったようだった（『週刊新潮』2008年3月27日号）。親戚でさえも、長女が生まれたときにようやく父母が結婚したことを知り、最近の様子も知らなかった（『週刊新潮』2008年3月27日号）。地域では、父一家とはこのあたりでは誰もつきあいがなかったという。亡くなった父の祖父は宗教に入れ込み、父の父親は職を転々とし、地域の共同作業にも出てこなかった（『週刊新潮』2008年3月27日号）。また、父母について、「少なくとも1年以上、仕事はしていなかった。かなり以前にパチンコ屋で父をよくみかけた。そこで働いているのかもという話もあったが、実際には夫婦で入り浸ってパチンコをしているだけだった」という情報もあった。

自宅のガラス戸には内側から布を張り、障子は破れ放題、家のなかは足の踏み場のないほど荒れ放題。まるで廃墟のようで、とても乳児がいるとは思えなかったという（『週刊新潮』2008年3月27日号）。

双子が生まれたことを知る人はあまりなく、周囲に父、母の育児生活を知る人は少なかった。

母は、双子の兄弟を出産後、一時隣県の実家で過ごしていた。1カ月後、離れに戻ってきた直後から、父は双子（生後1カ月）に暴力をふるうようになった（『朝日新聞』2008年3月11日）。あごをつかんで壁に叩きつける、かかとで胸を踏みつける、タオルで簀巻きにして投げる、「バンジー」と称して1m以上の高さからA君の足を持ち上げ、ぶらぶらさせたうえ、そのまま繰り返し床に落とすなどの暴力を繰り返していた（『朝日新聞』2008年3月14日）。このときから、A君の大腿骨、肋骨が骨折したまま放置されていた（『asahi.com』2008年3月14日）。

また、発覚直前、母は双子がぐずって母乳を飲まなかったり、泣き止まなかったりすることで子育てにストレスを感じ、A君の胸部、腹部に赤いペンで「死ね」「ブタ」と落書きをしていた（『読売新聞』2008年3月11日）。

犯行動機としては、以下の報道があった。父、母ともに長女に手がかかるので、双子の兄弟には「生まれてきてほしくなかった」（『朝日新聞』2008年3月14日）、「姉が生まれた後、すぐに双子を妊娠し、双子はいらなかった」、父は「いらいらしたときや子どもが泣き止まないときに殴った。どうなってもいいと思っていた」と事件後に供述している。双子の長男に比べてA君への暴行が激しかった理由として、父は「長男はおとなしいが、A君は泣き止まない。うっとうしかった」と供述している（『朝日新聞』2008年3月11日）。

また父は、母の両親に対する不満が強く、ストレスがたまっていたという。母は「夫の暴力を止められなかった」「（自身も）8回くらい平手で叩いた」とも供述している（『産経ニュース』2008年3月11日）。

事件の発覚

2008年3月9日早朝、A君が息をしていないのに父が気づき、「子どもの様子がおかしい」と病院に連れていった。病院に到着したとき、A君は意識不明の重体で、左右の大腿骨や肋骨11本などが折れており、そのまま入院となった。病院は虐待の疑いがあるとして警察に通報した。同様の虐待を受けた長女、双子の長男は児童相談所に保護された。

逮捕・起訴

発覚翌日の2008年3月10日、父母はA君への殺人未遂容疑で逮捕され、2008年3月29日には、双子の長男への殺人未遂容疑で再逮捕された（『朝日新

聞』2008年3月20日)。再逮捕時、父母ともに「暴行を加えたが、殺すつもりはなかった」と殺意を否認していた。2008年4月18日、父母を傷害罪で起訴。父母はこの時点でも殺意を否認していた。

　意識不明の状態が続いていたA君が、7月に入院中の病院で死亡したことで、訴因を傷害罪から傷害致死罪に切り替えた。地検は暴行後にミルクをあげるなど、育てる意思があったこと、通報していることから、「殺意までは認定されない」と判断し、傷害致死罪を適用した。

　地検によると、暴行は父が主導、母も同じように虐待をしていた。凶器は用いていなかった。父母は暴行を認め、「泣き止まない、ミルクを飲まない。子育てのいらいらが抑えきれずにやった。殺すつもりはなかった」「子育てのストレスが抑えられずにやった」と起訴事実を認めたうえで、「かわいそうなことをしてしまった」と話した(『読売新聞』2008年4月19日)。

公判

　公判開始時、双子の長男は乳児院に入所していたが、病院と施設を行ったり来たりしている状態であった。時折意識が安定し、笑顔もみせたり、刺激に反応したりすることはあるが、成長しても脳に重い障害が残るため、介護なしの生活は難しいと報道されていた(『朝日新聞』2009年1月23日)。

初公判　2009年1月22日

　父は「揺さぶったり、放り投げたりしたことはない。なぜ死んだのかわからない」など暴行と死亡との因果関係を否認し「傷害罪にとどまる」と主張、母は「夫に暴力をやめるように言った」などと共謀関係を否認、また自身については暴行罪にとどまると主張した。

　検察側は冒頭陳述で、虐待は主に父が繰り返し、母も止めることはなかったと指摘。「2人は子育てのストレスなどから暴行を始め、しだいにエスカレートし、長期間、虐待を繰り返した。互いの虐待を目撃しながら、真剣に止めたこともなく共謀関係が成立する」とした。虐待を再現した実況見分の写真を画面で示したうえで、動機について「父は泣き声をうとましく思った。育児をしない母に不満があり、母も(双子を)ストレスの発散の対象としていた」と述べ、「手分けして暴力をふるうこともあった」と共謀関係を強調した。

　一方、父の弁護側は「過って床に落としたり、踏んだりしたことはあった」などと、故意の暴行ではなく過失傷害であると主張。A君が死亡した結果責任

は認めるものの、「暴行との因果関係はわからない」と指摘した。「低酸素脳症は、のどに吐瀉物が詰まって起きた可能性がある」と強調した。

母の弁護側は「2人が示し合わせて虐待した事実はなく、共謀は成立しない」と主張し、「母は父を恐れ、止められなかった」とした。またミルクを飲まないことにいらだち、平手で顔面や尻を叩いたことは認めたものの、「暴行罪にとどまる」と起訴事実を否認した。

次回の公判では、SBS に詳しい医師が証言台に立ち、これまでの症例などから双子への暴行が SBS にあたるかを証言する見込みと報道された（『朝日新聞』『読売新聞』『毎日新聞』2009 年 1 月 23 日）。

証人尋問　2009 年 3 月 12 日

12 日の公判の証人尋問で双子の容態をみた脳神経外科医が「自然落下では起こりえない症状」と証言した。くも膜下血腫が双子の脳の広範囲を占めている状態を CT 画像などで説明した（『奈良新聞』2009 年 3 月 13 日 [2]）。

母の論告求刑公判　2009 年 3 月 25 日

検察側は「被害結果があまりにも悲惨。反省の色もみられない」として母に懲役 13 年を求刑した。「父を止めようとした」と共謀関係を否定している母の主張に対し、検察側は論告で「傷をみても病院に連れていかなかったのは、父の暴力を容認していたから。母自身も暴力をふるっていた」と、父を主犯格としたが、「暴行を止めるどころか、一緒に虐待を繰り返した」として、母の犯行の悪質性を指摘した（『朝日新聞』『読売新聞』2009 年 3 月 26 日）。

父の論告求刑公判　2009 年 3 月 26 日

検察側は「悲惨な結果を引き起こした暴行のほとんどが被告によるもの。母の両親を憎んでいたという動機も身勝手極まりない」「2 カ月以上の長期にわたって虐待を加え、自らのストレスのはけ口にするなど、身勝手な犯行。反省の態度もみられない」として懲役 20 年を求刑した。また、検察側は母との共謀が成立することを主張、「共同して乳児を暴行する意思があった」と述べた。

弁護側は、一部の暴行について妻である母が誇張して述べているにすぎないとして否認し、A 君の死亡についても暴行との因果関係を否定した。弁護側は「のどに吐瀉物が詰まって起きた可能性もあり、暴行との因果関係は不明のまま」と改めて主張し、刑の軽減を求めた。

2　本報道記事では SBS であったかどうかの結論は明らかにされなかった。

父は最終陳述で「何の罪もない子どもたちの未来を奪ってしまったことは悔やんでも悔やみきれない。一生かけて償いたい」と述べた（『朝日新聞』『読売新聞』『奈良新聞』2009 年 3 月 27 日）。

　母の最終弁論　2009 年 4 月 16 日
　弁護側は、父の暴行を制止したこともあったとして改めて共謀関係を否定。母は「母親として何もしてあげられなかった。本当にごめんなさい」と述べた。弁護側は「ミルクを飲んでほしくて叩いただけ。長期の刑は親子関係の構築を不可能にさせる」として、執行猶予つきの判決を求めた（『朝日新聞』『読売新聞』2009 年 4 月 17 日）。

　父の判決　2009 年 5 月 12 日
　父に懲役 12 年（求刑懲役 20 年）の刑が言い渡された。裁判長は、犯行当時、父は母の実家との関係が悪化していたでいらだちが高じ、母の養育態度に対する不満も重なっていたが、「妻の実家や妻に対する不満のはけ口を子どもに向けるなど、身勝手極まる犯行動機。親としての資格はまったくない」「感受性の欠如は顕著であり、親としての資格はまったくない」「子どもの将来を奪うなど責任は非常に重い」と述べた。またのどの吐瀉物については、「治療にあたった医師からは吐瀉物があったとの証言はない」と退けた。

　さらに、「生後まもなく、その欲求や感情は泣くことでしか表出することができないのに、これを虐待の理由とされ、いわれのない暴力にさらされた」とし、「病院に搬送された段階では、痩せて垢まみれであり、全身に多くの擦過傷があるなど痛ましい状態にあった」と述べた。A 君が生後 8 カ月で死亡し、双子の長男は奇跡的な回復を遂げたものの、精神や身体に重度の障害が残る可能性が大きいことにふれ、「幼い子どもの将来を奪い、あるいはその可能性を著しく狭めた刑事責任は非常に重い」と断じた。

　一方で父が自らの行為を悔い、反省している点や、父の両親が社会復帰の支援を約束している点など、酌むべき事情にも言及した。「求刑より低い刑にしたが、子どもの将来を奪った刑事責任は重い。被告が社会復帰後、残された長女や長男がどうなっているか……」と問いかけるように述べると、父は黙って聞いていた[3]（『朝日新聞』『読売新聞』2009 年 5 月 12 日、5 月 13 日）。

3　この後、父は控訴したと報道された（『読売新聞』2009 年 6 月 11 日）が、その後の情報は今回得られなかった。

事件の経過表

2003年頃		父、前妻と離婚。子どもも2人いたが、前妻が引き取る。母との婚姻時期不明。
2005〜2006年		父失職。引きこもりがちになり、生活費は両親に頼る。
2007年	12月頃	父が双子（生後1カ月）に暴力をふるうようになる。母は父の暴力を止められなかったという報道もあるが、母も叩いていたとのこと。
2008年	2月下旬頃	父、双子の両足を持ち、床に落とすことを繰り返す。A君の大腿骨、肋骨が骨折したまま放置されてゆがんでいた。
	3月頭	母、「子育てにストレスを感じ」、A君の胸部、腹部に赤いペンで「死ね」「ブタ」と落書き。
	3月9日	早朝、A君が「息をしていない」ことに父が気づき、病院へ連れていく。病院が虐待を疑い、警察に通報。長女、双子の長男とともに児童相談所が保護。
	3月10日	父母、A君に対する殺人未遂容疑で逮捕。
	3月11日	双子の長男、脳内出血の疑いが強いとして緊急入院。また当初十数カ所とみられていた傷跡も新たに多数の傷跡が確認された。
	3月12日	奈良県は児童虐待等調査対策委員会を4月に設置することを発表。予防対策を強化することを明らかにした。
	3月17日	4月1日に改正児童虐待防止法が施行されることに合わせ、「児童虐待業務担当者会議」が、県警本部で開かれる。
	3月29日	双子の長男への殺人未遂容疑で父母を再逮捕。2人は「暴行を加えたが、殺すつもりはなかった」と容疑を否認。
	4月11日	児童虐待等調査対策委員会発足。
	4月18日	父母を傷害罪で起訴。父母ともに殺意を否認。地検は「殺意までは認定されない」と判断。
	6月9日	児童虐待等調査対策委員会2回目の会議。
	7月4日	意識不明だったA君が病院で死亡。訴因を傷害致死罪に変更。
	9月1日	児童虐待等調査対策委員会、緊急提言を盛り込んだ報告書をまとめる。これをふまえ、県や市町村は今後、早急に対策に取り組んでいく。
2009年	1月22日	初公判。父は暴行と死亡の因果関係を否認。母は共謀関係も否認。
	3月13日	証人尋問で、双子の容態をみた脳神経外科医が「自然落下では起こりえない症状」と証言。
	3月25日	母の論告求刑公判。懲役13年を求刑。
	3月26日	父の論告求刑公判。懲役20年を求刑。
	4月16日	母最終弁論。
	5月12日	父判決。懲役12年（求刑懲役20年）。
	6月11日	母判決。懲役8年（求刑懲役13年）。
（年月不明）		父控訴。

母の判決　2009年6月10日

　母に懲役8年（求刑懲役13年）の刑が言い渡された。裁判長は両親の共謀関係を認定し、「夫がストレスのはけ口として暴行を加えるのを傍観するなど、親としての愛情が感じられない」「親の資格はまったくなく、泣くことしかできない子どもにいわれなき暴力をふるった責任は非常に重い」とした。母は「父の暴行を止めようとした」と共謀関係を否定したが、裁判長は、父が暴行を主導したとする一方、「父の暴行を間近で見ていた母は、双子がけがをしているのを知りながら、真剣に夫を制止することもなく傍観し、A君の状態が急変するまで多少の手当てをした以上の処置をとらなかった」「母自身も本児の身体に落書きするなど粗雑に扱い、積極的に暴行を加えた」と指摘。「黙示の共謀が成立する」と主張を退けた。

　一方、裁判長は、母の暴行への関与が父よりも低く、自分の行為を悔い、両親が社会復帰の支援を約束している点など酌むべき事情にもふれた。

　母は判決言い渡しの際、兄弟が肋骨骨折や脳出血、低酸素脳症などに陥ったと指摘されると、鼻をすすり、目頭を手で押さえた。弁護側は控訴について「母とよく相談して決める」とした。検察側は公判で、虐待の増加傾向にふれ、「虐待根絶に司法も最大限の努力をすべきだ」と強調していたが、地検幹部は「求刑も以前の同様の虐待事件と比べて重くなっている」と打ち明けた（『朝日新聞』『読売新聞』2009年6月11日、12日）。

(4) 事件へのコメント

事件発生時

　藤掛永良（前、奈良女子大学教授・臨床心理学）は、「周囲とあまりつきあいがなかったという点から、逮捕された両親には周囲と疎外感があり、子育てのしんどさを分かち合える人がいなかったのではないか。同じ敷地内に家族が住んでいて物理的な距離は近くても、心理的に近くに感じているとは言いがたい。一般的には、両親に疎外感や無力感が内包していると、環境への敵意が子どもに向けられる傾向にある。都市部と違い、結束力が強いようにみられる地域でも、あまりに身近すぎて相手に悩みを明かせない面もある」（『朝日新聞』2008年3月11日）と述べた。

事件発生後

　加藤曜子（流通科学大学教授）は、「虐待の要因は親が子どもを出産する前から始まっている。養育について悩んでいる親も多く、行政が何らかのしかけを考えなければならない」（『読売新聞』2008年6月18日）とコメントをした。

初公判時

　岡本和美（県医師会理事・小児科医、奈良県児童虐待等調査対策委員・副委員長）は、「行政ですべてをカバーするには限界がある。地域の子育てサークルに対する支援など現場のニーズにあった支援が必要だ。産科医と小児科医、自治体の連携も不十分。行政の一方通行ではなく、相互の連携を密にする必要がある」（『朝日新聞』2009年1月23日）と述べた。

判決時

○管轄児童相談所所長
　「虐待をする保護者らはしつけと認識していることが多く、何度も説得を続けなければならないケースも多い」「親としての未熟さや、経済的に不安定な生活が続くことなどによって、虐待に向かうさまざまな要因をかかえ、解決を困難にしている」（『読売新聞』2009年6月12日）
○管轄児童相談所・子ども支援課長
　公判の傍聴を続け、「家族や地域に相談できる相手がなく、孤立していたことが一番大きかったと感じた。相談できる場所があることをもっと知ってほしい」と話した（『朝日新聞』2009年6月12日）。
○藤掛永良（奈良児童虐待防止ネットワーク「きずな」代表）
　「虐待が起きた場合、早期の発見がもっとも重要」とし、事件では3カ月以上、家族や周囲の住民らが気づかなかったことから「虐待防止と早期発見の両面で地域社会が親を孤立無援にさせないための子育て支援が求められる」とした（『読売新聞』2009年6月12日）。

(5) 事件がもたらした影響

奈良県の取り組み

　事件覚2日後の2008年3月11日、奈良県は「奈良県児童虐待等調査対策

委員会」を翌月には設置し、予防対策を強化することを発表した。
　県知事（当時）は「全国に比べて相談件数の増え方が急だ。委員会で原因を調査して対策を講じたい」（『朝日新聞』2008年3月13日）、「相談に来る人は増えているが、来ない人も増えていると推察できる。保護者が加害者になるケースなどをどう救い出すかが課題」とした（『読売新聞』2008年3月13日）。
　委員会では県内の虐待事例を検証し、提言を行った。どういった要因が虐待につながっているのか、またどのように軽減して支援を届けるかという点を明らかにすること、また奈良県の取り組みの現状、要保護児童対策地域協議会の設置が立ち遅れていることの背景を明らかにするという目的のもと調査が行われた。
　委員会は本事件を受けて、2007年度に県内の全市町村と、2カ所の県子ども家庭相談センター（児童相談所）で受けた1228件の児童虐待相談について、2008年5月に「児童虐待個別ケース調査」を実施した。そのなかで虐待者や虐待された子どもの「年齢」「地域社会との接触」「経済・就業状態」など約20項目についてデータ化した。その上で内容を分析、協議し、支援のための課題、提言、緊急提言をまとめた報告書を、事件発生6カ月後の2008年9月に公表した。
　報告書では、虐待の早期発見の重要課題として、「孤立化防止」「理解と発見」「通告の周知」「職員体制の充実」「情報共有と連携」「総合的支援」「深刻な虐待への対応」の7項目を提示した。
　緊急提言として、児童相談所に対しては、「子ども家庭相談センター（児童相談所）の機能強化」「市町村支援専門チームの設置・派遣」「市町村職員、関係者への研修会の充実」「児童虐待への理解と通告の周知徹底」を、市町村に対しては「乳幼児家庭への全戸訪問」「要保護児童対策地域協議会の設置と機能の強化」「市町村児童虐待相談体制の充実」が提示された。
　以上のような提言がなされたが、一方で、以下のような現状も報道された（一審開始時の報道）。「提言は市町村に対し、乳児のいる家庭の全戸訪問も指摘したが、財政・人員難という課題が立ちはだかる。奈良市は、市子育て課の家庭児童相談員2人が、虐待相談に対処している。市内の新生児は毎年約3000人。『全戸訪問は検討中だが、（健診を検討している）健康増進課と子育て課のどちらがやるかも決まっていない。担当者の人数の問題もある』。大和郡山市は、新生児の生まれた家庭に出生連絡カードを送付。返信のあった家庭に保

健師らが連絡し、面談を希望した家庭や必要と感じた家庭に訪問している。しかし、担当職員や保健師らは年70件ほどの相談もかかえ、『(新生児の) 6割をカバーするので手一杯。すぐに全戸訪問はきびしい』ともらす」(『朝日新聞』2009年1月23日)。

文献
奈良県児童虐待等調査対策委員会(2008年)「児童虐待等調査対策委員会報告書」

第Ⅲ章 2007〜2008年（児童虐待防止法第2次改正後の事件）

> トピック

重大事件あれこれ③ 「親子心中」

　本書の「はじめに」でも述べたように、この書は「2000年から2010年までに大きく報道された25の重大事件をまとめたもの」である。ところがこのなかで、大きく報道されていないどころか、世間の多くの人がその存在さえ知らず、もしくは忘れ去っている事件がある。次章21で取り上げる「小1男児母子心中事件」がそれだ。では、なぜこの事件を取り上げたのか。それは、「子ども自身は死を望んでいないにもかかわらず、保護者の想いのみで子どもを巻き込んで引き起こされた"心中"は、まさに"児童虐待"の最たるものであり、どんな理由があっても決して許されるものではないという価値観を、あらためて社会全体で共有する必要がある」[1]からであり、こうした「親子心中に」について、少なくとも1事例は本書で報告すべきと判断したからである。

　本欄では、そうした「親子心中」事例についての理解を少しでも深めるために、「心中」にまつわるいくつかの点を紹介する。

　まずは、「親子心中」が、日本独自のものだという俗論について。このような考え方は、かつては専門家といわれている人たちの間でも根強く信じられていたし、現在でも、漠然とそのように考えている人は多い。この点につき、たとえば稲村（1977）は、海外の事情について詳しく調べたうえで、「親子心中は、率に差はあるが、広く世界に見られる現象であり、また古代から現代までいずれの時代にもあったと考えられる」と述べ、日本独自のものであるという主張を退けている。ここでは、川﨑他（2013）によって、海外における「親子心中」事例を一、二紹介しておこう。

　最初は、カナダ・アルバータ州で2009年に起きた事件。

　「父親が13歳の息子をロープで絞殺し、9歳の娘を枕で窒息死させ、子どもたちの様子を見に来た別居中の妻もロープで絞殺しようとしたところを逮捕さ

---

[1] 相模原市社会福祉審議会児童福祉専門分科児童虐待検証部会（2012）『相模原市児童虐待死亡事例等検証報告書』から引用。

れた。その日は、子どもたちが母親のもとへ転居する日であった。母親が到着すると、(父親は)息子に火を付けようとしており、『僕はお前によくしてやってるのに、どうしてこんなことをするんだ』と言って(妻を)襲った。父親は犯行後に睡眠薬を飲んで自殺しようとしたのではないかとみられている」

もう1例は、2011年のアメリカ・カリフォルニア州での事件。

「母親が自宅で5歳の娘の首をナイフで切って殺害し、数km離れた橋の上から投身自殺した。母親は、2008年に元交際相手と親権を争ったことがあり、そのほかにも薬物乱用や幼少期の被虐待歴などがある。高校を中退しており、近所の住民によると静かであまり人とかかわらなかったという」

「親子心中」は、決して日本独自のものではないのである。

さて、次に「親子心中」の特徴として、ほとんどの事例が血縁関係のある親子で発生している点をあげておきたい。他の虐待では、「内縁関係にある男性」などが加害者として登場することも多いが、「親子心中」の加害者は、その点で対極にあるといえよう。この点を象徴する具体的な事例を、かなり古いものではあるが、川﨑他 (2012) から一例紹介する。

「相愛の男 (25歳) 女 (31歳) が結婚できぬことから心中を決意し、その際女性の連れ子 (女児8歳) をひとりこの世に残せぬとして道連れにしようとした事例である。事例を詳細にみると、母と交際男性は心中することに意気投合したものの、母が『親のない子の淋しさを感じさせ惨めな生活を送らせないため (娘を) 心中の道連れにしようと決心した』のに対し、男性は、女児を死の道連れにすることについて、『他人の子どもを殺すことはできぬ、新聞や雑誌にも批判されていると言って強行に反対していた』というのである。しかし母が『執拗に (娘を) 道連れにすることを主張したので (男性も) 已むを得ずこれを黙認し』、母が『気配を直感して帰宅をせがむ女児にこれを飲んだら帰るからと言ってすかしながら睡眠薬を混入したサイダーを呑みくださせた』という (京都地判 昭和32・11・8 判時135号から要約)。したがって、本事例は、結果的には非血縁男性も加わった親子心中のように見えていても、血縁関係のない子どもを巻き添えにすることにはかなり強い抵抗があることを例証した事例とも言い得るのであり、実は〈情死〉と〈母子心中〉が同時に発生したというのがことの本質ではなかったかと、筆者は考える」

なお、先にあげた川﨑他 (2013) によれば、新聞報道によって調査した2000年代の10年間に発生した「親子心中」は、395件確認されており (図参照のこ

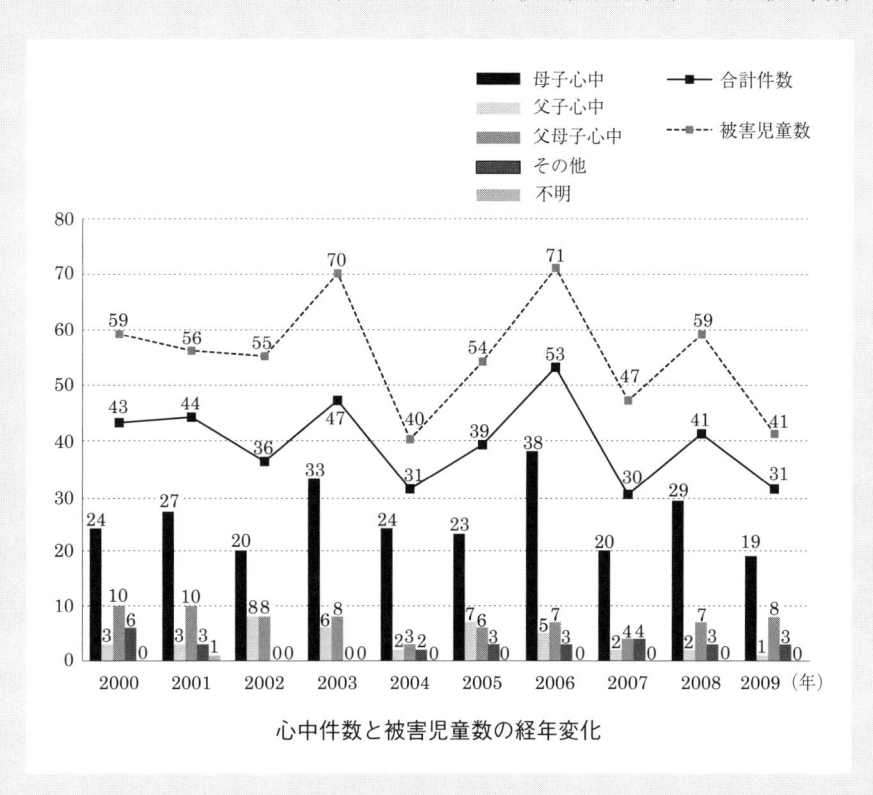

第Ⅲ章　2007～2008年（児童虐待防止法第2次改正後の事件）

凡例：
- 母子心中
- 父子心中
- 父母子心中
- その他
- 不明
- ―■― 合計件数
- ---■--- 被害児童数

年	母子心中	父子心中	父母子心中	その他	不明	合計件数	被害児童数
2000	24	3	10	6	0	43	59
2001	27	3	10	3	1	44	56
2002	20	8	8	0	0	36	55
2003	33	6	8	0	0	47	70
2004	24	2	3	2	0	31	40
2005	23	7	6	3	0	39	54
2006	38	5	7	3	0	53	71
2007	20	2	4	4	0	30	47
2008	29	2	7	3	0	41	59
2009	19	1	8	3	0	31	41

心中件数と被害児童数の経年変化

と）、そのなかで「血縁関係が確認できない事例は3件のみ」（0.8％）であった。

ところで、「親子心中」の形態は、年度を問わず「母子心中」がもっとも多く、2000年代全体をとおして65.1％と3分の2に迫る勢いであった。「母子心中」がもっとも高い比率を示すのは、2000年代に限らず、戦前・戦後を通じて共通する特徴である。

また、父親加害者による心中は、母親加害者の場合と比べて、（子どもだけでなく母親も巻き込んだ）一家心中に至りやすいという傾向もみてとれる。

「親子心中」の場合、具体的な事例に即した検証を行おうとしても、加害者が死亡していれば調査の手がかりを失い、原因の追及等が壁に突き当たってしまいやすい。そのため、防止策を検討することも困難なことが多いが、残された手がかりを大切にして個々の事例の分析を進めていきながら、社会的な関心を高め、「親子心中」は「まさに"児童虐待"の最たるもの」であるという認識を広めていくことが必要であろう。

文献

稲村 博（1977）『自殺学——その治療と予防のために』東京大学出版会

川﨑二三彦 他（2012）「『親子心中』に関する研究（1）：先行研究の検討」『子どもの虹情報研修センター平成22年度研究報告書』

川﨑二三彦 他（2013）「『親子心中』に関する研究（2）：2000年代に新聞報道された事例の分析」『子どもの虹情報研修センター平成23年度研究報告書』

相模原市社会福祉審議会児童福祉専門分科児童虐待検証部会（2012）「相模原市児童虐待死亡事例等検証報告書」

長尾真理子 他（2013）「『親子心中』の実態について——2000年代に新聞報道された事例の分析」『子どもの虐待とネグレクト』第15巻第2号

第Ⅳ章

2008 ～ 2010 年
（平成 20 年児童福祉法改正後の事件）

わが国の虐待防止制度と重大事例（4）

平成 20 年児童福祉法改正

　児童虐待への対応においては、ネットワークの重要性が繰り返し強調されてきた。振り返ると、2004（平成16）年の児童福祉法改正に際しては、「児童虐待防止対策等の充実・強化」をテーマに、「地方公共団体に要保護児童に関する情報の交換等を行うための協議会を設置できることとするとともに、協議会参加者の守秘義務、支援内容を一元的に把握する機関の選定等、その運営に関し必要な規定を整備すること」が謳われ、改正児童福祉法において「要保護児童対策地域協議会」を設置することができる旨が定められたのであった。
　しかしながら、連携の狭間で亡くなる事件は後を絶たず、ネットワークの効率的な運営は、喫緊の課題となっていた。
　一方、厚生労働省の「児童虐待等要保護事例の検証に関する専門委員会」が死亡事例の状況を報告するようになって明らかになったのは、あらかじめ虐待通告があった事例は少なく、ほとんどの年次報告において、通告されていたケースは2割に満たないこと、また死亡事例の4割以上が0歳児であり、なおかつ、そのなかでもとくに多いのが月齢0カ月、なかんずく日齢0日、すなわち生後24時間以内での死亡事例であった。
　したがって、児童虐待による死亡事例を減らすためには、こうした事例へ

の対策が強く求められたのだが、おそらくはそれらを意識して行われたのが、2008（平成20）年の児童福祉法改正であろう。

　ここではまず、「乳児家庭全戸訪問事業の実施その他により把握した保護者の養育を支援することが特に必要と認められる児童」を「要支援児童」と規定し、また、「出産後の養育について出産前において支援を行うことが特に必要と認められる妊婦」を「特定妊婦」と規定、これら「要支援児童」や「特定妊婦」を要保護児童対策地域協議会の対象として情報交換等することを求め、さらには「養育支援訪問事業」や「乳児家庭全戸訪問事業」を法定化して、その取り組みを強化したのであった。また、要保護児童対策地域協議会の強化のため、調整機関に、児童福祉司たる資格を有する職員や保健師、助産師、看護師、保育士、教員、児童指導員等の専門職を配置する努力義務も課している。

　とはいえ、こうした改正後も、連携不足その他の事情で虐待死を防ぎえなかった事件が続発する。それらが本章の事例として登場するのだが、だからといって、児童虐待防止法制およびそれ以後のさまざまな法改正が間違っていたというわけではあるまい。ではなぜ、私たちの社会はこうした虐待死を繰り返し目にしなければならないのか。それはおそらく、仮にこの間の取り組みが正しかったとしても、「まだまだ正しさが足りない」からではないだろうか。最終章の事例を見つめながら、読者の皆さんとともに虐待死を克服する道を探し求めたいと考えている。

17　小1男児公園トイレ殺害事件
（福岡市 2008 年）

(1) 事件の概要

　2008（平成20）年9月18日16時頃、福岡市西区の公園内で、小学1年生のK君（6歳）がいなくなったと、一緒に来ていた実母（35歳）から110番通報があった。母がトイレに行っている2、3分の隙に、K君が公園から姿を消したのだという。母は通行する人に携帯電話でK君の写真を見せ、涙ながらに「息子がいなくなったんです」「男の子を見ませんでしたか？」と声をかけた。居合わせた人と警察官約10人が周辺を捜索したところ、30分ほどしてK君がトイレの外壁と柱の50cmほどの隙間に背中をもたれた状態で発見され、搬送先の病院で死亡が確認された。司法解剖の結果、死因は頸部圧迫による窒息死であった。

　通夜、告別式で悲しみに暮れる母の姿が報道された。しかし、21日になって警察が任意で事情を聞いたところ、母が犯行を認め、翌22日には殺人と死体遺棄の容疑で逮捕され、世間を驚かせた。母は「育児などの親子間の悩みのほか、自分が病気を患っているため、将来を悲観し、子どもを殺して自分も死のうと思った」などと供述した。

　公判では、検察側が「自己中心的な犯行で強い非難に値する。第三者の犯行に見せかけるなど、自己保身的な態度はあまりにも悪質」として懲役12年を求刑したのに対し、弁護側は抗うつ剤の副作用などで、心神喪失状態にあったとして無罪、もしくは心神耗弱状態にあったとして、減刑されるべきと主張した。福岡地裁は、「冷酷な犯行で、結果も重大である」としつつも、「被害児から日常的に暴力や暴言を受けており、酌むべき点もある」として殺人および死体遺棄により懲役8年の実刑判決を言い渡した。母は控訴せず、2012（平成24）年4月に判決が確定した。

（『朝日新聞』『読売新聞』の報道、福岡市による検証報告書より）

(2) 家族の状況

　母と実父は、2000（平成12）年に結婚して父の実家で暮らすようになる。父は自動車部品会社に勤め、母はスーパーや事務のパート勤めをし、2002（平成14）年にK君が産まれた。母は生後8カ月のK君を保育園に預けてパートを続けた。2004（平成16）年、子宮外妊娠で流産した頃から母の体調はすぐれず、微熱、倦怠感、疲労感、関節痛などの症状が徐々に現れた。2006（平成18）年には「線維筋痛症」（後述）との診断を受け、2007（平成19）年には身体障害者1級と認定される。K君が物心ついて言葉を話し始めた頃から、言うことを聞かなかったり暴れたりすると父が手を上げるようになった。母方祖父母がK君の身体に痣があることに気づいたことから、母とK君は2007年3月に母の実家に転居（検証報告によると、転入手続きは4月2日に行われている）。数カ月後に父が謝罪し、父も母の実家で暮らすことになった。その後の2008年2月、母、父、K君の3人は特別支援学級のある小学校近くのマンションに転居した（『週刊朝日』2008年10月10日号・17日号、2010年12月10日号）。

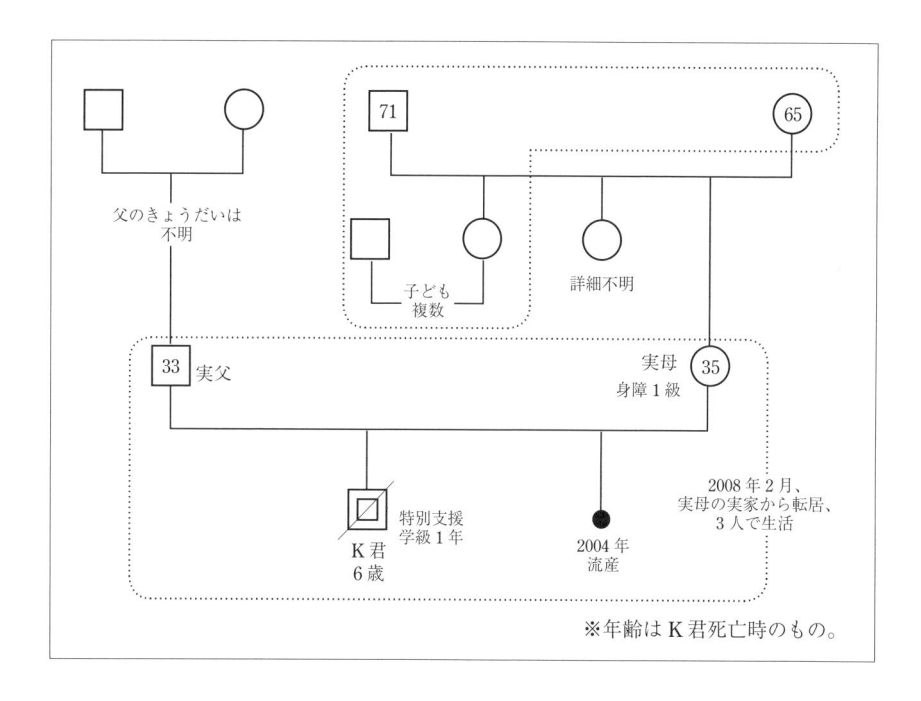

※年齢はK君死亡時のもの。

(3) 事件の経過

事件の経過表（▶：福岡市の関与）

2007年	4月2日	母とK君、母の実家へ転入（検証報告）。
	4月10日	母、保育所の入所申し込みと児童手当の申請を行う（検証報告）。
	5月1日	▶母、保健福祉センターに来所相談し、K君がADHDの疑いがあることや、父がK君に手をあげることがあって別居中であること、療育機関に予約を入れる予定であることを話す（検証報告）。
	5月2日	▶保健福祉センターの地域保健福祉課と福祉介護保険課でカンファレンスが行われ、地域保健福祉課より母に連絡をとり、状況確認を行うことを決定（検証報告）。 ▶地域保健福祉課より母の携帯電話に留守電メッセージを残す（検証報告）。
	5月7日	▶地域保健福祉課より母の携帯電話に留守電メッセージを残す（検証報告）。
	5月11日	K君、A保育園入所（検証報告）。
	5月12日	▶地域保健福祉課より母の携帯電話に留守電メッセージを残す（検証報告）。
	5月16日	▶母、地域保健福祉課にK君の多動傾向について電話相談し、家族3人で生活しようと話し合っていることを話す（検証報告）。
	5月17日	母と母方祖母とK君、B療育機関を初回受診。精神発達は年齢相応だが、多弁な傾向は認められ、A保育園での様子を聞いて継続相談となる（検証報告）。 ▶母、地域保健福祉課に来所し、「今の状況であれば通常学級で問題なしと言われた」と話す（検証報告）。
	6月7日	▶地域保健福祉課より母の携帯電話に留守電メッセージを残す（検証報告）。
	6月15日	▶地域保健福祉課より母の携帯電話に留守電メッセージを残す（検証報告）。
	6月22日	▶地域保健福祉課より母の携帯電話に留守電メッセージを残す（検証報告）。
	7月17日	▶母、地域保健福祉課に電話相談し、父のK君への接し方が変わってきたこと、父もしばらく母の実家で生活する予定であることなどを話す（検証報告）。
	7月30日	父が母の実家に転入したため、児童手当の請求者を母から父に変更（検証報告）。
	7月31日	B療育機関受診2回目。母は「入院したいが、K君が大泣きしてしまうので、入院しづらい」と話す（検証報告）。 ▶母、地域保健福祉課に来所せず（検証報告）。
	8月1日	▶地域保健福祉課より母の携帯電話に留守電メッセージを残す（検証報告）。

第Ⅳ章　2008〜2010年（平成20年児童福祉法改正後の事件）

2007年	8月22日	母、教育委員会の就学相談会に参加し、就学相談を希望する（検証報告）。
	8月29日	B療育機関受診3回目。母は「入院を勧められている。母方祖母が入院し、家事負担が増えた。K君の扱いに苦慮している」と話す（検証報告）。
	9月25日	B療育機関受診4回目。母は職場復帰のため、週末利用できる相談機関の紹介を依頼、B療育機関は紹介状を作成（検証報告）。 ▶母、地域保健福祉課に来所相談し、10月から働く予定であることなど話す（検証報告）。
	11月12日	教育委員会の就学相談会の結果、通常学級の判断が出る（検証報告）。
	11月	母、B療育機関に「C大学病院を受診（その後通院）し、広汎性発達障害と診断された」と連絡する（検証報告）。 母、A保育園に「アスペルガー症候群と診断された」と相談し、症状や具体的な対応の仕方について記した手紙を持参（検証報告）。
	12月	▶母、教育委員会に「発達障害の診断を受けたので、通常学級では心配。特別支援学級が設置されている学校の校区への転居を考えている」と再相談する（検証報告）。
2008年	2月1日	K君、A保育園からD保育園へ転園（検証報告）。
	2月	母と父とK君は、医療機関に特別支援学級への入学を勧められ、特別支援学級のある校区に母の実家から転居（『週刊朝日』2008年10月10日号）。 K君は地域に慣れるため、1カ月保育園に通う（『週刊朝日』2008年10月10日号）。 母、D保育園に「K君には障害があり、園でも対応をお願いしたい」と話す（検証報告）。
	3月	C大学病院医師からの指示書をもとに、母からD保育園にK君に対する投薬依頼（検証報告）。
	春	母、事務員として働いていた勤務先の会社を「子どもと一緒に過ごすため」休職（『朝日新聞』2008年9月22日）。
	4月11日	K君、小学校の特別支援学級に入学（検証報告）。
	4月	母、PTA役員に立候補し広報係に就任（『朝日新聞』2008年9月22日）。
	5月	母、K君の同級生の父親に「育児に悩んでいる」と相談する（『朝日新聞』2009年9月22日）。
	6月	母、「持病があるので」とPTA役員を辞任（『朝日新聞』2008年9月22日）。
	8月	母、痛みで車の運転ができなくなる。K君、学童保育に行きたがらなくなる（『週刊朝日』2008年10月10日号）。
	8月6日	母、福岡市内の病院でうつ症状に対して処方を受け始める（『週刊アエラ』2009年4月13日号）。
	9月9日	病気が治せないことを嘆いた母は、「死にたい」と父に電話で訴え、睡眠薬を大量に服薬（『週刊朝日』2008年10月10日号・17日号、2012年12月10日号）。

2008年	9月11日	K君、母が留守をしていたため自宅に入れず、泣きじゃくり、近所の女性宅の呼び鈴を鳴らす（『朝日新聞』2008年10月6日）。	
	9月13日	首にコルセットをつけたうえに、赤いバンダナを巻いた格好で学校の子ども会の送迎に行く母の姿が目撃される（『朝日新聞』2008年9月22日）。	
	9月18日	14時30分	K君下校（『朝日新聞』2008年9月19日）。
		15時	母とK君、外出する（『朝日新聞』2008年9月22日）。母、ファミレスでビールを2杯飲む（『朝日新聞』2008年10月2日）。
		15時15分	通りすがりの公園に立ち寄る（『朝日新聞』2008年9月19日）。
		15時20分	母、身体障害者用トイレの個室内でK君を絞殺し、トイレの裏に遺棄（『朝日新聞』2008年9月22日）。
		15時30分〜50分	母、周囲の通行人とともに公園を捜索（『西日本新聞』2008年9月19日）。
		15時57分	母、「子どもがいなくなった」と110番通報（『朝日新聞』2008年9月19日）。
		16時	K君が発見される（『朝日新聞』2008年9月19日）。
		16時36分	救急隊到着（『朝日新聞』2008年9月19日）。搬送先の病院で、K君の死亡を確認（『朝日新聞』2008年9月19日）。
	9月19日	福岡県警は殺人事件と断定し捜査本部を設置（『朝日新聞』2008年9月19日）。	
	9月21日	母、犯行を自白（『朝日新聞』2008年9月22日）。母、婦警とともに実家に一晩帰宅（『週刊文春』2008年10月2日号）。	
	9月22日	殺人と死体遺棄容疑で母を逮捕（『朝日新聞』2008年9月22日）。	
	10月9日	母、2カ月の精神鑑定留置となる（『朝日新聞』2008年10月9日）。	
	12月9日	精神鑑定の結果、母には責任能力があったとされる（『朝日新聞』2008年12月12日）。	
	12月11日	母、殺人罪で福岡地裁に起訴される（『朝日新聞』2008年12月12日）。	
2010年	3月3日	福岡地裁で母の初公判（『朝日新聞』2010年3月3日）。	
2011年	3月18日	福岡地裁で母に懲役8年の実刑判決が言い渡される（『朝日新聞』2011年3月18日）。	
	4月1日	母が控訴しないことが明らかとなる（『読売新聞』2011年4月2日）。	

第Ⅳ章　2008〜2010年（平成20年児童福祉法改正後の事件）

実母の供述による犯行当日の詳細

　母は日頃からK君の暴力や暴言に悩んでおり、また自身の体調不良のためK君の要望に応えることができないことを申し訳なく思っていたという。犯行直前のK君の暴言により、病気をかかえた自分の将来を悲観し、K君を殺して自分も死のうと衝動的に首を絞め、その後発覚を恐れ、第三者の犯行を装ったと母は供述した。当日、K君が学校から帰宅してからの2人の行動の詳細を以下に整理した。

　母は2008年6月頃より体調が悪く、8月頃はさらに病状が悪化していた。事件当日はめずらしく体調がよく、母とK君はドーナツを作るための卵を買いに出かけた（『週刊アエラ』2008年10月6日号）。家を出た時点での母の所持金は2000円だったが、母は郵便局で30円、西日本シティ銀行で693円、福岡銀行で900円、いずれも残高すべてを下ろした。1週間後の給料日まで、所持金3700円弱で生活しなくてはならないが、母とK君はファミリーレストランに寄り、母はビールを飲むなどして1296円支払っている（『医薬経済』2009年4月1日号）。母はその理由を「歩くことができて、うれしかったからかもしれない」と話している（『週刊朝日』2008年10月10日号・17日号）。

　この日は1週間ぶりの外出で、夏休み中K君と遊んでやれなかった母は、通りすがりの公園でK君に「遊んでいく？」ともちかけた。公園の大型遊具で遊んでいるK君は、「一緒に遊ぼう」と母を誘ったが、母は身体が思うように動かず遊ぶことができなかったため、K君は機嫌を損ねていた。しばらくすると、パニック障害を起こす前兆が現れたため、母は「具合が悪いから帰ろう」とK君に呼びかけたが、K君は応じなかった（『医学経済』2009年4月1日号）。母は、自分がトイレに入る際にK君を1人にしておくと危ないと思い、一緒に公衆トイレ内の障害者用の個室に連れていった。母は平生より、立ったり座ったりする際にK君に介助を頼むことがあり、このときも頼むと「何でそんなことしなきゃいけないの？」「なぜ、授業参観などの学校行事に来てくれないの？」「病気のママなんかいらん、早く死んでしまえ！」などと責められ、母は絶望的になった（『読売新聞』2008年9月24日）。そして、普段から自殺するために持ち歩いていたという細いホース（魚を飼う水槽に空気を送り込むためのもの）で、衝動的にK君の後ろから首を絞めた（『朝日新聞』2008年9月24日）。ホースには、滑らないようにてぬぐいが巻き付けられていた（『週刊アエラ』2009年4月13日号）。法廷で検察側は「一度首を絞めた後、さらに首に

巻き付けたホースの端を足で踏み、もう片方を力一杯引っ張った」と述べたが、母はK君の首を絞めたことは思い出せないと、弁護士に語っている(『読売新聞』2010年3月3日)。

母はK君の遺体を雑木林まで運ぼうとしたが、力が入らずトイレの裏側に遺棄し、自分の死に場所を求めて雑木林に向かうが、適当な場所が見つからなかった(『朝日新聞』2008年9月25日)。その後、トイレに一緒に入るところを人に見られていたら自分が犯人だとばれると思い、トイレの裏に遺体を隠し、周囲の人に探してほしいと頼んだ。母はK君のGPS機能付き携帯電話を雑木林に投げ捨て、捜索にあたった人に自分の携帯電話に現れるGPSの情報を見せた(『週刊文春』2008年10月2日号)。その後母は、警察に「自分がトイレに行った2、3分の間に姿が見えなくなった」(『朝日新聞』2008年9月22日)、「息子が遊んでいたアスレチック遊具付近に息子の野球帽が落ちていた」(『読売新聞』2008年9月23日)、「1週間前に見知らぬ男が息子に声をかけた」(『週刊朝日』2008年10月10日号・17日号)と証言するなど、第三者の犯行を装った。犯行に使用されたホースは、服のなかに隠して持ち帰り、家の台所のゴミ箱に捨てたという(『朝日新聞』2010年3月4日)。

事件直後に警察に連絡しなかった理由について、母は「自分のなかで何が起こっているのかわからなかった」「犯行のことはよく思い出せない」と『朝日新聞』の記者との接見で語っている(『朝日新聞』2010年3月2日)。親族から「あなたの責任ではない」と慰められた母は、犯行を言い出せなかったという(『読売新聞』2008年9月25日)。

遺体発見から逮捕まで

事件発生から逮捕までの4日間、母は"悲劇の母親"として、その様子を報道された。報道によると、捜索時の母は、全身をがたがたと震わせ唇も青ざめており(『西日本新聞』2008年9月19日)、K君が発見されると、顔が黒ずんだK君にすがりついて泣いていた(『読売新聞』2008年9月22日)。通夜では、やつれた様子で車椅子に座って涙を流し(『朝日新聞』2008年9月20日)、告別式では棺をさすりながら泣き崩れ、「生き返ってきて」と口にする姿が目撃されている(『産経新聞』2008年9月28日)。

『産経新聞』によると、21日に母が自白するまで事件に関して有力な目撃情報はなく物証も乏しかったが、福岡県警は、①K君に抵抗した痕跡がない

めに顔見知りによる犯行の可能性が高いこと、②母は「トイレを出たらアスレチック遊具付近に息子の野球帽が落ちていた。おかしいと思って周囲を捜したが見当たらなかった」と証言したが、捜せば見つからないはずがないと考えられたこと、③母は「息子から約1週間前に、見知らぬ男から名前を尋ねられたと聞いた」と証言していたが、公園事務所にそのような情報はなく、また、変な男に声をかけられた公園に再び遊びにいくこと自体に疑問があることや、公園の山林に捨てられていたK君の携帯電話に家族以外の指紋がなかったこと、④障害者用トイレにK君の入った形跡があったことなどにより、母を疑っていたという(『産経新聞』2008年9月28日)。21日、福岡県警の捜査員が任意の事情聴取で「本当のことを聞きたい」と告げると、母は「私がやりました……」と打ち明けた(『毎日新聞』2008年9月22日)。逮捕前夜、事情聴取の際に犯行を認めた母は「主人に殺される」とパニック状態になったため、女性捜査員が同伴して実家に帰宅させ、一晩落ち着かせることになったと報道されている(『週刊文春』2008年10月2日号)。

裁判の概要

　2008年12月11日、検察は母を殺人罪で起訴した。2010(平成22)年3月3日から始まった公判で、母には懲役12年が求刑された。母は起訴内容を認めたが、弁護側は「精神的な錯乱状態に入らなければ、子どもの首を絞めて殺害するほどの力は出ない」「自身のかかえる難病、K君の発達障害、事件の1カ月前より服薬していた抗うつ剤の副作用などが背景にある」とし、事件当時は心神喪失で無罪、または心神耗弱で減刑されるべきだと主張した。起訴前に行われた精神鑑定では「刑事責任応力あり」とされ、弁護側は再度の鑑定を求めたが、却下された。

　母の弁護士は法廷で、K君や事件に関する話になると「Kのところに行きたい。死刑にしてほしい」と涙を流す母の様子を話した(『朝日新聞』2008年9月24日)。弁護士によると、母は事件の10日前に、大量の睡眠薬を飲んで自殺を図っており、犯行時は断片的な記憶しかないと主張した。抗うつ剤の副作用に関しては、過去に「攻撃性や興奮状態を生む抗うつ剤の影響で、善悪の判断能力が著しく低下して心神耗弱状態だった」と認める判例はあるものの、減刑された有効な判例はなく、これによる減刑はされず、2011(平成23)年3月18日に懲役8年の実刑が言い渡された(『朝日新聞』2011年3月18日)。母は控

訴せず、2011年4月2日に刑が確定した(『読売新聞』2011年4月2日)。

事件の背景――実母の生活歴、実母の線維筋痛症、K君の発達障害、実父の暴力と理解の欠如

『朝日新聞』は2008年9月26日の午後、4時間半にわたり、父、母の両親、母の長姉の4名を取材している。その内容は『週刊朝日』(2008年10月10日号・17日号)に掲載されており、『週刊アエラ』や『朝日新聞』の記事にも盛り込まれている。また、母は逮捕から2010年3月2日までに、『朝日新聞』記者と4回接見し、3通の手紙を送っていた。さらに、2010年12月10日の時点で、『朝日新聞』に送られた手紙の数は20通近くにのぼるという。ここで記載することの多くは、それらの情報がもととなっている。

実母の生活歴

母は両親とも地方公務員の厳格な家庭で3姉妹の末っ子として育ち、小学校から高校まで自宅近くの学校に通った。母方祖母は母について「手のかからない子やった。友だちはたくさんおって、今もつながっている」と語った。小学校では学級委員を務め、責任感が強く、人に相談しようとはしないタイプだった(『週刊アエラ』2008年10月6日号)。中学は吹奏楽部に所属。県立高校を卒業すると地元農協に6年ほど勤め、その間に2学年下の父と出会った。父は「新人の自分は支店で働き、彼女は本店勤務やった。若者を集めた懇親会で知り合って、自分が19歳でつきあい始めた。つきあいおる当時は明るい子だった」と当時を振り返った(『週刊朝日』2008年10月10日号・17日号)。

父は農協から自動車部品会社に転職し、2人は2000年に結婚した。父の実家で暮らしながら、母もパートの仕事を転々とした。K君が産まれたのは2002年2月、妊娠を知ったとき母は喜んだ。母は妊娠中に数週間の入院をしたことがあり、出産時にはへその緒が首に絡まってK君が声を上げるまでに時間がかかった。苦労したぶん母はK君をかわいがり、いつもつきっきりで離れなかった。2年後に母は再び妊娠するが、子宮外妊娠のため早期に流産する。母は落ち込んだが、そのことを周囲には言わなかった。この頃から母の身体に少しずつ異変が出始める。微熱が出て身体が怠く感じられ、母の体力はしだいに低下した。母は病院を転々とし、2006年6月に「線維筋痛症」との診断を受けるも、父の休みがあるとしばしば家族でレジャー施設や旅行に出かけた(『週刊朝日』2008年10月10日号・17日号)。

第Ⅳ章　2008〜2010年（平成20年児童福祉法改正後の事件）

　K君が物心ついて言葉を話し始めた頃から、言うことを聞かなかったり暴れたりすると、父は頻繁に手を上げるようになった。母から「やりすぎや」と言われても、父はほとんど聞かなかった。2006年秋、母がK君を実家に連れ帰った際、風呂に入れた家族が痣を見つけたことから、父がK君に暴力をふるっていたことが母方祖父母に知れた。父は「自分もそう育った。息子が障害とわからなくて、言うことを聞かんかったから。今は反省している」と話した。母方祖母は「娘は、夫からKを守るつもりで、甘やかして言いなりになっとった。Kもママが何でも自分の言うことを聞いてくれるとういう感覚をもっとった」と話している（『週刊朝日』2008年10月10日号・17日号）。

　この痣の一件から、母とK君は父を置いて2007年3月に母の実家に転居した（『週刊朝日』2008年10月10日号）。数カ月後、父が謝罪し、母と父とK君の3人は、2007年の7月末から2008年の1月まで母の実家で母方祖父母および伯母（母の長姉）家族と同居していた。その後、K君に落ち着きがないことから専門医を受診し、市の機関に相談したうえで個別的な指導を行うクラスのある小学校を選び、学校近くのマンションに引っ越した（『週刊朝日』2008年10月10日号・17日号）。K君が就学すると、母はPTA役員に立候補し「自分は病気がちなのでどこまでがんばれるかわかりませんが、やれることは何でもします」と決意を述べた（『週刊朝日』2008年10月10日号・17日号）。責任感の強い母は子育てでも完璧を求め、"発達障害の子どもを受け入れるやさしい母親"を理想像としていた。息子が叩かれて痣ができても「階段で転んだ」と父に嘘をつき、症状が悪化して医師に入院を勧められてもかたくなに拒んだという（『週刊アエラ』2008年10月6日号）。

実母の線維筋痛症

　詳細は不明だが、母は交通事故に遭って以来足が悪かったとも報道されている（『朝日新聞』2010年12月10日）。2004年頃から体調を崩すようになった母は、2006年に「線維筋痛症」との診断を受け、2007年には身体障害者1級と認定されている（『朝日新聞』2010年12月10日）。その後「抑うつ症」の診断も受けている（『週刊アエラ』2009年4月13日号）。線維筋痛症とは、全身に原因不明の激しい痛みが生じる病気であり、日本ではその診断や治療をする医師が少ないといわれている。父はその症状について「（妻は）服を着るのも痛いし、エアコンの風もシャワーの水も痛いと言っていた。風呂に入りたがらず、ときどき自分が背中を流してやったけど、それも痛いと言われた。腕は肩まで

しか上がらないから、物干し竿は針金で低い位置に下げた。握力が弱く、包丁は手のひらにタオルやマジックテープでくくりつけて使った。噛むとあごもつらいから、最近はよく砂糖菓子を舌の上で溶かしてなめていた」と話す。線維筋痛症は難病といわれているが、特定疾患や難病指定はされておらず、経済的負担も大きい。同じ病気をかかえる女性（51）は「死なないことだけを目標とするほどつらい。子育てには想像できないほどの苦労があったと思う」とコメントしている（『週刊朝日』2008年10月10日号・17日号）。母の実家近くの自営業の男性は、今春、両足をひきずるように歩く母と会っており（『朝日新聞』2008年9月23日）、『週刊アエラ』の記者によると、3人の暮らしていたマンションには、無造作に丸まったままの布団や洗濯物、ラップや栓抜き、プリント類が散乱し、足の踏み場がなかったという（『週刊アエラ』2008年10月6日号）。

母は2008年6月頃から体調を崩していた（『読売新聞』2008年9月22日）。近所の女性は事件の1週間前、マンションの敷地内をK君と歩く母を見かけており、痛みに耐えているのか、歩く姿は年寄りのようにみえたという（『週刊アエラ』2008年10月6日号）。事件が起こったのは、母の病状が悪いため、再び母の実家に戻ることについて学校と話し合いを始めた矢先だった。警察による捜索で、母の自宅から同じ病気の体験者からの手紙が見つかっている。パソコンには首都圏在住の医師に宛てた書きかけの手紙があり、自分の病歴や症状を書き連ねて今後の治療を相談しようとしていたことがうかがえる。

母は『朝日新聞』に宛てた手紙に、自分の病気について父や家族にまったく理解してもらえず、「病気に逃げるな」「また痛いと言って……」と言われてきたこと、「どんな治療をしても効果が得られず、痛みで眠れない日が続き、睡眠薬なども投与していましたが、それでも痛みで目が覚め、不眠症になった。無理に無理を重ね、狭心症になった。また、いつ動けなくなるかという恐怖心が大きくなってうつ状態に」など、事件の経緯が記されていた（『朝日新聞』2010年12月10日）。

母は、自分の体調のせいでK君の世話を十分できないことにストレスを感じ、K君も十分に面倒をみてもらえないことに不満をもっていた（『週刊朝日』2008年10月10日号）。K君は母に対して噛んだり蹴ったりの暴力をふるい、「何でそんな病気になったん！」などと突っかかることがあり、線維筋痛症の母はそれに抵抗できなかった（『医薬経済』2009年4月1日号）。母は「私の病

第Ⅳ章 2008～2010年（平成20年児童福祉法改正後の事件）

気のせいでKの要求を満たせず、私が我慢すれば」と思っていたという（『朝日新聞』2010年12月10日）。母は「日頃から息子の言動にうっぷんがたまっていた」とも供述している（『週刊朝日』2008年10月17日号）。

K君の発達障害

　2007年に母とK君が母の実家に戻っていた頃、同居していた母方伯母がK君の注意力が散漫なことに気づいた（『週刊朝日』2010年12月10日号）。K君は情緒が不安定になりやすく、授業を最後まで落ち着いて受けられないことなどから、個別的な指導を行う特別支援学級に入っていた（『読売新聞』2008年9月22日）。母によると、K君は1歳時から保育園に入園しており、多動傾向について、転居前にも2つの大学病院、市の保健師や保育園に相談していた（検証報告より）。父はK君について、「地元の医療機関で相談を重ねて、最後は福岡大医学部の小児科で、（ADHDに加えて）広汎性発達障害だと診断された。目を見て話すのが苦手で、何か関心事を見つけると自分を止められない。算数や記憶力はすぐれているけど、人の話を聞いたり、待ったりするのが苦手で、国語の理解力も低い」と説明した（『週刊朝日』2008年10月10日号・17日号）。福岡市は市内の専門の療育機関（市発達教育センター）を紹介したが、虐待の有無については確認していない（『朝日新聞』2008年9月22日）。就学前の夏頃まで相談に行っていた市発達教育センターには、就学以降顔を見せておらず、子育てサークルなどにも参加していなかった（『朝日新聞』2008年9月27日）。

　母の友人は、K君が就学前の2月頃に、母が「うちの子、発達障害なの。こげん動き回るのが症状なのよね」と話すなどサバサバした様子で、K君の障害にきちんと向かい合っているのだと思っていたという（『週刊文春』2008年10月2日号）。K君は上級生を蹴り、ちょっかいを出すなどしてしまうことがあるものの、「元気で茶目っ気があり、人なつっこい」印象を周囲に与え、発達障害があることに気づかなかった人もいた（『週刊文春』2008年10月2日号）。一方、K君が就学以降、母はたびたび知人や学校関係者に子育ての悩みを訴えていたとも報道されている。

　K君はADHD向けの治療薬を処方されており、この投薬によりおとなしくなっていたが、夏が近づくにつれて効き目が弱まったことを主治医と相談し、夏休みの間は服用を見合わせようという結論に至っていた（『週刊朝日』2010年12月10日号）。逮捕の日、母は「（自分の手足に）痣があったやろ。あれは全部、Kにされた。あの日はとくにひどかった」と泣きながら、身体にできた痣の理

由を母方祖母に明かした（『週刊朝日』2008年10月10日号・17日号）。

　検証報告によると、母はK君の多動やこだわりに関して育児への負担感を複数の機関に訴えていたが、実際の本児の姿からは発達上の大きな問題を認めなかった機関も多く、母と異なる認識であった。K君の通った2つの保育園（事件の経過表のA、D）ともに日常的に身体チェックや様子を観察していたが、とくに気になる点はなく、母はK君の言うがままという感じであったという。最初に受診した療育機関（B）の見立てとしては、K君は面接時に多動はみられず、知的にも年齢相応の力をもっており、通常級で問題ないとのことであった。そして、教育委員会の就学相談では、K君は通常学級が望ましいとの判断が出た。K君が大学病院（C）で診断を受けると、母は療育機関（B）に「広汎性発達障害と診断された」と報告、保育園（D）に「アスペルガー症候群と診断された」と対応を依頼、教育委員会に「発達障害の診断を受けた」と就学について再相談に行き、就学以降は大学病院（C）以外の支援や療育を受けなくなっていた。小学校の担任や校長への相談などはなく、学校はK君の行動面、健康面、学習面においてとくに問題を感じていなかったという。

実父の暴力と理解の欠落

　母が『朝日新聞』に宛てた手紙によると、K君が就学した頃から、父は言うことを聞かないK君を殴ったり蹴とばしたりして押さえつけるようになった。父は、母がK君の病気についての資料を机の上に置いても関心をもって手にとることはなく、育児はすべて母に任せていた（『朝日新聞』2010年12月10日）。母は当時の様子を「手を上げるときの夫はまわりの言葉に無関心でした。なので『やめて』とか『やりすぎ』としか言えず、夫が落ち着いてから『怒るときはまず言葉で言って、2回、3回と言って聞かないときはじめて、悪いことをした手（や足）を軽く叩いて、"これは駄目よ"って言って』と言いました」と手紙に記している（『週刊朝日』2010年12月10日号）。

　父は「Kが怒る気持ちもわかるし、これまで妻のつらさもわかってやれんかった自分が悔しいし情けない。妻にはすまないとしか言いようがない。だけん、出るのを待つだけ。自分は刑務所に入らんけど、追い込んだ責任はある。Kは被害者やけど、自分は加害者やと思うてます」と話した（『週刊朝日』2008年10月10日号・17日号）。父は、母に痣があったことを事件後はじめて知り（『朝日新聞』2008年10月19日）、母の病気にしても、たまに病院の送り迎えをするだけで服用中の薬も把握していなかった。父はそのことを悔やんでいると

いう(『週刊朝日』2008年10月10日号・17日号)。

母は犯行を認めた際、「これがわかったら主人に殺される」とパニック状態になったと報道されている(『週刊文春』2008年10月2日号)。

(4) 事件へのコメント

この事件でもっとも注目された点は、自らが子どもを殺したことを認識しながらも、必死に周囲に助けを求め、捜索し、息を引き取った息子を発見して泣き、通夜と告別式で悲しみに暮れた母の行動であった。誰もが悲劇の母を哀れんでいたなかでの自白と逮捕に、世間の驚きと非難の声が報道された。母方祖母は後に、「娘には殺した母親と殺された母親と2つの人格があったとしか思えん」と話している(『朝日新聞』2008年10月10日)。

母の動機や行動が理解しがたいという世間の反応に対し、専門家は以下のように考察、コメントしている。

○森武夫(専修大学名誉教授・犯罪心理学)は「第三者の犯行を装ったとなれば、障害のある子をうとましく思い、愛情を向けられず厄介者扱いをしていた可能性もある」とみている(『産経新聞』2008年9月28日)。

○木部則雄(白百合女子大学教授・児童精神医学)は「母親としての罪悪感をいだいて抑うつ的な気持ちになっていたのではないか」と精神状態を分析した(『産経新聞』2008年9月28日)。

○長谷川博一(東海学院大学教授・臨床心理学)は「子の発達障害、自分の身体障害、強すぎる責任感の三重苦。公園で楽しそうに遊ぶ親子たちを見て、自らの境遇と比べたのかもしれません」「なぜ私ばかり、という本音があった。押さえ込んできた言葉を子から投げつけられ、楽になりたいと思ったのではないか」と指摘した(『週刊アエラ』2008年10月6日号)。

○厚生労働省で線維筋痛症の研究班長を務める西岡久寿樹(聖マリアンナ医科大学難病治療研究センター長)は、「医師や周囲から十分に症状を理解してもらえず、うつ状態になる人は多い。ただ異常行動は考えられない」とコメントしている(『朝日新聞』2008年10月19日)。

○ジャーナリストの猪熊弘子は、本事例を含めた子殺し事件について「完璧を求めるあまり、育児に悩む母親が増えている。完璧を求める人に限って子育てに限界を感じてしまうのです」とコメントしている(『サンデー毎日』2008

年10月19日号)。

そのほか、母の社会的孤立が背景要因となったことから、周囲のサポートについてのコメントが比較的多くみられ、また、母の弁護士が抗うつ剤の影響を訴えたことから、それに関する雑誌の特集や新聞報道がみられた。

実母の孤立

　母は、K君の就学前は自らいろいろな機関に相談をしていたが、就学後は、主治医への相談は継続していたものの、学校など病院以外の機関に悩みを相談することはなかった (検証報告)。K君の同級生の保護者によると、K君は明るく元気なクラスの人気者で、母との仲は良好であったといい、K君の通っていた小学校の校長によると、母は自身の病気について学校に相談しておらず、「子どもを心配し、よく世話をする母親」という印象で、虐待等の様子もみられなかった (『朝日新聞』2008年9月23日)。新聞報道では、母はたびたび周囲に悩みを相談していたとされているが、深刻なものとは認識されていなかったと考えられる。また、体調を崩したという理由で、2学期以降学校や地域との接点が減ったことに周囲は気がついていたが、対応行動はとられなかった。K君の同級生で、同じく特別支援学級に通う男児の父親 (49) は、「2学期から『子どもと一緒に過ごしたい』と仕事を休み、学童保育に来なくなり、相談できる人がいなかったのではないか。母親はときどき体調不良を訴え、登校の待ち合わせ場所にも姿をみせなくなっていった。地域や学校が先に気づいて相談にのっていればこんな事件にはならなかったのではないか。1人で悩み続けていたのだと思います」と打ち明けた (『朝日新聞』2008年9月22日)。市発達教育センターの笠原嘉治所長は「継続して相談に来ていれば救えたかもしれない」とコメントしている (『朝日新聞』2008年9月27日)。

　2010年11月10日の第9回公判で母は、子育ての悩みを「恥ずかしくて言えなかった」と語り、涙を流した (『朝日新聞』2010年11月11日)。母が援助を受けることなく孤立したことは事件の要因の1つであるとして、周囲のチームワークの必要性を訴えた専門家のコメントがみられた。

○津崎哲郎 (花園大学教授) は「子どもへの期待が高く、しっかり育てたいという気持ちが強かったのかもしれない。しかし、育てていく自信がないと悲観的になってしまったのではないか。障害児の親は悩みに陥りやすく、親同士の集いや仲間関係が大切」とコメントした (『毎日新聞』2008年9月22日)。

第Ⅳ章　2008〜2010年（平成20年児童福祉法改正後の事件）

○ジャーナリストの大谷昭宏は「公園でわが子をほかの子どもと見比べ、不憫に思ったすえのとっさの行動ではないか」「発見時にK君に泣きすがったのは、申し訳ないという気持ちがあったのだろう」「社会として手を差し伸べることができなかったのかと残念」とコメントした（『毎日新聞』2008年9月22日）。
○長谷川博一教授は「障害児のいる家庭は孤立しがち。専門家の助けを求めると同時に、障害を個性と受けとめる模索をしてほしい」とコメントした（『朝日新聞』2008年9月23日）。
○納富恵子（福岡教育大学教授・障害児教育）は「子育ては苦労の先に楽しさが待つが、苦労が永遠に続くのでは、と不安になることもある。発達障害は難しさが他人に理解されにくい」と述べ、行政のサポートが必要と訴えた（『朝日新聞』2008年9月27日）。
○大日向雅美（恵泉女学園大学教授・発達心理学）は「子どものいのちを奪うことは許されないが、個人の犯罪で終わらせてはならない。周囲が連携し、こうした悩みをかかえる人を救える社会にしなくてはならない」と指摘した（『読売新聞』2008年10月10日）。

抗うつ剤（SSRI）の副作用の影響

　裁判によると、母は適応障害などと診断されており、処方されていた抗うつ剤の副作用の影響が主な弁護事由とされた。判決では、その影響による減刑は認められなかったが、母の弁護士は抗うつ剤の影響に関するコメントを雑誌に掲載しており、SSRI全般の副作用を説明する記事などがみられた。以下に母の服薬状況と、それに関するコメントの記事を整理した。

　母は2008年8月6日にSSRIの服薬を始めた。1日10mgから、8月13日に20mgに増量、8月23日にさらに30mgに増量し、9月に入ってから服用が途切れたとみられ、同月9日に自殺未遂を起こし、12日には改めて投薬が1日40mgに増え、18日に事件が発生した（『週刊アエラ』2009年4月13日号、『朝日新聞』2010年3月1日）。国選弁護人の松尾重信は、握力が2kgなのになぜ絞殺できたのか、歩くことさえ不自由なのになぜ当日は3kmも歩けたのかと問いかけ、薬の副作用が暴力とは無縁だった母の豹変ぶりにつながった可能性に着目する（『週刊アエラ』2009年4月13日号）。母は線維筋痛症を患っており、8月以降はとくに病状が重くて事件前の2日は寝たきりの状態であった。それに

291

もかかわらず、犯行当日母は郵便局と銀行で計3回お金を下ろし、K君とスーパーに向かうなど、足の悪い母の普段の生活では考えられない行動をしており、母本人も「なぜあれだけ歩けたのかわからない」と話している。母がK君を隠したトイレは通りからよく見え、天井が空いていることを指摘し、松尾弁護士は「計画性があるならば、違う場所を選ぶだろう。母のこの日の行動は普段と比べて、テンションの高さがうかがえる。SSRIが犯行の一因になった可能性は否定しきれない」との考えを示した（『医学経済』2009年4月1日号）。

　SSRIは「自殺企図」の副作用のほかに、「攻撃性」を示す副作用症例が報告されているという（『週刊アエラ』2009年4月13日号）。母が服用していた抗うつ剤を扱う製薬会社は、雑誌などの情報にもとづき、事件直前の自殺未遂について「（服用との）関連性は否定できない」とする副作用症例の報告書をまとめている。ただし、事件との関連については「言及できない」としている（『朝日新聞』2010年3月1日）。母が服用していた抗うつ剤は、事件当時、厚生労働省が「攻撃性が生じる」などとして副作用への注意を呼びかけており、事件後の2009年6月と9月、厚生労働省はこの薬を含む数種類の抗うつ剤について他人への攻撃性が生じるなどの副作用症例がある、との注意文を発表している（『朝日新聞』2010年1月1日）。そのほか、中村純（産業医科大学教授・精神科）は「さまざまな要素が複雑に絡んでいる。薬の影響の有無を含めて、総合的に検討する必要がある」とコメントしている（『朝日新聞』2010年3月2日）。

(5) 事件がもたらした影響

福岡市の関与についての検証報告書

　福岡市児童福祉審議会権利擁護等専門部会は、全9回の協議を行い、2012年6月に検証報告書を出している。検証報告は、調査で得た市の関与と母とK君の様子などの情報から、以下のように分析し、本事例をふまえた今後の課題をあげている。

　本事例の分析
(1)本児は、病院受診時には多動や衝動性がみられるが、保育園や学校での行動はとくに問題がなく、母がかかわる場面とかかわらない場面で示す本児の行動に乖離が認められる。

(2)母は、本児の多動やこだわりに関して育児への負担感を複数の機関に訴えていたが、相談を受けた各機関においては、実際の本児の姿からは発達上の大きな問題を認めなかった機関も多く、母と異なる認識であった。そのようななか、母と相談機関の間との認識の相違自体に注目し、母自身が心身の健康や家族関係、養育上の問題をかかえているのではないかという気づきはなく、養育困難な状況についてのアセスメントはなかった。
(3)母は、本児の発達上の問題だけでなく、母自身の体調や夫婦関係などの悩みもかかえ、育児に対する負担感が強まっていたと推測される。しかし、各機関は本児の多動などにかかわる相談には対応していたが、母自身の問題について深く相談にのることはなかった。
(4)各機関では、虐待が起きるかどうかという視点で本事例をとらえていたため、医療機関につながったことや、母から本児への日常的な虐待を疑う要素は認められなかったことなどから、リスクを高レベルではとらえていなかった。また、母の実家から転居し、実家の支援が受けにくくなったという情報も把握できなかったことなどから、リスクについて改めて検討することがなかった。
(5)母子が本市に転入した際に、父が本児に手をあげるとの話が母からあったが、区保健福祉センターでは、父との別居により虐待のおそれは回避されていると判断し、転入前の自治体に情報の照会はしなかった。
(6)母は、本児の就学前は自らいろいろな機関に相談をしていたが、就学後は、主治医への相談は継続していたものの、学校など病院以外の機関に悩みを相談することはなかった。
(7)母子は、父との別居、母の実家での父との同居、母の実家から離れて親子3人の同居と1年未満に複数回、居住形態が変わり、それに加え、保育園の転園、小学校入学と本児の生活環境も変化したため、まわりに継続してかかわれる人がいなかったと推測される。
(8)母から本児への日常的な虐待は事件前まで認められず、虐待の視点のみでは今回の事件を予測することは困難であったと思われる。また、虐待が起きるリスクという視点に止まらず、母の体調や精神状態、家庭の状況などをふまえたうえで、養育ストレスや孤立感に追いつめられた母による無理心中や子の殺害といった事態が引き起こされるかもしれないという視点から情報を把握することは十分行われなかった。

本事例をふまえた今後の課題

　本事例については、事件発生前に日常的な虐待のサインを認めておらず、また、虐待死に至るような重大なリスク要因を複数かかえていたわけでもなく、子どもと母にかかわりのあった機関における相談支援はおおむね妥当なものだったと言わざるをえない。しかし、検証作業を通じていくつかの課題が判明したので、よりいっそうの予防的措置を、福岡市に対して次のとおり提言する。

(1) 子どもの発達相談を受けるにあたってのアセスメントの強化

　　本事例に関与した各機関の本児の発達相談においては、母の訴えだけでなく子どもの実際の言動を十分観察したうえで正確なアセスメントが行われていた。しかし、母の訴える本児の多動やこだわりが、相談場面や保育・療育上みられないことが、養育者自身や養育上の問題を反映している可能性について気づきやアセスメントはなかった。養育者の訴えと子どもの実際上の言動との乖離は、相談機関や保育・療育・教育機関においてしばしば遭遇する現象である。このような認識の乖離がみられた場合には、多面的な情報収集や養育者の状況なども含めた緻密なアセスメントを行うなど関係機関の能力向上に努められたい。

(2) 育児困難をかかえる養育者に対する対応の強化

　　各機関の対応は、本児の発達相談が中心となり、本児の対応の困難さ、母の病気、夫婦関係など、母自身がかかえていた問題への対応や母に対する支援への視点が十分でなかった。育児困難をかかえる養育者に対しては、子どもの障がいや虐待の視点ばかりでなく、家庭の状況、養育者の心身の状況なども含めた養育環境への視点をもち、無理心中などを視野に入れた対応ができるよう関係機関の能力向上に努められたい。

(3) 情報収集の強化

　　父から本児への虐待について母から話があったことから、転入前の自治体から情報を収集すれば、本児の発育・発達、母の精神状態、家庭状況などを含めた各種の情報を得ることができたかもしれず、より多くの情報からリスクを判断できた可能性があったと考えられる。そのため、虐待に関する情報があった場合は、その時点で虐待のおそれが認められなくても、可能な情報収集を行うようにされたい。

(4) 関係機関の連携強化

　発達障害のある子どもについては、区保健福祉センター、保育所、療育機関、医療機関などかかわる機関が多い。母から相談を受けた機関はそれぞれ対応していたが、各機関の情報共有が十分にされていれば、リスクが高い家庭であることが認識でき、転居などの状況の変化に応じたリスクの再検討や支援の検討もできたと思われる。とくに、就学前と就学後で関係機関のつながりが途切れることのないよう、就学前後の情報共有を強化し、子どもはもちろん親に対しても切れ目のない支援を行うようにされたい。

市教育委員会の対応

　市教育委員会は2008年9月18日、K君の通っていた小学校と搬送先の病院に職員を派遣した。同小には今後臨床心理士を派遣し、児童の精神的ケアにあたり、また、市立の小中学校234校に対し、児童生徒に対する安全指導の徹底を緊急通知した（『読売新聞』2008年9月19日）。19日は、スクールカウンセラー2人が応対し、K君が在籍したクラスでは「身体の調子が悪くなったり苦しかったら、いつでも相談に来てね」と呼びかけた。授業のない20日も学校にカウンセラーを派遣し、児童や家族からの相談を受け、21日と23日（秋分の日）は、中央区の市こども総合相談センター「えがお館」で電話相談に応じる予定を立てた（『朝日新聞』2008年9月20日）。

　母逮捕後の22日には、さらに2名の臨床心理士を小学校に派遣し、子どもの状態を把握するために市教育委員会の指導主事も2人派遣した（『読売新聞』2008年9月22日）。また同日、事件の影響を把握するために全校アンケートを実施している。教職員や親は母による犯行だったことを児童にどう説明するか苦悩しており、心の痛手が大きいと判断した生徒50名に対し校内でカウンセリングを行い、休日の23日も親子で相談に対応した（『読売新聞』2008年9月23日）。24日は、スクールカウンセラーも参加している全校集会のなかで、校長が犯人逮捕を説明した（『朝日新聞』2008年9月25日）。

　また、市教育委員会は「事件とは関係なく、保護者の希望や緊急性をふまえた計画」とし、2009年度に14小学校と5中学校に1学級ずつ特別支援学級を新設する計画で、整備費として予算に2500万円を計上した。原則として未設置の校区で新たに3人以上が通学を希望した場合に設置され、県全体では2009年度に約60の小学校と40の中学校に新設される見通しだという。「支

援員」も大幅に増員する予定で、市内の小学校では正規採用が37人、ボランティアが28人だったが、2009年度は正規採用枠を60人に拡大する方針で、予算案に人件費など5715万円を計上した（『朝日新聞』2009年3月9日）。

　市学校指導課の大西課長は「容疑者が母親だったことで、児童の動揺は事件発生時より大きいだろう。PTSDなどにならなければいいが」と険しい顔で話しており（『読売新聞』2008年9月22日）、同様に児童への影響を懸念した、以下の識者によるコメントがみられた。

○広木克行（神戸大学名誉教授・臨床教育学）はカウンセリングの対象者が多いことについて、「頼るべき母親が逮捕され、母親との関係で理解できない部分があり、混乱をきたしているためではないか」と分析する。また、対応について「『逮捕された母親が正常な判断ができずに起こした悲しい事件』という説明をきちんとすべき」と指摘した（『読売新聞』2008年9月22日）。

○久留一郎（鹿児島純心女子大学名誉教授・臨床心理学）は「最愛の母に子どもが殺され、児童のショックが大きいのは当然。児童のケアはもちろん、親や教員にも心理教育をしっかりと行う体制を整えなければならない」とコメントした（『読売新聞』2008年9月22日）。

類似事件

　子どもが死亡し、行方不明になったと通報、不審者による誘拐殺人に見せかけようとした事件は、ほかにもあった。状況は異なるが、動機や背景に類似点があるように思われたので、ここに記載する。なお、概要部分は2012年2月5日から4月18日の『朝日新聞』と『産経新聞』をまとめたもの、判決については2012年5月29日の『大分合同新聞』の一部を抜粋している。

大分県日出町（2011〔平成23〕年9月3日）

　9月13日14時頃、スーパー駐車場に止めた車から、長女（2歳）が行方不明になったと母親から110番通報が入った。母親は、「目を離した隙にいなくなった」「娘は足が不自由なので車から自力で出入りできない」と説明した。警察による大規模な聞き込み捜査が行われ、写真入りのチラシとポスターで目撃情報を募ったが、有力な手がかりはなかった。

　およそ5カ月後、母親が女児の遺体を雑木林に捨てたと自白し、供述通りに遺体が発見された。母親はその経緯について「朝起きて2階に上がると、寝室で毛布にくるまった状態で死亡していた。気が動転した」「何者かが連れ去っ

て殺害したかのように装うことにした」と供述した。目撃証言と物証が乏しく、遺体は骨しか残っていないために県警と地検は死亡経緯の解明を断念せざるをえなかった。

　母親は2012年2月6日に死体遺棄の容疑で逮捕された。虚偽内容を県警に通報したとして軽犯罪法違反（虚偽申告）容疑でも追送検されたが、地検は起訴猶予処分とした。2012年4月18日より死体遺棄についての公判が始まり、検察側は「軽率で独り善がりな犯行で、被害者の尊厳と親族の身上を著しく害した。刑事責任は重い」として懲役2年を求刑、弁護側は「被害者らに謝罪し、深く反省している」として執行猶予付き判決を求めた。

　女児には、多動性の発達障害のある小学1年生の兄がいた。1年前に家庭訪問した社会福祉施設の相談員は、「明るく話す、真面目っぽいお母さん」との印象を受けている。その頃までは、町の保健施設で開かれる母親の会にも参加しており、フェリー乗組員の父親は長期間家を空けることがあったが、仲がいい普通の家族で、悩みをかかえていたようにはみえなかったという。

　2012年5月29日、大分地裁裁判長は「近隣住民に不安を与えた刑事責任は重い」としながらも「母親として真面目に生活してきたことなど酌むべき情状もある」とし、懲役2年執行猶予3年の判決を言い渡した。

　なお、「西淀川区小4女児虐待死事件」（大阪市2009年）は、本章の20に詳述する。

文献

福岡市児童福祉審議会権利擁護等専門部（2012）「児童虐待による死亡事例等検証報告書」

18　点滴汚染水混入事件
　　（京都市 2008 年）

(1) 事件の概要

　新聞報道や判決などによれば、事件はおおむね次のようなものであった。
　2008（平成 20）年 12 月、京都市内の病院に入院していた五女[1]（1 歳 10 カ月）の点滴チューブに、古くなったスポーツドリンクを注入したとして実母が殺人未遂の疑いで逮捕された。本事件は「点滴汚染水混入事件」として大きく報道されたが、その後の調べで、本家族の 5 人の子どものうち、3 人までが死亡していたことがわかり、それが「代理ミュンヒハウゼン症候群（以下、MSBP と略す場合がある）」（後述）という特殊な虐待[2]によるものであるとされたことから、さらに社会的関心が高まった。
　結局母は、以下の 6 つの事件で起訴される。すなわち、① 2004（平成 16）年 7 月 8 日頃、入院中の三女（当時 2 歳）の点滴回路に水道水若干量を注入し、血管炎等を発症させたとする傷害事件、② 2004 年 7 月 31 日頃、同じく三女に同様の行為を行った傷害事件、③ 2004 年 8 月 16 日頃、同じく三女に同様の行為を行った傷害事件、④ 2006（平成 18）年 3 月上旬から 5 月上旬頃まで、入院中の四女（当時 0 歳）の点滴回路に水道水若干量を注入し、5 月 5 日に血栓感染症による呼吸・循環障害により死亡させた傷害致死事件、⑤ 2008 年 11 月 28 日頃、入院中の五女の点滴回路にスポーツドリンクを注入し、敗血症を発症させた傷害事件、⑥ 2008 年 12 月 22 日および 23 日頃、入院中の五女の点滴回路にスポーツドリンクと水道水の混合液を注入し、菌血症を発症させた傷害

---
[1] 本節では複数の被害児童がいるため、続柄の表記は原則として加害者である母を基準にした。
[2] ここでは、「特殊な虐待」という表現を用いたが、新聞報道などでは、本事例を紹介する際に「虐待」という用語はほとんど用いられていない。また、新聞報道によれば、弁護人も「子どもが憎い、邪魔だといった虐待のような動機ではなく」といった主張をしている。この点については後述する。

事件、である。なお母は、次女（死亡当時3歳）についても同様の行為を繰り返していたが、改正前の刑事訴訟法にもとづく傷害致死罪の公訴時効7年が過ぎていたため、立件されなかった。

　本件は、わが国において「代理ミュンヒハウゼン症候群」が問題とされたはじめての刑事裁判であること[3]、また、始まったばかりの裁判員裁判制度によって公判が行われたうえ、当時としては最長の9日間に及ぶ期間を費やしたことなどから、連日大きく報道され、社会的にも大きく注目された。

　検察側は懲役15年を求刑し、弁護側は執行猶予を主張するなど、量刑をめぐっても大きな隔たりがあったが、結果として母には懲役10年の刑が言い渡され、検察側、弁護側とも控訴しなかったため、刑が確定した。

3　堀（2010）は「なお、（母の精神鑑定を担当した）精神鑑定医によれば、『代理ミュンヒハウゼン症候群』が問題とされた刑事事件は（少なくともわが国では）本件がはじめてであった」と述べている。

　とはいえ、本事件以前に「代理ミュンヒハウゼン症候群」が疑われる刑事事件がなかったわけではない。たとえば、2000（平成12）年7月16日に母親である准看護師（当時43歳）が長女に対する殺人未遂で逮捕された事件がそれである。この事件では高校1年生の長女（当時15歳）の体内から硫酸サルブタモールが検出され、母が薬物を飲ませて殺そうとしたとして、懲役3年の実刑判決が出されたが、裁判の過程で母は精神鑑定を受け、「代理ミュンヒハウゼン症候群」が疑われた。この家族においても、以前に次女（9歳）と長男（15歳）が相次いで「肺水腫」「脳浮腫」で亡くなっており、さらに2000年12月に亡くなった准看護師の母親の尿からもサルブタモールが検出されたことで准看護師は再逮捕されたが、証拠不十分で処分保留となった。なお、准看護師の父親（65歳）も不審死といわれている。

　ただし、准看護師は次女と長男に掛けられた2000万円以上の保険金を手に入れており、長女に対しても生命保険を3倍の3000万円に増額していたことなどから、保険金目当ての殺人未遂事件との見方もあり、明確な「代理ミュンヒハウゼン症候群」とされているわけではない。

　この事件について、坂井聖二は、『子どもを病人にしたてる親たち――代理によるミュンヒハウゼン症候群』（2003）のなかで、次のようにコメントしている。

　「実は、この事件が発覚した当初は、私自身『このケースはMSBPという側面から見ると単なる薬物による傷害罪とは違ったものが見えてくるはずだ』という思いがありました。そして、たまたま、『子どもへの虐待』という視点から私に新聞取材があったときに『このケースはMSBPという側面を持っている』ことを指摘したのです。もちろん、虐待の類型としてのMSBPという意味です。しかし、その後、この母親は、自分の母親を同じ方法で殺害し保険金を手にしていたという可能性が浮上し、娘への薬物投与も保険金を手に入れるための『計画的殺人』の疑いが出てきた段階で、私の頭からは、このケースをMSBPととらえる根拠は喪失していたのです」

(2) 家族の状況

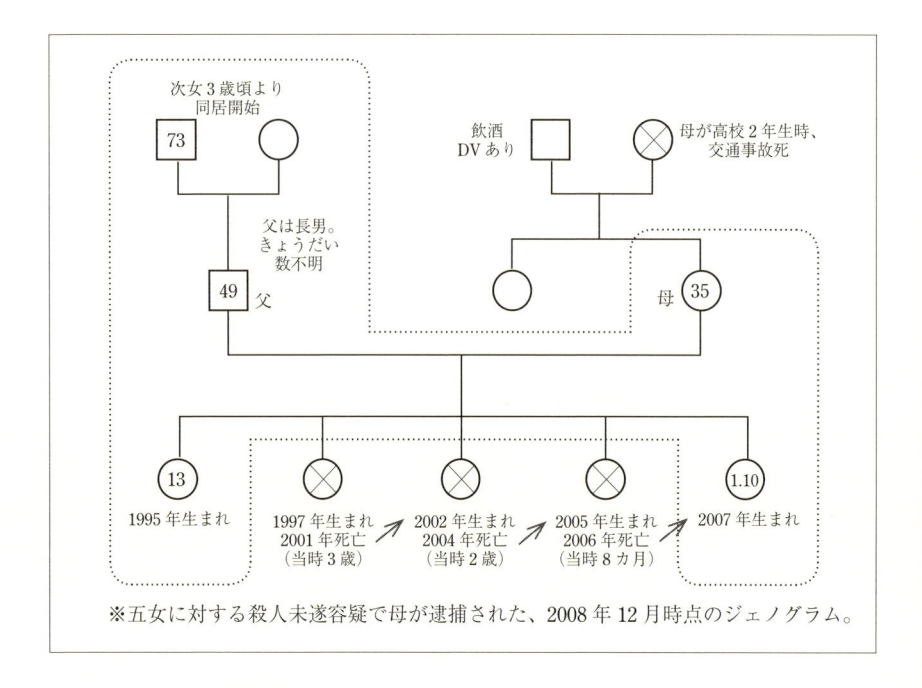

```
                次女3歳頃より                                              母が高校2年生時、
                同居開始                        飲酒                        交通事故死
                                              DV あり
                 [73]──○                      □──────⊗

                父は長男。
                きょうだい
                数不明
                [49]父──────────────────○母[35]
                         │                    │
         ┌───────┬────────┼────────┬───────┐
        [13]     ⊗         ⊗         ⊗        [1.10]
      1995年生まれ  1997年生まれ  2002年生まれ  2005年生まれ  2007年生まれ
                  2001年死亡    2004年死亡    2006年死亡
                  （当時3歳）   （当時2歳）   （当時8カ月）
```

※五女に対する殺人未遂容疑で母が逮捕された、2008年12月時点のジェノグラム。

　母とその夫との間には5人の子どもが生まれたが、図の矢印のとおり、三女は次女の死亡の翌年に、四女は三女が死亡した翌年に、また五女も四女が死亡した翌年に生まれており、この家族で生存している子どもはつねに2人以下であった。

　この点につき、本裁判のすべてを傍聴した南部さおりは、『代理ミュンヒハウゼン症候群』[4]（2011）のなかで、次のように記している。すなわち、「亡くなった次女の『穴を埋める』ために、三女を出産した」「母は『三女がいなくなった穴を埋める子』として四女を出産した」「2007（平成19）年には、五女が出生した。義父母は、これまで3人の子どもを亡くしていたことから、子どもたちに何らかの遺伝的な疾患があるのではないかと心配して、出産には反対

---

[4] 本書は、MSBP全般についての大変わかりやすい書物となっており、本事件にも1章をあてて詳しく解説している。そのため、本稿を起こす際、何度も引用することとなった。読者も原著を一読されることをお勧めする。なお、引用の際、「南部」とのみ記載しているものは、すべて本書をさしている。

したものの、母は亡くした子どもたちの代わりの子どもをどうしてもほしがった」。

母について

　以下でも、主に南部（2011）を参考に記す。母は、短大在学中の1992（平成4）年に父と結婚。子どもが授からないために不妊治療を行った経験もあるという。その後、長女、次いで次女が誕生し、次女が3歳になった頃、父の両親と同居している。

　以下に引用する母の生育歴については、本裁判において母の精神鑑定を行った医師の報告や供述内容を聞くなどして、南部（2011）がまとめたものである。

　「母は幼い頃から母親（子どもたちの祖母）への甘えが強かった上、成績優秀な姉と比べられて劣等感を抱き、中学生頃には、母親が仕事が休みで家にいる時に限って、学校で意図的に過呼吸発作を起こしたり、失神したりしていた。これは、母がミュンヒハウゼン症候群を発症していたものと考えられるが、その動機としては『弱い自分をアピールしたかった』『構って欲しかった』『守って欲しかった』などのようである。

　中学2年生の時には『自分には存在している価値がない』とリスト・カットをすることもあった。リスト・カットをした後には、母からきびしく勉強のことを言われるようなことはなくなり、ほめてもらえるようになったという。しかし、高校2年生の時に母親が交通事故で亡くなったことで、母は依存と愛着の対象を失くした。また、父親は飲酒の上、たまに（母の）母親に暴力をふるうことがあったが、母親の死後は、母にもそうした暴力の矛先が向けられることがあったという」

(3) 事件の経過

　本事件については、母の逮捕に始まり、再逮捕や起訴、さらには裁判員制度による公判に至るまで、かなりの量の報道がなされている。そこで以下では、おもに朝日新聞および読売新聞の記事を引用もしくは要約するかたちで、事件発覚から判決確定までの流れを時間的経過に沿ってまとめる。

　なお、先にも述べたように、「代理ミュンヒハウゼン症候群（MSBP）」に関

する刑事裁判は過去に例がないとされ[5]、本裁判は MSBP を考えるうえでも貴重なものと思われることから、長くなることを承知で、可能な限り紹介する。

母の逮捕（2008 年 12 月）

母は、わが子に対する犯罪容疑で逮捕、再逮捕されるが、最初の逮捕は、当時入院していた末っ子の五女の点滴へ汚水を混入させたとする殺人未遂容疑であった。この点を報じた記事を以下に掲げる。

「2008 年 12 月 24 日、入院中の五女（1 歳 10 カ月）の点滴に古くなったスポーツドリンクを混入したとして、京都府警が母を殺人未遂容疑で逮捕する。逮捕されたのは岐阜県関市に住む母親（35 歳）。府警によると、母は『（病気になれば）ずっと付き添って看病してやれると思った。殺すつもりはなかった』などと供述しているという[6]。五女は原因不明の重症感染症にかかり、岐阜市内

---

5 ただし、児童相談所が MSBP として、あるいは MSBP を疑って家庭裁判所に申し立てた児童福祉法 28 条事件ならば、過去にその例がある。
　たとえば、「児童相談所長が、一時保護した児童（5 歳）の母親に児童の病を故意に作り出すなどの『代理によるミュンヒハウゼン症候群』が強く疑われるとして、児童を福祉施設へ入所させることの承認を求めた事案において、母親が児童の病状について過大申告をした結果、入院生活が長引いたり危険をともなう検査が行われるなどして、児童が過度の身体的負担を受ける事態が生じたことが一種の虐待行為といわざるをえないこと、両親が今後の養育態度を改める姿勢を示していないことなどから、施設への入所を承認した事例」（宮崎家裁都城支 2000 年 11 月 15 日審判）や、「母親が『代理によるミュンヒハウゼン症候群』であると認定することは困難であるが、児童（4 歳）に対するこれまでの父母の監護養育方法は、少なくとも客観的には適切さに欠けており、児童の福祉の観点からは、児童を児童養護施設へ入所させることが相当であるとした審判に対する即時抗告審において、児童は一時保護された後順調に回復し、母も精神科医のカウンセリングを継続的に受けるようになったが、さらに関係機関の指導、援助の下に監護養育方法を点検、改善していく必要が認められるとして、即時抗告を棄却した事例」（札幌高 2003 年 1 月 22 日決定）、および「事件本人が実母の薬物を服用する事故が二度起きているものの、実母が『代理によるミュンヒハウゼン症候群』であることを裏づける具体的資料はなく、薬物事故が実母の故意によるものとは認められないが、実母の体調不良が事件本人の養育に支障を来していること、実母の薬物管理には問題があり、再度薬物事故が発生する可能性を否定できず、その場合には事件本人の生命健康に取り返しのつかない被害を生じさせるおそれがあることなどを考慮すると、事件本人を保護者に監護させることが著しく当該児童の福祉を害する場合に該当するから、児童養護施設への入所措置を承認する」（熊本家 2009 年 8 月 7 日審判）とされた事例などがそれである。
　これらの事例は、それぞれ『家庭裁判月報』平成 14 年 4 月号、平成 15 年 7 月号および平成 22 年 7 月号に詳細が報告されている。
6 母のこのような心理機制とその意味について、南部（2011）がわかりやすく説明しているので、以下に引用する。
　「病院に行ったり、医療ドラマを見たりすると、ダイレクトに病気の人を救う医師や看護師が、とてもカッコよく見える。そして、病気の人に献身的に尽くす人々に対しても、ある

第Ⅳ章　2008〜2010年（平成20年児童福祉法改正後の事件）

のG病院から12月2日に京都市内のK病院へ転院していた[7]。
　K病院では、転院した当初から母がチューブにさわるなど不審な行動をしていたため、11日に府警へ報告。ICUカメラ映像を監視していたところ、12日にポケットから何かを取り出す様子が確認された。さらに22日、23日は血管に入っているチューブにさわり、カメラの死角になるようにしながらポケットから何かを取り出す行動があった。他方、五女の容体は好転していたところ、22日になって再び発熱、任意で母に事情を聴いていたが、バッグには複数の注射器が入っており、『スポーツドリンクを作り、7〜10日ぐらい放置したものを注入した』と話しているという」（『朝日新聞』2008年12月24日夕刊）

種の畏敬の念をおぼえる。私たちはその人を『大変ね』『えらいわね』とねぎらいたくなり、少しでもその人の負担を軽くするよう、なにか手伝いたいなどと思ったりもする。
　こうした私たちの感情の動きは、『互助の精神』という、人間社会を支える大切な志の一つである。そして、この『互助の精神』に支えられた環境は、助ける人にとっても、助けられる人にとっても、とても特別な場所となる。そこにいれば、人に頼り頼られ、感謝し感謝されることによって、人の温かさに触れ、同時に自分の中にある温かさも実感でき、自分という存在が丸ごと受け入れられたような、幸せな気分になることができるのだ。
　そして、こうした幸福感を他人に与えることで、自分も幸福になりたい、そうした場所に身を捧げたい、と願う人が出てくる。これは、とても志の高い人たちで、医療や福祉、介護の現場を職業として選択する人もいれば、ボランティア・スタッフに志願する人もいる。
　しかし、そうした志を持つことなく、あるいは、そうした志に見合う努力をすることなく、『互助の精神』が息づく『病院』という、温かで居心地の良い空間の中に、手っ取り早く入り込もうとする人々がいる。こうした人は、『自分が病気になる』あるいは、『身近にいる人を病気にしてしまう』のである。
　仮病を使って入院したがる人たちや、死ぬ気もないのに手首を切ったり、睡眠薬を大量に服用して、病院に担ぎ込まれる人たちがいると聞いても、私たちはさほど驚かない。……（中略）……しかし、自分ではなく『身近な人を病気にする』人物とあれば、『奇妙』というレベルを超えて、ある種の、戦慄をおぼえることになる。ましてや母親が、ほかでもないわが子の健康状態を操作することで、私たちの社会が大切にしている『互助の精神』の恩恵を、不正に受けようとするのである。
　……（中略）……わが子が痛みに苦しみ、小さな身体には耐え切れそうもないようなつらい処置を次々と受け、泣く力さえ出ないほど憔悴してゆく状態を目にした親は、わが身をかきむしられるような気持ちになるだろうし、目を背けたくもなるだろう。しかし、『代理ミュンヒハウゼン症候群』という複雑な虐待を行う多くの親たちは、悪化したり、良くなったりするわが子の病状をつぶさに観察しながら、冷静に、かつ、周到に、子どもの苦しみが『本当の病気によるもの』であると、周囲を説得するための偽装工作を、営々と行い続けるのである。周囲からは、いかに献身的な良い母親に見えても、いかに愛情深く思いやりにあふれた人物に見えても、もはやその人物の目には、『愛すべき、大切な子ども』は映っていないものといわざるをえない。その人物の目に映っているのは、ただ『自分を心地良い場所にいさせてくれる子ども』でしかないのである」（pp.5-9.）

7　南部によれば、「転院先をK病院にしたのは、常時付き添い可能であることにこだわった母の強い希望によるものであった」という。

なお、『朝日新聞』は、この時点で早くも「代理ミュンヒハウゼン症候群」について紹介し、長谷川博一（東海学院大学教授・臨床心理学）の「今回の事件は詳しくわからないが、母親が『病気になれば看病してやれると思った』と話していると聞き、この症状に当てはまると思った」という談話を掲載している。
　また、マスコミは母の逮捕を速報すると同時に、この家庭で生まれた子どもが次々に死亡していることに注目し、警察や病院の発表を詳細に報道するようになる。以下では、逮捕直後のこうした報道をまとめている。
　「母と五女は、父と長女との4人家族。母は五女に付き添い、京都市内に滞在していた。次女、三女、四女はいずれも、4歳までの乳幼児期に病院で病死したといい、府警は、それぞれの死亡の経緯についても慎重に調べる」（『読売新聞』2008年12月24日夕刊）
　「五女を入院させていた病院が24日午後記者会見。五女は11月27日、下痢の症状で岐阜県内のG病院を受診、12月2日に原因不明の重症感染症として転院。容体が悪化したため、7日に集中治療室（ICU）に移る。詳しい検査を行ったところ、五女の尿から有機化合物のような物質が、血液から腐った水などに繁殖する4種類の細菌が見つかった。いずれも通常は検出されないものであるため、11日警察に相談した。翌日12日から監視カメラで録画を開始、12、13、22、23日の4回にわたって、母が点滴に異物を注入したような形跡がみられた。五女には4日間とも、37～39度の発熱があった。23日、警察が母のバッグとポケットから注射器2本を見つけた[8]」（『朝日新聞』2008年12月25日朝刊）
　「記者会見した副病院長らによると、『母はほぼ毎日、面会に訪れ、非常に熱心に心配した様子で医師にも相談していたという』」（『読売新聞』2008年12月25日朝刊）
　「義父（73歳）によると、長男である父（48歳）[9]との夫婦仲もよく、幸せな

---

[8]　警察へ通報がなされてからは、「ICUに設置されていた監視カメラを警察官が24時間見張るという体制がとられていた」「（母による）2回目の23日の注入時には、警察官が監視カメラのモニターで監視中であり、母が五女を膝の上に乗せ、周囲の様子をうかがい、素早くスカートの右側からなにかを取り出して点滴に注入しようとする姿が確認された。そのため、警察官が病室に急行し、任意で所持品を提示するよう促したところ、母はシリンジ（注射筒）を取り出して犯行を認めた」（南部、2011）
[9]　ここでは48歳となっているが、同じ日の朝日新聞では49歳とされている。なお南部が、母は「短大在学中に14歳年上の現夫と結婚した」と述べているので、ジェノグラムには49歳と記した。

家庭だった。次女、三女、四女を相次いで亡くしたときも、母は悲しみを表に出さず気丈にふるまっていた。事件については、『あのやさしい子がそんなことするわけがない』と信じられない様子だった。近所の主婦は『11月の終わりに、母が五女と楽しそうに手をつないで散歩しているのを見かけた』と驚いていた」(『読売新聞』2008年12月25日朝刊)

「父(49歳)が自宅前で取材に応じ、『娘3人を続けて亡くし、妻は追い詰められていたのかもしれない』『妻は五女出産後も、閉じこもりがちになったり、精神的に追い込まれていたりする様子はまったくなかった』『五女が入院してからは妻がつきっきりで看病』『五女がICUに移ってからは〈会う時間が少なくて寂しい〉〈子どもを置いて自分だけ帰るのがつらい〉と話していた』などと説明した」(『朝日新聞』2008年12月25日夕刊)

「府警は母が借りていた京都市内の短期滞在型マンションから医療用の注射器2本を、また自宅から医学関係の専門書[10]を押収していた」(『読売新聞』2008年12月25日夕刊)

「母が借りていた部屋から押収された液体入りペットボトルは、こたつの中に置かれていたことがわかった。京都府警は、細菌が繁殖しやすくするため、室内より温度の高い状態になるこたつの中に入れていたとみている」(『読売新聞』2008年12月26日朝刊)

四女にかかる再逮捕（2009〔平成21〕年1月）

さて、警察は、四女が死亡した岐阜県と五女が入院していた京都府の両警察本部で合同捜査本部を設置する。事件の特異性を重視して本格的な取調べを行おうとする様子がうかがわれよう。そして年が明けると、警察は四女の死亡についても母の犯行が疑われるとして、四女の殺人容疑で母を再逮捕する。

こうした点や、その後の五女に対する捜査の進展などを報じる記事を、以下にまとめて紹介しておきたい。

「京都府警は1月13日、2006年5月に生後8カ月で死亡した四女も同様の行為で殺害したとして、母を14日にも殺人容疑で再逮捕する方針を固めた。府警が四女のカルテを取り寄せた結果、五女と似た感染症のような症状があっ

---

10 『朝日新聞』(2008年12月26日朝刊)によると、冊子は「小児医学のテキストや雑誌数冊」。なお、朝日記事は「母親が医療関係の仕事についた記録は確認されていない」と報じている。

たことが判明。母も、四女が入院中の 2006 年春頃、同様の行為をしたことを認めたという」(『朝日新聞』2009 年 1 月 14 日朝刊)

「これまでの調べに、母は五女の点滴に数回、腐敗水を混ぜたことを認める一方、『子どもが病気になれば、付き添って看病できると思った。死なないでほしいと思っていた』と殺意を否認」(『読売新聞』2009 年 1 月 14 日朝刊)

「五女はその後回復し、退院した」(『朝日新聞』2009 年 1 月 14 日夕刊)

「京都府警は 14 日、2006 年に四女の N ちゃん (当時 8 カ月) を殺害したとして母を殺人の疑いで再逮捕。府警は同日、岐阜県警と合同捜査本部を設置した。府警によると、5 人の子どものうち、次女、三女、四女が、いずれも五女と似た症状で乳幼児期に死亡したことが判明。母に事情を聴いたところ、『3 人にも (五女と) 同じことをした』と供述したという。ただ、死後に解剖されたのは四女の N ちゃんだけで、専門家は次女と三女の立件の難しさを指摘する」(『朝日新聞』2009 年 1 月 15 日朝刊)

「読売新聞の取材に応じた夫は『本当に驚いた。信じられない』と絶句。夫によると、母は四女 N ちゃんを妊娠中、ウイルスに感染、医師から『障害をもつ可能性がある』と宣告された。N ちゃんに異常はなかったが、体重がなかなか増えず、岐阜県内の病院に検査入院。その後、高熱を出し、さまざまな病気を併発したという。夫は『妻は次々と体調を崩す子どもたちの看病に励み、岐阜から横浜、京都まで名医を頼って駆け回っていた』『専門医の話を理解するため、医学書も買い集めていた』と話し、『子どもへの殺意は絶対なかったと思う』と訴えた。なお、すでに退院した五女は、『ママー』と母親を恋しがることもあるという」(『読売新聞』2009 年 1 月 15 日朝刊)

「2006 年 3 ～ 4 月、四女は肝機能障害で G 病院に入院していたが、病院長は、『最善の治療をしていたので、警察の発表を聞いて驚いている』と述べた」(『読売新聞』2009 年 1 月 15 日朝刊)

この段階で『朝日新聞』(2009 年 1 月 15 日朝刊) は、母が殺意を否認していることを取り上げ、「今後の捜査は立証が焦点になる」との解説を掲載している。そこでは、山田不二子 (NPO 子ども虐待ネグレクト防止ネットワーク理事長・医師) の「この症候群の人に明確な殺意はなく、『こうした行為を続ければ死ぬかも知れないが、死なないでほしい』『今度は死なせない』と考えながら虐待しているのが特徴だ」とのコメントを掲載していた。

また、西澤哲 (山梨県立大学教授・臨床心理学) も、「供述内容などから、意

第Ⅳ章 2008 〜 2010 年（平成 20 年児童福祉法改正後の事件）

図的に子どもに危害を加え、自らに関心を集めようとする『代理ミュンヒハウゼン症候群』の可能性がある」と指摘。加えて、「この病気の場合、通常は行為すべてを否認するが、異物混入自体を認めた非常にめずらしいケースだ[11]」との所感が掲載された（『読売新聞』2009 年 1 月 15 日朝刊）。

精神鑑定（2009 年 1 〜 5 月）

本件犯行が MSBP による行為である可能性が浮上すると、わが国ではきわめてめずらしい事件であることなどから、検察は事件を解明するためには母親の精神鑑定が必要との判断に傾いていく。また、社会的にも事件に対する関心はさらに高まり、多くの識者がコメントを寄せるようになる。

以下では、検察が精神鑑定を実施することとなった経過を報道する記事を紹介し、ついでこの時点での識者のコメントを示す。

「京都地検は、母の精神鑑定を実施する方針を固めた。母は、死亡した次女（当時 3 歳）、三女（同 2 歳）にも水を混入したことを認め、『〈よく看病してるね〉と周囲に声をかけてほしかった』と不可解な供述を続ける。背景には、精神疾患『代理ミュンヒハウゼン症候群』（MSBP）も見え隠れし[12]、地検や京都府警などは、母と病気との関係を鑑定で解き明かし、全容解明を進める」（『読売新聞』2009 年 1 月 25 日朝刊）。

なお、上記『読売新聞』は、この記事に続けて「過剰な母性」という見出しで次のように書いていた。

「『頭をなでたと思えば、抱いたり服を整えたり、母性が過剰な気もした』。五女が入院していた京都市内の K 病院関係者は、母の病室での様子を振り返る。しかし、2001 年から 2006 年にかけて、次女、三女、四女を失った母親だ

---

11 ローゼンバーグは『虐待された子ども──ザ・バタード・チャイルド』（2003）において「代理によるミュンヒハウゼン症候群──横行する偽造された疾患」を執筆し、この点につき次のように記している。「MSBP が暴露されてしまった場合には、母親は当然のことながら良心の呵責に圧倒され、愛すべき我が子に極悪非道な行いをしたことを後悔するに違いないと多くの人が考えるかも知れない。しかし、事実はこれに反する。自分の行為を告白する母親はほとんどいない。良心の呵責を表明する者は皆無と言ってよい」。そして、次のように述べる。「母親は自分が MSBP の加害者であることを認めたのか？ 彼女は十分に変化したのか？ もし認めたのであれば、何故？ どの程度まで？ どの証拠によって認めたのか？ といった情報を医師は知りたいのである」。ただし、本裁判の報道を見るかぎり、母がなぜ異物混入の事実を認めたのかについての報道は見当たらなかった。
12 この記事では、「代理ミュンヒハウゼン症候群」を精神疾患と断定しているが、必ずしも適切ではない。この点については後述する。

307

けに、それも仕方ないと映ったという。捜査関係者によると、"子煩悩"ぶりは、死亡した3人の入院先でも同じだった。血中から細菌が検出され、原因不明の敗血症の症状もあったが、病院側は母を疑わず、四女以外は病理解剖をしなかった」

さて、報道記事の紹介を続けよう。

「京都地検は1月28日、母の精神鑑定を実施するため、鑑定留置を請求する」(『読売新聞』2009年1月28日夕刊)

「京都地検は1月28日、精神鑑定のための鑑定留置を京都簡裁に請求し、認められた。期限は4月24日まで。次席検事は『動機について理解できない部分があるので、解明のため精神鑑定する』と述べた」(『朝日新聞』2009年1月29日朝刊)

「京都地検は4月15日までに、精神鑑定のための鑑定留置を1カ月延長する方針を固めた。期限は今月24日だったが、鑑定医が延長を求めたという」(『朝日新聞』2009年4月16日朝刊)

「京都地検は23日、精神鑑定のための鑑定留置を5月22日まで1カ月延長するよう京都簡裁に請求し、認められた」(『朝日新聞』2009年4月24日朝刊)

次に、MSBPに関する識者のコメントを紹介したい。最初は、精神鑑定が行われる見通しが出てきた時期のものである。

前出の西澤は「親は命を投げ出しても子を守るとの思い込みがあり、医師でも病気の知識がないとだまされる」と言う。長谷川も「虐待の痕跡がないと、気づくのは困難」と述べる。責任能力に関しては、福島章(上智大学名誉教授)が「医師や看護師の目を盗んだ冷静な行動を考えると意識は鮮明で、MSBPであっても責任能力は十分問える」としており、精神鑑定について、先に紹介した西澤の「MSBPは過去に精神的ショックを受けていることが多く、全容解明には精神鑑定と情状鑑定が必要」という見解を紹介している(『読売新聞』2009年1月25日朝刊)。

以下は、鑑定留置の決定を受けてのコメントである。

MSBPに詳しい井上登生(井上小児科医院〔大分県中津市〕院長)は、「周囲が声をかけたくなるほど献身的な看病、ほめられることへの期待、点滴への異物注入の繰り返しなど、今回の事例はMSBPに当てはまる」「母の生育歴などを明らかにし、なぜこのような行為を繰り返したのかはっきりさせる必要がある」と述べ、宮本信也(筑波大学教授・発達行動小児科学)は次のようにコメン

トした。「母は行為の意味と結果を予測していた。今回の母に責任能力はあるだろう」「今回の事件も、MSBPである可能性やそうなった過程を明らかにすることは大切だが、重視するべきなのは子どもの死という最悪の結果だ」(『朝日新聞』2009年1月29日朝刊)

なお、鑑定留置の結果、母の精神鑑定を担当した医師は「犯行当時の刑事責任能力に問題はなかった」と結論づけた(『読売新聞』2009年5月21日朝刊)。

起訴(2009年5月)および三女にかかる再逮捕(2009年6月)

母の最初の逮捕から半年、精神鑑定で責任能力が問えることを確認した検察は、2009年5月29日、五女と四女に対する罪で母を起訴した。ただし罪名は、逮捕容疑であった殺人および殺人未遂ではなく、傷害致死および傷害罪によるものであった。MSBPでは、被害児が死亡することも決してめずらしくはないが、本件に殺人罪が適用されなかった点は、先に紹介した山田不二子医師の「この症候群の人に明確な殺意はなく、『こうした行為を続ければ死ぬかも知れないが、死なないでほしい』と考えながら虐待しているのが特徴」というコメントとも符合するといえよう。

なお、警察は四女、五女に加えて次女や三女についても引き続き捜査を続けており、起訴後に再逮捕している。それらの経過に関する新聞報道を、以下にまとめてみた。

「治療中の娘の点滴に異物を混入したとして京都府警と岐阜県警の合同捜査本部が殺人と殺人未遂の疑いで逮捕した母について、京都地検は29日、殺意はなかったと判断し、傷害致死と傷害の罪で起訴した。地検は、精神鑑定などの結果、刑事責任能力に問題はなく、異物混入と死亡の因果関係も認められると結論づけた。一方、殺意について『死んでも仕方がない』という認識はなかったと判断したとみられる」(『朝日新聞』2009年5月30日朝刊)

「弁護人によると、母は接見で殺意を否定し、動機については『娘を介抱することで献身的な母親とみられたかった。子どもと少しでも長くいたかった』と説明しているという。捜査関係者によると、母は死亡した次女(当時3歳)と三女(同2歳)にも同様の行為をしたと認めており、地検と京都府警は、当時の資料が残る三女について立件する方針」(『読売新聞』2009年5月30日朝刊)

「入院中の三女(当時2歳)の点滴に水道水を注入させたとして、京都、岐阜両府県警は11日、母を傷害致死の疑いで再逮捕したと発表した。母は『水

道水を注入したことは間違いないが、死んだ原因はわからない』と話しているという。府警によると、母は2004年7〜8月、岐阜県内の病院に入院していた三女の点滴に、注射器を使って病院内の水道水を注入し、肺真菌症に感染させて同10月2日に死亡させた疑いがある」(『朝日新聞』2009年6月11日夕刊)

「母は2001年に死亡した次女(当時3歳)への混入も認めているが、改正前刑事訴訟法の傷害致死罪の公訴時効(7年)が成立している」(『読売新聞』2009年6月11日夕刊)

追起訴(2009年7月)

上記で紹介したように、次女に関する犯行は時効が成立して罪を問うことはできず、死亡した三女に関しては、傷害致死の立証が困難だとして、結局、母は三女の傷害罪で追起訴される。以下がそれを報じる記事である。

「入院中の三女の点滴に水道水を注入して症状を悪化させたとして、京都地検は7月1日、母を傷害罪で追起訴した。三女はその後死亡している。三女は免疫不全症だったといい、地検は死亡との因果関係を立証するのは困難と判断し、傷害罪で起訴した」(『朝日新聞』2009年7月2日朝刊)

「娘3人の点滴に水などを混入したとして、傷害致死などの罪で起訴された母の弁護側が、混入行為と死亡との因果関係を争う方針を固めた。京都地裁で10月7日開かれた公判前整理手続きで、専門家による死因の鑑定申立書を提出した。弁護人は『因果関係に疑問があるという意見の医師もいる』としている」(『朝日新聞』2009年10月8日朝刊)

「検察側は、弁護側が申し立てた、四女の点滴への異物混入行為と死亡との因果関係の鑑定について、『不要』との意見書を提出した」(『朝日新聞』2009年11月10日朝刊)

「裁判長は、弁護側が申請した、四女の点滴への混入行為と死亡の因果関係の鑑定を却下した」(『朝日新聞』2009年11月28日朝刊)

裁判員裁判に向けて

ところで、本事件は「裁判員裁判」によって裁かれることとなった。これは、2004年5月21日に成立し、2009年5月21日に施行された「裁判員の参加する刑事裁判に関する法律」(通称「裁判員法」)によるもので、母が本法施行後の5月29日に起訴されたことによる。本事件は、施行間もない裁判員裁判と

第Ⅳ章　2008〜2010年（平成20年児童福祉法改正後の事件）

いう点でも大きな注目を集めたので、そうした観点から本事例が取り上げられた記事をまとめてみた。

「市民が重大事件に加わる裁判員制度がスタートして21日で1カ月が経つ。有名事件も対象となり、発生段階から大きく報道された事件もある。京都地検は5月29日、治療中の娘2人の点滴に異物を混入したとして、母を傷害致死などの罪で京都地裁に起訴したが本事件もその1つ」（『朝日新聞』2009年6月21日朝刊）

「裁判員裁判の日程が2010年5月10日〜20日と決まった。土・日を除き実質9日間で、裁判員裁判では現時点で最長の日程」（『朝日新聞』2010年3月5日朝刊）

「母の裁判員裁判が10日、京都地裁で始まる。被告は起訴前の精神鑑定で、子どもをわざわざ病気にして献身的に介護することで周囲の注目を集めようとする『代理ミュンヒハウゼン症候群（MSBP）』と診断された。警察側と弁護側は今年3月まで公判前整理手続きを続け、被告が事件当時、物事の善悪を判断して行動を抑制する能力（刑事責任能力）がある程度低下していたことは争わず、刑の重さを決めるうえでその影響を考慮すべきかどうかに争点を絞り込んだ。次席検事は、『裁判員には、難解な医学の分野に立ち入って審理してもらう必要があり、慎重に準備している』と話す。一方、主任弁護人は『子どもが憎い、邪魔だといった虐待のような動機ではなく、MSBPに原因があることを裁判員に理解してもらうことに力を入れたい』という」（『朝日新聞』2010年5月8日朝刊）

「事件が特異なため、地検は今回の裁判員裁判を、わかりやすい立証に向けた〈試金石〉と位置づけている。弁護人とも協議して作成した『医療用語集』では約50の専門用語を解説しており、補助資料として裁判員に配る。また、難解な用語をなるべく使わないように証人になる医師らとも打ち合わせ、精神鑑定書の内容も従来より簡略化したという」（『読売新聞』2010年5月9日朝刊）

「公判は11〜14日、死亡した四女（当時8カ月）の主治医や病理解剖をした鑑定医、被告の精神鑑定医ら医師4人が証人として法廷に立ち、17日に論告求刑と弁護側の最終弁論で結審。20日に判決が言い渡される」（『朝日新聞』2010年5月10日夕刊）

初公判・冒頭陳述　2010〔平成22〕年5月10日

　このようにして2010年5月10日、母の公判が始まった。冒頭で述べたように、母は合計6つの事件で起訴されていたが、検察は冒頭陳述で、事件は「代理ミュンヒハウゼン症候群」によるものとし、母も起訴事実を認めた。一方、弁護側は執行猶予を求めた。以下に、初公判の内容を報じた記事を引用する。

　「検察側は冒頭陳述で、被告がわが子の点滴に次々と異物を注入するに至った経緯を詳述した。それによると、被告は1995年に長女を出産後、『周囲から理想的な母親にみられたい』と望んだ。2年後に生まれた次女が3歳になる頃、夫の父母との同居生活が始まり、『よい妻、よい母と思われたい』とも考えるようになったという。2001年6月、次女が病気で入院。被告は『子の看病に尽くす母とみられたい。病院で付き添えば、義父母の目も届かず気が楽だ』と思った。『容体が悪化すれば入院が長引く』と考え、点滴回路に水を混入し、容体を悪化させた。同8月、次女は亡くなった。検察側は、公訴時効との関係などから次女の死亡は立件していない。

　母はその後、2004年7月～2008年12月までの4年余り、起訴の対象となった三女（事件当時2歳）、四女（死亡当時8カ月）、五女（事件当時1歳）が発熱などで病院に行った際、『尽くす母とみられたい』との思いから、点滴に水道水やスポーツドリンクを相次いで混入したとされる。

　検察側は、一連の行動は、自分が世話をする人を病気にかからせ、周囲から同情を得ようとする症例の『代理ミュンヒハウゼン症候群』によるものとした。だが、刑罰を軽くするほど判断能力が衰えていたわけではないと主張した。

　一方、弁護側は冒頭陳述で、四女の体調が著しく悪化した2006年4月21日以降、点滴回路に水を入れていないと反論。同5月5日の死亡直前まで水の混入を続けたとする検察側の主張を否定し、悪質性は低いと訴えた。また、『被告の家族はきびしい処罰を望んでいない。被告自身も反省し、今後はしないと決意している』として、執行猶予付きの判決を求めた。

　黒いスーツ姿で出廷した母は、罪状認否などで裁判長や検察官から問いただされると、『間違いありません』などと落ち着いた様子で答えた」（『朝日新聞』2010年5月11日朝刊）

以後の公判

　第2回以降の公判の様子を、新聞報道により、日を追って紹介する。なお、

検察は論告求刑で懲役15年を求刑し、弁護側は執行猶予を求めたが、報道によると、検察・弁護側双方ともが、「量刑は、従来の事件の枠に当てはめるべきではない」と、同じ言葉で裁判員に呼びかけたという。

　第2回公判　5月11日（四女と五女の主治医への証人尋問）
　岐阜県内G病院の四女の主治医の証言によると、四女は生後6カ月だった2006年2月、体重が増えないなどの理由で入院。母は毎日、病室に泊まり込んで付き添った。発熱が続き、主治医はさまざまな薬剤を投与して回復を試みたという。「これで治ると思ったら突然、悪化するということが何度も続いた。治療法が見つからず困惑した」「2カ月にわたり、40度近い高熱が続いた。小さな身体では、かなりつらい状況だったと思う」と語った。

　2年半後、今度は五女が発熱などで入院した。当時1歳。症状が重く、数日後にヘリコプターで京都市内のK病院に緊急転院した。K病院の五女の主治医は、集中治療室（ICU）で容体を回復させても、すぐ急変する事態を繰り返した当時を振り返り、「(急変は)いずれも母が五女に面会した直後だったので、母が何か関与しているのではないかという疑いをもった」「非常に危ない状態が続き、かろうじて命が助かった」と述べた。裁判員6人のうち3人が五女の主治医に質問した。中年の女性裁判員が「いつ頃から母親の関与を疑ったのですか」と尋ねると、主治医は、先に四女が死亡した情報を知っていたことなどをあげ、「転院してきたときから可能性は考えていた」と答えた（『朝日新聞』2010年5月12日朝刊）。

　第3回公判　5月12日（四女の死因を鑑定した医師への証人尋問）
　鑑定医は「死亡直前まで1カ月以上、異物混入が続けられたとみられる」と証言した。四女の症状が重篤になった後も混入を続けたかどうかが、情状面の争点の1つ。この日の尋問は専門的な内容に終始したためか、医師に質問した裁判員はいなかった（『読売新聞』2010年5月13日朝刊）。

　第4回公判　5月13日（母の供述調書）
　検察側が読み上げた供述調書によると、次女が入院した際、「次女と2人だけの入院生活を続けたい」などと思い、点滴に水道水を混入。次女の死後、母は「自分の行為と直接関係があるとは思いたくない。それを確かめたい」などと考えて混入を繰り返した。最後の五女への混入当時の認識については「命にかかわることは過去の経験からわかっていた」とも述べたという（『朝日新聞』2010年5月14日朝刊）。

第5回公判　5月14日（精神鑑定医の証人尋問と被告人質問）
〈精神鑑定医〉鑑定医は証人尋問で、事件当時、母は、子どもをわざと病気にして献身的に看護し、周囲の評価を得ようとする「代理ミュンヒハウゼン症候群（MSBP）」だったと証言した。また鑑定医は、精神鑑定の一環で調べた母の生育歴について、中学時代、「誰かに守ってほしい」「弱い自分をアピールしたい」という思いから、自分を傷つける行為や意図的な失神、過呼吸のふりをすることなどがあり、母は中学生当時、病気のふりやけがをして周囲の注目を集めようとする「ミュンヒハウゼン症候群」だったとし、「今回の事件の、（自分の代わりに）子どもを病気にする行為につながったと考えられる」と述べた。
〈被告人質問〉検察側が、2001年に起き、一連の事件の発端と位置づける次女（当時3歳）の点滴への混入行為についてただした。母は次女の入院前、病院に持ち込んだ検査用の尿に卵白や自分の血液を入れてたんぱく尿や血尿を装い、こうした症状が実際に続いているようにみせかけたと供述。「医師から病気の子どもと見られると、安心を感じた」と述べた。母はまた、子どもの容体が悪化することについて「かわいそうだとは思っていたが、自分の行為が原因だとは関連づけて考えないようにしていた」と述べた。四女の死因鑑定の結果にもとづき、母が死亡直前まで水を注入していたとする検察側の主張について、「私には科学的に証明できないので、やっていないと言うことしかできません」と反論した。裁判員が「（次女の点滴に）水を入れようと思いたったのはなぜですか」と尋ねた際には、「何か情報を得たわけではなく、入院生活の中でふと思いついたのだと思う」と答えた。精神的に正常でないという自覚や家族からの指摘はなかったかと問われると、「ありません」と否定した（『朝日新聞』2010年5月15日朝刊）。

第6回公判　5月17日（論告求刑と最終弁論）
裁判員裁判の論告求刑公判が17日、京都地裁であり、検察側は「まわりから看病に尽くすよい母とみられて心地よさを感じ、満足感を得るための自己中心的な犯行」として懲役15年を求刑した。弁護側は「再犯の可能性は低く、家族も厳罰を望んでいない」と執行猶予付き判決を求め、結審した。判決は20日に言い渡される（『読売新聞』2010年5月18日朝刊）。
弁護側が、中学3年になる長女の「お母さんに話したいことがいっぱいある。早く家に帰ってくれることを祈っています」との陳述書を読み上げると、母は涙をぬぐった。夫も証言台に立ち、妻を受け入れ、事件で一命を取りとめた五

女（3歳）ら家族で暮らしていく意思を強調した（『朝日新聞』2010年5月18日朝刊）。

「量刑は、従来の事件の枠に当てはめるべきではない」。懲役15年を求刑した検察側と、執行猶予を求めた弁護側が、同じ言葉で裁判員らに呼びかけた（『読売新聞』2010年5月18日朝刊）。

判決（2010年5月20日）

5月20日の判決で、裁判長は母に懲役10年を言い渡した。検察側も弁護側も控訴しなかったため、6月4日、この判決が確定した。以下、判決要旨や裁判員のコメントを報道によって紹介する。

「裁判員裁判の判決が20日、京都地裁であった。裁判長は『身勝手な動機に同情の余地はない』と述べ、懲役10年を言い渡した。判決後、次席検事は、『事実認定、量刑とも、検察官の主張が評価された』との談話を出した。一方、主任弁護人は会見で『完敗。きわめて残念な判決だ。更生の可能性や家族の気持ちに目を向けてもらいたかった』と苦渋の表情を浮かべた」（『朝日新聞』2010年5月21日朝刊）。

以下に、判決要旨を紹介する。

「〈量刑の理由〉被告は子どもたちにとってもっとも身近な存在で、最大の保護者だったにもかかわらず、自ら子どもたちを傷つける行為に及んでおり、倫理的に非常に強い非難を加えられるべきである。犯行は、医療関係者すら容易に見破ることができず、長期間、継続できるような巧妙な手口で、医療機関は混乱に陥れられ、被害者らは適切な医療を受ける機会を失って、より危険な状態にさらされた。この点からも悪質性が高い。五女に対する犯行は計画的で、三女や四女についても一定の計画性が認められる。傷害致死や傷害の事例の中において、きわめて悪質。被告は、重い病気の子どもの看病に尽くす母親としてまわりから評価されたいという思いから犯行に及んでいるが、その動機は身勝手かつ自己中心的で、同情の余地はない。

〈精神状態〉被告の犯行には、代理ミュンヒハウゼン症候群であるとしなければ説明できないような行動が認められ、この点は量刑上、有利な事情として斟酌しうる。

〈まとめ〉精神状態などを考慮しても、3人の幼い子どもらに苦しみを与え、うち1人の命を奪った行為は、通常の傷害致死事件や傷害事件よりも非常に強

い社会的非難を受けるべきといえる」(『読売新聞』2010年5月21日朝刊)

「裁判員、補充裁判員のうち4人が記者会見に臨んだ。裁判員の女性は『ひと言では言えない。3人の子どもに被害が及んでおり、難しいケースだった』と語り、別の主婦も『はじめて聞いた病名。考慮するのは難しかった』と困惑があったことを認めた。補充裁判員だった30代女性は『すごく重い話で、考えると夜も眠れなかった』と悩んだ胸の内を明かした」(『読売新聞』2010年5月21日朝刊)。

判決を受けて、長谷川博一は「代理ミュンヒハウゼン症候群が社会的にクローズアップされ、注目したが、残念ながら、その本質や原因にまで迫る審理は尽くされなかったように思う。母の幼少期からの経験や環境をもう少し掘り下げて分析すれば有意義だったのでは」と指摘した(『読売新聞』2010年5月21日朝刊)。

弁護側の総括

裁判について国選弁護人の1人である堀和幸弁護士 (2010) が、「『代理ミュンヒハウゼン症候群』の量刑上の扱いと裁判員裁判における鑑定のあり方」と題する論文を書いているので、それを紹介しながら、弁護側としての総括を振り返っておきたい。

堀 (2010) は、本裁判を「弁護活動の結果をわかりやすく採点すれば、捜査段階での嫌疑である殺人3件および殺人未遂1件での起訴を回避させた (1人に対する傷害致死罪および2人に対する傷害罪での起訴にとどまった) という点で100点、公判は事実認定、量刑ともに検察官の主張がほぼ認められたという点で0点、総合して50点ということになろうか」と述べている。

母が殺意を否認していたため、2008年12月24日の逮捕直後の弁護活動では、「殺意を認める供述がなされないよう」大晦日や元旦も含めほぼ毎日母に接見し、殺意を認める供述をさせようとする取調べに対して抗議の申し入れなどを行ったという。弁護側としては、殺人罪による起訴がなされなかったことは、こうした活動の成果だと評価したのであろう。

次に公判段階での評価に関して。堀によれば、公判では、まず「『代理ミュンヒハウゼン症候群』であったことが、被告人の責任能力の有無、程度、さらには、このことが量刑に及ぼす影響が問題となった」という。次に、四女に対する傷害致死事件について、公訴事実が死亡直前の2006年5月上旬頃まで注

入行為を続けたとしているのに対して、症状が重篤になった4月21日以降の注入行為を母が強く否定していることから、「4月21日以降の注入行為は争うこととなった」。つまり、「本件の争点は注入時期と情状に絞られた」ということになる。

なお、本裁判は、「医学の専門用語が多用され、調書を読むだけでは裁判員の理解が困難であったから」「検察官、弁護人が証言内容を理解し、かつ、裁判員に対してもわかりやすい証人尋問が行えるように、公判前整理手続の段階において、証人予定の医師によるカンファレンスが行われた」「(カンファレンスには)証人予定者、検察官、弁護人のみが出席し、検察官、弁護人が証人予定の医師から説明を受けたり、質問したりして、証言内容に対する理解を深めた」とのこと。なるほど、わが国初といわれる「代理ミュンヒハウゼン症候群」の刑事事件らしい準備といえよう。

それはさておき、弁護人は「被告人が反省していること、『代理ミュンヒハウゼン症候群』により責任能力もある程度低下しており、このことは刑を軽くする事情とされるべきこと、家族が被告人の社会復帰を強く望み、再犯の防止に努める旨も誓約していることなどから、執行猶予付きの判決を求めた」が、判決は「『代理ミュンヒハウゼン症候群であったことは量刑上有利な事情として斟酌しうる』としたものの」注入時期とそのほかの情状についてはほぼ検察官の主張を認め、懲役10年とされたことから、自らの弁護活動を0点と評価したものであろう。

(4) 事件へのコメント——「代理ミュンヒハウゼン症候群」とは

さて、ここからは、本事件を特徴づける「代理ミュンヒハウゼン症候群(MSBP)」とは何かについて、あらためて検討しておきたい。というのは、本事件では、弁護士、検察官ともに、(そのため判決も)「代理ミュンヒハウゼン症候群」を精神疾患もしくはそれに近いものとして扱い、報道機関もそれを前提として報道を続けていたが、後述するように、MSBPに関しては、まさにその点をめぐって、過去すでに多くの議論がなされているからである。

検察側・弁護側の立場

そこでまず、検察側・弁護側の冒頭陳述からMSBPに関する部分について

あらためてふりかえっておきたい。裁判を傍聴した南部（2011）は、次のように紹介している。

検察側の冒頭陳述は、以下のとおりである。

「（代理ミュンヒハウゼン症候群は）子どもを病気にすることによって、周囲から同情を得ようとする症状の総称をいう。本件で母が代理ミュンヒハウゼン症候群という状態にあり、ある程度は判断力が低下していたということについては、検察側・弁護側双方とも争いはない。しかし、検察側は、母がこうした状態にあったからといって、その行為に対する責任能力には影響はなかったものと考えている」

他方で弁護人は、次のように主張したという。

「母は代理ミュンヒハウゼン症候群という精神医学でも確立した精神的な状態にあり、すなわち、その判断能力は100％ではない状態であった。母は、重い病気、あるいはほかの子どもにはあまりみられない特別な病気の子どもの世話をする自分に満足感を覚え、『より重い病気の子どもの母親でありたい』という願望や、まわりの人が『病気の子どもを献身的に看病するよい母親』とみてくれる、心地よい入院生活を続けたいという気持ちから、点滴回路に水道水等を注入することで子どもたちの状態を悪化させ、子どもたちを献身的に看病していたものである。そのため、本件は、いわゆる児童虐待とはかなり様相が異なるものである。すなわち、子どもが憎いとか、嫌いだとか、邪魔だとかいう理由によって行われたものではなかった。そして、代理ミュンヒハウゼン症候群になったことについては、母自身には何の落ち度もない。代理ミュンヒハウゼン症候群について理解すれば、母が本件の混入行為の際に責任能力が低下していて、そのことを強く非難することができないことや、今後母が再犯を行う可能性はないものとわかるはずである」

この点につき、南部（2011）は次のようにコメントしている。

「本件がMSBPだとされることで、『加害者は、ある種の、判断能力や行動制御能力が低下した精神状態にあったといえる』という意見で検察側・弁護側双方が一致したという点は、筆者としては釈然としないものがある」

「MSBPは児童虐待の一種であり、親の精神状態をさす言葉ではないものと、筆者は理解しているからだ」

「陰湿な虐待行為を、世間にばれないように平然と繰り返してきたMSBPの加害者の精神状態が、刑罰を重くするのではなく、軽くするような理由となる

のであれば、それはどのような精神状態で、どのように非難可能性が減少するのかが、きちんと示される必要があるのではないだろうか。そして、それらの情報が社会に共有されることで、さらなる虐待の防止に役立てられるべきであろう」

「ところが、ここでの検察側・弁護側双方が、そうした精神状態について具体的に説明することなく、それを単純に『代理ミュンヒハウゼン症候群』という言葉に置き換えたにとどまったことは、非常に残念なことである」

判決──精神障害、精神状態としての「代理ミュンヒハウゼン症候群」

次に、判決がどのような認定をしたのかをみておきたい。

「この点について、弁護人は、被告人が本件各犯行に及んでしまったのは、被告人がいわゆる代理ミュンヒハウゼン症候群という精神状態にあったからであって、これによって、被告人は事理弁識能力および行動制御能力が低下していたのであるから、このことは量刑上有利に斟酌されるべきである旨を主張する。これに対して、検察官は、上記診断内容は、病気などではなく、単に上記のような動機で病人を仕立てあげるような人を総称して呼称されているにすぎないのであるから、量刑を決めるにあたって有利に斟酌されるべき事情とは認められない旨を主張する。そこで、この点について検討すると、たしかに被告人の犯行には、代理ミュンヒハウゼン症候群であるとしなければおよそ説明できないような行動が認められ、この点については、上記のような精神状態が被告人の犯行に一定程度影響を与えている面は否定できないと考えられる。そして、これによって、被告人の事理弁識能力および行動制御能力がある程度は低下していたと認められるのであるから、この点については量刑上有利な事情として斟酌しうると考えられる。したがって、被告人が代理ミュンヒハウゼン症候群であるという点を量刑上まったく考慮すべきではないという検察官の主張は採用できない」

この点につき、南部は、次のようにコメントする。

「判決においては、MSBPであることを理由とした一定の精神状態を認定し、それを『量刑において有利な事情』と認定しているが、MSBPが一定程度判断能力を低下させるようなある種の精神状態であるということは、そもそも両当事者が認めていたことであり、後はそれを量刑にどれだけ反映させるかという問題として評議に委ねられていたのである。そのため、そうした認定はやむ

をえないものであって、そこに何らかの問題があったとしても、それは両当事者の立証活動上の問題に帰着するのである」

虐待行為としての「代理ミュンヒハウゼン症候群」

では、「代理ミュンヒハウゼン症候群（MSBP）」は精神疾患なのか。ローゼンバーグ（1997）は、次のように言う。

「読者は次の点をはっきりと認識することが重要である。それは『MSBPは小児科領域の診断名であって、精神科の診断名ではない』という点である。加害者の自白を除けば、この診断を可能にする精神科的なテストや面接テクニックは存在しない。同時に、この診断を除外できる心理学的なテストも面接テクニックも存在しない。この事実こそが、それがさまざまな動機や心理状態をともなったものであることが明らかであっても、心理状態それ自身をさすものではないという理由である。それは1つの行為なのである」

ここでは、精神疾患という見方が明らかに否定されているが、そもそも、1977年に本症例を世界ではじめて示したイギリスの小児科医ロイ・メドウも、これを児童虐待の1つとして報告していたのである。

「代理ミュンヒハウゼン症候群」概念の混乱

ではなぜ、その概念が変化するようになったのか。この点について、メドウは次のように述べている[13]。

「過去10年間に、さまざまな方法で虐待される子どもの存在が明らかにされてきたが、人々がMSBPというタイプの児童虐待の存在を知るようになったこともその理由の1つであろう。言い換えれば、MSBPと関連させることで、これまで児童虐待とはとられなかった現象を新しいまなざしのもとで認知することが可能となったのである。しかし、そのために、MSBPの概念が混乱したのも事実である」

「MSBPという言葉は、当初、親の行動パターンとしてよりもむしろ、子どもの虐待の一類型として記述されるのがつねであった。しかし、初期に報告されたケースで多くの人々の注目を浴び、人々の記憶に残ったのは、むしろ、母

13　ここで紹介するメドウ医師の論文は、坂井（2003）に掲載されている坂井の翻訳を引用したもので、メドウの原著論文は「MSBP、その本物と偽物」と思われる。

親たちの独特な行動パターンだったのである。それは、彼女たちはいきいきと小児科病棟で生活し、病棟スタッフと親密な関係を結び、医師や看護師に気を遣うわりには、子どもの病気のことを心配していないようにみえた、というものであった。そのためであろうか、MSBPを虐待の一類型としてではなく、母親がかかっている『病気』として記述する傾向が出現したのである。この母親は『MSBP』という病気だ、という記述である。このような表現をするのは専門家であることも、加害者自身が用いる場合もある。その後、この傾向はマスコミによって煽られることになった」

「以前、私はある法廷で、『この人はMSBPにかかっていますか？』という質問を受け、非常に憤慨したことがある。このような質問は、義理の息子に肛門性交を強いた男性に関して、彼は『性的虐待』にかかっていますか？　と質問されたようなものである。しかしながら、このようないい加減な使い方とは違って、MSBPという言葉を親の行動パターンに重きを置く別のもう1つの重要な流れも無視できない。それは、米国精神医学会によって出版された、『精神疾患の診断・統計マニュアル 第四版』（DSM-Ⅳ）に提出された概念である」

『DSM-Ⅳ』に記載されている定義がどのようなものであるかの詳述は避けるが、坂井（2003）はこの点について、次のように述べる。

「もともと自分は『子どもの虐待の一形式』として遠慮深く提案した概念なのに、アメリカ精神医学会という強大な権威をほしいままにする組織が『加害者』を表す疾患概念として世界中に発表してしまった事実を前にして呆然と立ちつくすメドウ先生の姿が見えるようです」

「このような事態に対してメドウ先生が選択した態度は、DSM-Ⅳに真っ向から反論することを避け、逆にDSM-Ⅳの診断基準にできるだけ沿うように自分の見解を修正することでした。メドウ先生はいわゆる『折衷案』を示したのです」

改めて「代理ミュンヒハウゼン症候群」とは

さて、本節は、3人の子どもが死亡しているこの事件について報告することが目的であるので、これ以上MSBP概念のことについてふれることは避けるが、最後に、こうした経過もふまえて示された南部の見解を示しておきたい。

「結論から先に言えば、MSBPは『児童虐待の一類型』にほかならない。『虐

待』であるため、それは親の精神状態をさす言葉ではなく、小児科学的な診断名でもない。たとえば、赤ちゃんがわずらわしくなった母親が、赤ちゃんを床に叩きつけて頭蓋内に損傷を負わせた場合、それは『児童虐待』あるいは『犯罪（傷害）』であり、その行為前後の母親の精神状態は、また別の次元の問題である。なお、そこで赤ちゃんが負った傷には『児童虐待』という診断名はつかない。子どもの治療を要する医学的な問題は『頭蓋内損傷』であり、『虐待』というのは、あくまでもその損傷の原因である。その原因が、誤ってベランダから転落したのであれ、自動車事故に巻き込まれたのであれ、子どもが負っているのはいずれも『頭蓋内損傷』という、脳の血管が切れたり、脳の表面や内部が傷ついたりした傷害なのである」

「そもそも、MSBP自体が精神障害だとするのであれば、『母親がMSBPという病気にかかったから、子どもを病気にしたのだ』ということで、MSBPは刑罰ではなく治療の対象とされなければならないことになるだろう。しかし、『わが子に特定の虐待を行う病気』というものがありえるのだろうか？　これでは『彼女が子どもを病気にする病気にかかったために、子どもを病気にしたのだ』という、愚にもつかない循環論法を展開しているだけである。そして、もしそうだというのであれば、それは、子どもを殴る親に『児童虐待病』という病名をつけたり、人を暴力的に傷つける人物に『傷害病』などという病名をつけ、刑務所ではなく精神病院に送るべきだとすることと同じことになってしまう」

このように述べた南部は、本件の判決について、次のように指摘している。

「MSBPが行為者の『精神状態である』とし、『それによって事理弁識能力および行動制御能力がある程度は低下していた』とする認定に対しては、やはり残念な思いが残った。何度も繰り返すが、MSBPのような複雑な虐待行為を行う親の精神状態には、さまざまなものが含まれており、そうした精神状態を説明するために『代理ミュンヒハウゼン症候群』という言葉があるわけではないと、筆者は考えているからだ」

加害者の2つのタイプ

最後に、MSBP加害者のタイプについて、やはり南部を引用して紹介しておきたい。南部は、次のように言う。

「筆者の手元にある十数例のMSBP事件報告をざっと読んでみて、まず気

づいたのが、日本で報告された母親の特徴は、大きく分けて2タイプあるということだ。これを名づけるとすると、『ミュンヒハウゼン・タイプ』（略して『MSタイプ』）と『代理ミュンヒハウゼン・タイプ』（略して『MSBPタイプ』）ということになる。

　MSタイプの母親は、『とんでもない嘘つきで、病院内のトラブルメーカー』という、まさに……（中略）……『代理によらない』ミュンヒハウゼン症候群の患者の特徴を示しているものである。この母親は、あからさまにいい加減でだらしない生活をしていたり、怒りやすく、その言動や行動特徴からすれば、学歴や知的水準、生活レベルは高いとはいえない。子どもに対する愛情は表面的で、むらがある。そのため、医療関係者が比較的異常に気づきやすいタイプである。

　他方、MSBPタイプの母親は、これまで欧米の例で見てきたように、本質的にはやはり嘘つきであるかもしれないが、MSタイプほどあからさまな虚言を吹聴して周囲の人と衝突するようなことはなく、むしろけなげで良い母親の外観を保っていて、知的水準や生活水準も平均以上のようである。医療関係者がだまされ、異常に気づきにくいタイプである」

　本報告を読めばわかるように、本事例は後者のMSBPタイプの範疇に入るといえよう。なお、先に紹介した児童福祉法28条事件のうち、宮崎家裁が承認した事例は、南部がMSタイプの例として紹介していることを付記しておきたい。

(5) 事件がもたらした影響

　すでに本文でも述べたように、この事例は、わが国においてMSBPが初めて刑事裁判の俎上にのぼった事件であった。MSBPは、それまで専門家の間では知られていたものの、社会的な認知はほとんどなかったといってよく、こうした事例の存在があることを、援助者だけでなく世間にも知らしめた点は重要だといえよう。なかには、MSBPを疑う医師からの説明を信じようとしなかった親族が、本件の報道を知って納得したといった例もあったというから、本事例は、MSBPへの対応に一定の影響を及ぼしているとも考えられる。

文献

Helfer, M.E., Kempe, R.S. & Krugman, R.D. (Eds.) (1997) *THE BATTERED CHILD, fifth Edition*. Chicago: TheUniversity of Chicago Press. (メアリー・エドナ・ヘルファ他（編） 坂井聖二（監訳）(2003)『虐待された子ども』明石書店)

熊本家判 平成21年8月7日 平21（家）323号 『家庭裁判月報』62（7） pp.85-95.

坂井聖二（2003）『子どもを病人にしたてる親たち——代理によるミュンヒハウゼン症候群』明石書店

札幌高判 平成15年1月22日 平14（ラ）87号 『家庭裁判月報』55（7） pp.67-80.

南部さおり（2010）『代理ミュンヒハウゼン症候群』アスキー・メディアワークス

南部さおり（2011）『児童虐待——親子という絆、親子という鎖』教育出版

宮崎家裁都城支部審判 平成12年11月15日 平12（家）142号 『家庭裁判月報』54（4） pp.74-95.

第Ⅳ章　2008～2010年（平成20年児童福祉法改正後の事件）

19　練馬区2歳男児ゴミ箱放置死事件
（東京都2008年）

(1) 事件の概要

　2008（平成20）年12月23日、東京都練馬区で、長男のY君（2歳6カ月）が、実父（34歳）と、実母（34歳）によって、自宅のプラスチック製の円形ゴミ箱（50ℓ、高さ80cm）に閉じ込められたまま12時間以上放置され、窒息死した。

　23日16時頃、父が「男児が死後硬直している」と119番通報し、署員が駆けつけたときにはY君は死亡していた。司法解剖によっても死因不詳で、事件発覚当初、警察は事件・事故の両面で捜査していたためか、父母ともに逮捕されなかった。しかし、事件発覚から4カ月経った2009（平成21）年4月、父母はY君に対する傷害容疑で逮捕・起訴され、7月には監禁致死の容疑で再逮捕・追起訴された。

　公判（公判分離）で、父は「母が『（Y君を）どうにかして』と言ってきた（からゴミ箱に入れた）」と主張し、母は「父からの暴力に逆らえなかった」などと主張した。こうした主張の食い違いに関連して、母の控訴審では、高裁が地裁の裁判の進め方を批判するなどの異例の事態もあった。また、本事例は裁判員制度開始から9カ月後の裁判であり、虐待死亡事件を裁判員がどう判断するかについても注目が集まった。

　報道によると、過去にY君の異父兄に対する児童相談所のかかわりがあり、親族の申し立てによって親権喪失が宣告されていた。しかし、それが活かされることはなく、最悪の結末に至った。本事例では、過去にきょうだいに対する虐待で児童相談所のかかわりがありながらも、諸条件が重なり、その後の経過が追えなくなるという課題が浮き彫りになった。

　なお、きょうだいの親権喪失宣告がなされた虐待死亡事例としては、第Ⅱ章11に「泉崎村3歳男児ネグレクト死事件」（福島県2006年）がある。

325

(2) 家族の状況

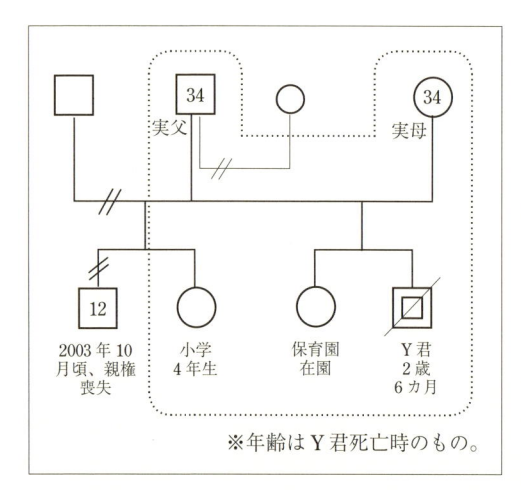

Y君（2歳6カ月）

実父（34歳）：建築作業員。二度目の結婚。

実母（34歳）：無職。二度目の結婚。最初の結婚で2人の子どもを出産。

実姉（年齢不明）：保育園児

異父姉（年齢不明）：小学4年生

・・・・・・・・・・・・・

異父兄（12歳）：身体的虐待で一時保護、その後親権喪失宣告。事件発生時は別居。

(3) 事件の経過

事件発生まで

2001（平成13）年頃、父は、母と不倫のすえ、母の連れ子の異父兄や異父姉とともに同居後、再婚した（『毎日新聞』2010年6月1日）。

異父兄は、食事が遅い、動きが鈍いといった理由で、父母から叩かれるなどの暴力を受け、児童相談所に保護された（『毎日新聞』2010年6月1日）。異父兄は「パパとママにやられた」と話し、児童相談所は虐待ケースとして母に会っていた。異父兄は児童相談所の一時保護所で生活し、7歳のとき（2003年4月）、親族が申立人となった審判で親権喪失宣告が出された（『毎日新聞』2010年6月10日）。この頃、実姉が誕生している（『毎日新聞』2010年6月1日）。

2003（平成15）年10月頃（親権喪失宣告の半年後）、父母は事件現場となるマンションを購入し、転居した（『毎日新聞』2010年6月1日）。2005（平成17）年頃には、父が性犯罪で逮捕され、被害者との示談が成立し釈放されるが、この頃Y君を妊娠していた母は離婚と中絶について迷っていた（『毎日新聞』2010年6月1日）。

2006（平成18）年6月頃、Y君が誕生する。Y君が1歳の頃から虐待が始

まったとされる。父母はY君が「育てにくい子」であり「自閉症ではないか」という疑いをもっていたが、医療機関などに相談に行くこともなく、Y君が1歳半の頃、父母自身でY君の発育に異常はないと判断し、それから後は、Y君が示す行動などについて反抗的だとし、日常的に虐待を繰り返すようになった。Y君がうるさいという理由でダンボール箱に入れて自宅のベランダに放置することもあったようである。「ベランダから泣き声がよく聞こえていた。今思えば……」との同マンション住人の声もあった（『毎日新聞』2010年6月1日）。

　具体的な虐待の内容としては、Y君1人を置いて家族4人で出かける、知能の確認のためと称して芳香剤やたばこの吸い殻を食べさせる、手をベッドに縛る、洗濯機やオーブンに入れて一瞬スイッチを押すなど、虐待はしだいにエスカレートしていった。また、「こっち、バカ絶叫中」「ご飯中にバカ騒ぎ、餌を与えたよ」などと父母でメールのやりとりもしていた。母は父がいないときもY君を縛っていた。さらに、新聞報道以外では以下の報道もされた（『女性セブン』2009年7月30日・8月6日合併号、2010年3月11日号）。母は付近の住民に「下の子は手間がかかって大変」「泣いてばかりで大変なんです」とこぼしていることがあったこと、また同時に近隣住民の声で、「（母からは）Y君への愛情がまったく感じられず、いやがる感じでした」という報道もあった。

　一方、母は父と一緒になった後、父から何度も暴力を受けていた。「やつれていることもあり、ひどいときには顔がボコボコになっていた」（母の親族の話）というようなDVを疑わせる報道もあった。

事件発生、発覚

　2008年12月22日、Y君は母と一緒に地域のクリスマス会に参加した。そのときY君は泣き叫んだため、帰宅後父に腹部を蹴られ、夕食時には父、母、実姉らが夕食を囲む様子をベランダから立ったまま見させられていた。その後、Y君は台所の出入り口付近に立たされ続けた後、日付が変わる頃にゴミ箱に入れられ、さらに上からポリ袋をかぶせられて周囲をゴム紐で縛られ、物干し置き場にゴム紐で固定された。その後、母がゴミ箱を室内に戻した後も、放置されていた（計12時間）（『毎日新聞』2010年6月1日）。

　2008年12月23日午後4時半頃、父が「男児が死後硬直している」と119番通報した。警察署員が駆けつけたときには、Y君（2歳6カ月）はすでに死亡していた。Y君は布団の上に寝かされた状態で、外傷はなかったという。警

察署員が発見したときには、死後2時間以上経過していた。父は「午前5時頃に見たときは元気だった。夕方、子ども部屋に様子を見にいったら、ゴミ箱のなかで死んでいた」「気がついたときにはゴミ箱に入っていた」「自分でゴミ箱に入ったようだ」と話していた(『読売新聞』2008年12月24日、2009年7月10日)。しかし、発見当時、Y君の状態は、1歳6カ月程度の体重で、50カ所ほどの傷の痕、いくつもの円形脱毛があったという。異父姉(小学4年生)と実姉(保育園児)には虐待の痕跡はなかった(『女性セブン』2009年7月30日・8月6日合併号)。

逮捕・起訴

司法解剖の結果は死因不詳であり、警察はゴミ箱に閉じ込められたことと死亡との因果関係について調べていた(『朝日新聞』2009年7月10日)。事件発生から4カ月後の2009年4月、父母が2008年12月中旬に複数回、Y君の手首などを衣服(ストッキングなど)で(『毎日新聞』2009年7月11日)ベッドに縛り付けたとして、傷害容疑で逮捕、起訴された。

その3カ月後の7月、Y君をゴミ箱に閉じ込め、自力で脱出できない状態にしたまま放置し(『読売新聞』2009年7月10日)、窒息死させたとして、2人は監禁致死容疑で再逮捕された。事件当時は明らかでなかったが、その後の調べで、Y君が自力でゴミ箱に入れないこと、ゴミ箱はふたを閉めると密閉され、2歳の男児が内側から開けるのは困難であることがわかった(『読売新聞』2009年7月10日)。警察は、父母の認否や動機については、「共犯事件で、家庭内で起きたことでもあり、今後の捜査に支障がある」として明らかにしていなかった。

父の公判

初公判(2010年2月15日)

2010年2月15日、裁判員裁判が東京地裁で始まった。父は起訴内容を認めた。

冒頭陳述で検察側は、父母が、Y君の知能を確認するという理由で芳香剤やたばこの吸殻を食べるかどうか試したり、オーブンや洗濯機のなかに入れたりするなどの虐待を日常的に繰り返していたと指摘した。父母が「バカの餌も終わった」とやりとりするなど、Y君を動物のように扱っていたことも指摘した。

また、死亡した2歳6カ月の時点で1歳6カ月前後の発育程度にとどまっていたとも述べた。弁護側は、虐待は共犯として起訴された母の影響が大きいと主張した（『朝日新聞』『読売新聞』2010年2月16日）。

公判2日目（被告人質問）

被告人質問では、裁判員らがきびしく質問した。Y君をゴミ箱に入れ真冬のベランダに放置したことについて、男性裁判員が「死んでしまうと考えなかったのか」と尋ねると、父は「そこまで考えられませんでした」と答えた。

父は事件の背景について、言うことを聞かないY君に対する不満があったと説明した。裁判長から「2歳の子どもが亡くなったことがどういうことか、本当に考えているのか」と尋ねられたが、うつむいたままではっきりと答えなかった（『朝日新聞』2010年2月17日）。

公判3日目

検察側が懲役12年を求刑し結審。検察側は論告で、父母がY君を日常的に虐待していたと指摘し、「実の子にしたとは思えない常軌を逸した虐待」ときびしく非難した。一方、弁護側は「被告は元来粗暴ではなく、虐待を深く反省している」として寛大な刑を求めた。父は最後に「自らの手でこんな結果にしてしまい、すみません」と述べた（『朝日新聞』2010年2月18日）。

公判4日目（判決）

18日、父に懲役11年（求刑懲役12年）の判決が言い渡された。裁判長は「監禁の方法は危険性が高くきわめて悪質で、死に至るまでの恐怖と苦しみは察するにあまりある」（『asahi.com』2010年2月19日）、「日常的な虐待がエスカレートした悪質な犯行で、尊い命が奪われた結果はきわめて重大だ」と述べた。弁護側は、父による虐待は母に頼まれたものと主張したが、判決は「被告は腹が立ってやったと認めている。（父の）果たした役割が重要であることは変わらない」と指摘した（『朝日新聞』『読売新聞』『asahi.com』2010年2月19日）。

他誌報道による公判の様子

・証拠として、虐待による擦り傷を負ったY君の写真や、自宅マンションのエレベーター内でY君の腹部を蹴る父の様子が映っている防犯カメラの映像が裁判員に公開された。ほかにも、父が自ら撮影した、ベッドに手足を縛り付けられたY君の映像も流された。

・亡くなった前日には、言うことを聞かないと腹を立てた父が頭を傘の柄や平手で叩き、携帯電話で母に「Yを捨ててこようか」と電話をかけた。それで

も怒りは収まらず、腹部を蹴るなどの暴行を加えた。さらに気温4度のベランダに締め出し、夕食をとらせなかったうえ、その後3時間以上台所に立たせ、最後にはキャベツの芯などの生ゴミ類が入ったゴミ箱にY君を押し込み、上からポリ袋をかぶせた（『女性セブン』2009年7月30日・8月6日合併号、2010年3月11日号）。

父の公判に対する裁判員のコメント

報道では判決後の裁判員のコメントが多数紹介された。以下、その一部を引用する（『朝日新聞』『読売新聞』2010年2月19日）。

○量刑に関して

「人が亡くなっており、（判決は）私のなかでは軽いと思った」（30代女性）、「求刑を出発点にするのがいやだったので素人なりに計算したが、求刑は自分の想定より短かった」（40代男性）、「素人的に言えば15年とか18年ぐらいと思った」（男性）、などと求刑は軽いとみる意見が目立った。

また以下の報道もあった（『女性セブン』2010年3月11日号）。裁判員の1人が応じた取材記事である。以下、引用する。「難しいのはやはり量刑の判断です。意見が割れて、どうしましょうというところから話し合いました。検察が12年でわれわれが11年にしたら軽くなったといわれるんじゃないかとも思いました。しかし証拠から判断しろといわれると、厳密にはたいしたことないといわざるを得なくなっちゃうんです。ベッドにしばったことについては、おちんちんをかく癖があって、腫れて化膿(かのう)するので、やめさせるために縛ったという。エレベーターで蹴ったとうのも、実際のビデオをみると、ちょこっと蹴ったという感じなんです。厳密に言うと、ぽこぽこ殴るとかひどい暴力の証拠があるわけじゃないんです。オーブンの話も、証言はあるけど証拠はありません。それと終始うなだれて反省したように見受けられた被告の姿は、当然量刑を決める判断材料になったのだとは思います」

○虐待とその予防に関して

小さな子どもがいるという30代の女性は、「虐待は非常に悲しむべきこと。虐待をなくすために、どうすればいいのか、今後考えないといけない」と話した。40代の男性会社員も「きっかけは小さいことだが、だんだんやることが大きくなる。ほかで起こらないように（経験を）役立てたい」と自らの決意を交えて語った。また、「友人間のいじめであれば親が逃げ場になる。でも、今回は本来逃げ場になるべき親から虐待を受けたという異常な事態。一人ぼっち

で亡くなったことはかわいそうだ」と沈痛な表情も浮かべた。

　父の虐待については、「最初は遊び半分のいじめだったのではないか。子どもじみたいじめを大人が行っていることが怖いと思った」（60代男性）という話もあった。

○裁判の進行に関して

　検察、弁護側双方が母の証人尋問を行わず、代わりに捜査段階の供述調書が朗読されたことについて、「被告の証言と食い違うところがあり、直接証言を聞いてみたいと思っていた」（40代男性）という声もあった。評議で裁判長に「母の話を聞けないか」と申し出たこともあったという。

裁判員の手記

　『婦人公論』には裁判員の手記が記されている。

　この手記では、父の公判の裁判員となった女性の体験が記されている。裁判自体のことだけでなく、判決を下すことについて、また報道に対しての思いなども綴られ、弁護側、検察側の主張を聞いて、正義とは何かということを考えたということなども記されている。以下、その内容を紹介する（『婦人公論』2010年6月22日号）。

・父の公判で、父がY君を撮影した画像が提出された際、「『うるさい』と叫ぶ声が聞こえますのでよく聞いてください」と言われた。そう言われればそう聞こえる。母の裁判でも同様の証拠が採用されていた。その際、検察官は母の声であることを主張していたが、印象操作の感はぬぐえなかった。

・弁護側も、事実関係の追及よりも被告は凶暴な人間ではないとか、養育すべき家族がいる、という情状酌量ばかりを強調した。

・報道に対して、衝撃的な内容のみ取り上げて繰り返し伝えたり、CGを使って事件の様子を事実以上にデフォルメして再現することで、ある程度世論を方向づけてしまう恐ろしさを感じ、報道に対する不信感が生まれた。

・量刑が軽いとする世論の批判的なコメントに対しては、限られた時間で評議をした結果であり、全体を見ずに安易にそのように報じられることに、悔しさやむなしさを感じ、涙が出た。しかし、許しがたい事件であることは事実。「メディア」と「市民感覚」と「この判決を下した裁判員」の狭間で沈んでいきそうな小さな自分を感じた。

・その後母の裁判を傍聴し、父が証人として出廷した際、控訴せずに刑が確定したことを知りました。父は自分の量刑について「自分が犯した罪を考えれ

ば、相当の量刑だと思って受け入れた」と語りました。……（中略）……私の場合、刑を受け入れた被告の気持ちを被告自身の口から聞くことができたことは幸運だったかもしれません。

母の公判

父に次いで、2010年3月23日から26日の4日間にわたり、母の公判が行われた。

公判1日目（2010年3月23日）

母は起訴事実を認めた。検察側は冒頭陳述で、父がY君をゴミ箱に入れたのは母から「どうにかしてよ」と言われたのがきっかけだったと主張した。一方、弁護側は「（被告は）父から暴力を受けており、関与は従属的だった」と述べ、「父よりも軽い刑になるはず」と訴えた（『読売新聞』2010年3月24日）。

公判4日目（判決）（2010年3月26日）

母には懲役7年（求刑懲役10年）の判決が言い渡された。判決は、父が主体となって日常的にY君に虐待を繰り返していたと認定した。一方で、母が監禁を黙認しただけでなく自ら手を貸し、Y君をゴミ箱に閉じ込めたまま長時間放置したことを重視し、「被告の関与を軽くみることはできず、刑事責任は重い」と結論づけた。

母は公判で「父から激しい暴力を受けていたことで、恐怖心からY君への虐待を止められなかった」と主張していたが、一方、検察側証人として出廷した父は監禁行為について、「いつまでも寝ない長男をどうにかしてほしいという母の意向を酌んで、ゴミ箱に入れた」と述べ（『読売新聞』2010年3月27日）、犯行の背景には母の意向もあったと証言した。この点で「父から暴力を受け、従属的な立場にあった」と主張する母との間で関与の度合いについての認識が食い違った。判決は、2人の主張の食い違いについて明確な判断を示さなかったが、実際にY君をゴミ箱に入れたのは父であることをふまえ、「責任の重さには明らかな差がある」と結論づけた（『朝日新聞』『読売新聞』2010年3月27日）。母はこの判決を受け控訴した。

母の公判を傍聴した父の裁判員のコメント

父の裁判で裁判員を務めた男性は、母の公判を傍聴し、判決後の取材に「今回傍聴して、はじめて2人の言い分の違いに気づいた」「父の公判では母の証人尋問がなく、父からの暴力ははじめて聞いた内容。母の言い分を父に確かめ

ることなく、判決を出したことを考えると釈然としない」(『朝日新聞』2010年3月27日朝刊)、「どちらの言い分を認めるかで量刑が変わることもある。直接、母の証言を聞いたうえで判決を考えたかった」と話した(『読売新聞』2010年3月27日)。

母の控訴審

父が証人出廷をし、「子どもをオーブンに入れた理由は何ですか？」という質問に対して、「とくにありません。本当にいたずらというか、入れてやれ、と」と淡々と説明した。「熱いものが理解できる年齢なのか試そうとスイッチを入れた。入れたのは俺です。すぐ消せば大丈夫だと思った。(そのとき)母はたばこを吸ったりしていた。あと洗濯機にも入れた。洗濯物も入っていたと思うが、その上にかぶせるように入れ、電源を入れた」と証言した(『産経新聞』2010年4月15日)。

裁判長は「長男の苦痛や危険に目をつぶり、父の犯行を容認した」と指摘し(『読売新聞』2010年10月7日)、被告を懲役7年とした一審判決を支持し、「量刑が重すぎる」との被告の主張を退け、控訴を棄却した。

また、裁判長は「(母の)一審の審理は、いささか相当でない」と指摘した。高裁裁判官が一審の裁判員裁判の進め方について批判したのはきわめて異例だと報道された。問題視されたのは、一審において母の弁解が十分に調べられなかった点で、「裁判員の理解を深めるためにも、元夫の責任を強調する母の見解が真実なのか、元夫に確認できるような審理の進め方を考えてもよかった」と指摘した。母の一審では、父が証人として出廷した際、「すべて父のせいだ」とする母の主張について、ほとんど質問が出なかった。一審では、虐待を主導したのは母と父のどちらかという争点について明確に判断せず、母が具体的にどう犯行したかが解明されないまま、判決を言い渡すことになった(『朝日新聞』『読売新聞』2010年10月7日)。

(4) 事件へのコメント

行政機関

児童相談所・練馬区
・虐待対応にあたる区の担当課や児童相談所は「通告がなく把握できなかった」と説明した(『毎日新聞』2010年6月1日)。

事件の経過表

2001 年		父、母の連れ子 2 人とともに同居後、再婚。
不明		異父兄、暴力を受け、児童相談所で一時保護。7 歳のとき（2003 年 4 月）、親族が申立人となった審判で親権喪失宣告が出された。
不明		実姉誕生。
2003 年	10 月頃	親権喪失宣告の半年後、事件現場となるマンションを購入し転居。
2005 年頃		父が性犯罪で逮捕されるが、被害者との示談が成立・釈放。Y 君を妊娠していた母は離婚と中絶を迷う。
2006 年	6 月頃	Y 君誕生。
2007 年	6 月頃	この頃（Y 君 1 歳の頃）から虐待が始まったとされる。
2008 年	12 月 22 日	Y 君は、泣いたことが理由で父に腹部を蹴られ、家族 4 人の夕食の様子をベランダから立ったまま見させられ、その後台所の出入り口付近に立たされ続けた後、日付が変わる頃にゴミ箱に入れられる。
	12 月 23 日	夕方 16 時頃、Y 君が死亡しているとして、父が 119 番通報。
2009 年	4 月	父母、傷害容疑で逮捕、起訴。
	7 月 10 日	父母、監禁致死容疑で再逮捕、追起訴。
2010 年	2 月 15 日	父の公判開始（裁判員裁判。公判分離）。
	2 月 18 日	父、懲役 11 年の判決。
	3 月 23 日	母の公判開始（裁判員裁判）。
	3 月 26 日	母、懲役 7 年の判決。
	10 月 6 日	母控訴審　棄却（懲役 7 年の刑が確定）。

・児童相談所は「当時、下のきょうだい（Y 君の実姉）の通う保育園には何度か様子を聞いたが、その後生まれた被害児まで目を配る仕組みがなかった。どこまで見守るかが難しい」とした（『毎日新聞』2010 年 6 月 1 日）。
・児童相談所の元幹部は「過去の虐待事例は蓄積され、照会もできるが、新たな通告などもないのに検索するのは、人権にもかかわり難しい」と話す（『毎日新聞』2010 年 6 月 1 日）。
・都の元児童福祉司は、「1 人の児童福祉司が担当する家庭は 80 〜 100 件程度あり、新たな通告にも追われる。緊急会議や学校などとの打合せ、事務処理も多い。1 件 1 件丁寧にリスクに注意できればいいが、法律（児童虐待防止法）に中身が追いつかない」と現場の実情を話した（『毎日新聞』2010 年 6 月 1 日）。
・練馬区は「（取材を受けて確認したら）児相から情報提供された当時の記録が出てきた」と説明した（『毎日新聞』2010 年 6 月 1 日）。

専門家・識者

○津崎哲郎（花園大学教授・児童福祉学）

「親権を奪われるほどの親の多くは、深刻な不安定要素や生きにくさをかかえる。下のきょうだいへの虐待のおそれも含め、目を配るべきだ」と指摘する（『毎日新聞』2010年6月1日）。

○西澤哲（山梨県立大学教授・臨床心理学）

「加虐性が強く了解不能な虐待がここ3～4年、無視できなくなってきた」と衰弱死の例などもあげて指摘している。

また、「正直に言ってわからない。殴る蹴るのような発作的なものではなく、いわば慢性的な加虐性がどこから生まれてくるのか。それを理解するためには、われわれは親たちを断罪するのではなく、親たちと向き合わなければならないと思う」とし、「現在の司法システムはそうした心理を解明するのには十分ではない。今社会で起きている重大な変化を理解し、虐待に苦しむ子どもと親を援助するために、司法は別種の社会的責任を果たす時期にきている」と述べる（『産経新聞』2010年4月15日）。

○斉藤学（精神科医）

「『しつけをしただけ』と言い張る虐待と、まるでペットを残虐に扱うかのような虐待は異なるもので、一線を画すべきだ。『しつけ虐待』は家族の枠組みのなかで起きる一方、家族の枠組みが崩壊したところで起きてしまうのが『ペット虐待』だ」とみる（『産経新聞』2010年4月15日）。

○長谷川博一（東海学院大学教授・臨床心理学）

長谷川は、夫からDVを受けた母親が子どもをせっかんしてしまうケースもあるとする。「この事件があてはまるかどうかはわかりませんが、夫からのDVで過剰にストレスがたまると、子どものささいなことにも我慢できなくなってしまいます。直接手をふるわなくても、ネグレクト（育児放棄）してしまうこともあります」（『女性セブン』2009年7月30日・8月6日合併号）。

(5) 事件がもたらした影響

事件が起きてから、集中して報道はされたものの、社会的な動きなどにつながった報道は認められなかった。

また、東京都の児童福祉審議会では、毎年死亡事例検証のなかから数例抜

き出し検証を行っているが、本事例を含む2008年度の重大事例を対象とした「平成21年度検証報告書」では、「今年度の検証では、児童相談所が関与した事例について、児童相談所が自ら関係機関とともに、事例の問題点、課題および関与のあり方について第三者を加えた検証を行い、その結果を検証部会へ報告した」としているものの、本事例は検証の対象として選ばれておらず、何が起こっていたのかを含め、明らかにされなかった。

　この報告書では、2008年度に東京都で起きた「重大な児童虐待の事例」全23件のうち、児童相談所の関与があった4件のみ扱われた（被害児の年齢は0歳3人、4歳1人であった）。本事例が検証されていないのは、Y君については児童相談所の関与がなかったという理由によるものかもしれないが、上述のとおり、過去に児童相談所の関与があるきょうだい事例としては重大な事例であり、検証の対象とされなかったのは残念である。

文献
東京都児童福祉審議会（2010）「児童虐待死亡ゼロをめざした支援のあり方について——平成21年度東京都児童福祉審議会児童虐待死亡事例等検証部会報告書」

20 西淀川区小4女児虐待死事件
（大阪市2009年）

(1) 事件の概要

2009（平成21）年4月、小学4年生の女児Sちゃんが行方不明になり、保護者が家出人捜索願を提出した。Sちゃんは、実母とその内縁の夫、内夫の息子の4人暮らしだった。後日、警察は母と内夫を死体遺棄と保護責任者遺棄致死容疑で逮捕、自宅に出入りしていた知人男性を死体遺棄容疑で逮捕した。

母と内夫は前年10月頃から同居し、当初は仲のよい生活を送っていた。しかし、12月頃から、内夫がSちゃんの勉強の面倒をみるようになってから、激しい叱責や顔面を平手打ちするようになった。足を踏みつける、まな板で頭部を殴るなど暴力はエスカレートし、部屋やベランダに立たせたり、食事制限をするようになった。

亡くなる直前のSちゃんは、ほとんど動けず、失禁にも気づかないほど衰弱しており、放置されたベランダで息絶えた。その後、母と内夫、知人男性の3人で、Sちゃんの遺体処理について相談し、墓地に埋めた。母には懲役8年6カ月、内夫には懲役12年の刑が言い渡された。

また本事例では、虐待を疑いながらも児童相談所に通告していなかった学校の対応のあり方についての議論が相次いだ。

(2) 家族の状況

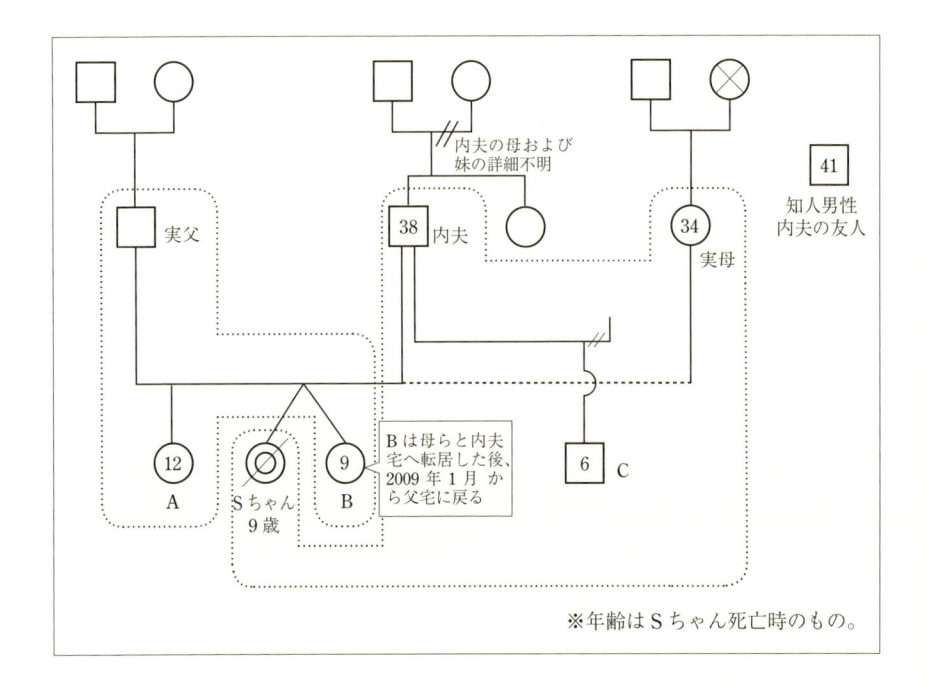

（図：家系図）
- 内夫の母および妹の詳細不明
- 38 内夫
- 34 実母
- 実父
- 41 知人男性　内夫の友人
- 12 A
- S ちゃん 9歳
- 9 B
- 6 C
- Bは母らと内夫宅へ転居した後、2009年1月から父宅に戻る

※年齢はSちゃん死亡時のもの。

(3) 事件の経過

　2009年4月7日から、大阪市西淀川区（よどがわ）の市立小学4年生のSちゃん（9歳）が行方不明となり、保護者が家出人捜索願を提出した。Sちゃんは、母（34歳）と内夫（38歳）、内夫の息子C君（6歳）との4人暮らしだった。大阪府警は広範囲にわたって捜査をし、Sちゃんの実父らは情報提供を求めるビラを駅前で配ったが、足取りはつかめなかった。

　Sちゃんの失踪後の足取りがまったく浮かんでこないことから、4月23日、府警は保護責任者遺棄容疑でSちゃんの自宅の家宅捜索に乗り出し、母、内夫、自宅に出入りしていた知人男性（41歳）の3人への事情聴取を行った。

　翌24日、府警は母、内夫、知人男性の3人を死体遺棄容疑で逮捕した。

　同日、奈良市内の墓地からSちゃんの全裸遺体が発見された。司法解剖の

第Ⅳ章　2008〜2010年（平成20年児童福祉法改正後の事件）

結果、4月6日頃[1]に死亡したと推定された。脳に硬膜下血腫が見つかったほか遺体に外傷はなく、死因は特定できなかった。

　同年5月13日、大阪地検は、3人を死体遺棄罪で起訴した。府警は、Sちゃんが度重なる虐待によって衰弱死した可能性が高く、内夫がSちゃんに暴行など虐待を加え、母はそれを黙認していたとみた。起訴状によると、3容疑者は共謀して、4月6日に内夫の自宅マンションからSちゃんの遺体を車で運び出し、奈良市の墓地に掘った穴に埋めた、とされた。府警の発表では、内夫は5日夕方にSちゃんが死亡しているのに気づいたと供述。室内に遺体を運び、3人で遺棄方法を相談のうえ、墓地に埋め、家出を装ったという。

　5月21日、府警は、母と内夫を保護責任者遺棄致死容疑で再逮捕した。両容疑者は共謀し、3月11日頃から「しつけ」と称し、Sちゃんに対して暴行や食事制限、ベランダに閉め出すなどの虐待を続け、Sちゃんが弱っているのを知りながら、4月4日の夜、Sちゃんが失禁したことに腹を立て暴行。ベランダに出し、Sちゃんの意識が朦朧状態に陥ったことを認識しながら、虐待の発覚を恐れて医師に診せるなど必要な措置をとらずに放置し、5日頃に衰弱死させた疑い。府警は、傷害致死容疑や殺人容疑での立件も検討したが、暴行と死亡との因果関係や殺意の立証が困難と判断し、適用を見送った。再逮捕に際し、母ははじめてSちゃんへの謝罪の言葉を述べたという。

　両容疑者は、6月10日に保護責任者遺棄致死罪で追起訴され、7月から公判前整理手続きに入った。

報道で明らかにされた虐待の状況

　新聞では、学校や近隣住民が虐待の疑いを認識していたものの、児童相談所にはつながっていなかった状況について報じられた。

　2009年1月16日には、Sちゃんは養護教諭に「新しいお父さんに叩かれた」と話していた。3月11日以降、Sちゃんは学校を欠席しており、担任が家庭訪問を申し入れるも内夫に断られたためできないままになっていた。また3月23日、「殺すぞ。出ていけ」という男性の怒鳴り声や、「ギャー」という女児の叫び声を、近隣住民が聞いていた。3月下旬からは、連日自宅ベランダに閉め出されているSちゃんの姿が目撃されている。4月3日には、子を叱る

---

[1] 大阪地判によると、Sちゃんが死亡した日は2009年4月5日とされた。

男性の声や平手打ちのような音を聞き、近隣にいた男性2人がこども110番の旗が立つ家（西淀川署防犯協会の防犯支部長）を訪ね、様子を伝えていた。支部長は署に伝えたと話すが、署の記録には残っておらず、情報は活かされていなかった。

母自身も4月3日、Sちゃんの衰弱に危機感を感じて児童相談所に電話をしたが、自分や内夫が捕まると思って怖くなり、デタラメな相談を話して切ったと、後に供述している。一方、児童相談所に母の相談記録はなかった。

母、内夫、知人男性について

母は、大阪府内の私立高校から短大に進学。母が10代の頃、両親（Sちゃんの母方祖父母）は不仲で、父は自宅に寄り付かなくなっていた（『産経新聞』2009年6月10日大阪朝刊）。母が20歳の頃、母（Sちゃんの母方祖母）が亡くなった（『週刊文春』2009年5月7・14日号）。22歳頃、母は父と結婚。衣料品製造会社を経営していた父（Sちゃんの母方祖父）は、工場のある和歌山県に2人を呼び寄せた。実母は子どもたちを出産し、幸せな家庭を築こうとしていた。しかし、工場経営がきびしくなり、2004（平成16）年3月には、父の実家のある大阪市西淀川区にマンションを購入して引っ越し、夫婦でお好み焼き屋を始めた。しかし、その経営もうまくいかず、住宅ローンも重なって生活は困窮し（『産経新聞』2009年6月10日大阪朝刊）、父はパチンコに入り浸るようになり、夫婦関係は冷めていった（『産経新聞』2010年7月13日大阪朝刊）。

Sちゃんの実姉であるAさんが小学校に入学した2005（平成17）年の6月、母は娘3人を芸能プロダクションに入れているが、2007（平成19）年の4月には家庭の事情で「お休み」になった（『週刊文春』2009年5月7・14日号）。双子のSちゃんらが保育園に通っていた頃はやさしい母親だったという。2006（平成18）年3月に行われたSちゃんたちの保育園の修了式では、Sちゃんに「どこに行ってもみんなのアイドルで、いつもにこにこしていたね。まだまだ甘えん坊のSちゃんだけど、やさしいSちゃんのままでいてください」との言葉を贈った（『産経新聞』2009年6月10日大阪朝刊）。

Sちゃんたち2人が小学校に入学した2006年頃から、母の様子は変わっていったという。経済的自立を誓った母は、深夜に飲食店で働き始め、昼間も家にいないことが増えた。父がトラック運転手であったため、生活もすれ違い、夫婦関係はさらに悪化し、2007年頃には家庭内別居のような状態だった（『週

刊文春』2009年5月7・14日号)。この頃、母の体重も減り始めた。子どもたちとの会話も減り、家事もおろそかになり、台所は食べ残しで虫がわく状態だったという。Sちゃんが「ご飯食べさせて」とマンションの住人に訴える姿も目撃されていた(『産経新聞』2009年6月10日大阪朝刊)。2008年5月には、双子のSちゃんたちを母方祖父宅に預けたこともあった。

そのようなときに出会ったのが、内夫だった。

内夫は、小学生時代はいじめられっ子だったという。小学4年生のときに、両親が離婚し、父親に育てられた。2人兄妹だが、2歳下の妹については詳細不明である。中学を卒業後、とび職や運送会社など多種にわたる職業に就いた後、2008年4月からは自動車会社で洗車のアルバイトを始めたが、2009年1月以降、腰痛を理由に欠勤し、4月に解雇された。働きぶりは真面目だったという。また、21歳で2つ年上の女性と結婚し、離婚している(『週刊文春』2009年5月7・14日号)。内夫の元妻は「夫から殴られたり、蹴られたりする」と知人に打ち明け、家を出た。内夫の評判は「ワルぶる小心な男」で、地元暴力団幹部の名前を出して知り合いだと言ってみたり、発砲事件にからんでいるかのようなことを吹聴していたという(『週刊文春』2009年5月7・14日号)。一方、近所の人からは、息子の送り迎えをするなど、「やさしい父親」と映っていた。

2人とともに逮捕された知人男性は、内夫の友人である。2人の関係については、数年前、同じ産業廃棄物処理業者で働いており、仲間外れにされていた知人男性をかばったのが内夫だった。この知人男性は、内夫が暴力団員であると思っていたという。

公判の経過

2009年8月15日、知人男性の公判が始まった。起訴状では、男性は母、内夫と共謀し、内夫の自宅からSちゃんの遺体を車で運び、墓地に埋めたとされ、男性は起訴事実を認めた。被告人質問では、日常的に虐待を目にしていたが、内夫が暴力団関係者だと思い込んでいたので止められなかったと、説明した。21日の論告求刑公判において、検察側は「死者への敬いを欠く悪質な犯行。虐待を通報せずに放置するなどした」と強調し、懲役2年6カ月を求刑した。弁護側は「死体遺棄の手伝いを断ると、報復の可能性があると考えた。虐待を止めるよう言ったこともある」と主張し、温情のある判決を求めた。9月

4日、裁判長は「虐待の発覚を防ぐための犯行は身勝手で自己中心的だが、関与は従属的で反省もしている」と述べ、懲役2年6カ月執行猶予4年の有罪判決を言い渡した。裁判所は、知人男性が内夫らのSちゃんへの虐待の現場に何度も居合わせながら止められず、内夫に頼まれてSちゃんの遺体を墓地に埋める犯行に加担した、と認定した。

長い公判前整理手続きを経て、事件から約1年3カ月が経った2010（平成22）年7月12日、母の裁判員裁判が始まった。Sちゃんに対する虐待は内夫が主導したとみられ、裁判員が母の関与の度合いをどう判断するかが焦点となった。冒頭陳述で、検察側は母が虐待に関与していたと主張し、弁護側は犯行にはかかわっていないと強調した。知人男性と内夫が証人出廷したが、内夫は証言を拒否したため、供述調書が証拠として採用された。母は、被告人質問で、内夫のSちゃんに対する虐待を黙認したという検察側の主張を否定した。

論告求刑公判において、検察側は「大好きだった母親に見捨てられたSちゃんの絶望感は察してあまりある。社会に与えた影響も大きく、断固とした処罰が必要」として懲役12年を求刑した。一方の弁護側は、事件を主導したのは内夫としたうえで、被告は深く反省しているとして、執行猶予付き懲役3年を求めた。7月21日の判決で、母に懲役8年6カ月の刑が言い渡された。裁判所は、母が、内夫のSちゃんに対する激しい暴行は制止しようとしたが日常的な暴力を止めなかったうえ、食事制限やベランダで寝かせることもほぼ反対しなかったと認定し、母が同調することで虐待を助長したと判断した。

内夫の裁判員裁判は、同年7月23日に始まった。初公判の罪状認否で、内夫はSちゃんに対する虐待を否認し、保護責任者遺棄致死罪について無罪を主張した。死体遺棄罪については、起訴内容を認めた。被告人質問においても、Sちゃんへの暴行について「嘘をつくのでペナルティーとしてやった。そのときは（親として）普通だと思っていた。今思うと、やりすぎで反省している」などとしつけを強調し、虐待の意思を改めて否認した。論告求刑公判では、検察側は、Sちゃんが暴力により衰弱したことを認識しながらベランダに放置したと主張し、懲役17年を求刑した。弁護側は、生命に危機が迫っていたとは思わなかったと主張し、保護責任者遺棄致死罪について改めて無罪を主張した。8月2日の判決公判では、裁判長は「日常的に強烈な虐待を繰り返した」と述べ、懲役12年を言い渡した。裁判所は、Sちゃんへの虐待は内夫が主導したと指摘し、「被告が主張する『しつけ』の範囲から大きく逸脱していた」と判

断した。

その後、母と内夫、ともに第一審判決を不服として控訴したが、ともに棄却された。

母と内夫の判決

母と内夫の第一審判決文は公開されている。ここでは、それら判決文をもとに、裁判において認定された犯行状況や争点などについて詳述する。

事件に至る経緯・犯行状況

2008年9月頃、母と内夫は飲食店にて知り合い、交際を始めた。同年10月中旬頃、母はSちゃんとその双子の妹Bちゃんを連れ、内夫宅にて、内夫とC君を含む5人での生活を始めた。父とは11月に協議離婚が成立した。

同居当初は仲のよい生活を送っていたが、同年12月頃、内夫がSちゃんらの勉強の面倒をみるようになってから、激しい叱責や顔面を平手打ちするようになり、部屋やベランダに立たせたり、食事制限をするようになった。

2009年正月明け以降、内夫は休職し、母の収入で生活するようになった。それ以降、同年4月に解雇されるまで、内夫は一度も会社勤務することなく、自宅で過ごすようになった。

同年1月8日にSちゃんらはY小学校に転入した。15日には、担任がSちゃんの左頬に痣を発見し、Sちゃんらに事情を尋ねたところ、父宅にご飯を食べにいって帰宅が遅くなったことなどで、内夫に叩かれたと話した。虐待が疑われたことから、担任は学年主任と養護教諭に報告し、16日には学年主任と養護教諭が再び事情を聞いた。Sちゃんらは、宿題が終わるまで夕食を抜かれることがある、寝かせてもらえないことがあるなどと話した。事情を聞くために、担任が母に電話をかけたところ、痣については「ぶつけたものである」、食事や睡眠については「Sちゃんたちはよく嘘をつく」と事実を否定した。

1月中旬頃、Bちゃんは内夫に説教されたことなどから、父宅で生活をするようになった。Sちゃんは父宅に戻ることを望まず、引き続き内夫宅で生活をした。その後も内夫による説教や食事制限などは続いていたが、担任が観察するかぎりでは、3月10日までの間に、Sちゃんの外見や体調などに異常な点はみられなかった。

3月10日の夜、Sちゃんが漢字の勉強を怠けたことで内夫は長時間説教し、Sちゃんの左頬をつねったところ青痣ができた。内夫は、痣を見られると虐

待を疑われると懸念し、翌日11日からＳちゃんに学校を休ませた。それ以降、母は学校に、発熱や体調不良を理由にＳちゃんを休ませるとの連絡を数回した。その頃、知人男性は内夫宅を訪れており、Ｓちゃんを痣のために登校させていないと考えた。また、母は担任からの電話に、「Ｓは親戚宅に面倒をみてもらっている」などと説明した。Ｓちゃんは、その後死亡する４月５日まで、学校に登校することはなかった。

３月15日頃、Ｓちゃんが漢字の勉強を怠けたことで母に嘘を言ったことから、内夫が叱った。このころから、内夫は、Ｓちゃんの頭やあごを手拳で殴ったり、足を蹴ったり踏みつけたり、髪の毛を引っ張ったりといった暴行を加えるようになった。また、15日以降、内夫がＳちゃんをベランダに出して放置する時間が徐々に長くなり、Ｓちゃんは玄関土間や台所に敷かれたレジャーシート上で生活させられるようになった。さらに、食事制限も行い、みんなと同じものを食べさせなくなった。

同じ頃、内夫がＳちゃんへの説教中にナイフを持ち出したため、母がＳちゃんをかばうと、内夫は「２人で出ていけ」と言ったが、母はひたすら謝って同居を続けた。同月20日には、内夫宅を訪れた知人男性が、Ｓちゃんの太股から膝上までが赤紫に変色しているのを認めた。21日、ベランダに出されたＳちゃんは内夫に謝り、布団で寝たが、それが、Ｓちゃんが布団で寝た最後の日になった。

同月22日深夜から翌23日未明にかけて、内夫は、Ｓちゃんがベランダに出されていた際に籐かごに小便をしたことについて嘘をついたと激怒し、Ｓちゃんの頭を殴り、太股を蹴るなどし、木製まな板が割れるほどの力でＳちゃんの頭部を叩いた。内夫が包丁を持ち出したので母が取り上げたが、内夫はＳちゃんの胸ぐらなどをつかんで、身体をドアに何度も叩きつけた。この騒ぎにより近隣住民が110番通報し、警察官が内夫宅を訪問したが、内夫の指示で母は「夫婦げんかである」と伝えて警察官を帰らせた。

23日、内夫宅を訪れた知人男性は、Ｓちゃんが台所のレジャーシート上で正座し、頭髪が河童のように抜けているのを見た。顔面は腫れ上がり、目は紫に変色し、開けられない状態だった。知人男性が「やりすぎや」と言ったが、内夫は「別にかまへん」と答えた。

同月下旬頃には、Ｓちゃんは無気力で動作が緩慢になり、半日は眠り込んでおり、起きていてもぼーっとしていることがほとんどだった。また、しばしば

第Ⅳ章　2008〜2010年（平成20年児童福祉法改正後の事件）

失禁するようになった。内夫に足を蹴りつけられたせいか、自力で立つことも難しくなっていた。母は、Ｓちゃんを風呂に入れたときにＳちゃんが痩せてしまったことに気づいて驚いた。また、動作が緩慢で失禁するようになったＳちゃんを、母が抱いて、何度もトイレに連れていくようになった。

　同年４月２日に知人男性が訪ねた際、Ｓちゃんは玄関土間のレジャーシート上で正座もできないくらい衰弱した状態で、自らの失禁にも気づかず、服や髪の毛が濡れたまま横たわっていた。そのようなＳちゃんに対して、内夫は「邪魔」と言って足で小突き、母も「邪魔」と言った。Ｓちゃんを叩いた内夫に、知人男性が「やりすぎや」と言ったところ、内夫は「もう死んだらいい」と言い、母はそれを止めなかった。

　同月４日午後10時半頃、内夫らが外食から帰宅した際、横になったまま失禁しているＳちゃんに内夫が激怒し、自分で掃除をするよう言った。Ｓちゃんの目は朦朧状態で、ほとんど動けない状態だった。内夫は立つこともできないＳちゃんを引きずって居間まで連れていき、「ここを出ていくか。父親のところに戻るか」と聞くと、Ｓちゃんは「（どちらも）いや」と答えた。内夫は激怒し、Ｓちゃんを思い切り平手打ちし、ＴＶのリモコンで頭を殴りつけたり、木刀で手を叩いたりした。知人男性は内夫を止めようとしたが、母はＳちゃんをかばおうとはしなかった。さらに、内夫はＳちゃんの首を絞めようとしたが、このときは知人男性と母が止めた。Ｓちゃんが最終的に「施設に行く」と言ったところ、内夫は「今すぐ出ていけ」と怒鳴り、玄関まで引きずり太股を数回踏みつけた。内夫がナイフを持ち出したため、知人男性と母が止めたが、内夫はＳちゃんを玄関外に追い出した。そのたびに知人男性が母に指示し、Ｓちゃんを連れ戻した。翌５日未明には、内夫はＳちゃんをベランダに追い出した。

　５日午前７時頃、Ｓちゃんはベランダのコンクリートの上に横たわった状態で、右手の指で何かをつかむような動作をしながら、「ひまわりを探している」などと言った。午前10時頃、内夫が同じ状態で横たわっていたＳちゃんに「何かいるか」と声をかけたところ、Ｓちゃんが「のどが渇いた」と言ったため、水かお茶の入ったペットボトルを与えると、Ｓちゃんはそれをひと口かふた口だけ飲んだ。午後３時頃、内夫が横たわって眠っていたＳちゃんに、まだここで寝るのかなどと尋ねたところ、Ｓちゃんは「眠たいからここで寝る」「おやすみなさい」などと答えた。

345

同日午後3時半頃、内夫はベランダで横たわっているSちゃんに声をかけたが、まったく反応がなかった。内夫は、知人男性を呼んでSちゃんの死亡を確認させた。そのとき、Sちゃんの顔はまだ腫れた状態だった。内夫は、この状態では葬式を出せないため、捨てるか埋めるかしかないと言い、知人男性に手伝うよう依頼した。その後、3人で居酒屋に行った際、内夫が「おまえの子どもを殺したんやぞ」と言ったのに対し、母はまわりを気にして「うるさい」といさめた。その後のカラオケボックスでは、内夫が母に「何でおまえはそんなに平然としてられるねん」「おまえは俺とどないしたいんや」と言ったところ、母は「ずっと一緒にいてください」などと答えた。それから3人は死体遺棄について相談し、遺棄場所の下見に向かったが、辿り着けずに帰宅した。

　翌6日、内夫が母に、Sちゃんが家出をしたという虚偽の捜索願を提出するよう指示した。内夫は知人男性と死体遺棄の場所の下見に行き、帰宅後、内夫は母と知人男性に、Sちゃんが自ら家出したと見せかける芝居をすることを提案した。同日午後10時40分頃、3人は自宅を出発し、翌7日午前0時過ぎに墓地に穴を掘り、身元が判明しないようSちゃんの遺体を全裸にしたうえで埋めた。

　母の判決
　母は保護責任者遺棄致死罪が成立すること自体は認めており、弁護人が主張した争点は、以下の4点だった。
- ①母は内夫の虐待行為を何度も止めようとしており、虐待という先行行為にもとづく保護義務は負っていない。
- ②母がSちゃんに医療措置を受けさせなかったのは、Sちゃんの保護の必要性がさほど高くないと思っていたことや、児童虐待からの救済について認識が足りなかったことが原因で、虐待の発覚を恐れたからではない。
- ③Sちゃんの生存に必要な保護をしないこと(不保護)について、内夫と共謀したことはない。
- ④Sちゃんの死因は十分に解明されていない。

　それに対して裁判所は、弁護人主張をすべて採用しなかった。理由は以下のとおりである。
- ・Sちゃんに対する虐待を主体的に行っていたのは内夫であるが、母はそれに同調しており、それにより内夫の虐待が助長された側面があった。さらに、虐待の発覚を恐れ、Sちゃんの保護よりも自らの居場所を確保するため、内

夫の虐待行為を容認したうえ、自身もSちゃんに十分な食事を与えようとしなかった。したがって、内夫と意思を通じ合って虐待を加えていたと評価するのが相当であり、保護義務を負っていたというべきであるため、弁護人主張①は採用できない。

・2009年3月末頃には、Sちゃんは極度な衰弱状態であり、医療措置を受けさせる必要があったといえるが、母らは、このようなSちゃんの容態を熟知しながら医療措置をしなかった。そのうえ、常識的にみてきわめて不十分な食事しか与えておらず、気温が低い時期に布団もなく寝かせて睡眠確保もさせていなかったことは明白であり、母らがSちゃんの生存に必要な保護をしていなかったこと（不保護）は明らかである。上記の点も含めれば、母と内夫の間には、Sちゃんのこのような不保護について共謀があったと認められる。したがって、弁護人主張②および③は採用できない。

・Sちゃんの死体を司法解剖した医師と、生前の主治医[2]の信用性の認められる供述内容から、Sちゃんは衰弱死したとみるのが相当である。事件の事実経過によれば、Sちゃんの衰弱死の原因が母らによる不保護にあることも推認できる。したがって、弁護人主張④も採用できない。

量刑については、検察官は懲役12年を求刑、弁護側は懲役3年執行猶予付きを主張した。それに対して裁判所は、母の刑事責任はかなり重く執行猶予に相当しないとしたが、再犯の可能性が乏しいなどの理由から、懲役8年6カ月の刑を言い渡した。

内夫の判決

内夫の裁判では、内夫は保護責任者遺棄致死罪については「しつけ」だったなどと弁明しており、その弁解供述にもとづき、弁護側は以下の点をあげて、保護責任者遺棄致死罪は成立しないと主張した。

①内夫はSちゃんに対して、手をあげたり食事制限をしたりしたことがあるが、それらは虐待ではなく「しつけ」として許される範囲内のものであったため、この行為にもとづく保護義務を負っていない。
②2009年3月末頃、Sちゃんは極度に衰弱していたわけではないため、保護を要する状態（要保護状態）ではなかった。

---

2 Sちゃんは生前てんかんの持病を有しており、その主治医である医師は、Sちゃんのてんかんの症状は軽いものであったうえ、遺体にはてんかんが死因となるような具体的な所見はなく、Sちゃんがてんかんの発作で死亡したとは考えがたい、と供述した。

③内夫にSちゃんが極度に衰弱しているという認識もなかった。
④そのため、内夫がSちゃんの保護を怠った（不保護）ということはなかった。
⑤内夫にはその故意もなかった。
⑥Sちゃんに医療措置を受けさせなかった動機も、虐待の発覚を恐れるなどしたからではない。
⑦Sちゃんは衰弱死ではなく、てんかんの持病が原因で死亡した可能性がある。

それに対して裁判所は、以下の点をあげ、保護責任者遺棄致死罪の事実を認定した。

・遅くとも2009年3月中旬頃以降の内夫によるSちゃんへの暴力や食事および睡眠の与え方などは、「しつけ」の範疇（はんちゅう）からおよそ逸脱したものであり、虐待と評価すべきである。3月末、Sちゃんの状態は正常に立てなくなったり失禁していたりなど、極度に衰弱していたことは明らかである。したがって、内夫はSちゃんを保護を要する状態に陥らせたということができるから、弁護人主張①および②は採用できない。

・さらに、内夫がSちゃんと同居し、その状態を見ているなど、Sちゃんが極度に衰弱した状態にあることを認識していたことも明らかというべきであるから、弁護人主張③も採用できない。

・弁護人は、Sちゃんが〈1〉3月末頃までベランダで立っていたこと、〈2〉自分でトイレに行くこともあったこと、〈3〉体重の減少は2kgで止まっていたこと、〈4〉会話ができていたこと、〈5〉布団はなくとも睡眠はとっていたなどを理由に、極度に衰弱した状態になく、内夫にその旨の認識はなかったと主張する。しかし、〈1〉Sちゃんがつかまった状態で立つことができたり、〈2〉這（は）ってトイレに行ったりはできたが、その程度の動静しかできないこと自体が9歳の健常児童としてはきわめて異常な状態である。〈3〉体重についても、成長期の9歳児童にとっては2kgの減少は少ないとは思われない。〈4〉会話ができたといっても、ごく短時間で簡単なものに過ぎない。〈5〉睡眠をとれたとしても、まだ気温の低いなかで寝具も用いず、質および量ともに十分な睡眠がとれるとは考えられない。したがって、弁護人の主張は上記結論を左右するものではない。

・3月末頃には、Sちゃんが極度に衰弱した状態にあり、医療措置を受けさせ

る必要などがあったことは明らかであり、内夫がこのようなＳちゃんの容態を熟知しながらそのような行為に出なかったばかりか、十分な食事を与えていないうえ、十分な睡眠を確保できる状態に置かなかったことは明白である。したがって、内夫に不保護についても故意があったことも優に肯認できるため、弁護人主張④および⑤も採用できない。

- 弁護人主張⑥について。Ｓちゃんの欠席理由を尋ねた担任や通報を受け駆けつけた警官に虚偽の申告をしたり、Ｓちゃんの死亡確認の際も救急車を呼ぼうとする気配もなく、Ｓちゃんの遺体を裸にして埋めて遺棄したりするなど、一貫して虐待の事実発覚を妨げるための言動に終始している。これらの事情からすると、内夫がＳちゃんに医療措置を受けさせなかったのは、虐待自体が発覚するのを恐れてのものであったと認められる。（内夫自身、公判において、虐待を疑われるのを恐れたためであったと供述している。）

  また、無理やり施設に行くと言わせたりしている言動から、遅くとも４月初め頃には、内夫がＳちゃんを自宅から追い出そうとする気持ちも併有していたとみるのが相当である。

- 弁護人主張⑦についても、Ｓちゃんの死体を司法解剖した医師と、生前の主治医の供述内容から、Ｓちゃんは衰弱死したとみるのが相当であり、てんかんの発作による死亡とは考えがたい。事件の事実経過によれば、Ｓちゃんの衰弱死の原因が内夫らによる不保護にあることも確認できる。

- 母はＳちゃんよりも自身の利益を重視して内夫に同調し、それにより内夫の虐待が助長された側面はみてとれる。したがって、２人は互いに意思を通じ合って３月中旬以降、虐待を加えていたと評価するのが相当であり、内夫と母の間で共謀があったと認められる。

量刑について、検察官は懲役17年を求刑、それに対して弁護側は「求刑は重すぎる」と主張した。裁判所は、内夫の刑事責任は相当に重く、保護責任者遺棄致死事件などの類型のなかでもその非難の程度はきわめて高いとしたが、「ほかの事案と比べて、本件がどのような点で異なり、もしくはどのような点をとくに重視し、懲役17年という相当重い求刑に至ったのか、説得的な説明が尽くされているとは言いがたい」などの理由を述べ、内夫に懲役12年の刑を言い渡した。

事件の経過表

1997年	6月1日	父母結婚。
1999年	1月	母、Aさんを出産。
2000年	2月	母、双子であるSちゃんとBちゃんを出産。
2004年	3月	両親、Aさん、Sちゃん、Bちゃんの5人で、大阪市に転入。
2005年	4月	Aさん、小学校に入学。
2006年	4月	SちゃんとBちゃん、X小学校に入学。
2008年	5月14日	母、西淀川区子育て支援室に電話。Aさんの学力面での心配の相談、教育センターを紹介される。
	9月	母、飲食店にて内夫と知り合い、交際を始める。
	10月中旬	母、SちゃんとBちゃんを連れ、内夫宅(マンション4階：2DK)にて、内夫とその息子のC君を含む5人での生活を始める[1]。
	11月7日	父母、協議離婚。
	11月10日	親族から西淀川区子育て支援室に電話。母がAさんの面倒をみない、との相談。
	11月11日	母、SちゃんとBちゃんは、内夫宅へ転居。2人はもとから通っていたX小学校に指定外通学[2]。
	12月	内夫がSちゃんらの宿題をみるようになり、2人への暴行や食事制限が始まる。
	12月25日	SちゃんとBちゃん、内夫宅の校区であるY小学校へ転入。
2009年	1月正月明	内夫、仕事を休職。母の収入で生活するようになる。
	1月8日	SちゃんとBちゃん、Y小学校に初登校。
	1月15日	担任が、Sちゃんの左頬に痣を発見。SちゃんとBちゃんは「新しいお父さんに叩かれた」と話す。
	1月16日	学年主任と養護教諭がSちゃんの痣を再度確認した後、教頭に報告。担任が痣のことで母に電話。 母は「よく転んで痣を作る」と説明。 母は「顔の痣は新しいお父さんから叩かれそうになり、よけようとしてぶつけたものである、食事や睡眠についてはSたちはよく嘘をつく。妄想癖もある」と事実を否定。
	1月19日	校内で関係者が協議し、転入して間もないこと、家庭との関係が築けてない時期であることから、「見守る」方針を出す。
	1月21日	母から学校へ、「Bのみ父宅へ戻る」との連絡。
	1月26日	Bちゃん、X小学校に転校。

---

[1] 文献により、母らと内夫が一緒に住み始めた時期が異なっている。母および内夫の判決文（大阪地判 平成22年7月21日、大阪地判 平成22年8月2日）では、「10月中旬」とされている。
[2] 大阪市社会福祉審議会児童福祉専門分科会児童虐待事例検証部会（2009）では、転居時期は「11月11日」になっている。

第Ⅳ章　2008～2010年（平成20年児童福祉法改正後の事件）

2009年	2月15日	Sちゃん、公園で父と会う（Sちゃんが父と会った最後の日）。父が「つらくないか」と聞いたところ、「うーん」と口ごもった。
	2月26日	母、区保健福祉センターに来所し「男性と同居しているが、母子のみ生活保護を受けたい」と相談。内夫と相談するよう指示される。
	3月	Sちゃん、体育の授業を「体操服を忘れた」と毎回見学。
	3月5日	母、区保健福祉センターに再来所。「同居男性に腰痛があって働けないので生活保護を受けたい」と相談。生活保護書類を受け取る。
	3月10日	夜、内夫がSちゃんを長時間説教し、左頬をつねり、痣ができる。
	3月11日	痣が見つかることを懸念し、「体調不良」と「発熱」を理由にSちゃんの欠席が始まる。
	3月15日	Sちゃんが漢字の勉強を怠けたことを母に嘘をついたとして、内夫が叱る。激しい暴行や長時間のベランダ放置、食事制限などが始まる。
	3月18日	担任が電話で家庭訪問を打診。内夫は「親類宅に預けた」。
	3月20日	内夫宅を訪れた知人男性が、Sちゃんの足が赤紫に変色しているのを認める。
	3月21日	Sちゃん、布団で寝た最後の日となる。
	3月22日	深夜、内夫が、ベランダで失禁したSちゃんに激高して激しい暴行を加える。Sちゃんを、玄関やベランダで寝かせるようになる。
	3月23日	未明、マンション住民から110番通報（DV通報）。警察が訪ねるも、内夫の指示で、母が「夫婦げんか」と釈明したため引き上げる。
	3月下旬	近くで働く男性が、連日、ベランダにいるSちゃんを目撃。 Sちゃん、無気力で動作が緩慢になり、しばしば失禁。自力で立つことも難しくなる。
	3月24日	小学校修了式、Sちゃん欠席。担任が再び電話で家庭訪問を打診。内夫に「仕事で忙しい」と断られる。
	3月25日	担任と内夫が電話で話し、4月7日にSちゃんの通知票などを渡す約束をする。
	4月2日	知人男性が、正座もできないくらい衰弱し、自らの失禁にも気づかず、服や髪の毛が濡れたまま横たわっているSちゃんを認める。内夫「もう死んだらいい」。
	4月3日	内夫宅から虐待をうかがわせる怒声や平手打ちを聞き、近隣にいた男性2人がこども110番の旗が立つ家（西淀川署防犯協会の防犯支部長）を訪ねて様子を伝える。支部長は署に伝えたと話すが、署は記録にはないと否定。 母、児童相談所に電話、数分間の通話記録。Sちゃんのことが心配になり電話したが、逮捕されるのが怖くなり、デタラメな相談を話して切る。一方、児童相談所に相談記録はない。
	4月4日	夜、自力で立てなくなったSちゃんが失禁したことに腹を立て、内夫が激しく暴行したうえで、最終的にSちゃんに「施設に行きます」と言わせる。その後、ベランダに長時間放置。

351

2009年	4月5日	Sちゃん、衰弱により死亡。 内夫、母、知人男性の3人で、死体遺棄について相談。
	4月6日	内夫、母に虚偽の捜索願提出を指示。 深夜、3人で死体遺棄のため出発。
	4月7日	未明、内夫、母、知人男性が共謀し、奈良市内の墓地にSちゃんの遺体を埋める。 3人が、C君の小学校入学式に参加。 母、Sちゃんの家出人捜索願を西淀川署に提出。
	4月8日	小学校始業式。母が学校にSちゃんの行方不明を連絡。学校より教育委員会へ第一報が入る。
	4月10日	西淀川署が公開捜査。Sちゃんの特徴や写真を公開。
	4月23日	警察は保護責任者遺棄容疑で、Sちゃんの自宅マンションの家宅捜査を開始。
	4月24日	母、内夫、知人男性の3人を死体遺棄容疑で逮捕。
	5月13日	母、内夫、知人男性の3人を死体遺棄罪で起訴。
	5月21日	母、内夫を保護責任者遺棄致死容疑で再逮捕。
	6月10日	母、内夫を保護責任者遺棄致死罪で追起訴。
	7月9日	市児童虐待防止支援委員会が再発防止の提言を市教育委員会に提出。
	8月15日	知人男性の初公判。
	8月21日	知人男性の論告求刑公判（懲役2年6カ月を求刑）。
	9月2日	市社会福祉審議会・児童虐待事例検証部会が検証報告書を公表。
	9月4日	知人男性の判決。懲役2年6カ月執行猶予4年の有罪判決が言い渡される。
2010年	7月12日	母、裁判員裁判初公判。
	7月13日	母、裁判員裁判第2回公判。知人男性と内夫が証人出廷。内夫は証言拒否。
	7月14日	母、裁判員裁判第3回公判。内夫の供述調書を証拠採用。Sちゃんの元担任が証人出廷。
	7月15日	母、裁判員裁判第4回公判。父、意見陳述で厳罰を求める。被告人質問で、内夫の虐待黙認を否定。
	7月16日	母、裁判員裁判論告求刑公判。検察側は、懲役12年を求刑。
	7月21日	母、裁判員裁判判決公判。懲役8年6カ月の刑が言い渡される。
	7月23日	内夫、裁判員裁判初公判。虐待ではなく「しつけ」だったとして無罪を主張。
	7月26日	内夫、裁判員裁判第2回公判。母、Sちゃんの元担任が証人出廷。
	7月27日	内夫、裁判員裁判第3回公判。
	7月28日	内夫、裁判員裁判第4回公判。被告人質問で、改めて虐待を否認。
	7月29日	内夫、裁判員裁判論告求刑公判。検察側は、懲役17年を求刑。
	8月3日	内夫、裁判員裁判判決公判。懲役12年の刑が言い渡される。 母、懲役8年6カ月とした判決を不服として控訴。

2010年	8月9日	内夫、懲役12年とした判決を不服として控訴。
2011年	4月8日	母、控訴審判決。控訴棄却。
	6月28日	内夫、控訴審判決。控訴棄却。

(4) 事件へのコメント

事件への所見

本事例に対する学校対応について

本事例では、学校が虐待の疑いをもっていながら児童相談所に通告などをしていなかった。そのため事件直後には、学校の対応に対する各専門家からの指摘などが相次いだ。

たとえば、津崎哲郎(花園大学教授・児童福祉論)は学校側が児童相談所への通告をためらうケースも少なくないということについて、「虐待の有無は家庭環境などを総合的に判断する必要がある。断片的な情報でも少しの疑いがあれば児相に通告し、専門家に判断をゆだねるべきだ」と述べた(『読売新聞』2009年4月24日)。野田正人(立命館大学教授・司法福祉論)は、「今回の事件で学校側は虐待が疑われる事案に気づいたが、筋道を立てて対策を練ることができなかったのでは」「学校は虐待の疑いがあればすみやかに児童相談所に通告するのが基本。虐待の有無を保護者に問いただせば、逆に事態を悪化させる可能性もある」と学校の対応の問題点を指摘し、スクールソーシャルワーカー(SSW)の存在をあげ、SSWが虐待の疑われる児童がいたときの対処法や助言を行う役割を担っていることについて述べた。才村純(関西学院大学教授・児童福祉論)は、「(住民や学校からの)虐待通告がないと何も始まらない。子どもはSOSを出せない。そのことに思いを寄せてほしい」「本来なら救えた事例」と強調した。

本事例の管轄児童相談所の児童虐待対策室長は、「保護者との信頼関係を壊さないようにと、学校が躊躇する気持ちもわかる。しかし、少しでも虐待の可能性があると疑ったなら、通告してもらいたかった。せめてひと声かけてもらえれば、アドバイスをすることもできたのに」と悔やんだ(『読売新聞』2009年4月24日)。文部科学省の銭谷真美(事務次官)は、「教育委員会や学校に対し、児童相談所との連携を進めるなど適切な対応を促したい」と述べた(『時事通

信』2009年4月27日)。

　また、被害児が学齢期の児童虐待死事例4例(本事例を含む)を検討した羽間他(2012)は、学校の対応の問題の背景要因として、以下の2点をあげた。すなわち、「①学校は転入・転校の前あるいはその間の情報を得る必要があること、②接触困難な長期欠席児童生徒の事例では、緊急介入が必要とされるものが多いとの認識が改めて求められること」である。

通告しやすい体制作り

　学校対応と関連して、児童相談所に通告しやすい体制作りについての意見も寄せられた。たとえば、川﨑二三彦(子どもの虹情報研修センター研究部長)は、「誰か1人でも一歩を踏み出せば、亡くなった女児を救えたことを心に刻まなければならない」と話し、「守秘義務で通告者が守られることを(行政が)周知し、不安を取り除くために努力しなければならない」と述べた(『朝日新聞』2009年4月25日)。また、津崎も「通報者がもっとも気にするのは逆恨みなどのトラブルで、匿名通報でもいい、ということを知らない市民も多い。児相や行政などは、こうした事情をふまえ、より情報提供をしやすくする制度を考える必要がある」と話した(『読売新聞』2009年5月6日)。

ステップファミリーにおける児童虐待

　本事件が起こった同時期に、実母の再婚相手からの虐待で4歳男児が亡くなる事件が兵庫県で起こったこともあり、ステップファミリーにおける児童虐待についての意見も寄せられた。

　『朝日新聞』(2009年5月22日)は、子連れの再婚家庭を虐待の「リスク要因」ととらえる国と、「偏見につながりかねない」と悩む教育現場の現状について、それぞれの意見を取り上げた。すなわち、厚生労働省は相次ぐ虐待死事件を受け、各地の児童相談所に配布した虐待対応マニュアルに「リスク要因」として、「内縁者や同居人がいる家庭」や「子連れの再婚家庭」をあげ、こうした家庭内での虐待の兆候を見逃さないよう求めている。

　一方、大阪市教育委員会は、こうした「危険視」には否定的である。「実父でない父がいる家庭は気をつけて見守ろうという思いはあるが、特定の家庭環境に注目することは偏見や差別につながる」と話し、市教委作成の教職員向けマニュアルも家庭環境にはふれていない。このような現状について、野沢慎司(明治学院大学教授・家族社会学)は「家族に新しい大人が加わってすぐに親子のような関係を形成することは難しい。しかし、虐待は血縁のあるなしで起こ

第Ⅳ章　2008〜2010年（平成20年児童福祉法改正後の事件）

るものではなく、虐待に至る過程の分析を抜きにして、それを危険因子とみなすのは短絡的」「再婚相手と子どもがよい関係を築いている例は多く、あせらず時間をかけて親子関係を形成した家族にこそ、虐待を防ぐ答えが隠されているのではないか」と述べた。

また、ステップファミリーにおける親子関係の難しさについて、津崎は「（ステップファミリーは）虐待がエスカレートするスピードが速く、重篤化する危険性は高いと感じる」と指摘し、「継父母には親として、しつけなければという気負いがある。実父母も『継父母に早くなついて』と願うが、子どもは急に受け入れられず溝が生じる」と分析した（『毎日新聞』2009年6月25日）。また、吉本真紀（支援団体ステップファミリー・オブ・ジャパン〔SAJ〕代表）は、「虐待防止に限らず、子連れで再婚を考えるカップルや関係構築に悩む夫婦が、ステップファミリーの知識を得ると気持ちが楽になることも多い。当事者も社会も情報を知ってほしい」と訴えた（『毎日新聞』2009年6月25日）。

裁判員のコメント

母と内夫の裁判は、裁判員裁判で行われた。内夫の裁判では記者会見に応じる裁判員はいなかったが、母の裁判では、裁判員の男性3人と補充裁判員の女性1人が会見に応じている（『朝日新聞』2010年7月22日、『読売新聞』2010年7月22日）。

男性（57歳）「行方不明になったSちゃんを捜す夢を見た」「休日も被害者のことが頭に焼き付いて離れなかった」

男性（52歳）「被告がどんな気持ちで犯行に及んだのかを真剣に考えて結論を出した。人が人を裁くのはこれほど重いのか、と身につまされた」

男性（29歳）「私も、しつけのために子どもを叩くことがあり、理解できることもあったが、どうしてもわからないところもあった」

女性（40代）「虐待は人のせいではない。一生を通じ、しっかり反省してほしい」「（保育園修了式の映像を見て）目の前の被告とまったく別人で、ショックを受けた。一生懸命子育てをしていたのに、どうして変わってしまったのか」

ほかにも、「一生、反省してほしい」「（虐待について）理解できない」「全員で一丸になって、一致した意見で判決を出せた」などの意見があげられた。

控訴中の実母への取材

『読売新聞』(2010年12月10日)には、第一審判決後、控訴中の母に取材した記事が載せられている。取材に対して母は、「親とは疎遠で、相談できる友人もいなかった」「手元に生活費はほとんどなかった」「出ていっても住む場所もない」「買い物帰りに立ち寄れたり、携帯電話のメールや土日、夜間でも受け付けてくれたり、気軽に相談できる窓口がもっと世のなかに知られていればよかった……」と話した。これに対し、井上光子(日本子どもの虐待防止民間ネットワーク事務局次長)は、「虐待防止に取り組む民間団体は相当数にのぼるはずだが、その実態はあまり知られていない。もっと民間団体が連携して質の底上げを図り、多くの人に知られるようにする必要がある」と指摘した。

(5) 事件がもたらした影響

本事件を受け、2009年4月27日、平松大阪市長は、市教委や各区役所に対して、虐待の兆候を示す情報がないか総点検するよう求めた。また、市教委は30日に臨時全市校園長会を開き、長期欠席児童の状況把握の調査をするよう指示した。5月1日から市立学校と幼稚園の欠席者の緊急調査を実施した結果、5月末時点で、不登校で面会できない児童・生徒が39人にのぼることを発表した。大半は引きこもりの児童・生徒で本人が面会を拒否しているが、児童相談所と連携をして家庭訪問などを進めるとし、また5月1日以降、虐待が疑われるとして小中学校が児童相談所に通告した件数が17件にのぼると発表した。このうち6件は一時保護措置になったことを明らかにした。京都市教委、和歌山市教委、奈良県などの周辺地域も、本事件を受け、児童虐待防止の取り組みを徹底するよう通知などを出している。

その後、大阪市は学校での虐待防止マニュアルの見直しを進め、PTAの活用や子どもからの積極的な聞き取りなど多面的に情報収集すると同時に、かすかな兆候でも活かして対応策につなげていける方策を示そうと検討を始めた。

また同年4月下旬、大阪府は児童虐待の早期発見対策として、府内6カ所の児童相談所内に設置している「虐待通告電話」の名称を「児童虐待110番」に変更した。わかりやすい名称で周知を図るのがねらいで、少しでも前兆があれば迷わず電話するように呼びかけた。大阪市は、9月14日から児童虐待専用で24時間相談に応じる「児童虐待ホットライン」を、児童相談所内に開設し

た。開設後、虐待が疑われる事案について、近隣住民からの通報が約3倍に急増、学校からの通報も増えたと発表している。

　母らの裁判員裁判が始まる前の2010年5月5日のこどもの日には、神戸市の母親らを中心に児童虐待防止策の充実を求める署名活動を実施した。これは、本事件をきっかけに川崎市の女性が始めた「ひまわり署名プロジェクト」の一環で、長期的な虐待で死傷させた場合に適用できる「虐待致死傷罪」の新設などを求めた。

　一方、本事件について、大阪市児童虐待防止支援委員会および市社会福祉審議会・児童虐待事例検証部会が検証を行い、それぞれ提言・報告書を提出している。しかし、いずれも母および内夫の公判以前に提出されており、虐待状況について詳細な情報がない状態で行われている。そのため、事例について詳細かつ緻密に分析・検討するというよりも、関係機関の対応にその分析・検討の焦点が当たっている。それぞれの概要は以下のとおりである。

　大阪市児童虐待防止支援委員会は2009年7月9日、「児童虐待の早期発見および防止に向けての提言」を市教育委員会に提出した。本事件は学校をはじめとする教育関係者に対する批判が多く寄せられたため、委員会は教育の視点から本事件を検証している。委員会は、本事件の経緯や問題点の整理にもとづき、教職員の対応、校園内組織体制の確立、教育委員会としての支援、行政機関の共同した取り組みについて、提言を行った。学校園を支援する体制を多角的にいっそう充実させ、児童虐待を解決するための今後の方向性を示す内容となっている。翌10日、市教委は再発防止のため、市立幼稚園の園長や、小中高校の校長ら約520人の管理職を対象に特別研修会を実施し、教員らが意見交換しやすい職場作りや児童相談所との連携強化を進めることを確認した。

　市社会福祉審議会・児童虐待事例検証部会は2009年9月2日、「大阪市における小学生女児死亡事例検証結果報告書」を公表した。報告書は、事件の事実関係を確認したうえで問題点と課題を整理し、複数の関係機関同士の連携強化・情報共有化など再発防止に向けた取り組みを示している。

文献
大阪市児童虐待防止支援員会（2009）「児童虐待の早期発見および防止に向けての提言」（http://www.city.osaka.lg.jp/hodoshiryo/cmsfiles/contents/0000044/44564/teigen.pdf）

大阪市社会福祉審議会児童福祉専門分科会児童虐待事例検証部会（2009）「大阪市における小学生女児死亡事例検証結果報告書」（http://www.city.osaka.lg.jp/hodoshiryo/cmsfiles/contents/0000050/50909/houkokusyo.pdf）
大阪地判 平成22年7月21日（裁判所HP：http://www.courts.go.jp/hanrei/pdf/20100903132239.pdf）
大阪地判 平成22年8月2日（裁判所HP：http://www.courts.go.jp/hanrei/pdf/20100903132950.pdf）
羽間京子・保坂　亨・小木曽宏・小野寺芳真（2012）「学齢期児童虐待事例検証の再検討――死亡事例について」『千葉大学教育学部研究紀要』60　pp.133-142.
山本健治（2012）「第五章　しつけに名を借りての虐待――（一）義父と実母による小学四年女児虐待殺人事件（二〇〇九年・大阪府）」『親子崩壊――いつから始まり、どこまで進むのか？』三五館　pp.114-130.
「連載：救えなかった命――児童虐待を考える（上・中・下）」『毎日新聞』（2009年4月30日～5月2日）

21 小1男児母子心中事件
（静岡市 2009 年）

（1）事件の概要

　2009（平成21）年8月20日午前6時半頃、静岡市葵区のアパートで、小学1年生のS君（当時6歳）が布団の上であおむけになって死亡しているのを、訪ねてきた母方祖父が発見して119番通報した。S君の首には絞められたような痕があった。S君の実母（41歳）の首には切り傷があり、病院に運ばれたが命に別状はなかった。室内には「子どもと一緒に普通に生きていたかった」などと書かれた遺書のようなメモが残っていた（『朝日新聞』2009年8月21日朝刊）。

　S君の司法解剖の結果、死因は首を絞められたことによる窒息死であることがわかり、同月24日、静岡中央署は母を殺人容疑で逮捕した。9月14日、静岡地検は母を殺人罪で静岡地裁に起訴した。母は調べに対して「人間関係に悩みがあり、無理心中しようとした」などと話したという（『読売新聞』2009年9月15日朝刊）。

　2010（平成22）年10月、母の裁判員裁判が開かれた。母は、心中の動機として、別れたS君の実父に電話で罵倒され、「子どもと一緒に消えたくなって殺した」と証言した（『朝日新聞』2010年10月14日朝刊）。心身耗弱が認定され、母には懲役3年執行猶予5年（求刑・懲役10年）の刑が下された。

(2) 家族の状況

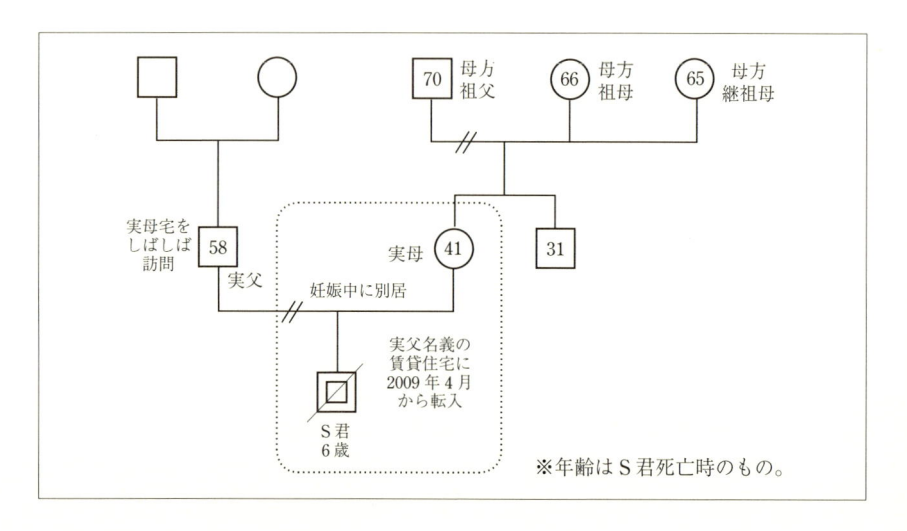

家系図:
- 父方祖父母（□―○）
- 母方祖父 70、母方祖母 66（離婚）、母方継祖母 65
- 実父 58（実母宅をしばしば訪問）―― 実母 41（妊娠中に別居）、叔父 31
- S君 6歳（実父名義の賃貸住宅に2009年4月から転入）

※年齢はS君死亡時のもの。

本世帯：　S君（6歳）
　　　　　実母（41歳）
・・・・・・・・・・・・・・
別居の親族：母方祖父（70歳）
　　　　　　母方継祖母（65歳）
　　　　・・・・・・・・・・・・・・
　　　　　　母方祖母（66歳）
　　　　・・・・・・・・・・・・・・
　　　　　　実父（58歳）
　　　　　　父方祖父（89歳）

(3) 事件の経過

2002（平成14）年2月頃、母は、仕事を手伝っていた母方祖母の居酒屋の常連客であったS君の実父と知り合い、同棲を始めた。妊娠がわかったため、同年5月に入籍。しかし父は、飲酒して母に暴言・暴力をふるい、携帯電話を握りつぶして破壊するなどの行為が3回ほどあるなど、結婚生活はうまくいかなかった。そのため同年10月、S君の出産にあたり別居し、母は母方祖母と

360

第Ⅳ章　2008〜2010年（平成20年児童福祉法改正後の事件）

同居し始めた。ただし、生活費は父が渡していた。同年12月、S君が1608gで出生。保健福祉センターによると、各健診、予防接種、定期受診、発育に問題はなかった。

2004（平成16）年10月、保育児童課に翌年4月からの保育園利用の申請があったが、2005年2月には申請を辞退。認可外保育園を利用した。

2005年には離婚申し立てをし[1]、2006（平成18）年4月に和解離婚[2]が成立した。その条件として、S君の親権者は母とし、月1回の父の面会交渉権を認め、父が母に養育費として毎月10万円のほか、解決金300万円を毎月10万円に分割して支払うことが決められた。父は、養育費や解決金に上積みをして、毎月約30万円程度を母に支払っていた。

2009年3月、母は母方祖母との金銭上のトラブルなど（詳細不明）から別居。母とS君は、知人名義で賃借したアパートに引っ越すが、その知人とトラブル（詳細不明）になり、4月頃からは父名義でアパートを賃借することになった。S君は、この年4月に小学校に入学。この頃から父は母のアパートを頻繁に訪れるようになり、食事をしたり風呂に入ったりすることもあった。父は母の教育方針などについてメールや電話でうるさく言うことがあり、2人は口論になることが多かった。

同年7月21日、母はS君の小学校の「教育相談」に行き、担任と面接。同月28日、父が突然母宅を訪れる。その際母は、頻繁に来てもらっては困る旨を父に伝えたところ、父は怒って帰った。30日、父から母に、母のS君に対する教育が犬の飼育に似ているなどの内容のメールが送られ、母はショックを受ける。この際母は、養育費がもらえなくても父との関係を切ってもよいと思う。8月3日には、卒園した幼稚園の卒園生が集まる行事に、母子で元気に参加。同月7日、父からS君と夏休みを過ごしたいなどの内容のメールが送られてくるが、母はそれに対して直接返事をせず、拒絶する意思で、7月30日に父が母宛に送った「二度と行かないし二度と会わない」などの内容のメールを、父にそのまま送り返した。

1　離婚申し立ての時期は、「静岡地判 平成22年10月21日」では2005年10月、「静岡における児童虐待事例 検証結果報告書」では2005年1月となっている。
2　和解離婚は、2003年の人事訴訟法改正で新設され、2004年4月より施行された。和解離婚では、双方の歩み合いにより和解した場合に訴訟を終わらせ、裁判所の判決以外の方法で離婚が成立する。

8月18日午後8時すぎ、飲酒した父から母に電話がかかってきた。父から「貴様のような奴にはSを育てさせられない」「Sも親を捨てるような人間になる」などと言われ、母は父から暴力を受けていた頃のことなどを思い出す。母は、父から逃げるためにはS君を殺して自殺をするしかないと思い詰め、ほとんど一睡もせず、翌19日明け方までに母方祖父および母方継祖母宛の遺書を書き、昼前に投函（とうかん）した。母は、S君に昼食および夕食を食べさせ、午後10時頃にはS君と就寝した。しかし、父からいつ電話がかかってくるかと思いながら、うとうとしていた。午後11時57分頃、飲酒した父から電話があり、再び罵倒されるなどしたため、母はS君と無理心中をすることを決意するに至った。

 8月20日未明、母は近くにあった紐（ひも）を使ってS君の首を絞め、殺害。その後、母は鎮痛剤を大量服薬し、剃刀（かみそり）やカッターナイフで自殺を図った。しかし、母は死に切れず、午前6時前、母方祖父に電話をかけ、母宅に来るように頼んだ。母宅を訪れた母方祖父が2人を発見し、119番通報したため、事件が発覚した。

母、S君、母子関係の様子

 以下、静岡市児童虐待事例検証委員会（2011）による、幼稚園と小学校に対する調査から明らかになった母子の様子についてまとめる。

 幼稚園でのS君は、「明るく元気で、落ち着きのない面もあるが、わんぱく児の範疇（はんちゅう）。はっきりものを言うが、あっけらかんとして憎めない印象だった。友人関係も良好でトラブルもなく、先生から指示や注意を受けても素直に受け入れることができる児童だった」という。母は明るく元気で、社交的・前向きな印象、真面目で、母子関係も良好だった。参観会などには父も来ており、DV被害を疑うような言動は思い当たらなかったとのことだった。

 小学校でのS君は「子どもらしい元気で反応のよい素直な子どもだった。悪く言うと、落ち着きがなくテンションが上がってしまうような子どもだった」という。身だしなみも普通だが、体格はクラスで一番小さかった。S君からときどき母とけんかしていることが報告され、けんかの内容を聞くと「ご飯を食べない」「宿題が遅い」ということで怒られているようだった。小学校では、配慮を要すると感じ、目の届きやすい前列に席を置いていた。

 母は、真面目で明るい印象の人で、身ぎれいにしていたという。7月の「教

育相談」では、S君について「遅れていますか？」との質問があったが、深刻になっている感じはしなかったようだ。母からは「ひらがなの宿題に時間がかかるのでいらいらする」「あた をくれるように (ママ) 暴れる」との話があったが、学校ではそのような様子はみられず、書き取りも平均の範囲のなかで遅いほうという感じだったという。

裁判の経過

　静岡地裁は、公判前整理手続きのなかで、弁護側が求めた母の精神鑑定を認めた。そのため、裁判員裁判では、精神鑑定の結果にもとづいて母の責任能力が争点となった（『朝日新聞』2010年4月18日朝刊）。

　初公判は2010年10月13日に行われた。起訴状では、母は2009年8月19～20日、自宅アパートの部屋で長男S君の首を紐で絞めて殺害した、としている。起訴事実について母は、犯行時刻は一部否定したが、そのほかは「間違いありません」「子どもと一緒に消えたくなって殺した」と大筋で認めた。冒頭陳述で検察側は「母が元夫からS君に会わせるよう迫られたり、S君の教育方針をめぐって罵倒されたりすることが重なり、S君と無理心中しようと決意した」「殺害前に父親（母方祖父）宛の遺書を郵送するなど、犯行は計画的だった」と指摘し、「判断能力は低下していても耗弱までは行っていない」と主張した。一方、弁護側は「被告は『息子と一緒に消えるしかない』と思い込み、心神喪失状態に陥って殺害を決意した」「強い自殺願望をもつ急性抑うつ状態」として、母に責任能力はないために無罪が相当と主張した（『読売新聞』『朝日新聞』2010年10月14日朝刊）。

　母の供述調書によると、母は、①父による断続的なDV被害、②母方祖母との金銭トラブルによる決別、③保証人が得られないこと（親族関係が希薄な一人親）によるアパートの賃貸契約をめぐる問題、④S君がADHDや多動などの発達障害ではないかという疑問など、複数の問題をかかえ、相談相手が乏しく孤立した生活状況から、挫折感や不安感を募らせていたことがわかった（静岡市児童虐待事例検証委員会、2011）。

　14日には、父らに対する証人尋問が行われた。母が公判初日に「別れた夫からの電話で消えたくなった」と話したことから、父に対して、母への暴力の有無や電話のやりとりに質問が集中した。検察側が「（直前の電話で）罵ったのでは？」と質問したところ、父は「ありません」と答えた（『朝日新聞』2010年

10月15日）。

　18日には、母の精神鑑定を行った医師への証人尋問などがあった。医師は、母の犯行時の状態について「強い自殺願望をともなう急性一過性の抑うつ状態。判断能力は著しく低下していた」と述べた。検察側の「病気を装っている疑いは？」という質問に対しては、「可能性は低い」と答えた。また、男性裁判員の「事件は衝動的か？」という問いに、医師は「もともとあった自殺願望が顕在化した」と答えた（『朝日新聞』2010年10月19日朝刊）。

　19日の論告求刑で、検察側は「被告が長男を殺害する前、一緒に朝食を買いにいくなど、行動に不自然な点はなく、責任能力はあった」と指摘し、「罪のない幼い命を奪った刑事責任は重大」として懲役10年を求刑した。弁護側は、「元夫からの暴力などが原因で、PTSD（心的外傷後ストレス障害）状態にあったために長男（S君）と無理心中を図った。責任能力はなかった」「被告は、愛情と信頼に満ちた生活を送っていた長男（S君）と一緒に消えてしまいたいと思い込むほど判断能力が低下していた」などと主張して無罪を求めた（『朝日新聞』『読売新聞』2010年10月20日朝刊）。

　21日の判決では、精神鑑定の結果などから、母は犯行当時、「PTSDに由来する死への強い願望をともなう急性一過性の抑うつ状態のため、心神耗弱の状態にあった」と認定され、懲役3年、保護観察付き執行猶予5年の刑が言い渡された（『読売新聞』2010年10月22日朝刊）。

判決の詳細

母の精神障害について

　判決では、以下の鑑定結果にもとづき、検察側の主張した犯行の計画性を退け、母がPTSDと同様の精神状態にあったことを認めた[3]。

① 犯行時母は、父によるDVに起因するPTSDに罹患しており、2009年8月18日夜の父からの電話が誘発刺激となってフラッシュバックを起こし、強い希死念慮をともなう急性一過性の抑うつ状態をきたした。

---

[3] 判決では、本件はICD-10やDSM-IV-TRに定められたPTSDの「戦争、災害、犯罪被害などの甚大な心理的ダメージがあった」という基準を満たすものではないが、鑑定人が提示した「甚大なダメージとまではいえないが、虐待やDVなどの心理的ストレスが長期間断続した」という基準を満たしており、鑑定人によれば上記基準を満たせばPTSDに該当するとの学説も有力で、臨床例も多数あるとし、母をPTSDと同様の精神状態にあったと認めるのが相当である、とした（静岡地判 平成22年10月21日）。

②この精神状態は、ストレス処理が未熟な母の性格、本事件の数カ月前から母にかかっていた複数のストレス、そして社会的孤立状況が相まって、母の判断能力を著しく狭め、S君を道連れにした拡大自殺という行動を制御する能力を著しく低下させていた。

③この精神状態は、犯行前日から生じており、8月19日の父からの電話の前と後で、判断能力の低下に量的な差異はあったが、質的には変わらなかった。

④うつ状態は中等度だった。

責任能力について

判決では、以下の理由にもとづいて、犯行当時母は心神耗弱の状態にあったが心神喪失の状態にはなかったとした。

①〔犯行の動機について〕母は、2009年6月に市営住宅への入居を申し込んで父からの自立を考えたり、貯金が600万円あったなどの事情を考慮すると、母が父から電話で罵倒されただけで拡大自殺を図るのには、その経緯に大きな飛躍があり、犯行動機が了解可能であるとはいえない。母には精神科通院歴もなく、S君を育てながら日常生活に支障をきたすこともなかったので、8月18・19日の父からの電話を契機として、突然犯行に至ったのは母の人格から考えると異質であると言うべき。

②〔母の抑うつ状態が中程度であったことについて〕犯行時、母は、遺書を書いたり、部屋が汚れないようにビニールシートを敷いたり、犯行後、母方祖父に連絡をしたり、合理的な行動をしていることを考慮すると、母はPTSDにもとづく抑うつ状態の強い影響を受けて犯行に及んだと評価できるものの、抑うつ状態の圧倒的な影響によって犯行に及んだとは評価できない。また、母がもともとストレス処理の未熟な人格であることを考慮しても、精神状態の質的変化がなければ本事件は発生しなかったので、母のもともとの人格にもとづく判断のみによる犯行とはいえない。

(4) 事件へのコメント

本事件に対して、専門家等がコメントしている記事などは見つけられなかった。

本裁判の裁判員6名のうち3名は、裁判後の会見においてコメントをして

事件の経過表

2002年	2月	母が仕事を手伝っていた 母方祖母の居酒屋で、常連客であった父と知り合い同棲を始める。
	5月	母の妊娠が覚し、父母は入籍。
	10月末	父母、別居。母は 母方祖母と同居する。
	12月	S君、出生。
2005年		母、離婚調停の申し立てをする。
2006年	4月	父母、和解離婚成立。
2009年	3月	金銭上のトラブルが原因で、母は母方祖母と別居。知人名義で賃借したアパートに引っ越す。
	4月	S君、小学校に入学。 知人男性とのトラブルで、アパートの名義を変えるように言われ、母は父名義でアパートを賃借することとなる。 父が頻繁に 母のアパートに出入りするようになる。
	6月	母、市営住宅への入居を申し込む。
	7月21日	母、小学校の「教育相談」に行き、S君の学級担任と面接。
	7月28日	母が父に「頻繁にアパートに来てもらっては困る」という旨を伝えたところ、父は怒って帰る。
	7月30日	母は、父からS君への教育が犬の飼育に似ているなどの内容のメールを受け、ショックを受ける。養育費がもらえなくても、父との関係を切ってもいいと思う。
	8月3日	卒園した幼稚園の卒園生が集まる行事に、母とS君は元気に参加。
	8月7日	母、父から「S君と夏休みを過ごしたい」などという内容のメールを受けとる。そのメールに対して母は直接返事をせず、これを拒絶する意思で、父が7月30日に送ってきた「二度と行かないし二度と会わないよ」などの内容のメールをそのまま返信した。
	8月18日	飲酒した父からの電話で、母は「貴様のような奴にはSを育てられない」「Sも親を捨てるような人間になる」などと言われ、父から暴力を受けていた頃のことが思い出され、S君を殺して自殺するしかないと思い詰め、一睡もしなかった。
	8月19日	未明、母は一睡もせず母方祖父と母方継祖母宛の遺書を書き、昼前に投函。母子2人で夕食を食べ、午後10時頃にS君と寝たものの、父から電話がかかってくるかと思い、うとうとしていた。午後11時57分頃、父から母に電話があり、罵倒され、母はS君を殺害して自殺することを決意。
	8月20日	未明、母はS君を殺害。その後、母は鎮痛剤を大量服薬し、剃刀やカッターナイフで自殺を図った。午前6時前、母は母方祖父に電話をかけて、アパートに来るように頼んだ。訪れた母方祖父が119番通報し、事件が発覚。
	8月24日	母、殺人容疑で逮捕。
	9月14日	静岡地検は、母を殺人罪で静岡地裁に起訴。
2010年	10月13日	初公判。母は起訴事実を認めたが、弁護側は「犯行時は心神喪失状態で、刑事責任能力はなかった」として無罪を主張。

2010年	10月14日	第2回公判。父などへの証人尋問が行われる。
	10月15日	第3回公判。
	10月18日	第4回公判。母の精神鑑定をした医師への証人尋問などが行われる。
	10月19日	論告求刑公判。検察側は懲役10年を求刑。
	10月21日	判決公判。母、懲役3年、保護観察付き執行猶予5年の刑を言い渡される。

いる。聞き慣れない専門用語に苦労し、3名はそろって、「素人で基準がまったくないので難しかった」と話した。男性裁判員（30代）は、「精神鑑定や責任能力に関してまったくの素人。鑑定人の話を頼りにするしかないところがある」と話した。男性裁判員（50代）は、「責任能力」に対する一般人の印象と専門家の考えには多少差があると感じ、「鑑定結果をどう判断するかが難しかった」と話した。男性裁判員（40代）は、被告人質問で「子どもの将来をどう考えていたのか？」などの質問を繰り返した。この男性は、当初は子どもを殺した罪に問われた母親を「すごく悪質で許せない」とみていたが、裁判で事件の背景が明らかになるにつれ、「同情する気持ち」も生まれたという。また、本裁判は7日間と長かったため、裁判員からは「正直長かった」「選ばれたその日に公判は負担」との声もあがったという（『朝日新聞』2010年10月22日朝刊）。

事件に関する文献

静岡市児童虐待事例検証委員会は、2011（平成23）年3月、本事例を含む児童虐待事例の検証結果報告書を提出した。以下、委員会があげた本事例の問題点と提言についてまとめる。

本事例の問題点

①幼稚園や小学校に対する調査によると、事件前に母やS君から無理心中に結びつく言動はみられなかった。母の精神鑑定結果からも、母がDV被害によるフラッシュバックを起こしたのは事件2日前であり、小学校も夏休み中だったため、気づかなかったとしても無理のない状況だった。

②母自身、および母のDV被害を知っていたと思われる母方祖母は、DVに関して公的機関に相談した形跡がなかった。母は、母方祖父にもDV被害

をはじめ生活の悩みを相談していなかった。また、母が激しい暴力を受けていた時期は 2002 年 2 月頃で、「配偶者からの暴力の防止および被害者の保護に関する法律」[4]の施行後まもなくであったため、現在の状況とは違い DV に対する啓発や相談体制に関する周知が不十分だった可能性もある。

③母自身も被害者である側面もあるが、子どもと一緒に命を断とうとしたことは、子どもの人権を無視したものである。

④DV を子どもに目撃させることは「心理的虐待」に該当し、本児においてもそういう環境下に置かれていた時期があった。また、事件前も母と父は電話を通じた争いがあり、不適切な環境であった。

提言

①相談機関の啓発について

母や母方祖母が DV について公的機関に相談していなかったことから、公的機関は DV 相談だけでなく、市民へのいっそうの意識啓発、相談体制の周知について検討する必要がある。

②婦人相談機関と児童相談機関の連携について

同様の事例が生じた場合は、一方の機関がかかわった場合には、もう一方の相談機関と円滑な連携について検討する必要がある。

③子どもの人権啓発

無理心中は、子ども自身の人権を無視した行為であり、親子の関係を従属関係としてとらえた結果であるが、これは日本の社会ではありがちである。このため、子どもの権利条約など人権尊重のために啓発を推進する必要がある。

④相談機関へ援助を求めない市民への対応について

公的機関は、生活上の課題をかかえているが、援助を求めず孤立化している人たちへの対応を検討する必要がある。

(5) 事件がもたらした影響

本事件は、裁判員制度が始まって以来、静岡県内でははじめて被告の責任能力の有無が問われた裁判であり、その意味で静岡県では注目されたようだ

---

[4] 「配偶者からの暴力の防止および被害者の保護に関する法律」は、2001 年 10 月に施行された。一部の規定については、2004 年 12 月、2008 年 1 月に改正されている。

第Ⅳ章　2008〜2010年（平成20年児童福祉法改正後の事件）

(『朝日新聞』2010年7月10・22日朝刊)。

　また、上述したように、静岡市児童虐待事例検証委員会は本事件の判決後である2011年3月に、ほかの2事例を含む児童虐待事例の検証報告書を提出している。この時点においては、「親子心中」事例を取り上げた数少ない検証報告書の1つである。

文献
静岡地判 平成22年10月21日（裁判所HP：http://www.courts.go.jp/hanrei/pdf/20
　101207090921.pdf）
静岡市児童虐待事例検証委員会（2011）「静岡市における児童虐待事例検証結果報告
　書」(http://www.city.shizuoka.jp/000108217.pdf)

22　7カ月男児医療ネグレクト死事件
　（福岡市 2009 年）

(1) 事件の概要

　2009（平成 21）年 10 月、生後 7 カ月の Y 君がアトピー性皮膚炎を悪化させて死亡した。実父と実母は、死亡する危険性を認識しながらも、所属していた宗教団体の信仰の影響で Y 君に治療を受けさせていなかった。警察は必要な治療を受けさせない虐待（医療ネグレクト[1]）による殺人と判断し、両親は逮捕された。

　以下では、逮捕後の調べでわかった情報を含め、Y 君が死亡し、判決が出るまでの経過について『朝日新聞』『読売新聞』の報道を中心にまとめる。

(2) 家族の状況

Y 君（7 カ月）

実父（32 歳）：宗教団体職員、小学生のときに入信

実母（30 歳）：宗教団体職員、中学生のときに入信

なお、別居している父方祖父母、母方祖父母も父母と同じ宗教団体に所属している。

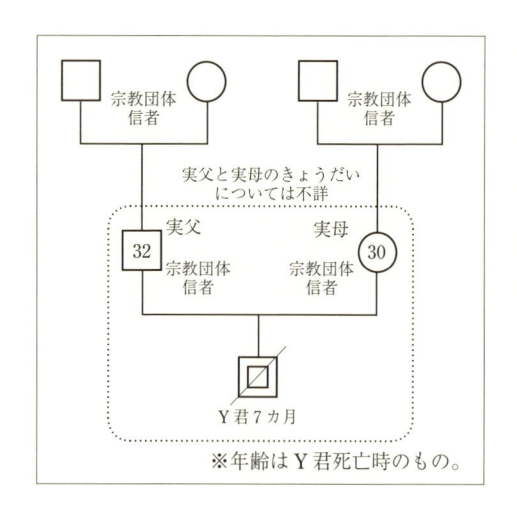

---

[1] 医療ネグレクトについては、日本子ども虐待防止学会発刊の『子どもの虐待とネグレクト』12 号 3 巻に特集が組まれており、医療ネグレクトの定義、実態調査、日本における取り組み、法的対応についてまとめられている。

第Ⅳ章　2008〜2010年（平成20年児童福祉法改正後の事件）

(3) 事件の経過

Y君の出生から死亡、そして実父と実母の逮捕まで

　2008（平成20）年8月、妊娠した母は、保健所に妊娠届書を提出し、母子健康手帳が交付された。

　2009年2月、福岡市外の助産院にてY君が誕生、出生時の体重は約3300gであった。1カ月健診を同じ助産院で受け、体重は4300g、健康チェックではY君に問題はなく、親子関係も良好であった。しかし、生後2、3カ月頃にはアトピー性皮膚炎を発症していた。

　2009年5月14日、民生児童委員が「すこやか赤ちゃん訪問[2]」で自宅を訪問したが、「Y君が泣いているから」と母は顔を見せず、インターホン越しに応対しただけだった。約1週間後の5月20日、区の担当課は4カ月健診の案内を郵送したが、6月24日の健診は未受診であった。この頃Y君はすでにアトピー性皮膚炎にかかっていたが、両親は所属していた宗教団体の説く「浄霊」という手かざしや、「御霊紙」という和紙をY君に張る行為などによって治療を試みていた。また、治療はほかの信者らも手伝っていた。このような治療は奏功せず、6月頃、Y君の容体が悪化し、父と母は、いったんは病院での治療を検討するが、信仰を優先させ、受診させなかった。そして6月下旬からは体重も増加していなかった。7月9日には健診が未受診ということで受診勧奨はがきが市より送付されるも、7月29日の健診日にも受診がなかった。健診が未受診であることから、9月10日に保健師が自宅を訪問したところ不在であったが、家には乳幼児用の洗濯物が干されており、生活している様子はうかがえたという。訪問の際、保健師は「訪問および相談にのるので連絡がほしい」という内容のメモを残していた。しかし、その後父や母から連絡が来ることはなかった。9月中旬からは、皮膚炎の進行で全身の皮膚がただれ、皮膚状態の悪化だけでなく、母乳を吐き出すなどして十分な栄養がとれていなかった。

　10月に入ると、Y君のアトピー性皮膚炎はさらに悪化し、細菌に感染して重体となる。衰弱して食事もとれなくなり、この頃、体重は約4300gと標準体重の半分程度であった。さすがに父母は、Y君の状態を見て死亡する危険性

2　区の福祉事務所子育て支援課で行っている事業。身近な相談相手である民生委員・児童委員が生後3カ月頃の赤ちゃんのいる家庭を訪問し、地域の子育て支援情報等を提供する（福岡市HP）。

を認識したようであるが、宗教団体が提唱する健康法でY君が回復すると信じ、適切な治療を受けさせず、手をかざすなどの行為を繰り返していた。後の父の調書から判明したことであるが、Y君が死亡する直前は「浄霊」を通常の倍の40分に伸ばし、1日10回以上続けていたとのことであった（『朝日新聞』2010年7月13日）。10月9日、午後8時頃、父はY君が呼吸をしていないことに気づき、119番通報した。救急隊到着時にはすでに心肺停止状態であり、病院に搬送されたものの死亡が確認された。直接の死因は、低栄養状態を背景にアトピー性の皮膚病が悪化し、黄色ブドウ球菌感染による皮膚炎による敗血症であり、さらに細菌に感染して気管支肺炎を併発したものであった。身体的外傷はなかったが、死亡前は全身の3割以上に炎症が広がっており、これらの状況から病院が虐待を疑い、警察に通報した。検証報告書（後述）では、死亡時の体重が生後1カ月時よりも減っていたことについて、「飲食させていない」「飲食していない」ではなく、「飲食する力がなくなっていた」と考えられるとある。

2010（平成22）年1月13日、県警は父母を殺人容疑で逮捕した。県警は、明確な殺意は認めていないが、医療ネグレクトによる殺人と判断した。父母は、「結果的に病院へ運ぶ判断が遅れ、見殺しにしてしまった」と述べ、父は「信仰を重んじて病院へ行かなかった。子どもを見殺しにしてしまった」、母は「人間本来の自然治癒力でよくなると信じていた。後悔している」と供述した。

1月14日、県警は父母の容疑を裏づけるため、宗教団体の総本部事務所を家宅捜索した。団体関係者などによると、団体では医療機関での治療を禁じてはいないという。同日、父母は接見した弁護士に「Yが死んでもかまわないとは絶対に思わなかった」と殺意を否認した。また、「団体からは、『Yを病院に連れていってもいい』と言われていた」と言い、母は「Yは死亡する3、4日前に、乳を吸う力が弱くなり具合が悪くなった。病院に連れていこうかと思ったが、様子をみていたらよくなったので連れていかなかった」と話していた。さらに、県警の調べに対して、父母は「子どもの頃からの信者で、これまで一度も医療機関や薬に頼ったことはない。教えを忠実に守りながらここまできた。子どもも、宗教団体の推奨する治療法で絶対によくなると信じていた」と語った。一方、「このままでは子どもは死んでしまうと思ったが、治療を受けさせていないことを指摘されそうで病院に連れていけなかった」と自分たちの不適切な対応についても認識し、供述していた。

公判

　同年2月4日、福岡地検（以下、地検）は不作為による殺人罪の成立を立証するに足る証拠を得られなかったとし、父母を保護責任者遺棄致死罪で福岡地裁（以下、地裁）に起訴した。

　7月12日、父母の裁判員裁判の初公判が地裁であり、2人とも起訴内容を認めた。検察側は冒頭陳述で「9月下旬からでも病院で治療すれば、命を救うことは十分可能だった」と指摘し、病院で治療を行わなかった理由は信仰だけでなく、「Y君を放置した責任を追及されるのを恐れたため」と、治療の必要性を認めていたにもかかわらず治療を受けさせなかったことについて父母に責任があると述べた。また、検察側は、Y君の死亡当時の様子について、「Y君は、宗教団体の幹部が手かざしを行っている最中に死亡した。幹部は『（現場に）いなかったことにしてほしい』と頼んできた」という父の供述調書も読み上げた。これらに対し、弁護側は「宗教団体の会長らに相談しても受診を勧められず、容体が深刻ではないと認識してしまった」などと主張した。

　7月14日、父母の論告求刑公判が地裁で開かれた。検察側は論告で、宗教団体の教義では医療機関での治療や投薬を否定していたが、これらは「絶対ではなく、病院に行く判断は本人に委ねられていた」「父母は自らの意思でY君の命より信仰を選択した」と指摘し、Y君の病状が悪化しても父母の意志で「浄霊」と称する「手かざし」をはじめとした団体が提唱する治療法しか行わなかったとして、あくまでも亡くなるまで放置した父母の責任について強調した。一方、弁護側は、団体が「病院に行くことを禁じていることはなく、治療を受ける・受けないを決めるのは信者の自由」と説明したことについて、「教義と矛盾し、本当の意味の自由ではない」と反論した。病院に連れていかなかった理由として「団体の幹部が自宅を訪れて『浄霊』をしており、病院で治療を受けさせることについて幹部への気がねがあった」と述べた。検察側は「子どもの命を守る親として当然の義務を果たさず、見殺しにした」「信仰をY君に押し付けて死亡させた」として、父母それぞれに懲役6年を求刑した。一方、弁護側は、「父母は『薬は毒である』という教義を信じていた」と述べ、父母とも団体からの退職の意思があるとしたうえで、「2人とも両親が信者であるため宗教団体と無関係な人の監督が必要」と保護観察付きの執行猶予が相当と述べ、結審した。

　7月16日、判決公判が地裁であった。裁判長は父と母に懲役3年、保護観

察付執行猶予5年を言い渡した。検察側が「Y君を放置した事態の発覚を恐れて病院に連れていかなかった」と主張していたことに対し、裁判長は、「医療行為を可能なかぎり回避するよう奨励している宗教の影響があった」「父と母は『浄霊』と呼ぶ手かざしで治ると信じていた」「宗教団体での閉鎖的な生活があった」と指摘し、検察側の主張を退けた。「わずか7カ月で生涯を終えたのは悲惨で重大」としながらも、「いわゆる育児放棄とは異なる事案。父母なりにY君に深い愛情をもって救命に努力していた」などとして検察側の主張を退けた。そのうえで、「少しでも多くの宗教団体以外の人と接してほしい」「もっと広い視野をもってほしい」と父母に説諭した。

検証報告書

2010年6月、福岡市児童福祉審議会権利擁護等専門部会による「児童虐待による死亡事例等検証報告書」が出された。報告書のなかでは、調査によって判明した事実関係が述べられたうえで、アトピー性皮膚炎等に対して適切な治療を行えば死に至ることはなかったことから、「医療ネグレクトによる死亡」であると述べられた。再発防止策として、次の2点が提言された。

①乳幼児の状況確認ができないときの対応

支援を求めない保護者に対してどのようにかかわるか、乳幼児健診の未受診者フォローの観点とあわせての検討が必要である。たとえば、乳幼児の状況把握を3回試みても把握ができなかった場合には、児童相談所に虐待通告するといった仕組みも含めて検討する必要がある。

②関係機関の連携強化

とくに保健部門と福祉部門の連携強化のために、虐待リスク要因と思われる情報の共有化を図るとともに、情報を有効に活用していく仕組みの検討が必要である。

(4) 事件へのコメント

才村純(関西学院大学教授・児童福祉論)は、「乳幼児健診を受けない家庭で虐待が起きていたケースは多い。(検証報告書のなかの家庭訪問を3回試みても子どもに会えない場合、児童相談所に虐待通告をする仕組みを作る提言について)この仕組みがうまく機能すれば、ほかの自治体の参考になるだろう」と述べてい

る。また、市こども家庭課は、この提言について、4カ月健診を受けない家庭だけでも年間約300世帯にのぼり、態勢を整えるためには費用と人員が必要、という（『読売新聞』2010年7月3日）。

(5) 事件がもたらした影響

医療ネグレクトへの対応については、2008年3月に、厚生労働省より通知[3]が出されていた。このときには、具体的手続きとしては親権喪失宣告の申立てのみとなっていた。実際には、親権喪失宣告の申立てと同時に審判前の保全処分を申し立て、保全処分が認容されてから医療行為を行い、終了後に親権喪失宣告の申立てを取り下げることが多かったようである。

その後、2012（平成24）年4月1日、改正された民法および児童福祉法が施行され、2年以内に限って親権を行うことができないようにする「親権の一時停止制度」が新設された[4]。これら法律の改正にともない、厚生労働省より医療ネグレクトについての考え方や必要な手続きなどが整理された通知[5]が出された。必要な医療行為に対して親権者が同意しない場合、①親権停止審判の請求、②①を本案とする保全処分、③緊急性が高いときには親権者の意に反しても医療行為を行うことができる、これら3つを緊急性の程度により選択することができるようになった。

追記：宗教団体について

父母が所属していた宗教団体は、全国に約1万人の信者がおり、手かざしをする浄霊と自然農法が特徴である。

2006（平成18）年には、糖尿病を患っていた60歳代の宗教団体職員が病院に行かず死亡していた。また、1997（平成9）年から1999（平成11）年にかけて、信者夫婦3組の子ども3人が北九州市内の病院に運ばれ、うち生後3カ月の乳児は結核とみられ呼吸不全で死亡、15歳の少年は腎不全で長期間放置さ

---

[3] 雇児総発第0331004号 平成20年3月31日「医療ネグレクトにより児童の生命・身体に重大な影響がある場合の対応について」
[4] 平成23年法律第61号「民法等の一部を改正する法律」
[5] 雇児総発0309第2号 平成24年3月9日「医療ネグレクトにより児童の生命・身体に重大な影響がある場合の対応について」

れ、体重は25kgしかなく死亡した。生後6カ月の男児は重症のアトピー性皮膚炎だったが、母親が信仰心の強い父親を説得して入院させ、治療を受けたため1カ月半で回復していた。それぞれの親は、医師に対して宗教上の理由で医療機関での治療を受けさせていなかったと説明していた。

文献
福岡市児童福祉審議会権利擁護等専門部会(2010)「児童虐待による死亡事例等検証報告書」

23　江戸川区小1男児虐待死事件
（東京都 2010 年）

(1) 事件の概念

　2010（平成22）年1月23日夜、東京都江戸川区で、小学1年生のK君（7歳）が、食事に時間がかかることに腹を立てた両親から暴行を受け、意識不明になって救急搬送された。翌朝まで処置が施されたが、翌24日朝に死亡が確認された。K君の身体には火傷や古傷、痣などがあり、長期にわたって虐待の可能性があるとして、同日、電気工の継父（31歳）と実母（22歳）が、傷害の疑いで逮捕された。その後、暴行と死亡との間に因果関係が認められるとして傷害致死罪に訴因変更された。9月28日に裁判員裁判が東京地裁で始まり、10月1日に結審。東京地裁は同月4日、継父に懲役8年、実母に懲役5年の刑を言い渡した。

(2) 家族の状況

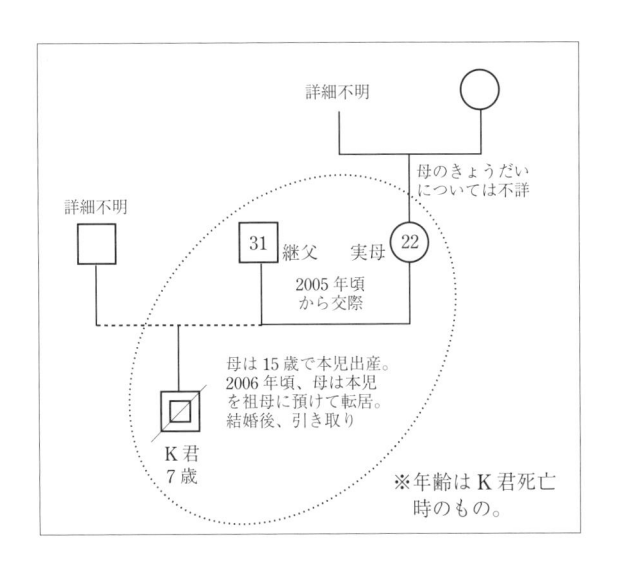

(3) 事件の経過

継父との同居まで

2002（平成 14）年 7 月、母は 15 歳のときに東京都郊外の母方実家にて K 君を出産。2006（平成 18）年頃、母は K 君を実家に預け、東京都内に転居する。母方祖母は保育所を利用しながら K 君を養育していた。保育所の行事には母が参加することもあった。保健機関は、母が若年出産であったので当初は支援していたが、K 君の発育状況に問題がなく、保育所にも通っていたため 2008（平成 20）年 3 月（当時 K 君 6 歳）に支援を終了した。

継父と母が知り合ったのは 2005（平成 17）年頃である。近くに住む継父の祖母[1]によると、「継父は、結婚前から 3 人で海に行ったり、幼稚園[2]の運動会では父親リレーに参加したりして K 君をかわいがっていた」（『朝日新聞』2010 年 12 月 22 日）という。2009（平成 21）年 2 月、母と継父は結婚。それまで母方祖母が K 君の主たる養育者であったが、就学を機に K 君は母方祖母宅から離れ、同年 3 月から東京都江戸川区で母と継父と同居し始めた。継父は、K 君の好物のカレーや野菜いためをよく作ってあげたという。継父は継父の祖母に「自分の子として育てたい。自分の子のほうがかわいくなったらいやだから子どもは作らない」と話していたという。

同居後から事件発生直前までの経過

主に区と都の検証報告書の記載から引用し、一部分加筆修正して記述する。

2009 年 4 月に、K 君は小学校に入学。K 君は人なつっこい性格で、小学校では担任教諭の手伝いを進んでし、国語や図工が得意だったという（書写した作品は翌年 1 月の区の展覧会で優秀賞に選ばれている）。

5 月に K 君は、母と継父と一緒に A 歯科医院を初診。以降定期的に通院するようになる。母方祖母の話や朝日新聞の捜査関係者への取材（『朝日新聞』2010 年 2 月 13 日）によれば、同居を始めた直後から暴行が始まっていたという。

---

[1] 詳細不明のため家族図には図示していない。
[2] 「平成 21 年度東京都児童福祉審議会児童虐待死亡事例等検証部会報告書——児童虐待死亡ゼロをめざした支援のあり方について（江戸川区事例中間報告）」によると、「保育所」と記載。

第Ⅳ章　2008〜2010年（平成20年児童福祉法改正後の事件）

　同年9月初旬、小学校の担任がK君の痣に気づき、副校長と学年主任に報告する。しかし虐待通告には至らなかった。事件後の公判で継父は、この頃から「K君が返事をしないことや謝らないことに悩んでいた」と明かしている。
　9月4日、K君は母と一緒にA歯科医院を受診。この際、歯科医がK君の左頬および身体に痣を発見。K君は、「パパにぶたれた。僕は悪いことはしていない。ママは黙って見ていた」と話した。同月14日、A歯科医院が、江戸川区子ども家庭支援センター（以下、支援センター）に虐待通告。それを受けて支援センターは校長に連絡し、状況確認を依頼する。小学校でも痣に気づいており、「今後気をつけてみていく」と答えた。
　9月15日（火）から18日（金）の間、K君が小学校を欠席する。自転車で転んでけがをしたと小学校に連絡があった。16日、支援センターは、会議でケースを受理し、児童相談所へ「情報提供[3]」することを決定した。同日校長の指示により担任が家庭訪問すると、K君の顔が1.5倍に腫れ上がっていたため、小学校に戻って校長に報告。校長、副校長、担任で再び訪問したところ、継父はK君への暴行を認め、「しつけである。二度と殴らない。明日病院に連れていく」と約束した。
　翌日の17日、校長は、家庭訪問の状況を支援センターに報告する。支援センターは児童相談所に「情報提供」する旨を電話で連絡し、文書を郵送した。同日副校長が家庭訪問し、K君を病院に連れていったことを母から聞いた。このとき、副校長が「今日は何を食べたの？」と尋ね、K君が「ラーメン」と答えたことに「ブタメンかな？」と会話した。
　18日、児童相談所に支援センターからの「情報提供」の文書が届く。内容としては、虐待通告後の支援センターと小学校の対応経過が書かれており、今後小学校と支援センターも見守りなどをしていくが、再発しないとは言い切れず、再度虐待を行った場合は父子分離などの可能性も含めて児童相談所のかかわりを強く求めたい、というものであった。児童相談所は緊急受理会議の結果、小学校がすぐ対応し、継父がK君の暴行を認めていることから、次に何かあれば児童相談所として対応することとし、「情報提供」ケースとして取り扱うこととした。

3　「情報提供」：現時点では児童相談所の緊急一時保護や早急の対応は必要ないが、支援センターが受理したケースとして児童相談所に報告する必要のある場合に行うもので、東京都独自のルールである。

379

30日（水）に支援センターが校長に電話し、K君の状況を聞いたところ、通常どおり生活しているとのことで、問題がないと確認した。支援センターは、変わったことがあれば報告するよう依頼した。

　10月13日（火）から15日（木）に、頭痛のためという理由で、K君は再び小学校を欠席する。担任は病院を受診するよう助言した。16日に、K君は吐き気と頭痛でB医療機関を受診する。母は、「10日（土）夜に継父と遊んでいて畳に頭をぶつけた。抱きかかえられた状態から、頭から畳に落ちた」と説明した。頭部CTを撮った結果、硬膜下血腫を確認するが、脳外科医が不在であったのでC医療機関を紹介した。C医療機関を受診し、検査の結果、入院となった。母の説明はB医療機関にした内容と同じであった。C医療機関は、母の説明と医学的所見に矛盾がないため、虐待を疑うことはなかった。当日、継父が来院し、「遊んでいてよく落とすが、それくらいでこうなるのか」と看護師に質問したという。担任が母に連絡すると、「今日入院した。自転車で転んだことが影響しているかもしれない」と、それまでと矛盾する答えをした。入院は16日（金）から23日（金）で、その間担任が3回見舞いを申し出るが、母はその都度理由を変えながら断った。退院した23日、母から担任に「今日、退院した。医師も血腫の原因はわからないと言っている」と連絡があった。

　26日（月）、K君は学校を欠席し、翌日登校した。29日は、C医療機関受診のために学校を欠席。なお、同日に支援センターと児童相談所は進行管理会議[4]を開催したが、支援センターからK君についての報告はなかった。

　11月16日（月）、K君は頭痛のため学校を欠席する。19日（木）は、遅刻する。母から「K君が副校長に会いたくないと言っている」と学校に連絡が入る。24日（火）に母と継父が来校し、K君に対する副校長の言動について小学校へ苦情を申し立てる。苦情の内容は、副校長が9月17日に家庭訪問した際に、「今日は何を食べたの？」と尋ね、K君が「ラーメン」と答えたことに「ブタメンかな？」と話したこと、および（時期は不明だが）「君のお父さんは本当のお父さんではない」と子どもが言われたということで、後者については、副校長は言っていないと否定し、水かけ論になった。11月30日（月）に地域住民から100点満点ばかりのK君のプリントの束が捨ててあったと学校に連

---

[4] 進行管理会議：区市町村内におけるすべての虐待ケースについて、進行管理台帳にもとづき、定期的に状況確認、主担当機関の確認、援助方針の見直し等を行う会議。

第IV章　2008～2010年（平成20年児童福祉法改正後の事件）

絡があり、その日のうちに教員が受けとりに行く。

　12月1日（火）、K君は学校を欠席。「こんな学校に行かせられない」との理由だった。12月3日（木）、担任が30日に受け取ったプリントを自宅に届け、K君および両親と面会。外傷などは見受けられず、継父ともなごやかな雰囲気で訪問を終了する。12月7日（月）、K君が自宅で宿題をしようと思ったところ、消しゴムを忘れて学校にとりに行く。しかし、教室にも消しゴムがなく困っていたため、担任が自宅に一緒に行き、保護者に説明をする。12月10日（木）、継父は区の教育委員会指導室に電話し、副校長の言動・学校への苦情を訴える。区教育委員会（以下、区教委）は学校に継父とよく話し合うよう指示した。12月14日（月）、K君は風邪を理由に学校を欠席した。

　12月21日（月）から25日（金）の間、K君は小学校を欠席する。21日に「子どもが学校に行きたくないと言っている」と母から連絡があり、同日継父から12月10日と同様の内容の電話が区教委に入る。22日も同じ理由の連絡がある。担任が家庭訪問し、母と面会するが、K君との面会は拒否される。担任は24日にも家庭訪問するが、母の弟[5]がおり、母やK君は不在だった。

　翌週の28日（月）に、K君は母と一緒にC医療機関を受診。K君は医師に「体育には参加できないが、学校には行っている」と答えた。同日母とK君が来校し、母は副校長への苦情を繰り返した。

　翌年2010年1月8日（金）（冬期休業日後、初日）から20日（水）まで、K君は小学校を欠席する。小学校が連絡したところ、母は「年末年始を母の実家で過ごしている」と答えた。この間の14日、C医療機関の予約が入っていたがキャンセルされ、3月1日に次回を予約する。

　2010年1月21日、K君はこの年はじめて登校する。22日に小学校で身体測定があり、着衣で身長と体重を測定。外傷などは確認されていない。この日の午後、一家が暮らすアパートのすぐ裏手の工場に勤める男性は、道端で下校途中のK君から「こんにちは」と挨拶された。「お父さんから、いじめられてないか？」と何も知らず声をかけると、「いじめられていません。悪いことをしたら怒られるけど」とはきはきと返事したという。

　同月23日（土）に事件が発生。K君は翌24日に搬送先の病院で死亡した。後の新聞報道によると、次のような経緯があったという。

---

[5] 詳細不明のため、家族図には図示していない。

1月23日午後7時、親子3人の食卓にはK君の好きなピーマンの肉づめなどが並んでいた。夕食の直後、継父が、K君の返事の声が小さいなどと怒り始めた。木刀を持ち出し、何度も殴った。母は「早く謝りなさい」と平手で叩いた。K君は涙を浮かべ、うずくまっていた。午後8時55分、朦朧としたK君が「ごめんなさい」と声を出し、その直後に意識を失った。午後9時10分頃、母が呼んだ救急車でK君は病院に運ばれたが、約10時間後に死亡した。死因は嘔吐した食べ物を誤って飲み込んだことによる肺炎だった。背中には、大きなケロイド状になった火傷の痕（医師によると、約1カ月前に受傷したと考えられるとのこと〔東京都検証報告書〕）があるなど、複数の火傷痕や痣があったという。

1月21日（木）から26日（火）まで、「江戸川区幼稚園・小学校展覧会」が開かれ、K君が教科書の一節の書字とそのシーンを描いた絵が優秀作として展示されていた。一節は次のようなものだった。

「『うみへのながいたび』
　ふいに、でっかいおすぐまが、すがたをあらわした。
　それでもおかあさんぐまは、おもいきって、そのまんまえに立ちふさがる。
　『なにかようかい、え？』
　『うんにゃ。ううふ……。』
　かわいいこぐまとめすぐまを見かけて、ちょいといたずらしたくなっていた。」
そこには、目のつり上がった雄熊が描かれていた。

事件後の経過

主に新聞報道を中心に記述する。

2010年1月24日、K君に暴行を加えたとして、警視庁小岩署は継父と母を傷害の疑いで逮捕する。両容疑者は23日午後8時頃から約1時間、自宅アパートで夕食を食べるのが遅いとの理由で、K君を正座させて顔を平手で数回殴ったり、両足の太ももを蹴ったりして、けがを負わせた疑い。K君は全身に打撲の跡があったといい、同署は日常的な虐待があったとみて、病理検査などで詳しい死因を調べ始めた。

25日に校長と支援センターの所長、区児童女性課長が合同で会見。校長は「K君は担任とよく話をし、手伝いもしてくれる子だったと聞いている。その後も休みがちだったが、毎回親から連絡がくるし、父親も礼儀正しかった」と

し、虐待を疑ったことはなかったと話した。支援センターは9月の通報後、学校長から電話で面談内容を確認して「緊急性はない」と判断したという。区児童女性課長は「学校側と家族が信頼関係を築いているので、待ちの姿勢だった。学校をこれだけ休んだことがわかっていれば、次の手段があったかもしれない」と話した。

東京地検は3月26日、傷害致死罪に訴因を変更請求したと発表。同地検は2月12日、両被告の暴行とK君の死亡との明確な因果関係が裏づけられないとして、両被告を傷害罪で起訴していたが、その後も捜査を継続し、医師など専門家の意見を聞くなかで、因果関係が立証できると判断した。起訴状では、両被告は1月23日に自宅で多数回にわたってK君の頭を殴るなどして嘔吐させた。K君は嘔吐物を誤って飲み込んで肺炎になり、翌日死亡したとしている。傷害罪は裁判員裁判の対象外だが、傷害致死罪（法定刑・3年以上の有期懲役）となったことで、裁判員裁判で審理されることとなった。

同年9月28日裁判員裁判が東京地裁で始まった。両被告は暴行でK君が死亡したことは認めたが「げんこつでは殴っていない」と一部を否定した。10月1日に結審し、検察側は継父に懲役10年、母に懲役7年を求刑し、弁護側は「しつけが目的で悪質な虐待ではなかった」と軽い刑を求めた。10月4日、東京地裁は、継父に懲役8年、母に懲役5年の刑を言い渡した。裁判長は「卑劣で危険な虐待行為。K君を守るべき母も継父の暴行を目の当たりにしながら同調しており、一連の虐待を助長した」と述べた。

判決によると、両被告は1月23日午後8時頃、自宅でK君の意識がなくなるまで暴行。K君は嘔吐物を誤って飲み込み、同24日朝、肺炎を起こして死亡した。継父は「げんこつの外側で頭は殴っていない」と主張したが、判決は「げんこつの内側で頭部を殴った」と認定した。判決は「継父の不遇な生いたちや、若くして出産した母の悩みなどが遠因とうかがえるが、暴行の程度などを考えれば重視できない」と指摘した。

公判で、2人は9月頃からK君が返事をしないことや謝らないことに悩んでいたと明かし、継父は「Kが謝らないのは、自分が本当の父親じゃないからではないか」と暴力を抑えられなくなった理由を説明した。さらに暴力がエスカレートした理由として、継父は「しつけの範囲なら仕方ないと思っていた。自分も子どもの頃、父親に殴られて育った」と述べ、母は「暴力を止めると甘やかすことになると考えた。若い母親という負い目と、しっかり育てたいという

プレッシャーがあった」と証言した。

　裁判員を務めた会社員は、「社会の助けがないと第二、第三のK君が出てしまう。タイミングのよい自宅訪問や相談先の確保など、児童虐待へのスイッチが入らないようにする手立てが必要だと思った」と話した。

　その後の二審・東京高裁でも懲役5年の判決を受けた母は、さらに上告をしていたが、2011（平成23）年7月16日、最高裁は、傷害致死罪に問われた母の上告を棄却する決定をした。

強盗事件にも関与していた継父

　事件の前年となる2009年6月2日に静岡県磐田市で起きた強盗事件に継父が関与していたとして、静岡県警は2010年2月24日、継父を強盗容疑で逮捕した。この事件は、磐田市内の会社役員の男性（75歳）方に押し入り、妻（73歳）に刃物のようなものを突き付けて脅迫。手足などを粘着テープで縛り、約1000万円奪って逃げたというもの。また2009年11月にも愛知県豊橋市のマンションの無職男性宅から現金300万円などが奪われた緊縛強盗事件にも関与していた疑いがあるとして、愛知県警は、静岡県警と情報交換を進めながら、この強盗容疑についても立件する方針とした。

　その後、これらの事件の前にも、2009年1月に信用組合の職員が襲われ、現金約2000万円が奪われた事件に関与していたとして、警視庁が継父ら男女計6人を強盗致傷の疑いで逮捕していたことがわかった（『朝日新聞』2010年7月20日）。継父はこの事件で2人の主犯格のうちの1人だった。

　静岡県磐田市の事件等で、強盗などの罪に問われた継父の判決公判が2010年11月9日、静岡地裁浜松支部であった。裁判長は「計画的な犯行できわめて危険」と指摘し、懲役10年（求刑懲役13年）の刑を言い渡した。判決によると、複数の男と共謀して2009年6月2日、磐田市内の会社役員宅に押し入り、妻をナイフのようなもので脅して現金約1167万円を奪って逃げるなど、4件の強盗や住居侵入などを重ねて計約3200万円を奪っていた。

（4）事件へのコメント

各機関が果たす役割と連携との問題

　山田不二子（小児科医）は「初期の段階で、学校に対応を任せすぎていたの

ではないか」「初期対応には専門的なアプローチが必要だが、学校は虐待を専門にしている機関ではない。親への対応まで含むすべてを課すのでなく、支援センターや児童相談所が積極的に介入する体制作りが必要ではないか」と話した。支援センターは、2009年11月末現在で児童虐待が疑われている203件（323人）のケースを担当しており、K君のケースもここに含まれていた（『朝日新聞』2010年1月26日朝刊）。

津崎哲郎（花園大学教授。元大阪市中央児童相談所長）は、「母親の再婚相手と暮らし、実家に預けられた経緯からみると、虐待のハイリスク家庭だったといえる。昨年9月に関係機関が連携して策を講じるべきだった」と話した（『毎日新聞』2010年1月26日朝刊）。

妹尾栄一（都精神医学総合研究所研究員）は「これだけの兆候がありながら虐待を疑わなかったのは、火が出ているのに火事だと思わなかったというのと同じ。区のフォローや児童相談所の強制介入があってもよかった」と批判している（『神奈川新聞』2010年2月14日）。

2010年2月16日の『朝日新聞』朝刊では「虐待、気づけたSOS」との見出しで、「K君の無言のSOSに気づくチャンスはいくつもあった」とし、報告を受けた支援センターが「緊急性はない」と判断して両親には会わず、文書報告を受けた児童相談所も「解決済」と認識し、いずれも学校任せにしたこと、硬膜下血腫と診断した病院が「頭のけがのため」として、身体は確認せず、8日間入院したのに、K君から事情を聞いていないこと、加えて、11月に母や継父が副校長への不満を学校や区教委へ訴えるようになったことで、学校は虐待を疑うより、信頼関係の回復に躍起だったことをあげている。記事のなかで松原康雄（明治学院大学教授）は「歯科医が気づくほどの傷があったうえ、母親の若さや、子どもと同居して間もないなどリスクが重なっていた。学校には限界がある。区や児童相談所が直接かかわるべきケースだった」と指摘している。

医療機関の発見の問題

2010年7月23日の『産経新聞』は、虐待通告後2つの病院を受診し、硬膜下血腫と診断され8日間入院したのに、病院が虐待を疑わなかった点について取り上げている。福永龍繁（東京都監察医務院院長・法医学）は、「医師は患者の言葉を疑う教育は受けておらず、子どもも自ら訴えないので、親の説明を信じてしまう」と指摘する。ある男性小児科医は「多くの場合、虐待を疑ったと

しても完全な断定はできず、難しい判断を迫られる。判断はすべて医師の裁量に任され、どうしてもためらいが残る。それに疑ったことが伝わると、親は『ばれた』と思い、再受診しなくなるおそれもある」と述べる。東京都三鷹市の杏林大学付属病院では、院内に虐待防止委員会がある。医師のためらいをやわらげるため、児童相談所への通告は医師個人ではなく委員会が検討のうえ行っていることを紹介している。

児童相談所の体制の問題

2010年3月6日付の『読売新聞』社説では、奈良県桜井市の事件[6]と江戸川の事件の2つを取り上げ、関係機関と接点がありながら死亡してしまう事件について、要保護児童対策地域協議会は大半の市町村にできてはいるが、中心となる児童相談所の人員が足りないことを指摘している。児童福祉司1人が平均100件以上の事案をかかえており、これは欧米の5倍以上にあたる数であると紹介し、法律や体制を整えても、機能しなければ意味がないと述べている。虐待防止に必要な人員をそろえ、能力ある専門職員を増やす必要もあり、そのための予算の確保を惜しむべきではないとまとめている。

学校の意識の問題

佐藤隆夫（元群馬県警生活安全部長）は、2010年3月12日付『朝日新聞』に「学校の事なかれ主義を問う」のタイトルの論考を寄せている。そこには「児童・生徒の虐待被害が防止できず、相も変わらず犠牲者を生んでいる原因は、両親に次いで日常的に子どもに接する機会の多い教師たちの側に、子どもを守ろうという意識や危機感が希薄なことに尽きるのではないだろうか。『授業以外のことで面倒に巻き込まれたくない』という事なかれ主義が、知ろうとすれば知ることができるであろう『目の前に見える危機』を見逃し、さらには事態に正面から向き合う姿勢をとらせないことにあるのではないか」と述べている。

地域住民の意識の問題

林浩康（日本女子大学教授・社会福祉学）は、「地域社会が、行政ができることには限界があるという意識をもつことが重要。地域住民の意識がもっと高ま

---

[6] 奈良県桜井市で起きた虐待による死亡事件で、本章の24に詳細を記載。

らないと、虐待の兆候が見過ごされるという悲劇は、減らないのではないか」と述べている（『読売新聞』2010年3月7日）。

(5) 事件がもたらした影響

　東京都と都教育委員会（以下、都教委）はK君虐待死事件発覚3日後の2010年1月27日、都内の全区市町村などに児童虐待が疑われる事案への対応を徹底するよう通知した。通知では、虐待が疑われる事案についての定期的な情報交換、子どもの安全確認、必要に応じた児童相談所への通告などを求めた。また、東京都は、児童虐待問題の専門家や弁護士らによる検証部会を設置することを決めた。都教委は、区市町村教委と都立学校に通知を出し、通告の徹底、子どもへ悩みがあれば教員などに相談するようにと指導することを呼びかけ、虐待防止に向けた保護者らへの啓発などの取り組みを促した。

　警察庁は同月28日、組織的な児童買春や人身売買などに関する有力情報に最高10万円を支払う「匿名通報ダイヤル」の対象に、2010年2月から「児童虐待」も含めることを決めた。

　事件を重視した川端達夫文部科学大臣は、1月26日に「このような痛ましい事件が起こったことは、大変残念であり強い憤りを感じている。今回の事件は、学校が本児童に対する虐待の疑いを把握した後、児童が休みがちになるなど、重要な変化があったにもかかわらず、関係機関と連携した対応が十分図られなかったものと聞いている」「児童虐待問題は、児童の人権を蹂躙（じゅうりん）する大変な問題であり、社会全体の最大の課題の1つと認識しており、厚生労働省と連携を密にして取り組んでいく」「二度と同じことが繰り返されることがないよう、全国の教育委員会、学校関係者には、関係機関との連携など適切な対応をお願いするとともに、すべての国民・地域の皆さんが、子どもたちに目を配り、子どもたちが安心して健やかに育つことができるような社会の構築に向けたご協力をお願いしたい」（『教育新聞』2010年2月8日）とのメッセージを公表した。

　事件を受けて、文部科学省と厚生労働省は2010年1月29日、連携強化に関する検討会議の初会合を開いた。両省は、2009年秋に支援センターが学校に「虐待のおそれがある」と連絡したものの、年末年始にK君が長期欠席した情報が共有されずに危機が見逃されていたことを重視。虐待が疑われる子どもの

出欠状況を、児童相談所などでも把握できる仕組み作りができないか検討することになった。これについて29日の会議後、文部科学省の高井政務官は「情報が寄せられた後の追跡調査が非常に重要」と述べ、厚生労働省の山井政務官も「出席日数の情報共有が（虐待死を）防ぐ対応策になる」と述べた。

　この約2ヵ月後の3月24日、両省は、要保護児童対策地域協議会に虐待ケースとして登録されている児童を対象として、出席状況などの情報を学校や保育所が市町村や児童相談所に定期的に書面で提供するよう、学校や保育所に求める指針を策定し、全国の自治体や教育長に通知した。頻度は「おおむね1ヵ月に1回を標準」としている。山井政務官は「今後も多様な事例に対応するかたちで両省の連携を深めたい」と強調。高井政務官は「関係機関がアンテナを高め、危険な状態を救う体制が必要だ」と述べた。

　支援センターでは、事件後、児童虐待が疑われる340人全員について、学校や保育所などを通じて安全確認を行った。

　江戸川区は2010年3月2日、区独自の検証報告書（「Kさん[7]死亡事件検証報告——児童虐待死ゼロをめざして」）を公表し、関係機関との連携強化など6項目の再発防止策をあげた。多田正見区長は「区の組織的体質が子どもの虐待に対してきわめて甘かったと言わざるをえない」とのコメントを残した。

　江戸川区と同区教委は同年5月7日、児童虐待の再発防止に向けて民生・児童委員、児童相談所、学校、支援センターなどによる四者協議会主催のシンポジウムを開いた。

江戸川区の検証報告から
対応上の問題点と課題

　江戸川区と教育委員会による検証報告書「Kさん死亡事件検証報告——児童虐待死ゼロをめざして」は、この事件に対する対応上の問題点および課題を、以下の5つの視点で整理している。

①リスクの適切な把握と初期対応

　支援センターとして受けとめが甘く、ハイリスク家庭と認識すべきだったこと、安全確認を学校からの情報提供（児童の登校）で済ませてしまったこ

---

[7] 検証報告書には実名が記されているが、本研究報告書では、死亡した被害児童の姓については実名を記載しないため、引用文献についても省くこととした。

と、近隣情報を民生・児童委員等に確認していないなど状況把握の甘さがあったこと。

学校に対しては、就学前情報や家庭環境まで把握できていないなどの状況把握の甘さがあったこと、および支援センターに対する情報提供が不足していたこと。

②適切なアセスメント・支援方針の決定および進行管理の徹底

支援センターに対して、アセスメントの見直しが不十分であったこと、虐待という認識が甘かったこと、学校任せにするなど進行管理が甘かったこと。

学校に対しては、「もう二度としない」などの言葉を受け、一見和解したように思い、虐待という認識をもたずに情報提供が不足していたこと、けがで長期入院をしているにもかかわらず、支援センターに情報提供を行わなかったこと。

③安全確認の徹底、対象者に応じた支援のあり方

支援センターに対して、歯科医からの通報の後、および児童の顔が腫れあがっていたとき、センター職員が直接児童と会い、面接するなど安全確認が未実施だったこと、および虐待者の話したことを信じてしまうなど虐待者に対する評価が甘かったこと。

学校に対して、児童のけがや、長期の欠席などの際に、母親からの連絡のみで状況を把握するなど児童虐待の認識・感度に甘さがあったこと。

④児童虐待防止ネットワーク機能の強化

支援センターに対して、「子どもの保護に関する地域協議会」（要保護児童対策地域協議会）（2005年11月設置）を活用できなかったこと、家庭訪問した学校が、夜間、状況報告をしようとしたが業務終了でつながらなかったこと、児童相談所への情報提供の際に、「再発の可能性あり」とした認識を学校と共有できなかったなど、学校との情報共有が不十分だったこと。

児童相談所に対する、センターからの「情報提供」に対して、受理・不受理の回答など、児童相談所との情報共有がなされなかったこと。

学校に対して、「みんなでみていこう」の合意だけで、校内の体制が不十分だったこと、教育研究所、民生・児童委員、教育委員会指導室など学校以外への情報提供が不足していたこと、教育委員会指導室に対しては、クレームが二度入っていたが、危機感をもって対応できていなかったこと、児童の状況などを細かく詳細に聞き取る必要があったこと。

⑤組織として対応する体制作り

　支援センターに対して、歯科医からの通報に対して、学校に任せきりの対応になり、専担組織として児童虐待にかかわっていくという姿勢に欠けたこと、および児童の状況連絡を待つ姿勢になり、その後のフォローができていなかったこと。

対応策

以上の指摘をふまえて、対応策として以下の点をあげている。

　支援センターに対して、子どもの命を守ることを最優先とした安全確認、主体的な進行管理の徹底、初期対応からの具体的なネットワークを構築、職員のスキルアップ。

　学校に対しては、「子どもの命は自分が守るんだ」という使命感をもち、子どもや保護者の理解を深めること、校内体制の再構築を図ること、多くの目で子どもを見るためのネットワークを深めること。

東京都の検証報告から

関係機関の対応に関する問題点、課題

　東京都児童福祉審議会の検証報告書「児童虐待死亡ゼロを目指した支援のあり方について」（2010年5月1日）は、関係機関の対応に関する問題点、課題として、以下のことを指摘している。

○支援センターに対して

①虐待通告後の初期対応として、自ら安全確認をしなかったこと、アセスメントができていなかったこと、調査が不十分だったこと。

②その後のケースマネージメントについて、個別ケース検討会議が開かれていなかったこと、見守りなどの支援が不十分であったこと、進行管理ができていなかったこと。

③基本的な体制について、職員体制が十分でなかったこと、スーパーバイズを活用していなかったこと、マニュアル（区の作成した児童虐待対応マニュアルの「気づきのチェックシート」活用など）を十分に活用しなかったこと。

○児童相談所の対応について

①「情報提供」の文書に複数のリスク要因が記載されていたが、対応を支援センターに任せ助言等をしなかったなど、受付後の対応が不十分だったこ

と。
②支援センターのケース対応力の評価が不十分だったこと。
③児童相談所の職員が、支援センターの受理会議に出席し助言を行ったことがないなど、スーパーバイズができていなかったこと。
○小学校の虐待対応について
①担任が痣に気づき、副校長と学年主任に報告したが、虐待通告に至らなかったこと。
②「二度としない」と約束したために一見解決したように思い、虐待に対する認識が不十分だったこと。
③欠席状況や入院など、児童の変化を支援センターに報告しなかったこと。
④父母の苦情対応が主になってしまったこともあり、小学校だけでかかえ込んでしまったこと。
⑤事件前日の身体検査が着衣のままであったため、火傷の後が発見できず、事件直前の介入の機会を逃してしまったこと。
⑥基本的な家庭状況等が把握できていないなど、家族状況について多様な情報が集められていなかったこと。
○医療機関の対応について
①母親の説明をそのまま受け入れ、虐待を疑うことがなかったこと。
②C医療機関にはCAPS（院内虐待対策委員会）が設置されていたが、そこには報告されず、活用されなかったこと。
○共通した課題として
①小学校、支援センター、児童相談所、および医療機関が、虐待に関して児童本人から直接話を聞いていなかったこと。
②支援センターは小学校に、児童相談所は支援センターに対応を任せきりになっていたこと。
③情報の共有など、機関同士の連携が不十分であったこと。

解決するための提言
以上の課題点を解決するための提言を、次のように示している。
支援センターの取り組みについて、虐待通告後の初期対応として、安全確認を徹底すること、虐待通告は組織的に対応方針を決定すること、アセスメントを行うために十分な情報を収集することが示され、その後のマネージメントとして、個別ケース検討会議を活用する、見守りは複数で行うこと、進行管理を

的確に行うことがあげられている。さらに支援センターの基本的な体制として、児童福祉司任用資格者など専門性をもった常勤職員を配置するなど、虐待対応の体制を強化すること、虐待対応は複数ですること、虐待対応の専門性を高めること、定期的にマニュアルを見直すことがあげられた。

児童相談所の取り組みとしては、「情報提供」ケースも進行管理を行うこと、区市町村の実情に応じた支援を実施すること、区市町村の専門性強化を支援することが示されている。

小学校の取り組みとして、虐待防止の取り組みを徹底すること、虐待通告は義務であること、虐待は組織的に対応すること、実践的な研修を実施すること、長期欠席後に登校した児童の様子に気を配ること、家族状況を把握すること、ネットワークを活用して虐待対応を行うことがあげられている。

医療機関の取り組みに対しては、虐待対応力の強化に努めること、およびCAPS を活用することが示された。

各機関の共通の取り組みについては、児童本人から話を聞くこと、連携の内容を明確にすること、情報管理を徹底することがあげられた。

文献

江戸川区・江戸川区教育委員会（2010）「K さん死亡事件検証報告――児童虐待死ゼロをめざして」(http://www.city.edogawa.tokyo.jp/oshirase/gyakutaizero/files/kenshohokoku.pdf)

東京都児童福祉審議会（2010）「平成 21 年度東京都児童福祉審議会児童虐待死亡事例等検証部会報告書――児童虐待死亡ゼロを目指した支援のあり方について（江戸川区事例中間報告）」(http://www.metro.tokyo.jp/INET/KONDAN/2010/04/DATA/40k4s100.pdf)

東京都児童福祉審議会（2010）「平成 21 年度東京都児童福祉審議会児童虐待死亡事例等検証部会報告書（概要版）――児童虐待死亡ゼロを目指した支援のあり方について（江戸川区事例 最終報告）」(http://www.metro.tokyo.jp/INET/KONDAN/2010/05/DATA/40k5b300.pdf)

東京都児童福祉審議会（2010）「平成 21 年度東京都児童福祉審議会児童虐待死亡事例等検証部会報告書――児童虐待死亡ゼロを目指した支援のあり方について（江戸川区事例最終報告）」(http://www.metro.tokyo.jp/INET/KONDAN/2010/05/DATA/40k5b301.pdf)

羽間京子・保坂亨・小木曽宏・小野寺芳真（2012）「学齢期児童虐待事例検証の再検討――死亡事例について」『千葉大学教育学部研究紀要』60　pp.133-142.

24　桜井市5歳男児ネグレクト死事件
（奈良県 2010 年）

(1) 事件の概要

　2010（平成 22）年 3 月 3 日午前 11 時頃、奈良県桜井市在住の実母から児童相談所に電話が入り、母は泣きながら、「子どもを虐待している」「救急車を呼んだらいいと思うが、どうしたらいいのかわからない」と訴えた。その後、正午頃までにさらに 2 回電話があった。母は「痩せている」「風邪で寝ている」「子どもがぐったりしている」などと話したため、救急車を呼ぶように指示した。

　このような電話を受けて、児童相談所は桜井市に連絡をし、依頼を受けた市職員が母宅を訪ねたところ、痩せ細った状態で横たわっている T 君（5 歳）を発見し、119 番通報した。このときの T 君は意識レベルが低く、病院に緊急搬送されたが、同日午後 5 時 20 分、飢餓による衰弱が激しく急性心不全により死亡した。

　亡くなったときの T 君の体重は 5 歳児平均の 3 分の 1 程度の 6.2kg、身長も 85cm しかなかった。あばら骨や足の骨が浮き出た状態で、自力で歩けず、紙おむつをつけて布団に寝かされていたという。

(2) 家族の状況

T 君（5 歳）
実父（35 歳）：会社員
実母（26 歳）：パート店員
妹（3 歳）

※年齢はT君死亡時のもの。

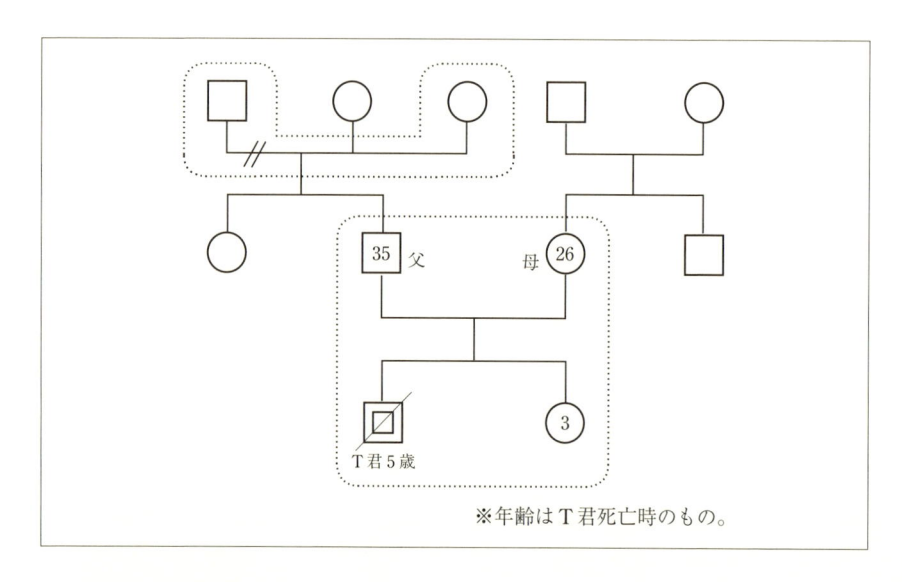

(3) 事件の経過

父と母の生育歴など

父母はともに、奈良県で生まれ育った。

母は、幼少期に父方の祖母に養育されており、母の弟とは養育上の扱いが違うと感じていたという。母は、大学や専門学校への進学を希望していたが、家庭が経済的問題をかかえていたため断念した。

父は少年期に父親から叩かれて育ち、父親とは疎遠になっていた。父の家庭も経済的問題をかかえていたという。また、父は大学に進学するも中途退学している。

2人は母が高校生のときに出会った。そして2003（平成15）年、母が20歳、父が29歳のときに結婚した。結婚については、母が若年であることを理由に、母の両親からは反対されていた。

また、母は母方祖父母や父方親族との同居などの援助を期待したが、援助は得られなかった（「奈良県児童虐待対策検討会 検討結果報告書」からの抜粋、要約）。

T君出生から妹出生までの経緯

2004（平成16）年7月、T君が生まれる。難産のため、緊急帝王切開で仮死状態での出生だった（出生時体重3486g、身長52.5cm）。乳幼児健診（1ヵ月児、

4カ月児、10カ月児）受診時は、発育上の問題は指摘されず、予防接種も受けた。また、この頃、T君が発熱や下痢等の症状があったときには、適切に医療機関にかかっていた。

　T君が1歳から1歳半頃までの間に、父名義の借金が複数回発覚、さらに父が母に黙って勝手に離職していたことが判明した。それにより、母は父に対する不信感をつのらせ、夫婦関係は悪化した。夫婦間での（主に母から父に対する）暴力行為が何度かあり、父は母が激高することを恐れ、母に迎合する傾向が強くなっていった。家計は母が握り、父を経済的にコントロールしている状況だった。また、この借金問題をきっかけに、借金の原因となった父の親族と母は断絶状態となった。

　母は借金返済のためにパート就労することになり、T君は母の両親宅で養育されることが多くなった。

　母は、日程が合わなかったことや、健診会場まで距離が遠くて行きにくかったことなどを理由に、T君の1歳6カ月児健診を受診していなかった。そして、T君が1歳8カ月のとき、妹の妊娠が判明し、母はパート就労を辞めることとなる。この頃、市はT君が1歳6カ月児健診を受診しなかったので、電話で母に受診を勧奨している。しかし母は、妊娠中であるために受診できないと返答し、受診には至らなかった。

　この頃、母はT君の保育所入所を考えたが、保育要件が合わなかったという。幼稚園も経済的な理由で入園を断念した。

　このような状況ななか、2006（平成18）年12月、T君が2歳5カ月のときに妹が生まれた（「奈良県児童虐待対策検討会 検討結果報告書」からの抜粋、要約）。

T君が死亡するまでの経緯

　妹が生まれた後、T君の赤ちゃん返りや反抗が目立つようになり、母は養育に負担を感じるようになっていった。T君が2歳半の頃には、T君が走り回っているときに妹の腕を踏んだため、父と母は妹の安全を考え、T君を1日数時間ロフトに上げるようになった。

　またこの頃、父名義の借金が何度も発覚したため、母の精神状態は不安定になった。母の体重は減少し、自傷行為（たばこの火を押しつける、耳にピアスの穴を多数あけるなど）が繰り返された。さらに母の両親は、父の借金問題を知り、母に父との離婚を迫ったことから、母とその両親との関係が悪化した。そ

のため、母はＴ君の養育援助を両親に求めなくなった。2008（平成20）年6月（Ｔ君3歳11カ月）以降、Ｔ君が亡くなるまでの間、母はいろいろな理由をつけて、Ｔ君を母の両親に会わせないようにしていた。

　市は、Ｔ君が3歳6カ月児健診を受診していなかったので電話連絡し、受診を勧奨した。しかし、母は未受診の理由を介護のためと返答し、結局は受診には至っていなかった。

　Ｔ君が4歳4カ月の頃から、Ｔ君は1日中ロフトで過ごすようになった。

　Ｔ君が4歳10カ月の頃、父と母の外出中、Ｔ君がロフトから降りて調味料を床にまき散らし、CDを壊すという出来事があった。これ以降、父の提案で、母の外出中は、Ｔ君をトイレに閉じ込めるようになった。Ｔ君をトイレに閉じ込めたまま、父と母と妹の3人でテーマパークに出かけることもあった。

　食事は、朝食として、母が細巻きにしたおにぎりを食べさせていた。昼食や夕食は、母がロフトやトイレにおにぎりやバナナを置いていた。しかし、Ｔ君が食べることはなくなっていった。そのことについて、父母は注意を払わなくなっていった。

　また、父母は、ストレスのはけ口としてＴ君を叩くことがあり、「邪魔」「死んでしまえ」などと口にしたことも認めている。

　Ｔ君が5歳2カ月頃、父はＴ君が痩せ細っていることを認識していたが、何も対応しなかった。これ以降、Ｔ君はしだいに自発的な行動がとれなくなっていった。寝かせたら寝たまま、座らせたら座ったままで、発語も少なくなり、放心状態で目も虚ろになっていた。

　2010年3月3日、Ｔ君（5歳8カ月）死亡。死因は極端な栄養失調による餓死だった。体重は6.2kgしかなく、脳萎縮、複数の傷跡、褥瘡(じょくそう)が確認された（「奈良県児童虐待対策検討会 検討結果報告書」からの抜粋、要約）。

事件に至るまでの関係機関の関与

　新聞報道によると、事件発覚までに関係機関や地域で把握されている情報はきわめて限定されていた。奈良県の児童相談所や桜井市、民生・児童委員などは、父母の虐待について、それまでまったく把握していなかった。本人たちからの児童相談所や市への相談、近隣からの虐待通報もいっさいなかった。また、この家族は、親族や近隣とのつきあいもほとんどなく、Ｔ君は保育所や幼稚園にも通っていなかった。児童相談所は、2010年3月3日に母の電話を受けて

第Ⅳ章　2008〜2010年（平成20年児童福祉法改正後の事件）

はじめて、虐待状況を知ったことになる。

　一方、桜井市は、T君が1歳6カ月の乳幼児健康診査を受けていなかったため、2006年5月に担当者が母に連絡をとっていた。このとき母は、「下の子を妊娠しているから、落ち着くまで行けない」と説明した。T君は、この後の3歳6カ月健診も受けていなかった。T君の妹が1歳6カ月健診を受けたとき、担当者が母にT君について尋ねると、母は、「大丈夫です」と答えたという。この家族と同じアパートの住人は、「半年くらい前に子どもの泣き声が異常だと思って、アパートの管理会社に虐待があるのではないかと連絡した」「以前はほとんど毎日のように子どもの泣き声と、本を詰めたダンボールを落としたような物音が聞こえていたが、3〜4カ月ほど前からほとんど聞こえなくなった」と話した（『朝日新聞』『読売新聞』2010年3月4日朝刊からの要約）。

事件発覚後の捜査、裁判に至る経緯

　2010年3月3日、T君の虐待死により、父母は保護責任者遺棄致死容疑で逮捕された。同年1月頃から、T君に1日1回程度の食事を与えるだけで、T君が衰弱しても放置し、死亡させた疑い。父母は、県警の調べに対して「愛情がわかなかった」と話し、容疑を認めた。母は、夫婦仲が悪かったことや、T君が父に似ていて憎らしかったと動機について供述、また父は、母の虐待を知ってはいたが、見て見ぬふりをしていたと供述した。

　母は、T君が衰弱していく経過について、亡くなる1週間前までは立つことができたが、2月末からは起き上がることができなくなったと供述した。司法解剖の結果では、T君の胃のなかには何も残っておらず、栄養不足による衰弱で寝たきりになったとみられた。

　県警は、「未必の故意」にあたる可能性も視野に入れ、殺人容疑でも捜査を続けていたが、結果的には保護責任者遺棄致死罪での起訴となった。母が直前に児童相談所に通報しており、死ぬことを認容していたとまではいえないと判断したとみられる。

　起訴状によれば、父母はT君にわずかな食事しか与えず放置し、2009年9月以降、T君が痩せ細り、衰弱していくのを知りながら、治療や十分な食事をさせずに餓死させたとしている。また遺体には、全身に痣がみられたほか、アイロンの先とみられる三角形の火傷の痕も認められた。母は、T君に火傷をさせたり、机を頭に打ち付けるなどの虐待をしたことを認めた（新聞記事からの

397

抜粋、要約）。

裁判の経過

2010年6月4日、奈良地裁で第1回公判前整理手続きが行われた。父の弁護側は共謀関係を否定し、検察側に共謀についての詳細な説明を求める「求釈明」を行った。一方、母の弁護側は、母の精神鑑定を予定していることを明らかにした。

その後、第5回公判前整理手続きで、母の弁護側が求めていた母の精神鑑定実施について請求は却下され、父の弁護側が求めていた鑑定についても却下された。

第6回公判前整理手続きでは、父と母の主張にずれがあることから、裁判を別々に行うことが決まった。父は、犯行は母が主導したと主張したのに対して、母は、父の借金や転職などがストレスとなり虐待に至ったと主張した（新聞記事からの抜粋、要約）。

母の裁判

2011（平成23）年2月2日、奈良地裁にて、母の裁判員裁判の初公判が行われた。検察側は冒頭陳述で、2009年5月頃には、ラップで細巻きにしたご飯2本とコップ1〜2杯の水しか与えられない日が続き、9月には低栄養状態のため「言うことを聞くロボット」になっていたと説明した。この段階ならば助けることができたにもかかわらず、T君をトイレに閉じ込めて自らは外出するなどして放置を続けたことを指摘した。これに対して弁護側は、母が幼少期に母親に甘えられなかったことや、父の借金問題を周囲に相談できないまま孤立していた背景を説明し、事件当時の不安定な精神状態について言及し、心神喪失か心神耗弱の状態であったと主張した。

第2回公判（2011年2月3日）には、父が証人として出廷した。検察側からの尋問に対して、T君が調味料をまき散らしたことに激怒した母が、「ぽこぽこにして、もう少しで殺してしまいそうになった」と話したことを明かした。一方、弁護側の質問に対しては、母が育児を1人で行っていて、2009年9月におむつを替えて以降、父は育児にいっさいかかわらなかったことを証言した。

第3回公判（2011年2月4日）には、弁護側の証人として、母方祖母（母の実母）が出廷した。母が仕事に出ていたときにT君を預かっていたことや、T

君が2歳半以降は母宅を訪ねても入室を断られたことなどを証言した。また、専門家として、川﨑二三彦（子どもの虹情報研修センター研究部長）が証言台に立ち、生活のストレスや援助者の不在などが虐待のリスクを高めると説明し、父の借金や失職によりストレスが高まったことで正常な判断力が奪われたとの分析を述べた。

　第4回公判（2011年2月8日）では、被告人質問が行われた。弁護側の質問に対して、母は、父名義での借金が発覚するたびに返済のストレスが高まったことや、T君が食事しないことを父に相談すると、「食べないなら食べさせなくともよい」と言われたことを話した。父が検察側の質問に対して、「T君が調味料をまき散らしたので母がぽこぽこにした」と証言した内容については否定した。逆に、父が「俺なら殺してるわ」と言ったと訴えた。

　2011年2月10日、判決公判が行われ、母には懲役9年6カ月の刑が言い渡された。母の責任能力が問われた裁判であったが、検察側は「完全責任能力」を主張し、懲役10年を求刑していた。裁判員裁判の判決は、その主張をほぼ受け入れたものとなった。

父の裁判

　2011年2月23日、奈良地裁にて、父の裁判員裁判の初公判が行われた。検察側は起訴状のなかで、「父と母は共謀し、T君を放置して栄養失調で死亡させた」とした。母の公判のなかで、T君をロフトで生活させたのは父の提案だったことが明かされており、冒頭陳述では、母の怒りが自分に向かないようにするためにT君の頬を殴ったことなどを取り上げて、父の責任を強く主張した。

　第2回公判（2011年2月24日）では、母の証人尋問が行われた。母は、父のT君への対応について質問され、「人として扱っていなかった」と述べた。また、T君が衰弱した様子をみて父が、「置き物のようやな」と話したことを証言した。

　第3回公判（2011年2月28日）では、父に対する被告人質問が行われた。父は、T君を殴った理由について、自分が加減して叩くことで、母の暴力によりけがを負わせるのを避けるためだったと説明した。

　第4回公判（2011年3月1日）の論告求刑において、検察側は、夫婦で責任に差違はないとして、母と同じく懲役10年を求刑した。

2011年3月3日の判決公判で、父には懲役9年6カ月の刑が言い渡された。弁護側は、母に従属的であったための犯行と主張していたが、判決理由のなかでは「妻の怒りの矛先を自分に向けたくない自己保身に過ぎず、酌量の余地はない」とされ、検察側の主張に沿った判決となった。

(4) 事件へのコメント

　事件についての専門家の意見をみると、大きく2つの点に集中していると思われた。1つは、孤立した社会状況のなかでの虐待の気づきと通報の問題、2つ目は対応すべき制度、とくに乳幼児健診に関する問題である。

虐待の気づきと通報について

　家族が孤立していた状況について、津崎哲郎（花園大学教授）は「虐待が全国的に増えている要因の1つには、家族の社会的孤立があげられる。昔ながらの近隣のつながりがなくなり、他人に無関心な風潮が広がっている。今回のケースも、周囲のだれかが虐待に早い段階で気づいていれば、死亡には至らなかっただろう。県などに通報、相談がなかったことを考えると、家族がかなり孤立した状態にあったのではないか」と話した（『読売新聞』2010年3月4日大阪朝刊）。

　住民への啓発の必要性について、才村純（関西学院大学教授）は「実子で夫婦関係がよければ、今回のような事件はまず起きない。夫婦間に何か問題があったか、子どもへの強い拒否感情があったのではないか。ひとつ間違えば、どの家庭でも虐待は起こる。通報義務ばかりを唱えても、制度の浸透は難しい。逆恨みなどを恐れて通報をためらってしまう周囲の人の気持ちをふまえたうえで、関係機関が啓発していくことが必要だ」と訴えた（『読売新聞』2010年3月4日大阪朝刊）。

　林浩康（日本女子大学教授）は、「地域社会が、行政ができることには限界があるという意識をもつことが重要。地域住民の意識がもっと高まらないと、虐待の兆候が見過ごされるという悲劇は、減らないのではないか」と話した（『読売新聞』2010年3月7日東京朝刊）。

　森田ゆり（エンパワメント・センター）は「虐待は、孤立のなかでエスカレートする。最初は軽く叩くだけだった虐待が、孤立した状況のなかで一気にエス

カレートし、親が思いもしないような深刻な事態になる」と指摘する(『読売新聞』2010年3月30日大阪朝刊)。

長谷川博一(東海学院大学教授)は、「親族や近所の住民も含め、周囲が感度を高め、虐待のサインを受けとる。それが地域社会で生きる人々の責務」と訴える(『読売新聞』2011年2月11日大阪朝刊)。

坪井節子(カリヨン子どもセンター理事長・弁護士)は「乳幼児は自分で被害を訴えられないだけに発見が難しい。実際にはもっと多くの子どもが虐待を受けている可能性がある」と指摘する(『朝日新聞』2010年3月6日朝刊)。

乳幼児健診の未受診について

乳幼児健診未受診に関して、長尾正崇(広島大学教授)は、「乳幼児健診は、社会とのつながりが少ない未就学児の虐待被害を発見できる有効な手段。自治体は受診に来ないすべての家庭に保健師らを派遣して、乳幼児、保護者と面談して虐待の有無を確認すべきだ」と話した(『読売新聞』2010年3月4日大阪夕刊)。

川村喜太郎(社会福祉法人飛鳥学院理事長)は、「わが子に健診を受けさせないのは明らかにネグレクト、虐待だ」と指摘し、「健診を受けさせなかった時点で、『両親は子育てに対する関心が薄い』と警戒すべきだった。市は問題意識が欠落している。未受診の情報をもとに訪問や調査などの対策はとれたはず」と市の対応について批判した(『朝日新聞』2010年3月5日朝刊)。

検証報告書

本事件について、奈良県児童虐待対策検討会では検証を行い、「奈良県児童虐待対策検討会検討結果報告書」(2011年6月)が出された。以下、その内容についてまとめる。

報告書で指摘された問題点・課題

事例検証の結果を受けて、検討結果報告書のなかでは、行政側の問題点を次の6項目にわたって指摘している。

①母子保健の相談体制
・乳幼児健診受診時に虐待リスクを把握し情報を共有する仕組みがなかった。また、未受診児についてのリスク把握ができていなかった。
・乳幼児健診実施会場が交通の不便な場所にあり、受診しやすい環境が整備

されていなかった。
・妹にはすべての乳幼児健診を受診させていたのに、第一子であるT君には受診させないことについて疑問をもたなかった。

②通告に向けた啓発
・妊娠中から母子健康手帳などで啓発するなど、保護者自らが相談しやすいような取り組みがなされていない。
・近隣には泣き声を聞いていた住人もいたが、通告されることはなかった。虐待通告をすることは養育者の支援につながることであるということが、住民に十分に理解されていなかった。

③児童相談所と市の初動体制
・児童相談所職員が母からの電話を受けたときの緊急アセスメントが適切でなく、初動体制に遅れがあった。
・児童相談所と市の間で、リスク判断や危機意識が共有されていなかった。

④相談機関の専門性
・児童相談所児童福祉司の平均経験年数は3.68年と少なく、市要保護児童対策地域協議会調整機関に児童福祉司資格を有する職員が配置されていないなど、経験のある専門職員が十分に配置されていない。

⑤機関連携・情報の共有
・母はT君を保育所や幼稚園へ入園させることを自ら断念している。未就園児童の状況把握に関して、母子保健・福祉職などとの連携が不十分であった。
・母は子育ての相談をできる相手がいなかった。孤立し、問題をかかえた家庭に対して、母子保健・地域保健・子育て支援などの情報を的確に届ける仕組みがない。

⑥きょうだいへの対応
・妹はT君への虐待場面を見聞きし、影響を受けていた可能性が高いが、事後のケアをするための仕組みが確立されていない。

調査結果にもとづく問題点・課題

さらに、要保護児童対策地域協議会や乳幼児健診、就学前の未所属児童等に関しての調査が実施され、調査結果から次のような問題点が指摘された。
①「市町村要保護児童対策地域協議会調査」の実施結果からは、問題点として次のような点があげられている。

- 要保護児童対策地域協議会運営に関しての市町村間の格差。
- 虐待発生把握率が市町村によりばらつきがある。
- 保健・学校領域と要保護児童対策地域協議会調整機関との連携不足。

② 「乳幼児健診未受診者実態調査・就学前未所属児童実態調査」の実施結果からは、問題点として次のような点があげられている。
- 1歳6カ月児健診と3歳児健診での未受診率が、全国平均よりも高い。
- 未受診児の状況把握が不十分。
- 未所属児童の3歳児健診未受診率が高い。
- 未所属児童の割合や状況把握が市町村によりばらつきがある。
- 未所属児童のなかに要保護児童が発見される。

事例検証、調査結果をふまえての提言

こういった問題点・課題の指摘を受け、次のような提言がなされた。

① 母子保健における児童虐待対応力の向上
- 妊娠期での要支援家庭の発見に努める。
- 乳幼児健診受診率の向上と、検診の充実を図る。
- 乳幼児健診未受診者に対して、家庭訪問や予防接種などの機会を通じ、要支援家庭の状況把握に努める。
- 保健師・医療機関向けのマニュアルを整備する。
- 研修を実施することや、県と市町村の連携を強化することで、リスク把握などの対応力向上を図る。

② 市町村・要保護児童対策地域協議会における児童虐待対応力の強化
- 虐待に対応する人員の配置・体制の充実を図る。
- 専門性を高めるために研修を実施する。
- 福祉・保健・教育など虐待にかかわる領域で連携を強化する。
- 児童虐待対応マニュアルの作成などを通じて、要保護児童対策地域協議会関係職員の意識向上を図る。
- 乳児家庭全戸訪問事業、養育支援訪問事業などの効果的な実施を促進する。

③ 児童相談所における児童虐待対応力の強化
- 緊急時におけるアセスメント
- 対応手順の確立を図る。
- 市町村と共同でアセスメントを行う仕組みを作る。
- 専門職の採用、人員の増員など職員の適正な配置を進める。

・職員への体系的な研修を通じ専門性の向上を図る。
・被虐待児童のケアのためのさまざまな方策を行う。
④地域における子育て支援力の向上
・県民や事業所に対する継続的な啓発を行う。
・民生委員・児童委員活動の強化を図る。
・学校で虐待予防のための子育て教育を実施する。
・養育力を高めるための子育て支援プログラムの浸透を図る。
・地域において住民のさまざまな子育てにかかわる活動を支援する。

(5) 事件がもたらした影響

　事件発覚の翌日 2010 年 3 月 4 日、市の要保護児童対策地域協議会が臨時会議を開催し、「事例調査委員会」を設置した。そこで、①市民啓発のあり方、②未受診・未就園児のいる家庭への訪問などによる安否確認、③関係機関・団体との連携や児童虐待防止に向けた体制作りなどの課題が議論された。その結果は、2011 年 6 月に「桜井市要保護児童対策地域協議会の取り組み」[1] として公表された。

文献
奈良県児童虐待対策検討会（2011）「奈良県児童虐待対策検討会 検討結果報告書」

1　この文書は、「奈良県児童虐待対策検討会 検討結果報告書」に資料として含まれている。

25　西区2幼児放置死事件
（大阪市 2010 年）

(1) 事例の概要

2010（平成22）年7月30日未明、大阪市西区のマンションから「異臭がする」と110番通報があった。警察が駆けつけたところ、室内からSちゃん（3歳）とK君（1歳）の遺体が見つかった。警察は同日午後、2児の実母（23歳）を死体遺棄容疑で逮捕、8月10日には殺人容疑で再逮捕した。自宅のマンション室内に2児を置き去りにし、1カ月以上放置して衰弱死させた疑い。2児の遺体は腐敗、白骨化しており、一部ミイラ化していた。

2012（平成24）年3月、母の裁判員裁判では無期懲役が求刑され、同月16日、懲役30年の刑が言い渡された。その後母は控訴、上告するも、いずれも棄却され、2013（平成25）年3月25日に刑が確定した。

本事例は、児童相談所に何度も通告があったのに防げなかったことに加えて、母が2児を放置して長期間遊び歩いていたことがわかり、きびしい批判が寄せられるなどした。また、懲役30年という、これまでの虐待死事例のなかでも重い判決が下されたことでも注目された。

(2) 家族の状況

母：23歳。3姉妹の長女。風俗店勤務
Sちゃん：3歳
K君：1歳
・・・・・・・・・・・・・・・・・・・・・・・・・・・・・
母方祖父：49歳。高校教員、ラグビー部監督
母方祖母：およそ43歳（母方祖父が26歳のとき、20歳で結婚）。母が小学1年生時に母方祖父と離婚。再婚し、男児2児をもうけている

[系図: 母方祖父 49歳、母方祖母 43?歳（母方祖母は母方祖父と離婚後、再婚して2子出産、その後再び離婚）、母方祖父は、離婚後、たびたび交際女性を変えていた。実父 24?歳、実母 23歳（実母は風俗店で働き出して何人かと交際、浮気相手）、Sちゃん3歳、K君1歳。※年齢はSちゃんK君死亡時のもの。]

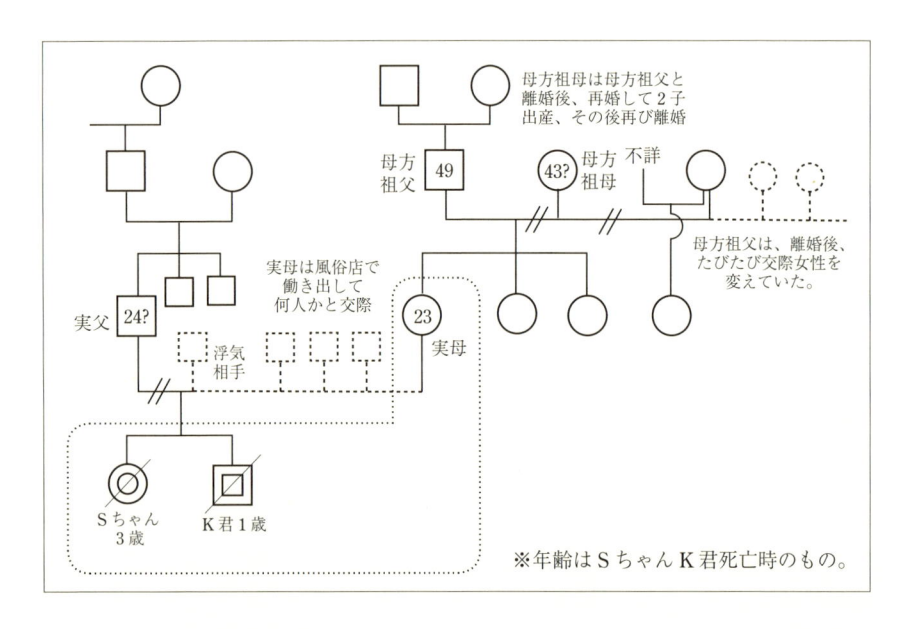

実父：およそ24歳（母の1歳年上）。母とは2006（平成18）年に結婚し、2009（平成21）年に離婚

(3) 事件の経過

母の生育歴

1987（昭和62）年、母は三重県四日市市にて出生。3人姉妹の長女だった。6歳のとき、両親は別居し、母ら姉妹は母方祖母に引き取られた。別居のきっかけは、母方祖母の浮気だった。ある夜、母は母方祖父に、「お母さんがいない」と電話した。母方祖父が母方祖母宅に駆けつけると、飼い犬の排泄物の臭いが充満する部屋で、汚れた服を着た母ら姉妹が子どもたちだけでいた。母方祖母は、母ら姉妹をおいて、頻繁に外出していたという（『毎日新聞』2013年1月23日東京朝刊；杉山、2013）。

母が小学1年生のとき、両親は正式に離婚し、母ら姉妹は母方祖父に引き取られた。離婚して約1年半後、母方祖父は母の英語塾の先生だった女性と再婚した。母の1つ下の妹と同年齢の異父妹を含め6人での生活が始まった。しかし、継母となった女性は自分の娘と母ら姉妹を差別的に扱い、約1年半後には離婚に至った。母は小学校高学年になっていた（杉山、2013；『毎日新聞』2013

第Ⅳ章　2008〜2010年（平成20年児童福祉法改正後の事件）

年1月23日東京朝刊）。

　小学生時代の母は、マラソン大会で優勝したり、地域のミニバスケットチームのキャプテンを務めたり、「いい子」だったという（杉山、2013；『週刊ポスト』2012年3月16日号）。母に接見した『週刊現代』（2011年3月5日号）は、「私は親から育児放棄をされていたとは思っていません。いい思い出もあります。その当時、お父さんは学校から帰ってくると、よく一緒にマラソンの練習をしてくれました。小学校5年生の冬、マラソン大会で1位になったのもお父さんのおかげです」という母の言葉を載せている。

　中学校時代、母は家出や外泊、援助交際など非行に走った。この頃の母には、行動に一貫性がなく、よく嘘をつく特異な言動が目につくようになったという。たとえば、母方祖父が家出をした母を探し出すと、「お父さんが来たから帰る」とケロッとした様子で帰宅したり、泣いて家出を謝った翌朝には再び家出したりした。シングルファーザーとして仕事と育児に奮闘する母方祖父の姿は、2002（平成14）年の民放番組で取り上げられたこともあった。その番組のなかで、化粧をした中学3年生の母は「家族みんなで、っていうのがなかった」と孤独な思いを吐露している。また、公判では、母が中学2年生のときに、集団で暴行およびレイプを受け、その夜に大量服薬をして病院に運ばれたことも明かされた。この事実は、母方祖父も学校関係者も本事件が起こるまで知らなかったという（杉山、2013；『毎日新聞』2013年1月23日東京朝刊）。

　また、中学時代には母方祖母とのかかわりがあった。精神的に不安定だった母方祖母は、中学生だった母の前に手首に包帯を巻いて現れ、リストカットをほのめかした。大量服薬をしたというメールが届くこともあった（杉山、2013）。

　中学卒業後、母は東京の高等専修学校に進学した。母方祖父が、知人だった専修学校の教諭に「面倒をみてほしい」と依頼したという。母は、その教諭の母親宅に下宿したが、当初は反抗して家出を繰り返した。高校1年生のときには、仲間と一緒に車を乗り回し、見ず知らずの女子大生を車に押し込めて財布を奪ったため、少年院に入っている。その鑑別の際、母は解離性の人格障害の疑いがあるといわれたが、治療には結びつかなかった。母はしだいに、教諭やその母親に心を開き、髪を自ら黒に染め直すなど、立ち直る姿をみせていた。学校では、教諭が監督を務める運動部のマネージャーを務め、無断欠席もなくなり、卒業時は「人生で一番充実した3年間だった」と話したという。また、母は当時のことを「(教諭は) 怖かったけど愛情が伝わってきた」「存在を肯定

してくれる真の友だちを知った。居場所を見つけられた」と知人に振り返ったという（杉山、2013；『読売新聞』2010年8月2日東京朝刊；『朝日新聞2010年8月22日朝刊）。

卒業後（2006年3月）、母は地元に戻り、日本料理店に就職した。そこで、同僚で当時19歳の大学生だった父と知り合い、5月から交際を始めた。8月には妊娠し、仕事は約5ヵ月ほどで辞めることになった（杉山、2013；『朝日新聞』2010年8月2日朝刊）。

事件に至る経緯
結婚と出産、そして離婚

2006年12月、母は19歳で父と結婚。翌年5月にSちゃん、2008（平成20）年10月にはK君が生まれた。Sちゃんを出産した当時の母のブログには「私は1人じゃないんだと、思わせてくれた小さな命」「私の子ども、こんなに可愛いものだと思ってもみませんでした」と書かれていた（『朝日新聞』2010年8月22日朝刊）。母は2児を大切に育てており、母子手帳には、Sちゃんは1歳半健診（2008年12月）、K君は4ヵ月健診（2009年2月）までの、乳幼児健診の継続受診記録があり、2児の身長と体重は平均を上回る発育ぶりだった（『読売新聞』2011年2月3日大阪夕刊）。

母は父の家族にも受け入れられ、2日に一度は父方祖母と連絡をとって、父抜きで買い物や食事、温泉に出かけた（『週刊ポスト』2012年4月6日号）。父方祖母によると、母は専業主婦で、離乳食の作り方を教わりにくるなど育児に熱心で、子どもを怒鳴りつけることもなかったという（『朝日新聞』2010年7月31日夕刊）。

一方で母は、生活費が足りないと、父に隠れて消費者金融から借金をしていた。公判で、父に相談しなかった理由を検察に聞かれ、母は「いい奥さんでいたかったから」と答えている（大阪地判 平成24年3月16日；『週刊ポスト』2012年3月23日号）。

2009年2月、中学時代の同窓会があり、母は再会した同級生と浮気をした。3月、隠れて連絡をとるなど、不審な行動をとるようになった母に対して、父は浮気を疑った。問いただしたところ、母は「浮気はしていない」と言い張った。夫婦で話し合いをしたが、その後も母の行動は変わらず、むしろ父の前で堂々と浮気相手と連絡をとるなどエスカレートしていった。ついに、父は相手

の男性に直接電話をし、浮気の事実を確認した。5月に入って間もなく、父は父方祖母に相談した。それを聞いた母は、頭が真っ白になり、子どもを置いて家出した。

1週間後、Sちゃんの誕生日を一緒に祝うために帰宅すると、父の両親と母方祖父がおり、家族会議が始まった。この時点では、父母に離婚の意思はなかったが、母はその場から逃げ出したくて「（父とは）やっていけない」と発言し、そのまま離婚が決まった（『週刊ポスト』2012年4月6日号）。

二審で弁護側が証拠として提出した、離婚時に母が書いた「契約書」には、以下のことが書いてあった（杉山、2013；『毎日新聞』2013年1月24日東京朝刊）。

「・子どもは責任をもって育てます。
　・借金はしっかり返していきます。
　・自分のことは我慢してでも子どもに不自由な思いはさせません。
　・家族には甘えません。
　・しっかり働きます。
　・逃げません。
　・うそはつきません。
　・夜の仕事はしません。
　・連絡はいつも取れるようにします。」

離婚の原因は母にあったが、そのときに、子どもたちのことについて十分に話し合われることはなかった。父親の責任である養育費、父子の面会についても話題にのぼらないまま、母が子どもたちを引き取ることが決まった。一審で証言台に立った父方祖母は、当時のことについて「幼い2人は乳飲み子でしたので、母親と一緒が一番いいと思いました」と証言している。母は、一審の被告人質問で「私には育てられないと言いました」「今まで、きちんと働いたこともないし、皆の協力があってやって来たからです」と答えている。検察側に「子どもには母親が必要だとは思いませんでしたか」と問われたことに対して、母は「普通に考えたらそうです。でも自分がいやで1週間逃げ出したり、自分の口で子育てをやっていけないと言って、母親失格だと思っていたので、私にはわかりません」と答えている（『週刊ポスト』2012年4月6日号）。

離婚時母の出していたSOSに、結果的に救いの手は差し伸べられなかった。翌日には、離婚届けが提出された。

一審の判決では、この話し合いを「子どもらの将来を第一に考えたとみられ

ない」として「悲劇の遠因」と位置づけられた(『毎日新聞』2013年1月24日東京朝刊)。

離婚後から名古屋での生活

2009年5月の離婚後、母は1週間ほど桑名市にある母方祖母の家に身を寄せた。その後、名古屋市に寮や託児所を備えたキャバクラを見つけ、2児を連れて家を出た。

2009年8月2日、当時母子が住んでいたマンションの住民から「子どもが1人で泣いている」との通報があり、警察にSちゃんが保護された。警察は、引き取りにきた母が深夜の仕事をしていることがわかったため、ネグレクトの疑いがあると判断し、児童福祉法第25条にもとづく要保護児童として、名古屋市のA児童相談所に書面で通告した。通告を受けたA児童相談所は、母に一度電話で状況を聞くも、その後6回の電話と2回の訪問に母が応答しなかったため、調査を打ち切った(大阪市社会福祉審議会児童福祉専門分科会児童虐待事例検証部会、2010)。

同年9月頃には、託児所に預けようとすると2児がしばしば熱を出すようになった。託児所に預けられなくなった母は、収入を得るため、2児を自宅において勤めに出るようになった(大阪地判 平成24年3月16日;『週刊ポスト』2012年4月6日号)。

翌10月、母は新型インフルエンザに罹患した。そのとき、母は父と母方祖父に、子どもを預かってほしいと助けを求めた。しかし、いずれも仕事があるとの理由で断られた。母方祖母からは「預かろうか」との電話があったが、母はなぜか「様子をみる」と断った。同じ頃、K君の1歳の誕生日を祝いたいと母は父を誘った。しかし、父には断られ、K君の誕生日当日には、誰からもお祝いのメールや電話がなかった。母は当時の心境を「私やSやKのことは、なかったことにしたいのかなと思いました」と話している(『毎日新聞』2013年1月24日東京朝刊;『週刊ポスト』2012年4月6日号)。

母が新しい恋人を作ったのは、それから約1週間後だった。この頃から母は、2児を自宅に置いたまま、当時交際していた男性と会って、たびたび外泊をするようになった。借金が返せなくなり、月末には職場を変わり、2児をみてくれていた友人とも疎遠になった(大阪地判 平成24年3月16日;杉山、2013;『週刊ポスト』2012年4月6日号)。

12月8日、母は名古屋市の区役所に「子の面倒をみられない。一時保護し

てほしい」と電話をした。母は、当時のことを法廷で証言している。母によると、区役所から紹介された児童相談所に電話をし、「一度来て」と言われたが、具体的な訪問日程などは提示されなかったという。「誰も助けてくれないと思った」と母は話した。一方、児童相談所は母からの電話については記録がないとした。また、区役所も母に3回電話をし、連絡をとろうとしたが、母は応答しなかったという（『毎日新聞』2013年1月24日東京朝刊）。

　2010年1月中旬、子どもの水遊びで部屋が水浸しになったトラブルを機に、母子は大阪へ移った。そして母と子どもたちは、大阪にある曾祖父母宅（母の父方祖父母宅）に身を寄せる。母と曾祖父母のかかわりは乏しかったため、母はこのときはじめて自身の離婚を告げることとなった。3日後、母は曾祖父母に「名古屋に帰る」と告げ、曾祖父母に名古屋までの乗車券と特急券を買い与えられ、見送られて、2人のもとを去った（杉山、2013；『朝日新聞』2010年8月22日朝刊；『毎日新聞』2013年1月24日東京朝刊）。

　大阪での生活、事件へ

　2010年1月18日、母は2児を連れて、大阪市の風俗店の面接にいった。曾祖父母に見送られた数時間後だった。母は、同店が借り上げているマンションを寮として提供され、託児所も紹介された。母はこのとき、風俗店の上司になる男性と求められるまま関係をもっており、その関係はしばらく続いた。また、紹介された託児所に2児を迎えにいった際、職員が泣いている子どもを放置しているのを見てからは、この託児所を利用することはなかった（杉山、2013；『週刊ポスト』2012年4月6日号）。

　初めの頃、母は子どもたちを公園に連れていくなど、子どもを中心にした生活を送ろうと努力していた。しかし、夜の仕事をしながら1人で子育てすることに、すでに限界を感じていた。そのようななか、同年2月から3月になると、母は週に2、3回ホストクラブに出かけるようになる。3月半ばになると、客として来た男性と交際を始め、仕事後にその男性が勤めるホストクラブに頻繁に通うようになった。間もなく、母は、2児を自宅に放置したまま、その男性宅に外泊し、2児にコンビニで買った飲食物を与えるために短時間だけ自宅に帰るという生活をするようになった。この頃から夜中に子どもたちの泣き声が響きわたるようになり、3月下旬および4月初旬にはB児童相談所に二度の虐待通告が行われた（大阪地判平成24年3月16日；杉山、2013）。

　2010年5月16日、Sちゃんの誕生日に、母はその男性宅に2児を連れて

いった。しかし、Sちゃんの誕生日を祝うことはなかった。母は、2児に寂しい思いをさせないようにしないといけない、離婚しなければよかったなどと思う一方、そういう現実を考えること自体がいやだという気持ちをいっそう強くした。この日以降、母が自宅に帰宅しない期間は長くなっていき、2児を風呂に入れるなどの世話もしなくなった。この頃には、2児は適切な養育を受けられなかったことによる慢性的な低栄養状態で、その手足は痩せ細り、顔も無表情になるなど、被虐待児特有の症状がみられるようになっていた。三度目の虐待通告があったのは、ちょうどこの頃の5月18日であった（大阪地判 平成24年3月16日；杉山、2013）。

事件の経緯

　2010年6月9日、母は1週間から10日ぶりに帰宅した。コンビニで買った蒸しパン、おにぎりなどを開封し、自宅リビングにいた2児の前に置いた。室内は、ゴミや糞尿が散乱しきわめて不衛生であった。そのような室内に2児を置き、母は、リビングと廊下の間のドアに粘着テープを貼って固定し、さらに玄関のドアに鍵をかけて、自宅から早々に立ち去った（大阪地判 平成24年3月16日）。

　翌10日のブログに、母は「まだやりたいこと やらなきゃだめなこと いっぱいあんねんもん」と書いている（『朝日新聞2010年8月22日朝刊』）。

　その後、母は2児を放置したまま帰宅することはなく、2児は6月下旬、脱水をともなう低栄養により餓死した（大阪地判 平成24年3月16日）。

　この間、インターネット上のブログには、母がサッカーW杯ユニフォームを着ている写真や、海岸で友人とはしゃぐ姿、クラブでお酒を飲んでいる写真などが、頻繁に投稿されていた（『朝日新聞』2010年8月2日夕刊）。

　7月24日以降、母は勤務先だった風俗店に「実家に帰る」と告げ、欠勤していた。同月29日夕方、マンション住民から管理会社を通じ、悪臭の苦情を受けた男性の上司が、母に電話をした。電話を受けて間もなくして、母はタクシーで自宅マンションに行った。しかし、一度目はなかに入ることなく引き返した。その数時間後、自宅に入り、母は2児が死亡しているのを確認した。その後母は、友人男性や高校時代の恩師に電話し、「友人が事故で死んだ」と告げていた。母はその夜、サッカー観戦で知り合った男性とドライブに出かけ、一夜をともに過ごした（杉山、2013；『読売新聞』2010年8月11日大阪朝刊；『週

第Ⅳ章 2008〜2010年（平成20年児童福祉法改正後の事件）

刊ポスト』2012年4月6日号）。

事件発覚・逮捕
事件発覚・逮捕の状況など
 2010年7月30日深夜1時過ぎ、母と同じマンションに住む上司から「異臭がする」と110番通報があった。駆けつけた警察は、マンションの室内で死亡しているSちゃんとK君を発見した。2児とも全裸で、床の中央で仰向けに並んで倒れていたという。遺体は腐敗して白骨化し、一部ミイラ化していた。発見時の2人の身長は、平均を下回っていた。皮下脂肪はまったくなく、体重はSちゃんが5.2kg、K君は2.5kgだった。
 部屋は床が見えないほど、コンビニやお菓子の袋、カップめんなどのゴミがあふれ、蛆がわいていた。ベランダにも、ゴミが積み上げられていた。室内の冷蔵庫に食べ物は何も入っていなかったという。壁には子どもの手の跡が残っていた。
 同日、警察は母を死体遺棄容疑で逮捕、翌月19日には殺人容疑で再逮捕した。

大阪市のB児童相談所のかかわり
 以下、大阪市社会福祉審議会児童福祉専門分科会児童虐待事例検証部会（2010）が提出した検証報告書を参考に、大阪市のB児童相談所と母とのかかわりについてまとめる。
 事件発覚後、大阪市のB児童相談所に2児について住民から虐待通告があったが、母に接触できないままになっていたことが明らかになった。
 最初の通告は、2010年3月30日9時半頃。近隣の住人（匿名）から、B児童相談所の児童虐待ホットラインに「〇〇号室の部屋で、ほとんど毎日夜中の2〜3時に子どもがすごく泣いている。住人も周知のことと思われる。一度だけ、母と、歩けるくらいの女の子とベビーカーを見かけた。母は夜中、子どもを置いて働きにでも出ているのではないか」という内容の電話があった。同日、B児童相談所が区に住民登録の有無について問い合わせたところ、当該部屋には住民登録がないことが確認された。
 翌31日15時頃、区職員とB児童相談所職員の2名が家庭訪問を行った。マンション入り口のオートロック外のインターホンを5回程鳴らすが、応答はなかった。郵便受けにはチラシが詰まっており、外から3階ベランダを見上げ

るも内部は確認できなかった。再びインターホンを鳴らすも応答がなかったため、引き上げた。

4月1日10時頃、B児童相談所の職員2名で再び家庭訪問を行った。マンション入り口のインターホンを鳴らすも、応答がなかった。

翌2日18時頃、B児童相談所の職員2名で3回目の家庭訪問。マンション入り口のインターホンを鳴らすも応答がなく、マンション内に入れず、管理会社の名前と連絡先を確認して引き上げた。

同月5日9時過ぎ、B児童相談所は管理会社に連絡したが、世帯構成などはまったく把握していないとの返答だった。同日、B児童相談所から区に問い合わせ、再び住民登録の確認をするも、当該部屋の住民登録はなかった。当該マンションのある地区の主任児童委員に聞き取りを行うも、「何も聞いていない」との返答だった。

4月8日20時20分、1回目と同じ匿名の住人から2回目の通告があった。「相変わらず子どもの泣き声が続いている。大人の声は聞こえない」という内容だった。

翌9日14時頃、B児童相談所職員2名で4回目の家庭訪問を行った。マンション内に入り、当該部屋のチャイムを鳴らしたり、ノックや声かけをしたりしたが、応答はなかった。ドアに耳を当てて室内の音も聞いたが、何も聞こえなかった。外の郵便受けに不在箋を入れて、引き上げた。

5月18日5時半、1、2回目と同じ匿名の住人から3回目の通告。「一時収まっていたが、今も30分くらい泣き声がしている」といった内容だった。同日同刻頃、近隣住人の匿名女性から警察に「名称不明のマンション（当該マンションとは別のマンション）から子どもの泣き声が聞こえる」と110番通報があった。

同日16時前頃、B児童相談所職員2名で5回目の家庭訪問をし、マンション入り口のインターホンを鳴らすが応答はなかった。さらに、当該部屋のチャイムも鳴らすが反応はなく、室内からの物音はいっさい聞こえず、異臭もなかった。玄関ドアの郵便受けに不在箋を投入し、引き上げた。

その後、B児童相談所は母や2児に接触できないまま、2児は6月下旬に死亡した。事件が発覚した7月30日、警察からB児童相談所へ連絡があり、通告が入っていた住所と一致していることが確認された。

第Ⅳ章 2008〜2010 年（平成 20 年児童福祉法改正後の事件）

公判
起訴へ
　大阪地検は、子どもを放置した後の母の行動に不可解な点がみられることなどから、大阪地裁に正式な精神鑑定を行うための鑑定留置を請求し、2010 年 8 月 25 日に認められた。精神鑑定の結果、母に刑事責任能力はあるとされ、2011（平成 23）年 2 月 4 日、大阪地検は母を殺人罪で起訴した。
　一審：大阪地裁（裁判員裁判）
　○初公判（2012 年 3 月 5 日）
　2012 年 3 月 5 日、母の裁判員裁判が始まった。起訴状によると、母は必要な食事を与えなければ 2 児が死亡することを認識しながら、2010 年 6 月 9 日、自宅マンションに 2 児を閉じ込めて外出し、放置し、同月下旬に餓死させた。罪状認否で母は、育児放棄（ネグレクト）であったことは認めたが、殺意については否認した。
　冒頭陳述で、検察側は育児放棄の実態を明らかにした。母は離婚後、大阪市内の風俗店で働き始めてから、男性 3 人と交際、クラブ遊びを続けていた。50 日ぶりに帰宅し、2 児の遺体を確認した夜も、母は男性と出かけて夜景の写真を撮り、ホテルに宿泊した。2 児は幼く、母が食事を与えないと死亡することを認識していたにもかかわらず、リビングのドアにテープを貼って閉じ込め、そのまま 1 カ月以上放置したと指摘した。一方、弁護側は、母が幼い頃に両親が離婚して生育環境が十分でなかったことが事件の背景にあるとしたうえで、「自らが離婚した 2009 年 5 月以降、仕事と育児の重圧から孤立感を深め、育児から目を背けた」と述べた。
　冒頭陳述後は、検察側が散乱したマンションの部屋や遺体の写真を示し、餓死に至った状況を説明した。母は、モニターを見つめながらハンカチで涙を拭っていた。
　○第 2 回公判（2012 年 3 月 6 日）
　第 2 回公判には、2 児の父や、父方祖母が出廷して証言台に立った。父は「2 人が味わった苦しみやつらさを考えると、一生刑務所で過ごしてほしい」、父方祖母は「(2 児は) 泣きながら母を待ち続け、生き地獄だっただろう。宝だった孫の苦しみを思えば極刑を望みます」と、それぞれがきびしい刑を求めた。

415

○第 3 回公判（2012 年 3 月 7 日）
　第 3 回公判では、被告人質問が行われ、母が 2 児を放置した経緯や当時の心境を語り、改めて 2 児への殺意を否認した。
　弁護側の質問で、S ちゃんが生まれたときの心境について尋ねられ、母は「やっと会えたねと思った」「はじめて抱いたとき、自分も何かに抱かれている気がした」と答えた。離婚後、名古屋に転居した当時については「寂しさが募った」、母自身がインフルエンザに罹患したときに誰からも援助を得られず「私たちをいなかったことにしたいの？　と思った」などと話した。大阪市に転居後、交際相手宅などで寝泊まりしていた理由については「子ども以外に誰もいない状況がいやで、家に帰って 2 人をみるのがつらかった」と、淡々と話したという。
　外出時にリビングのドアにテープを貼って 2 児を閉じ込めた理由については「長女が蛇口をひねって水漏れのトラブルが起きるのを防ぐためだった」と説明し、殺意をもってドアにテープを貼ったとする検察側の主張に反論した。
　2 児の遺体を発見した夜については「見たものは覚えていない。部屋のなかで声を出したことだけを覚えている」と振り返り、発見後そのまま立ち去って遊んでいた理由は「わかりません」と繰り返した。裁判官が当時の認識を問うと、「（2 児のそばにいなければという）自分の頭にある考えを塗りつぶす感覚だった」と振り返った。

○第 4 回公判（2012 年 3 月 8 日）
　第 4 回公判では、前回の公判に引き続いて被告人質問があり、母は「私が母親で申し訳なかった」とはじめて謝罪した。裁判員から 2 児への気持ちを尋ねられ、「私が母親だったからつらく、寂しい思いをさせてしまった」と声を詰まらせた。
　証言台には母方祖父が立ち、母が幼い頃に自身が離婚や再婚を繰り返したことで不安定な家庭生活を送らせたと証言した。そして「子育てには自分なりに最善を尽くしたつもりだったが、こんなことになり、孫には申し訳ない。自分も罪を背負って一生償っていきたい」と述べた。
　また、母の鑑定を行った関係者も証言した。弁護側証人の心理士は「被告は実母（母方祖母）の慢性的なネグレクト（育児放棄）などの影響で、一種の解離性障害があった」と指摘し、一方の起訴前の鑑定人（精神科医）は「被告に精神障害はなく、犯行は被告の意思で行われた」との見解を示した。

第Ⅳ章　2008〜2010年（平成20年児童福祉法改正後の事件）

○第5回公判（2012年3月9日）
　翌9日の第5回公判においても、引き続き被告人質問が行われた。放置し続けた理由を尋ねられた母は、「（自宅に）戻れる距離にいたので自分でも疑問に思うが、わからない」と答えた。裁判官から2児への思いについて聞かれ、母は「私がママじゃなければ、七五三や小学校も行けた」と述べ、当時について「女性1人では限界がある。まわりの人に力を借りていたら、こんな結果にはならなかった」と振り返った。事件については「すべて私の責任。一生背負い、反省していくことが償いと考えている」と語った。

○論告求刑公判（2012年3月12日）
　翌週の12日、母の論告求刑公判が行われた。検察側は、2児が死亡に至った放置直前にも、母が1週間から10日間放置して外出しており、「2児の衰弱を目の当たりにしたのに、10年6月9日、わずかな食料を置いただけで部屋に閉じ込め、約50日間友人らと遊び回って帰宅しなかった」と述べ、同日の段階で明確な殺意があったと主張した。2児が放置されていた際の状況についても言及し、2児が取り残された部屋には冷房がついておらず、発見時の遺体は痩せ細っており、暑さのためか2児とも服を脱いでいたこと、汚れた手で空っぽの冷蔵庫のなかを探った形跡もあったことなどをあげ、「正視に耐えない姿だった」と強調した。そのうえで、母の様子について「おしゃれをするなど外見や容姿にこだわり、知人とポーズを決めた写真を撮るなどしていた。一貫して自らの欲求を最優先していた」と指摘した。検察側は、「唯一、頼れる存在の母親に見捨てられた2児の孤独、絶望は筆舌に尽くしがたく、きわめて残虐、残酷な犯行。ほかに類をみない凄惨な事件だ」として、無期懲役を求刑した。
　一方の弁護側は、最終弁論で「被告は2児が死ぬとは考えていなかった。殺意はなく保護責任者遺棄致死罪にとどまる」と主張した。母の幼少時に両親が離婚するなどした生育歴から、母には不安をあえて意識しないようにする傾向があったと強調し、放置時点での殺意を否定し、放置中も生育歴の影響で子どものことを意識できなかったと説明した。
　母は最終意見陳述で、「こんなひどい母親ですが、私はこれからもSとKの母親でいる。一生、2人のことを背負い、罪を償い生きていきたいと思う」と述べた。

○判決公判（2012年3月16日）
　16日、母の判決公判が行われ、母に懲役30年の刑が言い渡された。
　争点となっていた殺意について、裁判長は「被告は子どもらが死亡する危険が日々高まっていくことを承知しながら、何ら子どもらの生命を救う手立てを講じずに放置したのだから、被告には未必の殺意があると判断できる」と述べ、殺意を認定した。
　量刑の理由は、以下のとおりである（『産経ニュース』2013年3月16日）。
- 被告は親の保護がなければ生きることができない1歳と3歳の子ども2人を食べ物も飲み物もなく、糞尿にまみれた部屋に放置した。子どもらは母親を待ち続け、空腹にさいなまれながら命を断たれた。その態様はむごいの一語に尽きる。
- 被告は子どもらが苦しみを味わっている間、現実から目を背けて複数の男性と遊興にふけっており、非難に値する。量刑に当たっては、以上のような犯行態様の残酷さと結果の重大性を何より重視すべきだ。
- 離婚の際、被告は子どもらを引き取ると決めたのだから、責任をもって養育すべきだった。もっとも離婚の際に子どもらの将来を考えた話し合いは行われておらず、本件の悲劇を招いた遠因ともいえる。被告1人を非難するのは酷だ。被告が遊興にのめり込んだのは、子どもらを放置していることを忘れたいという色彩も強い。
- さらに被告自身も母から育児放棄を受けていた可能性があり、被告による育児放棄にまったく関係してないとは言い切れない。しかし、被告は父親の愛情を受けて育っており、生い立ちを有利な事情として大きく考慮することはできない。
- 今後、本件のような被害者が二度と出ることがないよう、社会全般が子育てに苦しむ親に理解を示し、協力していくことを願いつつ、被告を有期懲役の最高刑に処することにした。

　最後に裁判長が「裁判員と裁判官の思い」として、母に「あなたが法廷で『今も2人の母』と言った気持ちを忘れず、冥福を祈り続けてください」と語りかけると、母は声を押し殺して泣きだした。さらに「長い間服役するが、（刑務所を）出たとき、支えてくれる人は必ずいる」と言われると、母は何度もハンカチで目頭を押さえ、裁判官席に一礼して退廷した。

第Ⅳ章　2008〜2010年（平成20年児童福祉法改正後の事件）

裁判員のコメント

　閉廷後、裁判員と補充裁判員を務めた男女4人が記者会見に応じた。殺意を認めるか否かが争点となったことに対して、裁判員らは「子どもを放置することが殺人につながるかどうか。毎日、何十回、何百回と思い悩んだ」などと審理の難しさを吐露した。

　男性裁判員らは、「すごくつらく、夜に眠れなくなることもあった。忘れることはできないと思う」「事件は氷山の一角。虐待を少しでも減らすため、（事件から）目をそむけずに忘れずにいたい」などと話した。30代女性の裁判員は「シングルマザーへの支援体制が整っていれば防げたのではないか」「1人ですべてをかかえてしまったとき、何もかも投げ出したくなることは誰にでもある。周囲に救いを求め、1人で頑張らなくてもいい、と伝えたかった」と語った。補充裁判員の40代男性は、「法廷の小型モニターできょうだいの遺体や汚れた部屋の写真を見た後、元気だった頃の写真を目にすると、なぜこんな事件が起きたのかと悲しくなった」と述べ、息子が熱を出した際に、共働きの妻と世話を押しつけ合った経験を明かしたうえで「（裁判を通じ）行政や民間のサポートが必要と思った。（母の刑期が終わる）30年後、何も変わっていない社会にだけはしたくない。私たちの宿題、責任だと思う」と強調した。

判決に対するコメント

　今回の判決について、以下のようなコメントが寄せられた。
○川上拓一（元裁判官、早稲田大学教授・刑事訴訟法）
　「今回は2児が死亡しており、結果がきわめて重大だ。それに加え『子を守るはずの親が育児放棄することは何よりも残酷だ』という市民感覚がきびしい量刑に反映されたのではないか。再発防止への願いに言及した点も、裁判員裁判らしさが表れている」（『読売新聞』2012年3月17日大阪朝刊）
○松宮孝明（立命館大学法科大学院教授・刑法）
　「若い被告が離婚して2児を引き取り、誰にも援助を求めずに孤独になっていった経過を丁寧に検討した判決だ。殺意を認める一方で求刑どおり無期懲役とせず、被告の社会復帰を考えて有期刑を選んだのだろう。判決の最後に児童虐待を防ぐ社会のあり方に言及したのも、市民感覚を反映する裁判員裁判らしい」（『朝日新聞』2012年3月17日朝刊）
○辻由起子（大阪府子ども虐待防止アドバイザー）
　「私も38歳のシングルマザー。公判を傍聴して、今回の事件を社会全体の

問題としてとらえないといけないと思った。都市部では飲食店が寮や託児所をもつケースがあり、被告のように夜間働くシングルマザーが少なくない。一方で『昼の支援』がメインの行政の目から漏れ、孤立しがちになる。24時間態勢で保育士らが育児などの相談にのる公営の『駆け込み寺』の整備が必要だ」(『朝日新聞』2012年3月17日朝刊)

控訴審：大阪高裁

2012年3月27日、母は一審判決を不服として、大阪高裁に控訴した。

同年9月12日、控訴審初公判が開かれた。弁護側は改めて殺意を否定し、殺意を認定した一審判決は誤りだとして刑の軽減を主張し、検察側は控訴棄却を求めた。弁護側は、母が幼少期に受けた虐待等の影響で、育児などの不安を意識から締め出してしまう傾向があり、心神耗弱か喪失の状態だったと主張した。被告人質問では、母は「（放置は危険という）認識はなかった」と述べた。

同年10月24日、控訴審第2回公判が行われ、弁護側は殺意を否認し「一審判決は重く、懲役20年が相当」と主張した。母はこの日、刑事責任能力について争う主張を撤回し、母の犯行当時の精神状態を記した医師の意見書を提出した。弁護側の被告人質問で、母は「自分で対処できないことが起きたとき、なかったことにしてしまっていた」と述べ、現在の心境に関して「2人の子どもを今も愛しており、こんな母親でも見守ってほしいと思う」と話した。また、弁護側は、母が一審後に面会を重ねた夫婦と養子縁組し、姓が変更になったことを明らかにした。

同年12月5日、控訴審判決があった。裁判長は、母の殺意を認定したうえで「犯行は非常に残酷で、2児の飢えと渇きは想像を絶する」と述べ、懲役30年を言い渡した一審判決を支持し、被告側の控訴を棄却した。母の養父は「判決は納得できず、非常につらい。上告は本人と相談して決めたい」と話した。

上告棄却：最高裁

2012年12月18日、母は大阪高裁判決を不服として最高裁に上告した。

2013年3月25日、最高裁が母の上告を棄却し、懲役30年とした一審、二審判決が確定した。

第Ⅳ章　2008～2010年（平成20年児童福祉法改正後の事件）

事件の経過表

1987年		母、三重県四日市市にて出生。
	5歳	母の両親、別居。母は妹たちとともに、母方祖母に引き取られる。
	小学1年生	母の両親、離婚。母は妹たちとともに、母方祖父に引き取られる。
	小学3年生	母方祖父、再婚。
	中学前	母方祖父、離婚。
	中学校時代	集団で性暴行を受ける。 母は髪を染め、授業をさぼるなどの素行が目立った。家出を繰り返し、暴走族にも所属。
	高校時代	東京の高等専修学校に進学。母方祖父の知人である教諭の母親宅に下宿し、立ち直った姿をみせる。
2005年	3月	卒業後、四日市市に戻り、日本料理店に就職。同僚だった父と知り合う。 5カ月ほどで日本料理店を辞める。
2006年	12月	父母、結婚。
2007年	5月16日	Sちゃん出生。
	12月	父母、挙式。
2008年	10月16日	K君出生。
2009年	5月	母が浮気をしたため、父母は離婚。
		名古屋市の飲食店（キャバクラ店）で働き始める。
	8月2日	午後10時頃、マンション住民が「廊下で子どもが泣いている」と警察に通報。駆けつけた警察署員がSちゃんを保護。引き取りに来た母が「深夜にキャバクラで働いている」と話したことなどから、警察はA児童相談所に「育児放棄（ネグレクト）に発展する可能性がある」と文書で通告。
	8月12日	A児童相談所が母に電話をかけたところ、母は「生活には困っていない。折り返し電話する」と答えたが、その後連絡はなかった。
	8月13日	A児童相談所、自宅に訪問。応答なし。
	8月31日	A児童相談所、自宅に訪問。応答なし。 A児童相談所、母への働きかけを中止。
	10月	母、新型インフルエンザに罹患。父、母方祖父に子どもを預かってほしいと連絡するも、断られる。 K君1歳の誕生日。母は、父に一緒に祝いたいと連絡するも断られる。誰からもお祝いのメールや電話もなかった。
	12月8日	深夜、母は区役所に電話し、「一時保護してほしい」と話す。
2010年	1月	子どもの水遊びで部屋が水浸しになったため、母は2児を連れて大阪へ移る。
	1月18日	母、大阪市へ移り、風俗店に勤務。勤務先風俗店が借り上げているマンションに、母子3人で入居。
	3月	母、交際相手方に連日外泊し、短時間だけ自宅に帰って2児に飲食物を与える生活をし始める。

421

2010 年	3 月 30 日	9 時頃、B 児童相談所への通報（通報 1 回目）。「夜中によく泣き声が聞こえる」といった内容。 B 児童相談所は大阪市西区役所に住民登録を照会するが、該当なし。
	3 月 31 日	15 時頃、B 児童相談所と西区職員の 2 人が訪問（訪問 1 回目）。応答なく、人がいる気配がなかったため引き上げる。
	4 月 1 日	10 時頃、B 児童相談所職員 2 人が訪問（訪問 2 回目）。不在。
	4 月 2 日	18 時頃、B 児童相談所職員 2 人が訪問（訪問 3 回目）。不在。
	4 月 5 日	B 児童相談所はマンション管理会社に世帯構成を問い合わせたが、「把握していない」との返答。
	4 月 8 日	20 時半頃、B 児童相談所への通報（通報 2 回目）。
	4 月 9 日	14 時頃、B 児童相談所職員が訪問（訪問 4 回目）。不在。郵便受けに母宛の郵便物を見つけ、区役所に問い合わせるが住民票の登録は見つからず。連絡を求める手紙を投函。
	5 月 18 日	5 時半頃、「今も 30 分くらい泣き声がしている」と B 児童相談所への通報（通報 3 回目）。 B 児童相談所は、再度、住民登録を照会するが、該当なし。 16 時前、B 児童相談所職員が訪問（訪問 5 回目）。応答なし。再度、連絡を求める手紙を入れる。
	6 月 9 日	母、自宅に短時間戻り、2 児に飲食物を与えて自宅を出る。その後 7 月 29 日まで帰宅せず。
	6 月下旬	2 児、餓死。
	7 月 29 日	母、自宅に戻り、2 児の遺体を自ら確認。
	7 月 30 日	事件発覚。「異臭がする」との 110 番通報があったことから、警察が S ちゃんと K 君の遺体を発見。 警察は、母を死体遺棄容疑で逮捕。
	8 月 1 日	警察は、母を死体遺棄容疑で大阪地検に送検。
	8 月 10 日	警察は、母を殺人容疑で再逮捕。 大阪地検は、死体遺棄容疑については処分保留とする。
	8 月 12 日	警察は、母を殺人容疑で大阪地検に送検。
	8 月 25 日	大阪地裁、母の鑑定留置が認める（鑑定期間：8 月 26 日～11 月 29 日）。
	11 月 26 日	大阪地裁、母の鑑定留置期間延長を認める（2011 年 1 月 31 日まで）。
2011 年	2 月 4 日	大阪地検は、母を殺人罪で起訴。
	5 月	母の公判前整理手続き開始。
	12 月 21 日	大阪地検は、処分保留となっていた死体遺棄罪を不起訴処分とした。
2012 年	3 月 5 日	母、裁判員裁判初公判。母は罪状認否で殺意を否定した。
	3 月 6 日	母、第 2 回公判。父、父方祖母の証人尋問。
	3 月 7 日	母、第 3 回公判。被告人質問で、母は「意図的に 2 児を放置したのではない」と説明。

第Ⅳ章　2008～2010年（平成20年児童福祉法改正後の事件）

2012年	3月8日	母、第4回公判。母方祖父、母の精神鑑定をした鑑定人らの証人尋問。
	3月9日	母、第5回公判。被告人質問。
	3月12日	母、第6回公判。検察側の論告求刑（無期懲役を求刑）。弁護側の最終弁論。
	3月16日	母、判決公判。懲役30年の判決。
	3月27日	母、地裁判決を不服として、高裁に控訴。
	9月12日	母、控訴審初公判。
	10月	母、知人夫婦の養子となり改姓。
	10月24日	母、控訴審第1回公判。
	12月5日	母、控訴審判決。控訴棄却。
	12月18日	母、高裁判決を不服として、最高裁に上告。
2013年	3月25日	最高裁が母の上告を棄却。母、懲役30年の刑が確定。

（4）事件に対するコメント

児童相談所の対応について

本事件では、児童相談所に虐待通告があったにもかかわらず、児童相談所は母子に接触できないまま事件が起きた。そのため、児童相談所の対応について、以下のようなきびしい意見が寄せられた。

○津崎哲郎（花園大学特任教授・児童福祉論）
「三度も通報があったということは、子どもの泣き方がかなり異常だったのではないか。保護者と接触できない場合、強制立ち入りが必要かを判断するためにも、児童相談所は十分な情報を集めなければならない。健診を受けていた可能性のある地元の保健所や近所の人、親族など必要と思われる関係者に十分な調査を行っていたのか。手をこまねいていただけなら問題だ」
（『読売新聞』2010年7月30日大阪版夕刊）
「5月の時点で、大阪市の児童相談所は介入に失敗した。これは、完全に救えた事例です」（杉山、2013）
○前橋信和（関西学院大学准教授・子ども家庭福祉、前大阪府の児童相談所職員）
「児童相談所がほかの機関と連携できていたか疑問だ。2008年4月施行の改正児童虐待防止法では、保護者への出頭要求や立ち入り調査を拒否された

場合、裁判所の許可状を得て児相が家庭に強制的に立ち入るようになった。今回は強制的な立ち入りを求めるための情報すら得られていなかった。児相や学校などで作る『要保護児童対策地域協議会』と呼ばれる地域ネットワークが各地にある。児童虐待の予防や早期発見を目的に、それぞれの立場から家族を見守る仕組みだ。断片的な情報でもいいので持ち寄って話し合えていれば、有効な対策が講じられたかもしれない」(『朝日新聞』2010年7月31日朝刊)

○才村純（関西学院大学教授・児童福祉論）

「安全確認の努力は認めるが、甘かったと言われても仕方ない。児童虐待防止法にも『近隣住民の協力を得つつ安全確認をする』とある。住民に状況を聞けば、手がかりを得られたかもしれない。通報があったことを伏せて聞き込みをすることもできる。安全確認の方法を再検討する必要がある」(『朝日新聞』2010年8月1日朝刊)

また、現行の制度に対する意見もあった。

○津崎哲郎

「現行の臨検・捜索制度は手続きが煩雑で、実施のハードルが高すぎ、見直す必要がある。ただ、今回の場合は最初の訪問から考えると時間はあった。3回も通報があったのだから事態は深刻だと考え、児童相談所は住民に聞き取りをするなどもっと情報を集めるべきだった。管理人に鍵を借りるなどして立ち入り調査をすることもできたのではないか」(『朝日新聞』2010年7月31日朝刊)

○才村純

強制立ち入り制度について、「保護者や被害児童が特定できないケースがあることを想定していない」と指摘(『読売新聞』2010年7月31日東京版夕刊)。

「強制立ち入りの手続きについて、部屋番号など場所だけの特定でも可能となるよう早急な改正が必要だ」(『読売新聞』平成22年8月5日東京夕刊)

通報について

本事件では、マンション住人のうち少なくとも10人が2児の異変に気づいていたが、実際に虐待通告をしたのは1人のみであった。このように児童虐待を疑っても通報しにくい状況に対して、以下のような意見が寄せられた。

第Ⅳ章　2008〜2010年（平成20年児童福祉法改正後の事件）

○松本伊智朗（北海道大学教授・児童福祉論）
　「自治体に通報すればいい。子どもの泣き声が切迫しているときは110番。警察官は少なくとも確認に来てくれる」と助言（『朝日新聞』平成22年8月3日朝刊）。
○山縣文治（大阪市立大学教授・社会福祉論）
　「マンションの管理組合や管理会社になら、情報を寄せられる住民もいる。組合などは積極的に児相などに通報して」（『朝日新聞』平成22年8月3日朝刊）
○津崎哲郎
　「地域へ出向くかたちの子育て支援策を充実させ、虐待防止へ住民を啓発すべきだ」と行政にも注文（『朝日新聞』平成22年8月3日朝刊）。
○宮島清（日本社会事業大学専門職大学院准教授）
　「複数の具体的な通報があるほど、緊急性が高いと考え、的確に動くことができる」と指摘した（『読売新聞』2010年8月13日東京朝刊）。

親への支援について
子育てする親への支援体制に対しても意見が寄せられた。
○有馬克子（NPO法人「児童虐待防止協会」理事）
　「少子化の影響で、子育て（をしている様子）をみる機会が少ない。思春期以前から、出産や育児についての教育を充実させなければ、虐待は減らない」と指摘（『読売新聞』平成22年8月4日東京朝刊）。
○津崎哲郎
　「誰にも頼れず孤立すると虐待の危険性が増す。行政は自ら情報収集して異変をつかむ体制作りを進める必要がある」（『読売新聞』平成22年8月4日東京朝刊）
○多田元（はじめ）（愛知県弁護士会弁護士）
　「育児放棄する親は、人とつながる力が弱く、少し困難にぶつかると無力に陥る。こうした親が『預かって』と言うのはよほどのこと。役所は『預かるから来てほしい』と応じるなど、機会を逃してはならなかった」（『毎日新聞』2013年1月24日東京朝刊）

(5) 事件がもたらした影響

行政の動き
大阪市
　2010年7月30日夕、大阪市は緊急記者会見を開いた。こども青少年局長らは「（5月の）最後の通報以降、安否確認をしないまま今日に至ったことを非常に反省し、後悔している。『問題あり』としか言いようがない」と陳謝した。さらに、局長は「非常に困難な要因が重なったとはいえ、子ども2人を救えなかった。真摯に反省し、大きな代償ではあるが今後の施策に活かしたい」と述べた。遺体発見まで状況把握ができないままだったことについて、児童相談所所長は「特段の対応はしていなかった。3回目の通報以降、安否確認をしていないことには、反省も後悔もしている」と話した。市によると、母と子ども2人の住民登録がなく、年齢や性別もわからず、親族の協力を得て保護者と接触することができなかったという。周辺住民への聞き取りについては、局長は「保護者との人間関係を悪くできないという思いが念頭にあった」として、踏みきれなかったとした。

　同年8月はじめ、本事件を受け、大阪市は児童相談所に児童福祉司を24時間態勢で常駐させる方針を固めた。これに対して、津崎哲郎は「一歩前進だが、緊急性の判断ができなければ、悲劇はまた起こりうる。専門知識をもつ職員に最低10年は経験を積ませるなど、組織として虐待防止のノウハウを蓄える態勢作りが急務だ」と指摘している（『読売新聞』平成22年8月11日東京朝刊）。

　同月5日、大阪市は、児童相談所に緊急対応が必要な児童虐待の通報があった場合、24時間態勢で市の消防署員が子どもの安否確認に駆けつける仕組みを近く作る、と発表した。これに対して、前橋信和は「児相が可能なかぎりの調査をしたうえで、関係者の協力を得られないなど情報収集が難しい場合に、警察や消防などに協力を要請するというのが基本だ」、宮島清は「生命の危険にさらされた人を救出するという消防の仕事は、子どもを守るという児相と共通点がある。犯罪を防ぐのが目的の警察よりも連携しやすいのではないか。大阪市の試みが関係機関との役割分担のモデルケースになれば」、山縣文治は「現在の仕組みを根本から見直し、安否確認や立ち入り調査は警察に任せるといった役割分担を考える時期に来ているのではないか」とコメントした。

　8月30日、本事件を受けて大阪市は、児童虐待への対応強化策を発表した。

第Ⅳ章　2008～2010年（平成20年児童福祉法改正後の事件）

児童相談所に「虐待対応担当課長」「同課長代理」「同係長」のポストを新設し、専任職員を4人増やして充てる。また、夜間の緊急通報に対して30分以内に家庭訪問できるよう、職員を交代で児童相談所に宿直させる。消防局と連携して速やかに子どもの安全を確認し、必要に応じて警察にも援助を要請する。実施は9月1日からとした。

10月28日からは、警察官2人が市に派遣され、児童相談所に配置された。日中はセンターに常駐し、警察との情報交換や聞き込み調査などにあたる。

同年12月24日、本事件を検証していた市社会福祉審議会・児童虐待事例検証部会は、虐待の通報を受けた児童との接触が難しい場合の対応をマニュアル化することなどを盛り込んだ報告書をまとめた。報告書は、本事件で周辺住民から児童虐待ホットラインに通報がありながら2児の所在を確認できなかったことについて、「情報がホットライン相談員にフィードバックされておらず、緊急性が判断できなかった」と指摘。「立ち入り調査や警察への援助要請などをすべきだった」として、各区の警察や児童委員らで作る「要保護児童対策地域協議会」との連携強化を求めた。緊急性を組織として総合的に判断するため、ホットライン相談員と担当職員が情報を共有する体制の必要性を指摘。児童に接触できない場合の手立てなどをマニュアル化するよう促した。

2011年1月、大阪市は次年度から児童虐待の防止対策を本格化させる方針を明らかにした。警察官OBを夜間に配置して児童相談所の体制を強化するほか、市内の約140万戸に児童虐待ホットラインの電話番号を記した啓発シールの配布などを行う。また、これまでは児童相談所に届いた通報情報が区役所の担当職員に伝わらず、区役所側が十分に対処できなかったことから、情報を管理する児童相談所のコンピューターを区役所から操作できるようシステムを新設し、連携を強化するとした。市は、関連経費約4億4000万円を次年度予算に計上する方針を示した。

厚生労働省

2010年8月2日、本事件を受けて厚生労働省は、過去に「児童虐待の疑いがある」といった通報を受けながら、子どもの安否が確認できていないケースなどについて、早急な現状確認を求める通知を都道府県などに出した。本事件では匿名の通報があり、児童相談所が訪問したが子どもの安否確認ができず放置していた。通知では、こうしたケースや一時は安否が確認できても、その後確認できなくなったケースなどについても調査し、強制立ち入りなど積極的な

措置を検討するように求めた。

また、従来は虐待が疑われる親などに対する児童相談所の出頭要求は氏名の特定が前提だったが、本事件を受け、氏名を特定しなくても可能とした。

そのほか

鳥取県は、本事件を受け、市町村や県内3カ所の児童相談所に対し、住民から虐待通報を受けた際に速やかに安否確認をするほか、市町村、児童相談所、警察の連携を強化し、すばやく的確な対応をするように通知した。通知内容は、①過去に虐待との通報を受けた場合について、安否確認していないケースがあるかを調査し、未着手があればすぐに調べる、②すでに安否確認したケースについても、その後に虐待事案があるかどうか、追跡調査する、③新たに虐待の通報を受けたものの、家族の反対などで安否確認を確認できない場合は、児童相談所と警察が協力して立ち入り調査する、の3点。2010年8月3日付で文書を送付した。

鳥取県はこのほか、本事件がネグレクトで、事件現場も母親の勤務先が借りた部屋だったため、居住者の特定と虐待発見が遅れた点を重視し、市町村に対して、子どもが異常に痩せるなどした場合はネグレクトの疑いがあるとしてすぐに調べ、居住者不明の際は周囲への聞き込みを徹底するよう、改めて指示した。

また、自民党県連（愛知県）は、本事件を含む児童虐待事件が相次いでいることを受けて、2010年8月31日に名古屋市のA児童相談所を視察した。県連県民運動局に所属する県議や市議ら約20人が、A児童相談所の相談室などを見学した後、意見交換を行った。

地域の動き

2010年8月19日、本事件を受けて大阪市では、児童虐待を防ぐ方法について考える公開シンポジウムが開かれた。山縣文治が基調講演し、橋本和明（花園大学教授）、中村善彦（弁護士）、伊藤みどり（外国人のためのいのちの電話「関西生命線」代表）によるパネルディスカッションが行われた。

同年10月9日、本事件を受け、事件の教訓について話し合う集会が大阪市西区の区民センター開かれた。事件にショックを受けた現場近くの社会福祉法人理事が、障がい者支援を行うNPO法人「カフェミロー」理事長や保育関係者ら3人と話し合い、企画した。子育て支援を行う人たちや幼い子どもの保護

者ら約70人が参加し、児童虐待防止についてさまざまな声が上がった。今後も集会を開き、虐待防止につながる具体的な解決策を話し合っていくという。

　現場となったマンションでは、2010年8月から定期的に、マンションの住人十数人が、事件の再発と風化を防ぎたいとの思いから集まり、交流会を開いている。交流会の名前は亡くなった2人にちなんで「SK会」。2011年7月30日には、「SK会」のメンバーであるアマチュア歌手が、住民同士のきずなの大切さや2児への思いを込めた自作の追悼曲を、大阪市内のライブハウスで披露した。

　また、2010年3月、ヒップホップグループ「ライムスター」が本事件を題材にした曲「Hands（ハンズ）」が入ったCDアルバムを発売した。歌詞には、「母親を支えよう」というメッセージが込められている。曲作りのきっかけは、女性作家Lilyが本事件を取り上げたブログを、「ライムスター」のマミーディーが目にしたことだという。母親がSOSを出しにくい社会になっていると問題提起し、母への非難一色だった世論に一石を投じる内容に共感したという。「Hands」の歌詞には男性が登場しない。ネグレクト事件が起こるたびに母親に焦点が当てられがちな現状に対して、「男性不在」の風刺の意味も込めたという（『毎日新聞』2013年2月26日東京朝刊）。

文献

大阪市社会福祉審議会児童福祉専門分科会児童虐待事例検証部会（2010）「大阪市における幼児死亡事例検証報告書」

大阪地判 平成24年3月16日（裁判所HP：http://www.courts.go.jp/hanrei/pdf/20120524133205.pdf）

杉山　春（2013）『ルポ虐待——大阪二児置き去り死事件』筑摩書房

> トピック

重大事件あれこれ④　韓国の児童虐待重大事件

　韓国でも、児童虐待重大事件が社会を動かし、法律の制定や改正の契機となっている。以下では、日本との比較も念頭に置きながら、簡単にその動向を紹介してみたい。

　児童虐待の問題が韓国社会の関心を呼ぶのは、日本よりも少し遅れて1990年代の終わり頃からである。それ以前に取り組みがなかったわけではないが、たとえば1979年、韓国社会福祉協議会がソウルに「児童虐待通告センター」を開設したところ、1年間でただの1件の通告も寄せられなかったことから閉館になるといったエピソードがあった。こうしたなかで、急速に社会的関心の高まりを呼ぶきっかけになったのは、あるテレビ局が1998年に報道した児童虐待事件のルポである。「ヨンフン姉弟事件」と呼ばれる両親による姉弟への虐待事件だが、弟は救出されたものの姉は死亡し、庭に埋められていたというものだ。このルポが放映されると、国会でも児童虐待の防止策が話題になり、日本と同じく、児童虐待防止法のような特別法を新設するのか、従来の児童福祉法を改正するのか意見が分かれたが、日本よりわずかに早い2000年1月、児童福祉法を改正して児童虐待への対応を行うことになったのであった。

　改正内容には、児童虐待の定義が盛り込まれ、専門家に対して通報義務を設け、被害児童を保護する専門機関の設置なども盛り込まれている。また、緊急電話（児童虐待1391ホットライン）も設置されることになった。法改正を受けて18カ所の児童虐待予防センター（後に、児童保護専門機関と改名）が設立され、児童の保護などの取り組みを行っているが、韓国における一時保護は3カ月を限度とし、1回だけ更新できるとのこと。また、法改正前にはなかった児童虐待の統計もとられるようになり、2001年には2105件の通告があったという。

　なお、韓国にも家庭暴力犯罪特例法（韓国DV法）があるが、その守備範囲は、日本のDV防止法（配偶者からの暴力の防止及び被害者の保護に関する法律）のように配偶者間暴力に限定しておらず、児童虐待の被害児童の保護も、一定

第Ⅳ章　2008〜2010年（平成20年児童福祉法改正後の事件）

の範囲で対象としている。

　さて、このようにして改正された児童福祉法ではあったが、通報義務者による通報が低調なこと、親権者から被害児童を隔離することが困難なことなど、さまざまな問題があった。そこで2005年には、野党ハンナラ党が「児童の虐待及び放任の防止並びに被害児童保護に関する法律案」を国会に上程したものの、廃案となる。また、2012年になるとセヌリ党と政府が児童虐待処罰に関する法の制定で合意したものの、国会は1年以上の継続審議状態が続き、法の制定は実現しないまま時間が経過していたのであった。

　こうした状況を大きく変えたのが、2013年10月に起こった「蔚山児童虐待事件」である。これは、蔚山広域市蔚州郡で発生した事件で、報道によると、夫の連れ子である8歳の女児が、遠足の日に2300ウォン（約230円）を盗んだことに41歳の継母が腹を立て、遠足に行かせず、「お母さん、ごめんなさい。遠足行きたいです」と懇願する子どもを殴って死亡させたという。女児は約1時間も暴行を受け続け、浴槽に放置され、死亡時には24本の肋骨のうち16本が骨折、骨折した骨が肺を損傷したことが死因とされている。

　この事件がきっかけとなって、児童虐待に対する社会的関心は再び高まり、12月20日には、蔚山広域市議会が、児童虐待処罰法案の迅速な可決を求める決議を行い、国会も同年12月31日、同法案を可決し、あわせて「蔚山児童虐待事件真相調査委員会」も立ち上げている。真相調査委員会は、2014年1月24日、国会において中間報告を行っているが、それによると、本事例は、事件前に児童虐待によって児童保護専門機関に保護されたことがあり、再虐待によって死亡したものであった。また、機関相互の連携不足のために虐待判定後のモニタリングが不足していたことや、被害児童が通っていた幼稚園や学校、さらには病院など、通報義務者の誰もが訓練を受けていなかったことなどが指摘されている。

　児童虐待処罰法は、2014年9月29日に施行されることとなっているが、第1条で「この法律は、児童虐待犯罪の処罰及びその手続に関する特例並びに被害児童に対する保護手続及び児童虐待行為者に対する保護処分を規定することにより、児童を保護し、及び児童の健康な社会構成員としての成長に資することを目的とする」と定め、「児童虐待犯罪に関しては、この法律を優先して適用する」（第3条）こととし、「児童虐待犯罪を犯した者が児童を死亡させたときは、無期又は5年以上の懲役に処する」（児童虐待致死罪）などを定めている。

431

ところで「蔚山児童虐待事件」は、2014年4月11日、地裁において判決公判が開かれたが、同じ日に別の虐待死事件の判決もあった。その事件とは、慶尚北道漆谷で2013年8月に発生したもので、やはり継母（36歳）による8歳女児に対する虐待であった。唐辛子を無理やり口に入れられたり、ロープで体を縛られて階段から突き落とされるなど、日常的に虐待が繰り返されていたが、事件当日は、腹部などを20回以上踏みつけ、口をふさいで拳で顔面を殴打し、瀕死の状況に陥ったにもかかわらず2日間も放置して死亡させていた。しかも当初は、虐待行為を被害児の姉の行為に見せかけ、父親にも姉妹に暴行を加えさせるなどがあったという。

この事件について、検察は継母に懲役20年を求刑していたが、判決は懲役10年（「蔚山児童虐待事件」は懲役15年）。この判決に対して、韓国では「刑が軽すぎる」として議論が沸騰し、各社も社説などで、「事案の性格を勘案すると、実際の量刑は国民の感情とかけ離れたものだ」（中央日報）、「漆谷の悲劇を防ぐ機会は何度もあったという。担任の教師は犠牲になった子どもとその姉の身体に残された傷を見ず、……（中略）……児童保護専門機関は両親を相手に調査を行った。そのたびに加害者である両親の釈明がそのまま受け入れられたり、おびえた子どもが正直に言わなかったために問題にされなかったという」（韓国ハンギョレ新聞）などと論じ、朴大統領も、「子ども一人ひとりをきちんと育てることは韓国の未来のために非常に重要な課題だ。児童虐待は明らかな社会犯罪行為だという認識をもって解決してほしい」などと発言している。

韓国では、今まさに児童虐待問題が大きな社会的課題となっているのである。

※本稿は、各種報道で得た情報に加え、町野朔他（2006）「韓国における児童虐待問題——ソウル視察報告」（社会安全研究財団『児童虐待への対応の実態と防止に関する研究』第2章）、朴志允（2009）「韓国における被虐待の現状と地域支援システム」（東洋大学人間科学総合研究所紀要第10号）、および藤原夏人（2014）「韓国の児童虐待処罰法」（国立国会図書館調査及び立法考査局『外国の立法260』）を参考にして執筆した。

終章
事件をふりかえって

(1) 児童虐待に対する新たな認識

　2000（平成12）年の児童虐待防止法制定後、この10数年間に起きた25の事件は、われわれに多くのことを教え、なかには国の施策に大きく影響を与えたものもある。

　たとえば、第Ⅰ章の「1　武豊町3歳女児ネグレクト死事件（愛知県2000年）」は、事件が児童虐待防止法制定直後に発生したことに加え、家庭内で両親がいるにもかかわらず衰弱死するということに社会が驚愕した事件であった。同章の「5　岸和田中学生ネグレクト事件（大阪府2004年）」は、法が制定されても援助の手が届かなかったこと、また中学3年という高年齢であっても虐待から逃れられないこと、さらには不登校という状態の向こう側に虐待が潜んでいることに愕然とさせられた。また、第Ⅳ章の「18　点滴汚染水混入事件（京都市2008年）」は、「代理によるミュンヒハウゼン症候群」（以下、MSBP）が問題になった事件である。MSBPの存在は専門家の間では以前から知られていたが、実際にこのような虐待があることを社会が認識する大きな契機となった事件である。ただし裁判はMSBPを加害者の精神状態の1つとする前提で進められており、MSBPを理解することの難しさを教えた事件でもあった。第Ⅲ章の「16　奈良市4カ月双子男児虐待・死傷事件（奈良県2008年）」は、「乳幼児ゆさぶられ症候群」（Shaken Baby Syndrome、以下、SBS）が疑われた事例である。SBSが問題になった虐待事件は、それ以前にもあったが、SBSにかかる事件報道が増え始めたのは2008（平成20）年以降で、この年には本書報告事例以外にも滋賀県、東京都、兵庫県などで、2009（平成21）年には神戸市、2010（平成22）年には、神奈川県、大阪府、札幌市、滋賀県などで報道がみられた。SBSに関する社会的関心の高まりがうかがえると同時に、これらの事例は、とくに母子保健分野において、妊婦や新生児をもつ母親にSBS防止の啓発や教育を行うことの必要性を喚起する契機になった。第Ⅳ章の「22　7カ月男児医療ネグレクト死事件（福岡市2009年）」は、医療ネグレクトが問題となった事件である。親の価値観や宗教などによって、必要な医療を受けさせずにいる事例は、関係者の間では以前から困難事例の1つとして扱われていたが、その背景にある大きな要因の1つが親権の問題であった。この事件も、生命が危ぶまれる状態であったにもかかわらず、両親が適切な医療を受けさせなかったことから結果的に死亡したものだった。従来こうした事例に対しては、親権

喪失および保全処分の申立てを行い、認められれば必要な医療行為を行う手立てが取られてきたが、22のような事例が大きく報道され、また、医療行為のためだけに親権喪失を求める手法の是非なども議論されるなか、医療ネグレクトに対する法的手立ての見直しの必要性について社会の認識が高まり、民法改正によって親権の一時停止制度が誕生している。

　第Ⅱ章の「10　自宅放火母子3人殺害事件（奈良県2006年）」も大きく報道された事件の1つであるが、虐待によって子どもが死亡、あるいは重大な被害を被った事件ではない。重篤な児童虐待によって子どもが追い詰められ、結果として重大犯罪に至ったものである。ただし、本事件は一般的には虐待事件として扱われていない。虐待を受けたものが加害者になってしまう事件としては、「はじめに」にも紹介した尊属殺事件が思い起こされるが、児童虐待は、このようにして思わぬ事態を招き、児童本人だけでなく家族全体が深刻な状況に追いやられることを、社会は直視しなければなるまい。

　一方、重大な事件にも関わらずマスコミが大きく取り上げない事件について、ここで述べておきたい。

　第Ⅳ章の「21　小1男児母子心中事件（静岡市2009年）」の「親子心中」による虐待死事件はその1つである。子どもが犠牲となる「心中」事件は以前から数多く存在し、毎年行われている国の死亡事例の検証報告でも、虐待死する児童の半数もしくは半数近くが「心中」によるとされている。しかし、その発生率の高さにもかかわらず、個々の事例が報道で大きく取り上げられることは少ない。また、地方自治体においても、こうした「心中」事例が検討の対象として俎上にのぼることは少なかったと言わざるをえない。自治体の検証委員会で報告書が提出されたものとしてわれわれが確認できたもっとも古い事例は、東京都福祉保健局少子・社会対策部（2007）「近年の東京都内における児童死亡事例検証のまとめ」のなかで示された「母子心中」（未遂）事例であり、死亡した7事例のうちの1つとして取り上げられていた。なお、本書報告事例については静岡市が検証を行っているが、そこには重要な視点が提示されている。1つは、「心中」による虐待死は、ほかの虐待によるものと違って子どもの様子などから未然にキャッチすることが困難な場合が多いことである。さまざまな機関で作成された虐待防止マニュアルには、虐待に気づくためのサインとして身体的特徴や情緒面での特徴などがまとめられているが、心中による虐待死の場合、そうしたサインが当てはまらない場合が多い。したがって、虐待死

の約半数近くに及ぶ「心中」による虐待死を防止するためには、新たな視点が見出される必要があるといえよう。もう1つは、静岡市児童虐待事例検証委員会（2011）が指摘する次の点である。すなわち、「無理心中は、子ども自身の人権を無視した行為であり、親子の関係を従属関係として捉えた結果であるが、このことはこの事例に限った話ではなく日本の社会ではありがちな話[1]である。このため子どもの権利条約等人権尊重のために啓発を推進する必要がある」というものだ。社会一般の感覚は、まだまだ「親子心中」を児童虐待とはとらえていないようにも思われるが、子どもの人権を尊重し、「心中」事例をなくしていくことは、虐待防止の観点からも今後の大きな課題といえよう。

(2) 加害者の居場所のなさ

　事件報道や検証報告では、事件の経過等は把握されているものの、家族の生活状況や親側の要因については、十分な情報が示されていない事件が少なくない。しかしながらこうした情報がなければ、虐待の発生メカニズムについて理解することはできない。

　たとえば、第Ⅰ章の「1　武豊町3歳女児ネグレクト死事件（愛知県2000年）」や第Ⅳ章の「25　西区2幼児放置死事件（大阪市2010年）」については、ジャーナリストである杉山春が、丁寧な取材を重ねて事件の概要を伝えており[2]、こうした報告は、加害者がどのような心情によって虐待に至るのか、また、そこにはどのようなメカニズムがあるのかといったことについて多くのことを教えてくれる。本書においても、可能なかぎり情報を収集したが、これらをとおして、事件に至った家族には、ある共通する課題が浮かび上がってくる。

　その1つは、転居を含めて家族が地域に根づいておらず、不安定なまま、地域の人間関係から距離を置き、孤立した状況にあるということだ。また家庭基盤自体もきわめて脆弱で、近隣住民とも時にトラブルが発生するなど良好な人間関係とはほど遠く、しかも必要な社会資源も得られていない。

1　親子心中は「日本の社会ではありがちな話」と述べられているが、必ずしもわが国特有の事象ではなく、諸外国でも広くみられる現象である。詳しくは川﨑他（2012）「『親子心中』に関する研究（1）先行研究の検討」参照のこと。
2　杉山春の著作は、事件順に『ネグレクト（育児放棄）——真奈ちゃんはなぜ死んだか』（小学館、2007）、『ルポ 虐待——大阪二児置き去り死事件』（筑摩書房、2013）。

終章　事件をふりかえって

　第Ⅰ章の「2　尼崎市6歳男児運河遺棄事件（兵庫県2001年）」では、離婚後、被害児童は実父方の親族に預けられていたが、実母はその後再婚、離婚、再婚を経て、次男を出産。被害児童は6歳の頃、この家庭に引き取られ、その直後から虐待が発生する。同章の「3　5歳男児山中遺棄事件（山形県2003年）」では、母子での暮らしのなかで、携帯電話で知り合った男性のもとに秋田県から転居し、同居後すぐに虐待が発生している。「6　小山市幼兄弟殺害事件（栃木県2004年）」も、孤立した2組の父子家庭が同居するという変則的な形態であった。このように、離婚や再婚あるいは同居、別居などで新たな家族成員がいなくなる、あるいは加わるといった家族構造の変化が、虐待発生の前段階で認められるケースが多い（25事件のうち16事件が該当、次頁の表参照）。
　家族構造の変化にともない、転居など居住地が変更されることはめずらしくなく、地域とのつながりが希薄になりやすい。また地域から引きこもりがち、あるいは近隣とのトラブルを繰り返している事例も少なくなかった。地域との関係に何らかの問題が認められるケースは、25事例のうち11事例であった（表参照）。「2　尼崎市6歳男児運河遺棄事件（兵庫県2001年）」では、直近の5年間に転居を5回繰り返し、行く先々で非常識な言動によって近隣住民とのトラブルを起こしていたという。「7　18歳女性長期監禁ネグレクト事件（福岡市2005年）」は、家族全体が地域とのかかわりが乏しく、被害児は18歳までネグレクト状態のまま、地域からも放置され続けたケースであった。「9　藤里町児童連続殺害事件（秋田県2006年）」は、母親は人づきあいが苦手で、団地のなかでも浮いた存在だったという。「11　泉崎村3歳男児ネグレクト死事件（福島県2006年）」は、子ども3人を含む家族で転居後、自宅のすべての窓に電動シャッターを取り付け、人の気配もわからない状態で、時に近隣の家に怒鳴り込んでいくなど、地域住民も怖くて近寄れない状態だったという。
　地域でのつながりが乏しく、親にとっても子どもにとってもそこが健康な居場所になりえていない状況は、加害親の子ども時代にまでさかのぼって見受けられる。把握された情報だけでも、多くの加害者が、子どもの頃から家族関係に問題をかかえ、全25事件のうち、12事件で家庭内や学校などに居場所がなく、被虐待体験やいじめられ体験が認められた。子どもの頃からの親子関係の問題、安定した居場所のなさ、被虐待体験やいじめられ体験が大きな影響を心に残しつつ、居場所と愛情を求めて彷徨いながら、不適切で満たされない状況から逃れられない様子が推察される。

437

事例とその背景

事例	家族構造の変化	転居の有無	地域との関係	加害者（親など）の生育歴上の特記事項
1 武豊町3歳女児ネグレクト死事件（愛知県2000年）	被害児童を妊娠、出産後、実家での暮らしの後、実父と同居。翌年弟を出生。その翌年死亡。	実父との同居にともなう転居。		実母：養育環境の不安定さと居場所のなさ、いじめ被害、レイプ被害などのエピソード。
2 尼崎市6歳男児運河遺棄事件（兵庫県2001年）	実母再婚後、別居していた被害児童と同居。その約半年後死亡。	複数回の転居。	近隣住民とのトラブルが絶えない。	実母：両親の複数回の離婚と再婚、実母の学校での暴力、教護院（現児童自立支援施設）入所歴。
3 5歳男児山中遺棄事件（山形県2003年）	離婚後、母子家庭で暮らしていた後、子どものいる男性宅に同居。その1カ月半後死亡。	遠方の男性宅へ転居。	希薄な関係。	
4 同居少年による4歳男児虐待死事件（名古屋市2003年）	母子家庭に少年が同居。その3カ月後死亡。			同居した少年：親子関係の希薄さと家庭での居場所のなさ。
5 岸和田中学生ネグレクト事件（大阪府2004年）	実父が継母と同居後、別居していた被害児童と同居。その3年後死亡。	同居にともなう転居。		継母：幼少期からの被虐待体験、辛辣なDVの目撃、性被害、いじめ体験、高校時代の家出、異性交遊。
6 小山市幼兄弟殺害事件（栃木県2004年）	父子家庭同士が同居。その3カ月後に死亡。	同居にともなう転居。	同居の事実を地域で把握していない。	父親と加害者とは、暴走族の先輩後輩で、覚せい剤使用。
7 18歳女性長期監禁事件（福岡市2005年）			地域との関係疎遠、地域からの放置。	
8 渋川市3歳男児虐待死事件（群馬県2006年）	児童養護施設から被害児童が一時帰宅後、その約1カ月半後に死亡。	繰り返しの転居。		両親：幼少時の被虐待体験。

438

終章　事件をふりかえって

9　藤里町児童連続殺害事件（秋田県2006年）	母子家庭。		母親は人づきあいが苦手で、浮いた存在。	実母：学校時代にいじめられ体験。高卒後職場を転々、出産後離婚、29歳時に自己破産、引きこもりがちな生活。
10　自宅放火母子3人殺害事件（奈良県2006年）				加害児童：父親による中学校時代からの被虐待体験。
11　泉崎村3歳男児ネグレクト死事件（福島県2006年）	転居後、虐待により長男への父母の親権喪失（父方祖父母が養育）。翌年被害児童出生。日常的な虐待の末、3歳で死亡。	長男が虐待によって保護された後、転居。	住民を拒否、近隣とのトラブル頻繁。近隣住民も怖くて近づけない状態。	実父：強盗傷害事件を起こしており、事件発生後に逮捕。
12　長岡京市3歳男児ネグレクト死事件（京都府2006年）	実父離婚後、継母と同居、虐待によって姉が施設入所。その約半年後死亡。			
13　苫小牧市2幼児放置死・衰弱事件（北海道2007年）	離婚後に被害児童を出生。母子家庭。翌年子どもを自宅に放置、死亡。	被害児出生後転居。	保育所入所が断られる。	実母：子ども時代からの母親との葛藤、経済的な困窮。
14　南国市小5男児暴行致死事件（高知県2008年）	実母は継父と同居、その後虐待によって弟は施設入所。その翌年死亡。	継父と同居とともに転居、子どもの転校。	地域住民との関係は疎遠。	継父：中卒後職を転々、中等少年院入所歴あり。
15　蕨市4歳男児ネグレクト死事件（埼玉県2008年）	乳児院を退所して家族に加わる。その翌月に死亡。			乳児院入所前、両親はホームレス状態。
16　奈良県4カ月双子男児虐待・死傷事件（奈良県2008年）	生後4カ月で死亡。		父母無職。地域、親族間でも孤立した家族。	実父：両親の借金問題から、1人で家を離れる、引きこもりがち。実母：家出同然で結婚、複雑な家庭環境。
17　小1男児公園トイレ殺害事件（福岡市2008年）	転居し、特別支援学級に入学後、約半年で死亡。	特別支援学級のあるマンションに転居。	相談相手がいない。	子どもの発達障害、実母の身体障害（原因不明の難病）、実父の子どもへの暴力、実母任せの育児。

18 点滴汚染水混入事件（京都市2008年）	次女、3女、4女が順に死亡。			姉への劣等感、さまざまなミュンヒハウゼン症状、父親のDV、高2時の母親の死亡。
19 練馬区2歳男児ゴミ箱放置死事件（東京都2008年）	夫婦互いに再婚、異母長男の親権喪失（虐待による）。その3年後被害児出生。出生3年後に死亡。	長男親権喪失後転居。		長男への虐待による親権喪失、実父のDV。
20 西淀川区小4女児虐待死事件（大阪市2009年）	同居後すぐに虐待発生、その翌年死亡。	継父宅に転居。		実母：幼少期から父母不仲。 継父：小学校時代にいじめられ体験、小4時に父母離婚、中卒後職業を転々、実母と会うまで7回の離婚歴。
21 小1男児母子心中事件（静岡市2009年）	離婚後、祖母と同居、その後別居し母子家庭、祖母との別居から約半年後死亡。	複数回の転居。	社会的孤立状況。	実母：夫からのDV。
22 7カ月男児医療ネグレクト死事件（福岡市2009年）	被害児7カ月で死亡。			実父母の新興宗教への帰依。
23 江戸川区小1男児虐待死事件（東京都2010年）	実母と継父結婚後、被害児は祖母宅から引き取られる。その翌年死亡。			
24 桜井市5歳男児ネグレクト死事件（奈良県2010年）			親族からの援助を求めるものの得られず。	実母：幼少期に父方祖母宅で養育、弟との差別的養育、経済的問題で大学への進学を断念。 実父：幼少期に父親からの体罰、父親とは疎遠、大学進学後中途退学。
25 西区2幼児放置死事件（大阪市2010年）	父母離婚後母子家庭。			実母：両親離婚、被虐待体験、居場所のなさ。

(3) 自治体における検証について

　虐待対応を行ううえで、当該児童の生育歴や家族状況を把握することは当然だが、虐待発生のメカニズムを解明し、予防的な手立てを講じていくためには、親自身の生育歴を把握することも、重視されなくてはならない。

　2007（平成19）年の児童虐待防止法改正は、国および地方公共団体に対して「児童虐待を受けた児童がその心身に著しく重大な被害を受けた事例の分析を行う」こと、すなわち虐待による重大事件についての検証を義務づけた。本書で扱った重大事例合計25事件のなかで、地方自治体が検証や検討を行い、報告書としてまとめたものは、収集したかぎりでは、合計15本であった。これらの検証報告書が、事件を解明していくうえで貴重な情報源となったことは間違いない。

　とはいえ、検証報告書からの情報だけでは、対象となる保護者と子どもの人格や行動特徴、それを理解するための生育歴や家族の状況、これらをふまえた虐待に至るメカニズムなどを理解することは困難であった。そのため、資料の多くをメディアの情報に頼らざるをえなかったが、それにしても、虐待死事件が繰り返されるにつれて報道の熱も徐々に下がるせいか、十分な情報が得られない場合があった。たとえば、「13　苫小牧市2幼児放置死・衰弱事件（北海道2007年）」の放置死事件や「15　蕨市4歳男児ネグレクト死事件（埼玉県2008年）」の衰弱死事例などは、悲惨な事件であるにもかかわらず、報道される情報量や事例に関する識者のコメントなどは、過去の事件に比べて少なかったように感じられる。

　こうした事情をふまえると、国や自治体が行う検証のさらなる質的向上が求められているといえよう。「5　岸和田中学生ネグレクト事件（大阪府2004年）」をふまえて、小林（2004）は、「虐待死の原因には4側面がある。子どもが死に至った、①子どもの身体的原因、②生活状況、③親側の要因、④援助のあり方、である。わが国で今までに多少とも取り上げられたのは、①の身体医学的死因と、今回の事件でもマスコミや対策検討会議が取り上げた④である。しかし、②や③の分析は少なく、なぜ死に至る虐待が起きるのかについてはほとんどわかっていない。死亡を減らすことを進めるためには4側面すべての分析が必要である」と述べていた。

　ただし、「8　渋川市3歳男児虐待死事件（群馬県2006年）」では、検証に際

して早くも公判を傍聴するなど、先駆的ともいえる取り組みがなされている。こうした指摘の重要性がしだいに浸透しつつあることの反映なのかもしれない。事実、厚生労働省も、2011（平成23）年には「地方公共団体における児童虐待による死亡事例等の検証について」を一部改正し、関係機関の援助のあり方や運営面の課題だけでなく、「当該事例の家族の要因等を明らかに」することを求め、そのために「死亡時点における家族関係及び家族の歴史、経済状況等（特に乳幼児の事例については、妊娠期からの情報やきょうだいの妊娠期の情報）」などの情報を収集し、「保護者が起訴された事件については、裁判の傍聴や訴訟の記録を閲覧請求することも必要である」とした。また、「転居している事例の場合は、転居前の住所地の関係者も対象とする」ということも新たに付け加えている。

　こうした通知の改定もふまえ、たとえば奈良県においては、「16　奈良市4カ月双子男児虐待・死傷事件（奈良県2008年）」について、通告や関係機関の関与がいっさいないとして事例そのものの検証は行わなかったところ、その2年後に発生した「24　桜井市5歳男児ネグレクト死事件（奈良県2010年）」では、公判を傍聴し、「虐待発生の背景」という項目を起こして分析を試みている。

　ただ、実際にこうした点も含めて具体的な検証を行おうとすれば、公判傍聴などの取り組みだけでは情報収集にも限界があるうえ、そもそも「親子心中」などで加害者が死亡していれば、裁判も行われない。また、背景要因などの詳しい分析・公表と、プライバシー保護の問題とがぶつかり合うという矛盾も生じてくる。虐待死を防ぐための検証には、まだまだ多くの課題があるが、それらを一つひとつ乗り越えることで初めて死亡事例検証は深められ、虐待死をなくす一歩となるのではないだろうか。

(4) 援助機関および機関連携に関する問題

　さて、多くの検証報告書では、関係した機関の対応についてきびしい視点で振り返り、あるべき姿勢を提言している。それらは次の2点に集約されよう。
　①虐待状況が深刻であるにもかかわらず、その点が十分把握できず、対応する機関が危機感をもちえなかったこと。
　②上記の背景に、児童相談所や市区町村、学校等関係機関の連携に不十分さ

があったこと。

しかし、これらの課題は今なお解決しているとはいいがたい。今回の報告で取り上げた「14　南国市小5男児暴行致死事件（高知県2008年）」「23　江戸川区小1男児虐待死事件（東京都2010年）」の事件や「15　蕨市4歳男児ネグレクト死事件（埼玉県2008年）」などは、児童相談所、学校そのほか関係機関などの連携不足や、その結果としての情報共有の不十分さが今なお重要な課題であることを示しており、筆者らはこうした事件が起きるたびに、「5　岸和田中学生ネグレクト事件（大阪府2004年）」の教訓が活かされていないという思いを強くする。

では、こうした問題を克服するためには何が必要だろうか。それはおそらく、「危機感をもつべし」あるいは「連携すべき」といっただけの一般的提言ではなく、

①対応する機関が危機感をもって踏み込んだ対応ができないのはなぜか。
②機関連携できないのはなぜか、機関協働を妨げているものは何か。

といった点について、一歩踏み込んだ検討をすることであろう[3]。すなわち、職員不足の解消や組織体制の整備といった課題だけでなく、かかわる職員の経験や資質、それぞれの機関における職員へのサポート体制、組織決定のあり方や責任者の姿勢、機関内に連携を拒む体質がないかどうか、あるとすればその理由は何かといった点を検討し、さらには機関ごとの子ども虐待に関する認識や援助観の違い、かかわる職員及び機関相互の情報伝達や交流のあり方、協働の過程で援助機関同士で関係のひずみがないかといった連携上の具体的な課題

---

[3] この点については、重大事例についての検証が義務づけられた2008年4月以降の地方自治体の検証報告書を収集し、その内容を検討した亀田（2010）も、次のように述べている。
　「問題点の指摘でもっとも多かった項目は『情報収集・アセスメント』であった。家庭の生活状況の確認ができていなかった、リスク要因を見過ごし虐待を発見できなかったなどの事例である。次に多かった項目は、関係機関間で情報交換がなされなかった、各機関の役割分担が不明確であったなどの『関係機関間の連携』であった。3番目は『要保護児童対策地域協議会』であり、会議の活用が不十分であったこと等を指摘する。
　これらの問題点をあげるだけでは事例の分析としては十分とはいえない。『情報収集・アセスメント』が行われなかったことが問題だ、というのは当たり前のことをいっているに過ぎないからだ。虐待対応の各種手引きなどを読めば、『情報収集・アセスメント』などを行うべきことは明白である。多くのケースでは実際に適切な対応がなされている。にもかかわらず、検証対象のケースでは適切な対応ができずに重大事例等にいたってしまった。なぜこのケースでは適切に対応できなかったのか。どこに阻害要因があったのか。重要なことは、対応できなかった理由や事情を個々の事例ごとに分析することだ」

などにも注意し、虐待対応に必要な視点や修正すべき点を明らかにすべきであろう。虐待死は、このような取り組みを通じてこそ防ぎうるのではないかと考える。

(5) 児童虐待施策への影響

ところで、重大事件は、自治体や関係諸機関にとどまらず、国の虐待防止施策などにも少なからず影響を与えてきた。2003年の「4 同居少年による4歳男児虐待死事件（名古屋市）」が虐待の定義の見直しにつながったこと、2006年の「11 泉崎村3歳男児ネグレクト死事件（福島県）」が、児童相談所の権限を強化し、臨検・捜索の制度化に影響を与えたこと、2006年の「12 長岡京市3歳男児ネグレクト死事件（京都府）」が、48時間以内の目視による安全確認のルール設定につながったこと、「16 奈良市4カ月双子男児虐待・死傷事件（奈良県2008年）」を含め、虐待死が0歳児だけで約4割を占める現状をふまえ、周産期母子に対する予防策を強化する観点から、乳児家庭全戸訪問事業や養育支援家庭訪問事業が法定化され、市町村はその実施に努めることとされたこと（児童福祉法改正〔2008〕）、また「22 7カ月男児医療ネグレクト死事件（福岡市2009年）」のように、親権が児童虐待における子どもの安全確保や支援の妨げになる事例が少なくないことなどから民法の親権制度の見直しが図られ、新たに親権の一時停止制度が設けられたことなどである。

(6) 重罰化と裁判員制度

刑事司法の領域では、凶悪犯罪に対する法定刑が被害者や国民感覚に合わないことなどを理由として、2004年12月に犯罪の刑の引き上げなどを盛り込んだ改正刑法・刑事訴訟法が可決・成立したが、児童虐待にかかる犯罪も重罰化の傾向にあると考えられる。2003年の「3 5歳男児山中遺棄事件（山形県）」では、実母に懲役11年、継父には懲役13年の刑が言い渡されたが、現在では10年を超える判決はめずらしくない。とくに2009年の裁判員制度の導入は、重罰化の傾向をさらに強める結果になったのではないかとも思われる。たとえば、2010年に大阪府寝屋川市で1歳の女児に暴行を加え死亡させた事件では、懲役10年の求刑に対して、それを大きく超える懲役15年の刑が裁判員裁判で

言い渡され、大阪地検は「裁判員裁判による結果で、重く受けとめたい」とのコメントを残している[4]。他方、「19　練馬区2歳男児ゴミ箱放置死事件（東京都2008年）」では、事件の状況を知れば知るほど単純に量刑を決められないと思い悩む裁判員の姿が報道されているが、児童虐待問題を裁く難しさ、児童虐待という問題の奥深さを示しているようにも思われる。

(7) 最後に

総務省の「児童虐待の防止等に関する総合評価の結果及び勧告」によれば、児童虐待の「発生予防」「早期発見」「早期対応から保護・支援」「関係機関の連携」の各施策について、「早期対応から保護・支援」については一定の効果はみられるものの、その他の施策はいずれも不十分とされた。さらに総務省は「早期対応から保護・支援」においては、保護者および児童に対する適切なアセスメントを実施することを勧告した。また「発生予防」についても、効果的な取り組みを検討することを勧告している。

保護者や児童に対するアセスメントを強化することや、予防のための支援を行ううえでは、援助の対象となる保護者と子どもの人格や行動特徴を理解し、虐待に至るメカニズムについて認識を深めることが重要となる。そのためには死亡に至った事件について、こうした観点から分析することが有益であり、事例の分析を積み上げ、有効な手立てを見出していくことが必要であろう。

文献
大阪高裁　平12（う）1227号　判タ1085 p.292
大阪高裁　平13（う）622号　裁判所HP
亀田　徹（2010）「児童虐待事例の検証結果を再発防止に生かすには」『PHP Policy Review』Vol.4-No.37
川﨑二三彦他（2012）「『親子心中』に関する研究（1）先行研究の検討」

---

[4]　ただし、本事件については、2014年7月24日、最高裁第1小法廷が、懲役10年の求刑に対し懲役15年とした一、二審判決を破棄し、父親を懲役10年、母親を懲役8年とする判決を言い渡した。本件については、弁護側が「刑の公平や適正の面から著しい量刑不当がある」と上告し、検察側は「社会情勢を考慮に入れることは、市民の量刑感覚を反映させる裁判員制度の趣旨にかなう」と反論していたが、最高裁は、「国民の視点を入れるため導入された裁判員裁判といえども、過去の裁判結果との公平性を保つ必要がある」との判断を示したものである。

川﨑二三彦他（2012）「平成 23 年度 児童の虐待死に関する文献研究」
小林美智子（2004）「岸和田事件からみえる課題」『子どもの虐待とネグレクト』Vol.6 No.3
静岡市児童虐待事例検証委員会（2011）「静岡市における児童虐待事例 検証結果報告書」
福祉保健局少子社会対策部（2007）「近年の東京都内における児童死亡事例検証のまとめ」
増沢　高他（2011）「2000 年以降の新たな動向」保坂　亨（編著）『日本の子ども虐待 第 2 版』福村出版
増沢　高他（2012）「児童虐待に関する文献研究——児童虐待重大事例の分析（第 1 報）」子どもの虹情報研修センター
増沢　高他（2013）「児童虐待に関する文献研究——児童虐待重大事例の分析（第 2 報）」子どもの虹情報研修センター

おわりに

　いつのまにか分厚くなってしまった本書の編纂も何とか山を超え、ようやくゴールが見えてきたと思った矢先、またしても深刻な虐待死事件が発覚した。本稿を執筆しているたった今も種々のメディアが報道を続けているが、事件は、神奈川県厚木市のアパートで男児の白骨遺体が発見され、父親が逮捕されたというものだ。本書が刊行された時点でも、なお話題になっているのかどうかはわからないが、生きていれば中学生だったはずの男児は、育児放棄によって7年前にはすでに衰弱死しており、死亡当時はまだ5歳だったという。
　この事件は、幼い子を長期間アパートに置き去りにしたネグレクト死という点で、本書13の「苫小牧市2幼児放置死・衰弱事件（北海道2007年）」や25の「西区2幼児放置死事件（大阪市2010年）」と共通するが、死亡後7年もの間、行政機関や教育機関、また近隣住民などの誰によっても気づかれることなく、アパート内に放置されていたという点で、社会に衝撃を与えたのであった。
　さて、この本を刊行することとした唯一最大の目的は、私たちがこれまで経験した重大事例から謙虚に学び、こうした虐待死を未然に防ぐことであった。しかしながら、今述べた厚木の事件報道などに接すると、本書を広く普及してその教訓を還元するよりも、社会の変化はずっと早いのだろうかと考え込んでしまう。まことに隔靴掻痒の思いを禁じえないのである。
　とはいえ、冷静に考えるならば、本書刊行の意義が失われるわけでは決してない。いやむしろ、こうした新たな事件に遭遇するからこそ、私たちは過去の重大事例を忘れず、あらためてそこから学び、今後に活かすべきではないだろうか。

　　過去は泣きつづけている
　　たいていの日本人がきちんと振り返ってくれないので
　　過去ときちんと向き合うと、未来にかかる夢が見えてくる
　　いつまでも過去を軽んじていると、やがて未来から軽んじられる
　　　　　　　　　　　　　　——井上ひさし「絶筆ノート」から

本書は、子どもの虹情報研修センターで続けている「児童虐待に関する文献研究」のなかで、「児童虐待重大事例の分析」を下敷きにして加筆、修正を加え、また新たに稿を起こしたものである。本書の発刊の意義を認め、具体的なアドバイスを惜しまず、さらには多くの実務までも引き受けていただいた福村出版の宮下基幸氏、西野瑠美子氏、天野里美氏には、深く感謝申し上げたい。この方々の協力がなければ、本書の刊行はなかったといっても過言ではないのである。

　最後に、この本のなかで取り上げた事件の犠牲者となった子どもたちの冥福を心からお祈りし、子どもたちの誰一人として虐待などされず、健やかに育つ社会となるよう、執筆者一同、今後とも微力を尽くす決意を申し述べて、本書を締めくくりたい。

2014年8月

川﨑　二三彦

付表：掲載事件の概要一覧

掲載事件の概要一覧表

事件	事件発生地域 (事件発生・ 発覚年)[1]	事例の概要
1	武豊町3歳女児ネグレクト死事件（愛知県2000年）	2000年12月、愛知県武豊町のアパートで、3歳になったばかりの女児が食事を適切に与えられずにダンボールのなかに入れられたまま餓死した。実父母はともに21歳で、保護責任者遺棄致死罪の容疑で逮捕された。発見時の女児の身長は89cmで平均域であったが、体重は5kgで標準の4割にも満たず、遺体はダンボールのなかで両足を折り曲げたまま硬直した状態であった。「ダンボールに入れて子どもを餓死させる」というインパクトの強さと、同年11月に児童虐待防止法が施行された直後の死亡事例であることから、多くの社会的関心を集めた。地裁の判決では殺人罪が適用され、実父母とも懲役7年の刑が言い渡された。実父母は高裁および最高裁に、控訴・上告したが、いずれも棄却、2004年4月に刑が確定した。
2	尼崎市6歳男児運河遺棄事件（兵庫県2001年）	2001年8月、兵庫県尼崎市の運河で、子どもの遺体が入ったポリ袋が発見された。被害児は、児童養護施設入所中の小学1年生男児だった。警察は、行方不明になっていた男児の実母と継父を逮捕、2人が一時帰宅中だった男児に対して暴行を繰り返し、死に至らしめたうえ、ゴミ袋に遺体を入れて捨てたことを明らかにした。2003年2月、実母と継父にはいずれも懲役8年の刑（求刑は懲役10年）が言い渡された。
3	5歳男児山中遺棄事件（山形県2003年）	2003年9月、山形県で、腎臓病を患っていた6歳の男児を虐待によって死亡させ、遺棄したとして、実母と継父（内縁）が逮捕された。実母と内夫は、同居した直後から約1カ月間、本児に対して殴る蹴る、食事を与えないなどの虐待を加え、外傷性ショックで死亡させた。地裁の判決では、実母に対して懲役11年、内夫に対しては懲役13年の刑が言い渡された。
4	同居少年による4歳男児虐待死事件（名古屋市2003年）	2003年10月、実母の119番通報により4歳の男児が病院に運び込まれ、間もなく死亡した。医師より虐待の疑いがあると警察に通報があり、事件の2日後、実母と交際・同居していた高校3年生の少年（18歳）が傷害致死の疑いで逮捕され、実母も少年を庇うために嘘の説明をしたとして犯人隠匿の疑いで逮捕された。少年は日常的に本児に暴行を加えていた。7月中旬に本児の身体に痣を発見した保育所は児童相談所に相談し、児童相談所は警察に相談したが、緊急性はないと判断されていた。本児死亡当日、少年は2回にわたって殴る蹴るなどの激しい暴行を加え、実母はこれを目撃しながら制止せず、本児の容体が急変した後に少年から口裏合わせをもちかけられ、少年を庇って虚偽の説明をした。少年には傷害致死の罪で懲役3年以上5年以下の不定期刑が、実母には傷害致死幇助の罪で懲役2年執行猶予3年の刑が言い渡された。

1 原則として、被害児の死亡した年次を記した。ただし、事件5および7については、被害児が生存しているため、加害者が逮捕された年次とした。

付表：掲載事件の概要一覧

5	岸和田中学生ネグレクト事件（大阪府2004年）	2003年11月、消防署に119番通報があり、中学3年生の男児（15歳）が病院に緊急搬送された。男児の身体は痩せこけ、顔は蒼白、目は見開いたまま呼びかけに応じず、身体中に床ずれがみられた。不審に思った救急隊長が警察に通報し、捜査が始まった。鑑定した医師は、「飢餓の最終段階。最低でも3カ月は食事を与えられていなかったのではないか」と話した。そして、2004年1月、実父と継母（内縁）が殺人未遂容疑で逮捕された。この日以降、マスコミでも連日の報道が繰り返され、日本中に大きな衝撃を与えた。
6	小山市幼兄弟殺害事件（栃木県2004年）	2004年9月、栃木県小山市で4歳の兄と3歳の弟が行方不明になり、兄弟の家族と同居していた男性が未成年者誘拐の疑いで逮捕された。男性は2人を殺害して川に捨てたと供述し、兄弟は死体で発見された。兄弟2人は過去、同居する男性による虐待で児童相談所に通告され、7月に一時保護された経緯があった。児童相談所は、祖母宅で兄弟2人と同居することを条件に2人を実父のもとに返したが、実父は2人を連れてすぐに男性宅に戻ってしまった。実父と男性は元暴走族の先輩後輩の関係（実父が先輩）で、強固な上下関係があった。また、事件当時2人は覚せい剤を使用しており、覚せい剤をとおした癒着した関係も続いていた。事件の1カ月後の10月、実父は覚せい剤取締法違反（使用）の疑いで逮捕された。 この事件を受けて、地元では民間の虐待防止活動団体「カンガルーOYAMA」が発足、オレンジのリボンを虐待防止の象徴とし、リボンを配布しながら虐待防止を訴える活動が始まった。現在各地でオレンジリボンキャンペーンが行われているが、そのきっかけとなったのがこの事件である。
7	18歳女性長期監禁事件（福岡市2005年）	被害者は福岡市在住の満18歳の女性。実母は、2005年10月、自宅において女性が留守中勝手にテレビを観ていたことに激昂し、顔面や背部を数回殴打する暴行を加え、治療約11日間を要する顔面打撲傷等の傷害を負わせた容疑で逮捕された。 警察署からの照会により、女性は入学式を含め、18歳になるまで1日も学校に登校していないことが判明した。長期間にわたり、教育を受ける権利や、自由に外出したり社会活動に参加する権利を奪われていた点で、この事件は子どもの重大な権利侵害であったが、学校や教育委員会は事件発覚までは不就学児童としてとらえており、長く虐待としての認識はされていなかった。また児童相談所も、虐待を疑ったものの重度のネグレクトという認識はなかったため、介入や保護者への支援が行われないまま見過ごされてきた。こうした点に鑑み、福岡市では事件の検証が行われた。

8	渋川市3歳男児虐待死事件（群馬県2006年）	神奈川県の児童養護施設に入所中だった3歳の男児が、2005年12月、群馬県内に住む実父母のもとに1週間の予定で一時帰宅した。施設に戻る予定だった前日、実父から電話で期間延長の要請があり、やむをえず了承した。しかし、期間延長後に予定されていた帰園日を過ぎても実父母は男児を帰園させず、2006年2月、男児は実父母から暴行を受けて死亡した。死亡当日、実父母は自宅において約1時間男児に対して素手やモップの柄で殴打した後、男児が謝り許しを求めたにもかかわらず、さらに冷水を貯めた浴槽に約2時間にわたり正座させた。その後、男児の異変に気づいた実父が119番通報し緊急搬送されたが、全身打撲による外傷性ショックにより男児は死亡した。実父母は傷害致死の疑いで逮捕された。実父母は、一時帰宅当初は男児に対して口頭で注意していたが、思うようにならないことから暴力をエスカレートさせ、1月中旬頃よりおもちゃやモップの柄で殴打するようになり、2月に入り暴行を複数回にわたり加え、食事を減らすなどの虐待を行っていた。
9	藤里町児童連続殺害事件（秋田県2006年）	2006年4月、秋田県山本郡藤里町で小学4年生の女児の水死体が発見された。当初、県警は事故死と判断していたところ、翌5月、本児宅の2軒隣の小学1年生男児が絞殺遺体で発見された。1カ月の間に2人の子どもが亡くなり、周囲が不安をいだくなか、県警は捜査を開始し、6月に死亡した女児の実母を容疑者として逮捕した。 県警は、男児の遺体発見後から、実母の自宅付近に警察車両を駐車するなどしたため、マスコミが押し寄せメディアスクラムが起こった。逮捕前から実母を犯人視する記事が週刊誌に載るなど、メディアのあり方も問われる事態となった。 実母は、男児殺害は認めたものの、娘である女児殺害についての供述は二転三転した。実母自身の言動や男児殺害の動機は、周囲からは不可解なものとしてとらえられ、不安や憤りを生んだ。また実母の育児に対して、虐待が疑われていたなどの記事もみられた。実母は、実子殺害については最後まで否認したが、第一審・控訴審ともに実子への「殺意」を認め、無期懲役判決が下された。
10	自宅放火母子3人殺害事件（奈良県2006年）	2006年6月20日午前5時頃、この家に住む16歳の長男の放火によって、奈良県田原本町の医師の自宅から出火。午前6時頃に鎮火したものの家屋は全焼し、医師である継母と異母弟、異母妹3人が、一酸化炭素中毒により死亡した。22日午前8時過ぎ、長男は警察官に職務質問され保護されたが、放火を認め、逮捕された。 同年10月13日、奈良家裁に提出された長男の精神鑑定書によると、長男は広汎性発達障害と診断され、幼少期からの実父の暴力により持続的抑うつ状態だったとされた。10月26日、奈良家裁は「殺意はあったが、程度は低い。実父の暴力を受けた生育環境が非行に走らせた要因の1つで、広汎性発達障害の影響が強く現れている。保護処分によって、矯正、改善の見込みがある」として、中等少年院送致とする保護処分を決定、収容期間について「相当長期の処遇が必要である」とする意見をつけた。

付表：掲載事件の概要一覧

11	泉崎村3歳男児ネグレクト死事件（福島県2006年）	2006年7月、福島県泉崎村で、3歳の男児（三男）に十分な食事を与えず死亡させたとして、実父母が保護責任者遺棄致死の疑いで逮捕された。男児は、父母から十分な食事を与えられず、暴行も受けるなど深刻な虐待を受け、低栄養と肺炎によって死亡した。男児の死亡時の体重は7.9kgで、生後6カ月の平均値程度だった。この家族は兄姉を含め5人家族で、小学1年生の次男（6歳）、小学2年生の次女（8歳）の全身にも虐待による傷があった。なお、長女は生後3カ月で死亡、長男は虐待等により親権喪失宣告され、別居していた。 実父の公判で検察側は、「現在の日本の生活環境ではおよそ考えられない異常な事態」「なぶり殺しにも近く、常軌を逸している」ときびしく非難し、懲役10年を求刑、判決では求刑どおり懲役10年の刑が言い渡された。検察側は実母の公判で、「保護義務違反の程度は実父に勝るとも劣らず、刑事責任は著しく重大」として懲役6年を求刑、こちらも求刑どおり懲役6年の刑が言い渡された。子どもたちに対する日常的な虐待が行われていたにもかかわらず、児童相談所をはじめ関係機関が十分な対応をとることができなかったが、その背景に、「誰も（実父が）怖くて、口出しできなかった」と近所の女性が語るほどだったことや、すべての窓に自動シャッターが取り付けられ、介入困難だったことなどがあった。2007年の児童虐待防止法改正で臨検・捜索制度が創設されたが、この改正に影響を与えた事件でもある。
12	長岡京市3歳男児ネグレクト死事件（京都府2006年）	2006年10月、京都府長岡京市で、実父と継母（内縁）が、3歳男児を餓死させたとして逮捕された。それまで、近隣住民は危機感を募らせ、民生児童委員は複数回の通報を児童相談所にしていたが、児童相談所は住民の聞き取り調査を実施していなかった。男児には6歳の姉がおり、同年4月に警察の虐待通告により保護され、施設入所していた。 2007年1月、実父に懲役5年6カ月、継母に懲役6年の実刑判決が出された。本事件が契機となり児童相談所運営指針の見直しが図られ、通告を受けた後48時間以内に児童の安全確認をすることが望ましいという、いわゆる「48時間ルール」が設けられた。
13	苫小牧市2幼児放置死・衰弱事件（北海道2007年）	2007年2月、北海道苫小牧市で、実母の交際相手宅の物置にダンボール箱に入れられて遺棄された男児（1歳）の遺体が発見された。実母が男児と長男（3歳）の2人を自宅に残し、1カ月以上放置したため、男児は死亡した。長男は生の米や生ゴミ、マヨネーズなどを食べて命をつないだ。 実母は、死体遺棄容疑で逮捕され、本児に対する殺人・死体遺棄罪、長男に対する保護責任者遺棄罪で起訴された。実母には、懲役15年の刑が言い渡された。

453

14	南国市小5男児暴行致死事件（高知県2008年）	2008年2月4日、高知県南国市で小学5年生の男児（11歳）が、継父（内縁）の暴行により死亡した。3日午後7時30分頃、男児が「謝らない」として内夫が自宅で男児を両手で持ち上げ、畳の上に2回投げつけるなどの暴行を加えた。男児は意識不明になり、病院へ搬送されたが、右硬膜下血腫などによる心肺停止状態で、翌朝死亡した。内夫は3日緊急逮捕され、傷害致死容疑で起訴され、懲役7年（求刑懲役8年）が確定した。 本事例は、事件の約1年前（2007年2月）、男児と弟の兄弟2人について小学校から児童相談所に虐待通告され、2007年4月に児童相談所は弟を一時保護し、児童養護施設に入所させているが、この男児については在宅での継続的な対応を行うも、関係機関でうまく連携がとれないまま、事件を迎えた。
15	蕨市4歳男児ネグレクト死事件（埼玉県2008年）	2008年2月、埼玉県蕨市で、4歳の男児が死亡した。事件から2年後の2010年3月、男児を衰弱させ放置したとして、両親が逮捕された。2人は保護責任者遺棄致傷罪で起訴され、実父に懲役5年、実母に懲役4年6カ月の判決が言い渡された。 男児が出生した当時、家族はホームレスであった。そのため、男児は乳児院に入所となったが、3歳を前に、家族の住居と生活保護の受給が決まり、退所となった。しかしその後、児童相談所や市の担当者が面会に行くも、実父に拒まれ、男児に会うことはできなかった。両親は男児に対して食事を与えず、歩行が困難なほど衰弱していたにもかかわらず、医師による治療も受けさせなかった。近隣からは男児が「お水をください」と哀願する声も聞かれていた。死亡時、男児の体重は平均より6kgほども軽い10kgだった。
16	奈良市4カ月双子男児虐待・死傷事件（奈良県2008年）	2008年3月9日、奈良県奈良市で、生後4カ月の男児（双子の弟）が、実父、実母による激しい暴力のすえ、心肺停止状態になり、4カ月後に低酸素脳症による脳機能障害で死亡した（死亡時0歳8カ月）。双子の兄も同様の虐待を受けており、保護後慢性硬膜下血腫で入院し、重い後遺症が残った。男児と双子の兄の2人はともに生後間もない頃から、実父母による激しい暴力を受け続けていた。男児は、病院搬送時は心肺停止状態で、身体には多数箇所の骨折があった。実父母は翌日の3月10日に殺人未遂容疑で逮捕・起訴され、実父には懲役12年（求刑懲役20年）、実母には懲役8年（求刑懲役13年）の刑が言い渡された。 本事例は、事件前に関係機関の関与がなく、家庭内で起きていた虐待が周囲に知られることのないまま発生した事件であった。また、「乳幼児ゆさぶられ症候群（Shaken Baby Syndrome）」が傷害致死として認められるかということも争点の1つであった。
17	小1男児公園トイレ殺害事件（福岡市2008年）	2008年9月18日、福岡市西区の公園で、トイレに行っている間に小学1年生の息子がいなくなったと、実母から110番通報があった。実母の呼びかけにより、居合わせた人と警察官が周辺を捜索すると、トイレの裏で絞殺された男児の遺体が発見された。 通夜、告別式で悲しみに暮れる実母の姿が報道されたが、21日警察が任意で事情を聞いていたところ、実母は犯行を認め、翌22日に逮捕され、世間を驚かせた。実母は自身のかかえる難病を悲観し、また発達障害の診断を受けている実子に暴言を吐かれ、衝動的に本児を殺して自分も死のうと思ったと供述した。 福岡地裁は、「冷酷な犯行で、被害結果も重大である」としつつも、「被害児から日常的に暴力や暴言を受けており、酌むべき点もある」として、殺人および死体遺棄により懲役8年の実刑判決を言い渡した。

付表：掲載事件の概要一覧

18	点滴汚染水混入事件（京都市2008年）	2008年12月、京都市内の病院に入院していた五女（1歳10カ月）の点滴チューブに、古くなったスポーツドリンクを注入したとして実母が殺人未遂の疑いで逮捕された。本事件は「点滴汚染水混入事件」として大きく報道されたが、その後の調べで、本家族の5人の子どものうち、3人までが死亡していたことがわかり、それが「代理ミュンヒハウゼン症候群（MSBP）」という特殊な虐待によるものであるとされたことから、さらに社会的関心が高まった。本事例は、わが国において「代理ミュンヒハウゼン症候群」が問題とされたはじめての刑事裁判であること、また、始まったばかりの裁判員制度によって公判が行われたうえ、当時としては最長の9日間に及ぶ期間を費やしたことなどから、連日大きく報道され、社会的にも大きく注目された。 検察側は懲役15年を求刑し、弁護側は執行猶予を主張するなど、量刑をめぐっても大きな隔たりがあったが、実母には懲役10年の刑が言い渡され、検察側、弁護側とも控訴しなかったため、刑が確定した。
19	練馬区2歳男児ゴミ箱放置死事件（東京都2008年）	2008年12月23日、東京都練馬区で、男児（当時2歳6カ月）が、実父母によって、自宅のプラスチック製の円形ゴミ箱（50ℓ、高さ80cm）に閉じ込められたまま12時間以上放置され、窒息死した。事件発覚後4カ月経った2009年4月に、実父母は傷害容疑で逮捕・起訴され、7月には監禁致死の容疑で再逮捕・追起訴された。実父には懲役11年（求刑懲役12年）、実母には懲役7年（求刑懲役10年）が言い渡された。 本事例は、公判で実父母の主張に食い違いがあることについて、実母の控訴審において高裁が地裁の進め方を批判するなど、裁判の進め方自体も問題になった。 裁判員制度開始から9カ月後の裁判であり、児童の虐待死事件を裁判員がどう判断するかについても注目が集まった。また、過去に異父兄に対して児童相談所のかかわりがあり、親族の申し立てによる親権喪失宣告がされていた事例である。
20	西淀川区小4女児虐待死事件（大阪市2009年）	2009年4月、小学4年生の女児が行方不明になり、保護者が家出人捜索願を提出した。本児は、実母と内縁男性、内夫の息子の4人暮らしだった。後日、警察は実母と内夫を死体遺棄と保護責任者遺棄致死容疑で逮捕、自宅に出入りしていた知人男性を死体遺棄容疑で逮捕した。 実母と内夫は前年10月頃から同居し、当初は仲のよい生活を送っていた。しかし、12月頃から、内夫が女児の勉強の面倒をみるようになってから、激しい叱責や顔面を平手打ちするようになった。足を踏みつける、まな板で頭部を殴るなど暴力はエスカレートし、部屋やベランダに立たせたり、食事制限をするようになった。亡くなる直前の女児は、ほとんど動けず、失禁にも気づかないほど衰弱しており、放置されたベランダで息絶えた。その後、実母と内夫、知人男性の3人で、女児の遺体処理について相談し、墓地に埋めた。実母には懲役8年6カ月、内夫には懲役12年の刑が言い渡された。

21	小1男児母子心中事件（静岡市2009年）	2009年8月、母子世帯の実母が小学1年生の男児（6歳）の首を絞めて殺害し、実母は鎮痛剤を大量服薬した後、刃物で自殺を図った。しかし、実母は死に切れず、母方祖父に電話で連絡をし、訪れた母方祖父が母子を見つけて119番通報した。実母は殺人罪で逮捕、起訴された。公判で実母は、「無理心中」しようとした動機について、別れた夫（男児の実父）に電話で罵倒され、「子どもと一緒に死にたくなって殺した」と証言。心神耗弱が認められ、懲役3年執行猶予5年の判決を受けた。
22	7カ月男児医療ネグレクト死事件（福岡市2009年）	2009年10月、生後7カ月の男児がアトピー性皮膚炎を悪化させて死亡した。実父母は、死亡する危険性を認識しながらも、所属していた宗教団体の信仰の影響で、男児に治療を受けさせていなかった。警察は必要な治療を受けさせない虐待（医療ネグレクト）による殺人と判断し、両親は逮捕された。両親は保護責任者遺棄致死罪で起訴され、ともに懲役3年保護観察付執行猶予5年の刑が言い渡された。
23	江戸川区小1男児虐待死事件（東京都2010年）	2010年1月23日夜、東京都江戸川区で、小学1年生の男児（7歳）が、食事に時間がかかることなどに腹を立てた両親（実母と継父）から暴行を受け、意識不明になって救急搬送された。翌朝まで処置が施されたが、翌24日朝に死亡が確認された。男児の身体には火傷や古傷、痣などがあり、長期にわたって虐待を受けていた可能性があるとして、同日、継父と実母が傷害容疑で逮捕された。その後、暴行と死亡との間に因果関係が認められるとして、2人は傷害致死罪で起訴された。継父に懲役8年、実母に懲役5年の刑が言い渡された。
24	桜井市5歳男児ネグレクト死事件（奈良県2010年）	2010年3月3日正午頃、実母から児童相談所に、息子を虐待しているといった内容の電話が入った。児童相談所の連絡を受けた市職員が自宅を訪ねたところ、痩せ細った男児（5歳）を発見し、119番通報した。男児は病院に救急搬送されたが、同日夕方、飢餓による衰弱が激しく急性心不全により死亡した。 同日、警察は、両親を保護責任者遺棄致死容疑で逮捕した。両親は起訴され、ともに懲役9年6カ月の刑が言い渡された。
25	西区2幼児放置死事件（大阪市2010年）	2010年7月30日未明、大阪市西区のマンションから「異臭がする」と110番通報があった。警察が駆けつけたところ、室内から女児（3歳）と男児（1歳）の遺体が見つかった。警察は同日午後、2児の実母（23歳）を死体遺棄容疑で逮捕、8月10日には殺人容疑で再逮捕した。自宅のマンション室内に2児を置き去りにし、1カ月以上放置して衰弱死させた疑い。2児の遺体は腐敗、白骨化しており、一部ミイラ化していた。 2012年3月、実母の裁判員裁判では無期懲役が求刑され、同月16日、懲役30年の刑が言い渡された。その後実母は控訴、上告するも、いずれも棄却され、2013年3月25日に刑が確定した。

編　者

川﨑 二三彦　子どもの虹情報研修センター長
増沢　高　　子どもの虹情報研修センター研修部長

執筆者　執筆順，（ ）内は執筆担当箇所

楢原 真也　（第Ⅰ章1、第Ⅲ章13・15）児童養護施設 子供の家
長尾 真理子（第Ⅰ章2、第Ⅱ章9、第Ⅳ章20・21・25）弘前大学医学部附属病院
南山 今日子（第Ⅰ章3、第Ⅱ章12、第Ⅳ章22）子どもの虹情報研修センター
山邊 沙欧里（第Ⅰ章4、第Ⅳ章17）東京都スクールカウンセラー
小出 太美夫（第Ⅰ章5、第Ⅱ章8、第Ⅳ章24）子どもの虹情報研修センター
増沢 高　　（第Ⅰ章6、第Ⅱ章11、第Ⅳ章23、終章）編者
川﨑 二三彦（わが国の虐待防止制度と重大事例(1)(2)(3)(4)、第Ⅱ章7・10、第Ⅳ章18、
　　　　　　トピック1・2・3・4、終章）編者
相澤 林太郎（第Ⅲ章14・16、第Ⅳ章19）国立武蔵野学院

装丁：臼井弘志＋藤塚尚子（公和図書デザイン室）

日本の児童虐待重大事件　2000−2010

2014 年 9 月 20 日　　初版第 1 刷発行
2019 年 1 月 30 日　　　　第 3 刷発行

編著者　　川﨑 二三彦・増沢 高
発行者　　宮下 基幸
発行所　　福村出版株式会社
〒113-0034　東京都文京区湯島 2-14-11
電話　03-5812-9702　FAX　03-5812-9705
https://www.fukumura.co.jp

印刷　　株式会社文化カラー印刷
製本　　本間製本株式会社

©︎ F. Kawasaki & T. Masuzawa　2014
Printed in Japan
ISBN978-4-571-42055-9
乱丁本・落丁本はお取替え致します。
定価はカバーに表示してあります。

福村出版◆好評図書

川﨑二三彦 編著
虐待「親子心中」
●事例から考える子ども虐待死
◎6,000円　ISBN978-4-571-42069-6　C3036

「親子心中」が児童虐待として社会的認知・関心が低い現状を憂慮し、事例検討を中心に親子心中を捉え直す。

子どもの虹情報研修センター 企画／保坂 亨 編著
日本の子ども虐待〔第2版〕
●戦後日本の「子どもの危機的状況」に関する心理社会的分析
◎6,800円　ISBN978-4-571-42034-4　C3036

戦後日本の子ども虐待に対する社会の認識や施策の変遷等、膨大な文献調査をもとに詳述。07年初版の増補版。

R. チョーク・P. A. キング 編／多々良紀夫 監訳／乙須敏紀・菱沼裕子 訳
家庭内暴力の研究
●防止と治療プログラムの評価
◎8,000円　ISBN978-4-571-42039-9　C3036

虐待防止と治療プログラムの評価研究を統合し、今後の研究課題を提案する。全米研究評議会による報告書。

A.C. ピーターセン 編／多々良紀夫 監訳／門脇陽子・森田由美 訳
子ども虐待・ネグレクトの研究
●問題解決のための指針と提言
◎8,000円　ISBN978-4-571-42035-1　C3036

子ども虐待問題の総合的究明に向けて全米研究評議会（NRC）が組織した研究パネルの報告書。

深谷昌志・深谷和子・青葉紘宇 著
虐待を受けた子どもが住む「心の世界」
●養育の難しい里子を抱える里親たち
◎3,800円　ISBN978-4-571-42061-0　C3036

里親を対象に行った全国調査をもとに、実親からの虐待経験や、発達障害のある里子の「心の世界」に迫る。

深谷昌志・深谷和子・青葉紘宇 編著
社会的養護における里親問題への実証的研究
●養育里親全国アンケート調査をもとに
◎3,800円　ISBN978-4-571-42052-8　C3036

養育里親への全国調査をもとに里親と里子の抱える課題を明らかにし、これからの家庭養護のあり方を問う。

R.E. クラーク・J.F. クラーク・C. アダメック 編著
小野善郎・川﨑二三彦・増沢 高 監修／門脇陽子・森田由美 訳
詳解 子ども虐待事典
◎8,000円　ISBN978-4-571-42026-9　C3536

約500の重要項目を詳細に解説。関係者必携の米国最新版事典。巻末に日本の虐待問題についての用語集を附す。

◎価格は本体価格です。

福村出版◆好評図書

増沢 高 著
虐待を受けた子どもの回復と育ちを支える援助
◎1,800円　ISBN978-4-571-42025-2　C3036

虐待を受けた子どもたちの回復と育ちを願い,彼らへの理解と具体的援助のあり方を豊富な事例をもとに解説する。

増沢 高・青木紀久代 編著
社会的養護における生活臨床と心理臨床
●多職種協働による支援と心理職の役割
◎2,400円　ISBN978-4-571-42047-4　C3036

社会的養護の場で働く心理職の現状と課題を踏まえ,多職種協働の中で求められる役割,あるべき方向性を提示。

S.バートン・R.ゴンザレス・P.トムリンソン 著／開原久代・下泉秀夫 他 監訳
虐待を受けた子どもの愛着とトラウマの治療的ケア
●施設養護・家庭養護の包括的支援実践モデル
◎3,500円　ISBN978-4-571-42053-5　C3036

虐待・ネグレクトを受けた子どもの治療的ケアと,施設のケアラー・組織・経営・地域等支援者を含む包括的ケア論。

松宮透髙・黒田公美 監修／松宮透髙 編
子ども虐待対応のネットワークづくり 1
メンタルヘルス問題のある親の子育てと暮らしへの支援
●先駆的支援活動例にみるそのまなざしと機能
◎2,300円　ISBN978-4-571-42514-1　C3336

子ども虐待と親のメンタルヘルス問題との接点に着目し,多様な生活支援の取り組みを実践者が例示した書。

M.スタイン 著／池上和子 訳
社会的養護から旅立つ若者への自立支援
●英国のリービングケア制度と実践
◎3,300円　ISBN978-4-571-42057-3　C3036

住居,教育,雇用,健康といった様々なアプローチから行われている英国のリービングケア政策と実践例を紹介。

C.A.ネルソン・N.A.フォックス・C.H.ジーナー 著／上鹿渡和宏 他 監訳
ルーマニアの遺棄された子どもたちの発達への影響と回復への取り組み
●施設養育児への里親養育による早期介入研究(BEIP)からの警鐘
◎5,000円　ISBN978-4-571-42071-9　C3036

早期の心理社会的剥奪が子どもの発達に与えた影響を多方面から調査し,回復を試みたプロジェクトの記録。

上鹿渡和宏 著
欧州における乳幼児社会的養護の展開
●研究・実践・施策協働の視座から日本の社会的養護への示唆
◎3,800円　ISBN978-4-571-42059-7　C3036

欧州の乳幼児社会的養護における調査・実践・施策の協働の実態から日本の目指す社会的養護を考える。

◎価格は本体価格です。

福村出版◆好評図書

K.バックマン 他 著/上鹿渡和宏・御園生直美・SOS子どもの村JAPAN 監訳/乙須敏紀 訳
フォスタリングチェンジ
●子どもとの関係を改善し問題行動に対応する里親トレーニングプログラム【ファシリテーターマニュアル】
◎14,000円　ISBN978-4-571-42062-7　C3036

子どもの問題行動への対応と関係性改善のための,英国唯一の里親トレーニング・プログラムマニュアル。

C.パレット・K.ブラッケビィ・W.ユール・R.ワイスマン・S.スコット 著/上鹿渡和宏 訳
子どもの問題行動への理解と対応
●里親のためのフォスタリングチェンジ・ハンドブック
◎1,600円　ISBN978-4-571-42054-2　C3036

子どものアタッチメントを形成していくための技術や方法が具体的に書かれた,家庭養護実践マニュアル。

才村眞理・大阪ライフストーリー研究会 編著
今から学ぼう! ライフストーリーワーク
●施設や里親宅で暮らす子どもたちと行う実践マニュアル
◎1,600円　ISBN978-4-571-42060-3　C3036

社会的養護のもとで暮らす子どもが自分の過去を取り戻すライフストーリーワーク実践の日本版マニュアル。

K.レンチ・L.ネイラー 著/才村眞理・徳永祥子 監訳
施設・里親家庭で暮らす子どもとはじめるクリエイティブなライフストーリーワーク
◎2,200円　ISBN978-4-571-42056-6　C3036

先駆的な英国リーズ市のライフストーリーワーク実践を,初めてでも取り組みやすく解説したワーク集の全訳。

R.ローズ・T.フィルポット 著/才村眞理 監訳
わたしの物語　トラウマを受けた子どもとのライフストーリーワーク
◎2,200円　ISBN978-4-571-42045-0　C3036

施設や里親を転々とする子どもたちの過去をたどり,虐待や親の喪失によるトラウマからの回復を助ける。

T.ライアン・R.ウォーカー 著/才村眞理・浅野恭子・益田啓裕 監訳
生まれた家族から離れて暮らす子どもたちのためのライフストーリーワーク 実践ガイド
◎1,600円　ISBN978-4-571-42033-7　C3036

養護児童の主体性の確立と自立準備に不可欠なライフストーリーワークの基礎から実践をわかりやすく解説。

才村眞理 編著
生まれた家族から離れて暮らす子どもたちのためのライフストーリーブック
◎1,600円　ISBN978-4-571-42024-5　C3036

子どもたちが過去から現在に向き合い,未来へと踏み出すためのワークブック。「使い方」を詳解した付録付き。

◎価格は本体価格です。